保险实务系列教材

保险学概论
BAOXIANXUEGAILUN
（第2版）

王健康　周　灿　主　编
陈飞跃　肖举萍　徐沈新　副主编
吴金文　付　菊　主　审

电子工业出版社
Publishing House of Electronics Industry
北京·BEIJING

未经许可，不得以任何方式复制或抄袭本书之部分或全部内容。
版权所有，侵权必究。

图书在版编目（CIP）数据

保险学概论／王健康，周灿主编. —2 版. —北京：电子工业出版社，2010.3
（保险实务系列教材）
ISBN 978-7-121-10316-2

Ⅰ．保… Ⅱ．①王… ②周… Ⅲ．保险学－高等学校：技术学校－教材 Ⅳ．F840

中国版本图书馆 CIP 数据核字（2010）第 018423 号

策划编辑：晋　晶
责任编辑：杨洪军
印　　刷：北京七彩京通数码快印有限公司
装　　订：北京七彩京通数码快印有限公司
出版发行：电子工业出版社
　　　　　北京市海淀区万寿路 173 信箱　邮编 100036
开　本：787×980　1/16　印张：19.75　字数：430 千字
版　次：2007 年 9 月第 1 版
　　　　 2010 年 3 月第 2 版
印　次：2020 年 12 月第 13 次印刷
定　价：32.00 元

凡所购买电子工业出版社图书有缺损问题，请向购买书店调换。若书店售缺，请与本社发行部联系，联系及邮购电话：(010) 88254888，88258888。
质量投诉请发邮件至 zlts@phei.com.cn，盗版侵权举报请发邮件至 dbqq@phei.com.cn。
本书咨询联系方式：(010) 88254199，sjb@phei.com.cn。

保险实务系列教材
编 委 会

特约顾问　　崔兰琴　　罗忠敏　　张莉萍　　张　言

主　　任　　胡运良

副 主 任　　吴金文　　丁孜山

编　　委（按姓氏笔画排序）

　　　　　　王洁夫　　王健康　　付　菊　　米双红
　　　　　　任森林　　肖举萍　　陈景雄　　杨利田
　　　　　　陈飞跃　　张旭升　　周　灿　　贺　丰
　　　　　　胡波涌　　夏雪芬　　徐沈新　　黄　素

序 Preface

随着《国务院关于保险业改革发展的若干意见》一文的发布，中国保险业发展进入了新的历史时期。2006年，中国保险业实现保费收入5 641.4亿元，同比增长14.4%；其中财产险保费收入1 509.4亿元，同比增长22.6%；寿险保费收入3 592.6亿元，同比增长10.7%；健康意外险保费收入539.4亿元，同比增长19%；保险业共支付赔款和给付1 438.5亿元，同比增长26.6%；保险公司总资产1.97万亿元，比2005年年底增长29%。全年共有9家新的保险公司开业，保险公司达到98家，共有367家新的专业中介机构开业，专业中介机构达到2 110家，新增4家保险资产管理公司和1家保险资金运用中心，资产管理公司达到9家。上述资料显示，中国保险业正在以两位数以上的速度快速、健康地发展，这也预示了中国保险业在新的历史时期光辉灿烂的前景。随着发展速度的加快、发展质量的提升，中国保险业对能胜任保险实务工作的高素质人才的需求日益加剧，国民对了解保险实务的热情持续升温。在这样的背景下，作为已经为中国保险业培养了近万名优秀保险专业人才、数千名保险系统各级公司的经理（其中有30多人担任了省级或省级以上保险机构的领导职务）、保险实务教学已在业内形成了知名品牌的保险职业学院，萌生出编写一套高质量的保险实务系列教材的念头就不足为奇了。这套系列教材将突出以下几个特点：

（1）强化实务特色。实务与虚务相对，是指实际的事物或具体的事物。强化保险实务特色所追求的是，在最大程度上反映当下我国保险业界真实而具体的现实，以使学生或读者真切地了解保险业界正在发生的事情。

（2）以国家级精品课程《保险学概论》的教材建设为龙头。《保险学概论》是我院商业保险系2005年成功申报的国家级精品课程，是我院保险专业教育的标志性成果。教材建设是国家级精品课程维护与改革的主要工作，而不断创新又是我们保持优势并不断超越自我的必经之途。此次《保险学概论》教材重编的目的就是希望能超越自我。

（3）课证融合。使保险专业课程与相关的保险职业资格证书考试有机地结合起来是保险专业教育（特别是保险职业教育）的重要发展趋势，也是降低教学成本、提高教学效率的内在要求。在本系列教材中，我们将以有关保险职业资格证书的考试大纲为纲来组织编写，以使课证融合落到实处。

（4）案例丰富。以案例教学为主线或主导教学方法是本系列教材的又一特色。

众所周知，保险经营的实务性特强，时至今日，不少业务对经验的依赖程度还相当高（如海上保险业务），这是我国保险专业教育不可回避的现实。由衷地希望本系列教材的出版能成为大中专学生、保险从业人员及社会大众了解、学习保险实务的良师益友。

吴金文

2007年7月

前言 Introduction

保险职业学院的前身为中国保险管理干部学院,成立于1986年,已有20余年的保险专业教育历史,是我国改革开放以来最早从事保险教育的高校之一。学院现由中国人寿保险(集团)公司与中国再保险(集团)公司联合举办(前者持股70%,后者持股30%),并由中国人寿保险(集团)公司主管,下设商业保险系、保险管理系、保险信息系、国际保险系、培训学院、成人教育学院、中澳国际保险学院等教学、培训单位。现有在校全日制学生5 000余人,年培训保险系统在职员工约5 000人次,开设有金融保险、保险实务等21个高职专业,另开设了保险专业成人本科教育,还与湖南大学、北京工商大学、中南财经政法大学联合举办硕士研究生班。学院现有教职员工300余名,副高以上职称的73人,其中教授13名,外籍教师多名。学院设有"CII中国长沙考试中心",全国风险管理师职业资格委员会湖南管理中心,保险代理人、经纪人、公估人、人身保险从业人员职业资格等考试均在我院设有考点,全国保险职业资格考试中心已具雏形。学院的毕业生已遍布全国各保险市场主体,深受公司欢迎。专科毕业生就业率达96%以上,本科毕业生供不应求。截至2006年,我院已培养优秀保险专业人才近万人,数千名毕业生已走向保险系统省、市(地)、县分(支)公司的领导岗位,其中有30多人担任了省级或省级以上保险机构的领导职务,"中国保险业的黄埔,保险职业经理人的摇篮"之美誉因此而来。商业保险系是我院的标志性教学机构,现有在校学生2 000多名,约占全院在校学生人数的50%。金融保险、保险实务是本系,也是学院的标志性专业,现每个专业在校生均超过800人。商业保险系师资力量强大,省级教学名师、省劳模、省先进个人等优秀教师群星荟萃。《保险学概论》是我院商业保险系2005年成功申报的国家级精品课程,也是当前我国保险专业课程中唯一的一门国家级精品课程。该课程是我院每一个学生都要学习的全院性公共必修课程。为维护、更新该国家级精品课程,并使之精益求精,我们组织了商业保险系的骨干教师对此精品课程的配套教材进行了重编。此次编写充分吸收了我院所使用的前几版《保险学概论》

教材与国内外同类教材的成功经验，并着力突出以下几个特色：①课证融合。教材内容以当前我国保险中介从业人员基本资格考试对保险理论与实务的要求为准绳，力争使学生通过本课程的学习就能达到上述职业资格考试的相关要求。②实务性。本教材力求能反映当下我国保险业界具体的现实，尽可能地为学生理论联系实际提供便利。③案例教学。本教材中案例丰富，部分章还特地在章末附了经典案例。④体例新颖、活泼。本教材采用当前最为新颖、活泼的体例，尽可能增加其可读性。

本教材包括以下内容：风险与保险、保险合同、保险的基本原则、保险费率的厘定、财产保险、运输保险、责任保险和信用保证保险、其他财产保险、人寿保险、再保险、意外伤害保险、健康保险、保险公司经营管理、保险市场与保险监管。参加编写的人员有付菊、徐沈新、肖举萍、王健康、周灿、任森林、陈飞跃、黄素、戴军、蒋桂松、胡光林、袁丽、吴新建、顾红、薛恒、罗宁。全书由付菊、徐沈新担任主编，吴金文、米双红担任主审。

在本书的编写过程中，我们得到了保险职业学院院长兼党委书记胡运良、常务副院长兼党委副书记吴金文、副院长丁孜山、教务处处长米双红等领导的关心和支持，还得到了电子工业出版社常淑茶副编审、晋晶编辑等的鼎力支持，此外，我们还参考了不少学者的论文和著作，在此，衷心地表示感谢！

本书可供大中专院校学生、保险实务工作者及社会各界人士学习保险基本原理与实务之用。

由于作者水平有限，加之时间仓促，错误与疏漏在所难免，敬请各位读者批评指正。

主　编
2007 年 7 月

第2版前言 Introduction

《保险学概论》作为国家级精品课程教材自2007年第1版以来，承蒙广大读者厚爱，三年内三次印刷并将告罄，得到各界认可。值此再次印刷之际，结合近三年来国内外保险业发展实际，特别是结合《中华人民共和国保险法》修订及实施情况，在广泛征求各方意见的基础上对原教材进行了修订。

与第1版相比，修订后的《保险学概论》主要有以下几方面的变化：

一是订正第1版中与新《中华人民共和国保险法》及其司法解释精神不一致的内容。

二是尽量提炼知识点，精简知识点的相关论述。

三是对于反映分类和趋势的内容，多用图表来描述。

四是每章开始加入引导案例，通过案例来总揽全章的内容，激发学生的学习兴趣。案例内容一般是其他国家关于本专业的先进技术或事件，力求体现典型性、时效性或专业发展趋势。此外，在修订时尽可能采用全新现实案例说明与分析，并加入实际操作内容，特别是在涉及险种时，尽量以最新的公司保险条款（包括险种名称、保险范围、保险责任、保险费率等内容）来阐述，以加强全书的适用性与新颖性。

五是加入案例分析、随堂讨论等内容。

本书是全国唯一一所专门从事保险教育的高等院校、素有"保险业的黄埔，职业经理人的摇篮"之称的保险职业学院（原中国保险管理干部学院）保险专业教育的标志性成果——国家级精品课程《保险学概论》的教材，是集体智慧的结晶。借此第2版的出版机会，衷心地感谢各位新老读者，特别是各高校、保险教育培训机构曾使用或即将使用本教材的老师和同学们，谢谢他们对本书的厚爱和批评建议，同时也对参与第1版写作的各位编者表示衷心的感谢，第2版是在他们编写的基础上，融入最新的保险行业动态与发展趋势，大幅修订、甚至重新写作部分章节而成的。

本书由王健康、周灿担任主编，陈飞跃、肖举萍、徐沈新担任副主编，吴金文、付菊担任主审。写作分工是：王健康（第1章），李玉菲、蒋菲（第2章），常伟（第3章），陈飞跃、徐沈新（第4章），付菊（第5章），徐丰铭（第6章），薛恒（第7章），蒋桂松（第8章），周灿、谢隽（第9章），黄素（第10章），任森林（第11章），顾红（第12章），黄新爱（第13章），肖举萍、张环宇（第14章）。

目录 Contents

第1章　风险和保险　1

1.1　风险和风险管理 ······1
1.2　保险概述 ······10
1.3　保险的分类 ······14
1.4　保险的功能 ······17
本章关键要点 ······19

第2章　保险合同　20

2.1　保险合同的概念和特征 ······20
2.2　保险合同的主体、客体和内容 ······26
2.3　保险合同的订立、变更、解除和终止 ······33
2.4　保险合同的解释及争议的处理 ······43
本章关键要点 ······48

第3章　保险的基本原则　49

3.1　最大诚信原则 ······50
3.2　保险利益原则 ······54
3.3　近因原则 ······60
3.4　损失补偿原则 ······62
3.5　损失补偿原则的派生原则 ······66
本章关键要点 ······73

第4章　保险费率的厘定　74

4.1　保险费率厘定的原则及数理基础 75
4.2　财产保险费率的厘定 83
4.3　人寿保险费率的厘定 90
本章关键要点 103

第5章　财产保险　104

5.1　企业财产保险 104
5.2　家庭财产保险 117
5.3　机器损坏保险 119
本章关键要点 122

第6章　运输保险　123

6.1　机动车辆商业保险及附加险 123
6.2　飞机保险 134
6.3　船舶保险 137
6.4　国际货物运输保险 143
6.5　国内货物运输保险 150
本章关键要点 153

第7章　责任保险和信用保证保险　154

7.1　责任保险 154
7.2　信用保险 164
7.3　保证保险 170
本章关键要点 173

第8章　其他财产保险　174

8.1　工程保险 175
8.2　建筑工程保险 177

8.3 安装工程保险 ········ 181
8.4 科技工程保险 ········ 184
8.5 农业保险 ········ 187
本章关键要点 ········ 188

第9章　人寿保险　　189

9.1 人寿保险的含义、特征与种类 ········ 189
9.2 传统型人寿保险 ········ 193
9.3 特种人寿保险 ········ 198
9.4 投资型人寿保险 ········ 204
本章关键要点 ········ 213

第10章　意外伤害保险　　214

10.1 意外伤害保险概述 ········ 214
10.2 意外伤害保险的内容 ········ 219
10.3 意外伤害保险的种类 ········ 224
本章关键要点 ········ 226

第11章　健康保险　　227

11.1 健康保险概述 ········ 228
11.2 健康保险产品的类别 ········ 231
11.3 健康保险的主要险种 ········ 233
11.4 健康保险的常用条款 ········ 242
本章关键要点 ········ 246

第12章　再保险　　247

12.1 再保险概述 ········ 247
12.2 再保险合同 ········ 250
12.3 再保险的形式 ········ 252
本章关键要点 ········ 255

第 13 章　保险公司经营管理　　256

13.1　保险公司的投保业务管理……………………………………………………………256
13.2　保险公司的承保业务管理……………………………………………………………258
13.3　保险公司的防灾业务管理……………………………………………………………263
13.4　保险公司的理赔业务管理……………………………………………………………265
13.5　保险公司的资金管理…………………………………………………………………269
本章关键要点……………………………………………………………………………………276

第 14 章　保险市场和保险监管　　277

14.1　保险市场………………………………………………………………………………278
14.2　保险监督管理…………………………………………………………………………289
本章关键要点……………………………………………………………………………………299

第 1 章　风险和保险

本章学习目标

- 掌握风险的含义及构成要素；了解风险的种类和特征。
- 掌握风险管理的含义及程序；了解风险管理的目标、范围、成本和方法。
- 掌握保险的含义、要素以及特征；了解风险与保险的关系。
- 了解保险的主要分类标准及各分类标准下的保险种类。
- 掌握保险的保障功能、资金融通功能和社会管理功能。

引导案例

9·11 事件

美国东部时间 2001 年 9 月 11 日上午 8:40，恐怖分子几乎同时劫持了 4 架美国国内民航航班，其中两架撞击了位于纽约曼哈顿的世界贸易中心，一架撞击了首都华盛顿美国国防部所在地五角大楼，而第四架则在宾夕法尼亚州坠毁。纽约世界贸易中心的两幢 110 层摩天大楼在遭到撞击后相继倒塌，此外，其附近 5 幢建筑物也因受震而坍塌损毁；五角大楼遭到局部破坏，部分结构坍塌。在 9·11 事件中共有 2 998 人罹难（不包括 19 名劫机者），其中 2 974 人被官方证实死亡，另外还有 24 人下落不明。死亡人员包括：4 架飞机上的全部乘客共 246 人，世界贸易中心 2 603 人，五角大楼 125 人。共有 411 名救援人员在此事件中殉职。9·11 事件发生后，美国经济一度处于瘫痪状态，对众多产业造成了直接经济损失和影响。9·11 事件是美国继珍珠港事件后所遭受的最为严重的一次人为风险事故，该事件所造成的损失之大、后果之严重可谓罕见，不少保险公司也因这一事件所致的索赔陷入困境甚至绝境。

1.1　风险和风险管理

1.1.1　风险

1. 风险的含义

风险无处不在，无时不在。风险不仅来自我们生活于其中的自然环境和制度环境，也来自我们作为集体或个人做出的每个决定、每种选择以及每次行动。我们在被风险环境包围的同时，也制造着新的风险。

美国学者海恩斯（Haynes）1895年在其著作《Risk as an Economic Factor》中，提出风险的概念为："损失或损失的不确定性。"

美国著名经济学者奈特（Knight, F.）称风险为可测定的不确定性。

美国保险学者魏以德（Willett, A.）解释风险为某种不幸事件发生与否的不确定性。

经济学家施乃特（Snider, H.W.）则称风险为损失的不确定性。

我国学者许谨良认为，风险的真正含义是指引致损失的事件发生的一种可能性。

《风险管理原则与实施指南》（ISO31000），给出了一个广泛认可的风险定义：不确定性对目标的影响。

同时，风险事故的发生与不确定性的形成，受到各种因素和条件的影响。一般认为，风险的构成要素是风险因素、风险事故和损失。

风险因素又称为风险条件，是指引起或增加因某种损失原因产生的损失机会的条件，或致使损失严重程度增加的因素。风险因素是风险事故发生的潜在原因，是造成损害的间接的、内在的原因。风险因素可分为物质风险因素、道德风险因素和心理风险因素。物质风险因素是指有形的并能直接影响事件物理功能的风险因素。道德风险因素和心理风险因素都是与人的行为有关的无形的风险因素，不同的是心理风险因素为无意的过错行为，道德风险因素则通常是人的故意行为。

风险事故是造成生命财产损失的偶发事件，是造成损害的直接的、外在的原因，是损失的媒介物。只有通过风险事故的发生，才会导致损失和伤害。施乃特称"危险事故者，为损失之原因，与损失之不确定性不同"，美国保险学者格林也认为"危险事故者，为可能引起损失之偶然事件"。某一事件在一定条件下为风险因素，在另一条件下则可能为风险事故。

损失是指非故意的、非预期的和非计划的经济价值的减少或贬损。风险是指损失发生的不确定性，因而风险的存在，意味着损失发生的可能性，风险事故发生后可能造成自身或他人的财产和人员的损失。

三者关系为：风险是由风险因素、风险事故和损失三者构成的统一体；风险因素、风险事故以及损失之间存在因果关系；风险因素引起风险事故的发生，风险事故发生则可能造成损失。

2. 风险的种类

风险的主要种类如表1-1所示。

表 1-1 风险的主要种类

分类标准	种 类	界 定
产生风险的环境	静态风险	由于自然力变动或者人的失当行为所致的风险，与社会经济结构变化无关，在任何社会经济条件下都不可避免
	动态风险	由社会经济或政治的变动所导致的风险。比如，人口增加、资本成长、技术进步、产业组织效率提高、消费者爱好转移、政治经济体制改革等引起的风险
风险的性质	纯粹风险	只有损失可能而无获利机会的风险，即造成损失可能性的风险。其所致结果有两种，即损失和无损失。在现实生活中，纯粹风险是普遍存在的，如水灾、火灾、疾病、意外事故等都可能导致巨大损害。同时，纯粹风险具有可预测性，是风险管理的主要对象
	投机风险	既可能造成损害，也可能产生收益的风险。其所致结果有损失、无损失和盈利3种。例如，商业行为上的价格投机，就属投机风险。在保险业务中，投机风险一般是不能列入可保风险之列的
风险产生的原因	自然风险	由于自然现象或物理现象所导致的风险
	社会风险	由于个人行为反常或不可预测的团体过失、疏忽、侥幸、恶意等不当行为所致的损害风险
	政治风险	由于政治原因，如政局的变化、政权的更替、政府法令和决定的颁布实施，以及种族和宗教冲突、叛乱、战争等引起社会动荡而造成损害的风险
	经济风险	在产销过程中，由于有关因素变动或估计错误而导致的产量减少或价格涨跌的风险
风险的对象	财产风险	导致财产发生毁损、灭失和贬值的风险
	责任风险	因侵权或违约，依法对他人遭受的人身伤亡或财产损失应负的赔偿责任的风险
	信用风险	在经济交往中，权利人与义务人之间，由于一方违约或犯罪而造成对方经济损失的风险
	人身风险	因生、老、病、死、伤残等原因而导致经济损失的风险
风险涉及的范围	特定风险	与特定的人有因果关系的风险。即由特定的人所引起，而且损失仅涉及特定个人的风险
	基本风险	其损害波及社会的风险。基本风险的起因及影响都不与特定的人有关，至少是个人所不能阻止的风险。与社会或政治有关的风险、与自然灾害有关的风险，都属于基本风险

3．风险的特征

（1）风险存在的客观性。无论是自然界的物质运动，还是社会发展的规律，都是由事物的内部因素所决定的，由超出人们主观意识而存在的客观规律所决定的。地震、台风、洪水、瘟疫、意外事故等，都不以人的意志为转移，它们是独立于人的意识之外的客观存在。人们只能在一定的时间和空间内改变风险存在和发生的条件，降低风险发生的频率和损失程度，而不能彻底消除风险。

（2）风险存在的普遍性。自从人类出现后，就面临着各种各样的风险，如自然灾害、疾病、伤害、战争等。随着科学技术的发展、生产力的提高、社会的进步、人类的进化，又产生新的风险，且风险事故造成的损失也越来越大。在当今社会，个人面临生、老、病、死、意外伤害等风险；企业面临着自然风险、技术风险、经济风险、政治风险等；甚至国家政府机关也面临着各种风险。总之，风险渗入到社会、企业、个人生活的方方面面，无时无处不存在某一风险。

（3）风险的可测性。个别风险的发生是偶然的，是一种随机现象，而对大量风险事故的观察会发现，其往往呈现出明显的规律性。运用统计学方法去处理大量相互独立的偶发风险事故，其结果可以比较准确地反映出风险的规律性。根据以往大量资料，利用概率论和数理统计的方法可测算出风险事故发生的频率及其损失程度，并可构造出损失分布的模型，成为风险估测的基础。

（4）风险的可变性。在一定条件下，风险可能发生变化。随着人们对风险认识的增强和风险管理方法的完善，某些风险在一定程度上得以控制，并降低其发生频率和损失程度，从而使得风险发生变化。还有一些风险在一定的空间和时间范围内被消除。总之，随着人类社会的进步与发展，可能产生新的风险，也可能使原有风险发生变化。

随堂讨论

"风险"的定义有哪些？你支持哪一种定义并说明理由。

1.1.2 风险管理

1. 风险管理的含义

风险管理起源于美国。第一次世界大战以后，美国于1929—1933年陷入了20世纪最严重的经济危机，经济危机造成的损失促使管理者注意采取措施来消除、控制、处置风险，以减少风险给生产经营活动带来的影响。1931年，美国管理协会保险部首先提出了风险管理的概念。风险管理在20世纪30年代兴起以后，在50年代得到推广并受到了普遍重视，美国企业界在这一时期发生的两件大事对风险管理的蓬勃发展更是起到了促进作用：其一为美国通用汽车公司的自动变速装置厂引发火灾，造成了巨额经济损失；其二为美国钢铁行业因团体人身保险福利问题引发长达半年的工人罢工，给国民经济带来了难以估量的损失。这两件事发生以后，风险管理在企业界迅速推广。此后，对风险管理的研究逐步趋向系统化、专门化，风险管理也成了企业管理科学的一门独立的学科。

1983年，在美国风险和保险管理协会年会上，世界各国专家共同讨论通过了"101条风险管理准则"，对风险管理的一般准则、技术和方法、管理等达成共识，用于指导各国风险管理的实践，标志着风险管理达到了一个新的水平。

1986年，风险管理国际研讨会在新加坡召开，这次会议表明，风险管理由大西洋向太平洋区域发展，成为由北美到欧洲再到亚太地区的全球性风险管理运动。

关于风险管理，有许多不同的定义，风险管理可以定义为有关纯粹风险的管理决策，其中包括一些不可保的风险。处理投机性风险一般不属于风险管理的范围，由企业中的其他管理部门负责。从本质上讲，风险管理是应用一般的管理原理去管理一个组织的资源和活动，并以合理的成本尽可能减少意外事故损失和它对组织及其环境的不利影响。

2. 风险管理的目标与范围

风险管理的目标由两部分组成，即损前目标和损后目标。前者是避免和减少风险事故形成的机会，包括节约经营成本、减少忧虑心理；后者是努力使损失的标的恢复到损失前的状态，包括维持企业的继续生存、生产服务的持续、收入的稳定、生产的持续增长和社会责任。二者有效结合，构成完整而系统的风险管理目标。

（1）损前目标。

1）经济目标。企业应以最经济的方法预防潜在的损失。这要求对安全计划、保险以及防损技术的费用进行财务分析，从而使风险事故对企业可能造成的损失成本最小，达到最大安全保障的目标。

2）减轻企业和个人对潜在损失的忧虑和烦恼。用美国罗伯特·麦尔教授的话来说就是"在宁静的夜晚睡个好觉"。风险因素的存在对于人们的正常生产和生活造成了各种心理的和精神的压力，通过制定切实可行的损失发生前的管理目标，便可减轻和消除这种压力，从而有利于社会和家庭的稳定。

3）遵守和履行外界赋予企业的责任。例如，政府法规可以要求企业安装安全设备以免发生工伤。同样，一个企业的债权人可以要求贷款的抵押品必须被保险。

（2）损后目标。

1）维持企业的生存。在损失发生后，企业至少要在一段合理的时间内才能部分恢复生产或经营。这是损失发生后的企业风险管理工作的最低目标。只有在损失发生后能够继续维持受灾企业的生存，才能使企业有机会减少损失所造成的影响，尽早恢复损失发生之前的生产状态。

2）保持企业经营的连续性。这对公用事业尤为重要，这些单位有义务提供不间断的服务。

3）收入稳定。保持企业经营的连续性便能实现收入稳定的目标，从而使企业保持生产持续增长。

4）履行社会责任。即尽可能减轻企业受损对其他人和整个社会的不利影响，因为企业遭受严重的自然灾害或意外事故势必会影响到雇员、顾客、供货人、债权人、税务部门以至整个社会的利益。企业作为社会的一部分，其本身的损失往往会涉及企业员工的家属、企业的债权人和企业所在社区的直接利益,从而使企业面临严重的社会压力。因此,企业在制定自身的风险管理目标时不仅要考虑到企业本身的需要,还要考虑到企业所负担的社会责任。

3. 风险管理的程序

(1)制定风险管理计划。制定合理的风险管理目标是风险管理程序的第一步,其构成了风险管理决策行为的重要基础和首要前提。风险管理计划应该是具体可行的,并融入企业的战略管理、经营管理过程中。风险管理的总目标是通过风险成本最小化,实现企业价值最大化。对不同企业而言,风险管理的具体目标可能不同,但都强调风险管理目标和企业的经营管理目标、战略发展目标相协调。风险管理计划的主要内容除了风险管理的目标外还有以下内容:确定风险管理人员的职责,确定风险管理部门的内部组织结构,与其他部门的合作,风险管理计划的控制,编制风险管理基本文件。

(2)风险识别。风险识别即是对尚未发生的、潜在的和客观的各种风险系统、连续地进行识别和归类,并分析产生风险事故的原因。风险经理一般要设法识别企业所面临的所有纯粹损失风险,特别是下列五种类型的潜在损失:① 财产的物质性损失以及额外费用支出;② 因财产损失而引起的收入损失和其他营业中断损失以及额外费用支出;③ 因损害他人利益引起的诉讼导致企业遭受的损失;④ 因欺诈、犯罪和雇员的不忠诚行为对企业造成的损失;⑤ 因企业高级主管人员的死亡和丧失工作能力对企业造成的损失。风险经理可以使用保险公司及保险出版机构提供的潜在损失核查清单,来识别本企业所面临的各种纯粹风险。此外,还可以使用现场调查法、审核表调查法、组织结构图示法、流程图法、危险因素和可行性研究、事故树法以及风险指数等方法识别风险。

(3)风险衡量。经过全面、系统地识别风险之后,就进入了风险衡量阶段。风险识别和风险衡量经常统称为风险分析。风险衡量是通过对所收集的大量的详细资料加以分析,运用概率论和数理统计,估计和预测损失发生的频率和损失程度。

损失频率是指一定时期内损失可能发生的次数,取决于风险单位数目、损失形态和风险事故;损失程度是指每次损失可能的规模,即损失金额的大小。风险衡量不仅使风险管理建立在科学的基础上,而且使风险分析定量化,损失分布的建立、损失频率和损失期望值的预测值为风险管理者进行风险决策、选择最佳管理技术提供了可靠的科学依据。它要求从风险发生频率、发生后所致损失的大小和自身的经济情况入手,分析自己的风险承受力,为正确选择风险的处理方法提供根据。

(4)选择对付风险的方法。根据风险评价结果,为实现风险管理目标,选择最佳风险管理技术并实施是风险管理中的核心环节。风险管理方法大致可以分为三类,即损失控制、损失融资和内部风险抑制。损失控制和内部风险抑制的目的是降低损失的频率和减少损失的程度,重点在于改变引起风险事故和扩大损失的各种条件。损失融资是损失发生时为支付损失额所采取的各种融资策略。

1)损失控制是一种积极、主动的风险管理方法,主要是通过降低损失频率和损失程度来减少期望损失成本的行为。通常把主要影响损失频率的行为称为损失预防，而把主要影响损失程度的行为称为损失抑制。一般来说，损失预防是损失发生之前防患于未然，如对飞机进行定期检查，防止飞机机械故障的发生；损失抑制则是在损失发生过程中或损失发生之后所采取的减少损失措施或挽救措施，如安装热感或烟感的喷淋系统，从而减少火灾事故的损失程度。

损失控制的一种极端情况就是避免风险，当损失发生频率很高或损失程度很严重时，可以主动放弃原来承担的风险或者拒绝承担某种风险。如担心锅炉爆炸，就放弃利用锅炉烧水，改用电热炉等。但是避免风险的方法虽然可以将风险损害的概率控制为零，但同时也丧失了风险可能带来的收益。

2）损失融资，主要是指通过预先的资金安排来及时、有效地补偿损失的办法。损失融资的方法有风险自留、保险、对冲和其他合约化风险转移。

风险自留是经济单位或个人自己承担全部风险成本的一种风险管理方法，即对风险的自我承担。自留有主动自留和被动自留之分。采取自留方法，应考虑经济上的合算性和可行性。一般来说，在风险所致损失频率和损失幅度小、损失短期内可预测以及最大损失不足以影响自己的财务稳定时，宜采用自留方法。但有时会因风险单位数量的限制而无法实现其处理风险的功效，一旦发生损失，可能导致财务上的困难而失去其作用。

另一种主要的损失融资手段是购买保险。保险是一种风险转移机制，经济主体通过购买保险的方式，以确定的保险费支出获得了保险人对不确定的风险损害进行补偿的承诺。保险人通过集中大量同质风险单位，收取保险费并建立保险基金，将少数被保险人的风险损失在众多的投保人中进行分摊，从而实现风险分散、损害分摊的职能。

套期保值交易也是一种很重要的损失融资方法，诸如远期合约、期货合约、期权合约以及互换合约等金融衍生品已经广泛用于各种类型的风险管理中，特别是价格风险的管理。可以利用这些合约来对某些风险进行对冲，也就是对冲由于利率、价格、汇率变动带来的损失。在生产过程中要使用石油的公司会因为石油价格的意外上涨而遭受损失，而生产石油的公司会因为石油价格的意外下跌而遭受损失，这预示着两类公司可以使用远期合约来进行套期保值。在远期合约中，生产石油的公司必须在未来某个约定的交货日以一个事先约定的价格向使用石油的公司提供约定数量的石油，而不管当时市场上石油的实际价格是高还是低。由于在签订合约时，远期价格就已经商定了，所以使用石油的公司和生产石油的公司都可以通过远期合约来降低价格风险。

经济主体还可以通过签订合约的方式来转移财产或经营活动的风险。例如，出租人可通过财产租赁合同将财产风险转移给承租人；建筑商可以通过分包合同将风险较大的工程项目转移给专业施工队；医院可以通过签订免责协议将手术风险转移给患者及其家属等。与避免风险不同的是，在通过签订合约转移风险的情况下，风险本身依然存在，只不过是通过合约将损失的财务或法律责任转移给其他经济主体。

3）内部风险抑制。目前被广泛采用的内部风险抑制方式有分散化和增加信息投资。分散化是指经济组织通过将经营活动分散的形式来从组织内部降低风险，也就是人们常说的"不要把鸡蛋放在同一个篮子里"；另一种重要的内部风险抑制方法是增加信息方面的投资，目的是提高损失期望估计的准确程度。增加信息投资所带来的对企业未来现金流更精确的估计和预测，可以减少实际现金流相对于期望现金流的波动。例如，增加信息投资来提高对纯粹风险损害发生频率和损害程度估计的准确性，为降低产品价格风险而对不同产品潜在需求情况进行市场调研，以提高对未来商品价格或利率进行预测的准确性等。

（5）贯彻和实施风险管理决策。风险管理决策是指根据风险管理的目标和基本原则，在全面、系统地分析风险的基础上，科学地选择风险管理方法及其组合，从而制定出风险管理的总体方案和管理重点。风险管理决策是风险管理程序的核心。

（6）风险管理效果评价。风险管理效果评价是分析、比较已实施的风险管理方法的结果与预期目标的契合程度，以此来评判管理方案的科学性、适应性和收益性。由于风险性质的可变性，人们对风险认识的阶段性以及风险管理技术处于不断完善之中，因此，需要对风险的识别、估测、评价及管理方法进行定期检查、修正，以保证风险管理方法适应变化了的新情况。所以，我们把风险管理视为一个周而复始的管理过程。风险管理效益的大小取决于是否能以最小风险成本取得最大安全保障，同时还要考虑与整体管理目标是否一致以及具体实施的可能性、可操作性和有效性。

4．风险管理的成本与方法

弗里德里奇·涅茨克说过："一个勇敢而愉快的心灵，不时地需要一点冒险，否则这个世界是不堪忍受的。"当然，由于风险的不确定性，风险管理也需要付出一定的代价和成本。

无论风险的形式如何，其成本包括五个主要组成部分，即期望损失成本、损失控制成本、损失融资成本、内部风险抑制成本和以上方法实施后残余不确定性所带来的成本，如图1-1所示。

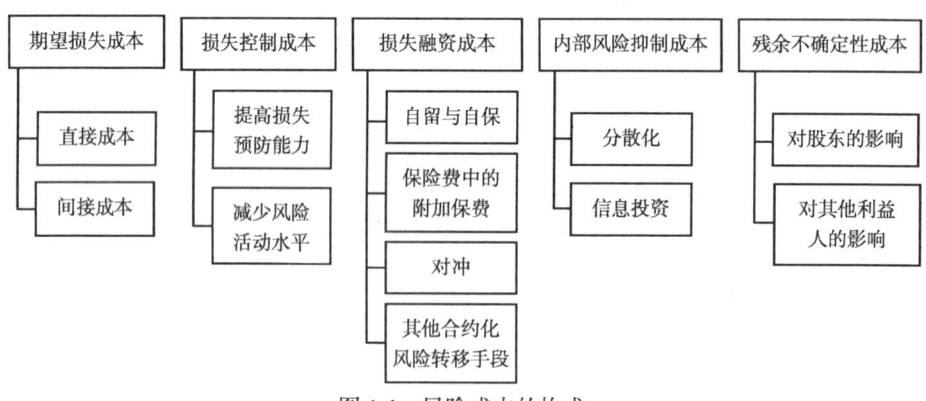

图1-1　风险成本的构成

（1）期望损失成本。包括直接成本和间接成本。直接成本主要是对损毁资产进行修理或重置的成本、对遭受伤害的雇员提出的赔偿诉讼支付的成本以及对其他法律责任诉讼进行辩护和赔偿的成本。间接成本是由于直接损失导致的净利润减少和由于放弃了投资机会造成的利润损失等，具体包括营业收入损失、额外费用增加的成本和责任赔偿费用等。

（2）损失控制成本。是指为了降低损失频率和损失程度而采取的一定手段来提高损失预防能力的成本。例如，购置用于预防和减震的设备及其维护费等。

（3）损失融资成本。包括自留与自保成本、保险费中的附加保费以及在拟定、协商、实施对冲合约和其他合约化风险转移过程中的交易成本。

（4）内部抑制成本。是指与实现分散化经营相关的交易成本以及与管理这些分散行为相关的成本；也包括对数据及其他类型的信息进行收集和分析以进行更精确的损失预测而产生的成本，如风险管理顾问的咨询费。

（5）残余不确定性成本。通过以上措施通常并不能完全消除损失的不确定性。公司在选择并实施了以上措施后遗留下来的那部分不确定性成本称为残余不确定性成本。

5．风险与保险的关系

风险与保险关系密切，主要表现为以下几点：

（1）风险是保险产生和存在的前提，无风险则无保险。风险是客观存在的，时时、处处威胁着人的生命和物质财产的安全，是不以人的意志为转移的。风险的发生直接影响社会生产过程的继续进行和家庭正常的生活，因而产生了人们对损失进行补偿的需要。保险是一种被社会普遍接受的经济补偿方式，因此，风险是保险产生和存在的前提，风险的存在是保险关系确立的基础。

（2）风险的发展是保险发展的客观依据。社会进步、生产发展、现代科学技术的应用，在给人类社会克服原有风险的同时，也带来了新风险。新风险对保险提出了新的要求，促使保险业不断设计新的险种、开发新业务。从保险的现状和发展趋势看，作为高风险系统的核电站、石油化学工业、航空航天事业、交通运输业的风险，都可以纳入保险的责任范围。

（3）保险是风险处理传统且有效的措施。人们面临的各种风险损失，一部分可以通过控制的方法消除或减少，但不可能全部消除。面对各种风险造成的损失，若单靠自身力量解决，则不得不提留足够的后备基金。这样既造成资金浪费，又难以解决巨额损失的补偿问题，从而，转移就成为风险管理的重要手段。保险作为转移方法之一，长期以来被人们视为传统的处理风险手段。通过保险，把不能自行承担的集中风险转嫁给保险人，以小额的固定支出换取对巨额风险的经济保障，使保险成为处理风险的有效措施。

（4）保险经营效益受风险管理技术的制约。保险经营效益的大小受多种因素的制约，风险管理技术作为非常重要的因素，对保险经营效益产生了很大的影响。如对风险的识别是否全面，对风险损失的频率和造成损失的严重程度估计是否准确，哪些风险可以接受承保，哪些风险不可以承保，保险的范围应有多大，程度如何，保险成本与效益的比较等，都制约着保险的经营效益。

案例分析　　卡特里娜飓风

2005年8月29日，卡特里娜飓风登陆美国路易斯安那州和密西西比州。据报道，此次飓风可能造成数以万计的房屋被淹和数十万户家庭断电、100多万人流离失所。卡特里娜飓风的袭击让美国一下子损失了巨额财富，有人把这次飓风灾害与2004年年底发生的印度洋海啸相比，称之为"美国的海啸"，也有人说这是"天灾9·11"。这个世界上的超级大国也是保险业最发达的国家面对灾情也不得不放下架子接受世界各国的援助，难怪有媒体称美国简直就像个第三世界国家。由此可见，在当今世界上，风险管理和保险在抵御人类面临的风险方面还任重道远。

1.2　保险概述

1.2.1　保险的含义

《中华人民共和国保险法》(以下简称《保险法》)将保险定义为：保险是指投保人根据合同约定，向保险人支付保险费，保险人对于合同约定的可能发生的事故因其发生所造成的财产损失承担赔偿保险金责任，或者当被保险人死亡、伤残、疾病或者达到合同约定的年龄、期限时承担给付保险金责任的商业保险行为。

从经济范畴而言，保险是以契约形式确立双方经济关系，以缴纳保险费建立起来的保险基金，对保险合同规定范围内的灾害事故所造成的损失，进行经济补偿或给付的一种经济形式。

1．保险的法律定义

从法律来看，保险是一种合同行为，即通过签订保险合同，明确双方当事人的权利与义务，被保险人以缴纳保费获取保险合同规定范围内的赔偿，保险人则有收受保费的权利和提供赔偿的义务。这正体现了民事法律关系的内容、主体之间的权利和义务关系。

2．保险的经济学定义

从经济角度来看，保险是一种意外事故损失的分摊方法。通过保险，以多数单位和个人缴纳保费建立保险基金，少数不幸的被保险人的损失由所有投保人（一般包括受损者在内的）分摊，是一种非常有效的财务安排。

3．保险的风险管理学定义

从风险管理的角度来看，保险是通过风险转移来达到风险管理目标的一种管理机制。通过保险，将众多的风险单位会聚，从而提高对风险的承受能力。

本书将保险定义为，保险是集合具有同类危险的众多单位或个人，以合理计算分担金的形式，实现对少数成员因该危险事故所致经济损失的补偿行为。这显然是一个保险的经济学定义。

1.2.2 保险的要素

保险的要素是指进行保险经济活动所应具备的基本条件。现代商业保险的要素包括以下五个内容。

1. 可保风险的存在

可保风险是指符合保险人承保条件的特定风险,理想的可保风险应具备以下六个条件:① 风险应当是纯粹风险;② 风险应当具有不确定性;③ 风险应该使大量标的均有遭受损失的可能;④ 风险应当有导致重大损失的可能;⑤ 风险不能使大多数的保险对象同时遭受损失;⑥ 风险应当具有现实的可预测性。

2. 大量同质风险的集合与分散

保险的经济补偿活动过程,既是风险的集合过程,又是风险的分散过程。保险人通过保险将众多投保人所面临的分散性风险集合起来,当发生保险责任范围内的损失,又将少数人遭受的损失分摊给全体投保人,即通过保险的补偿或给付行为分摊损失。保险风险的集合和分散应具备两个前提条件:

(1)大量风险的集合。一方面是基于风险分散的技术要求,另一方面是概率论和大数法则原理在保险经营中得以运用的前提。

(2)同质风险的集合。不同质风险损失发生的概率不同,无法进行统一集合和分散。此外,不同质风险损失发生的频率和程度都是有差异的,若对不同质风险进行集合和分散,则会导致保险经营财务的不稳定。

3. 合理保险费率的厘定,即合理制定保险产品的价格

保险是一种经济保障活动,而从经济角度看则是一种特殊商品交换行为,因此,厘定保险商品的价格,即厘定保险费率,便构成了保险的基本要素。需要指出,保险费率厘定主要根据保险标的的风险状况确定某一保险标的的费率,确定保险人应收取的风险保费。而保险产品定价,除要考虑风险状况外,还要考虑其他因素。影响保险人定价的其他因素包括市场竞争对手的行为、市场供求的变化、保险监管的要求和再保险人承保条件的变化等。

4. 保险基金的建立

保险的分摊损失和补偿损失功能是通过建立保险基金来实现的。保险基金是用以补偿或给付因自然灾害、意外事故或人体自然规律所致的经济损失和人身损害的专项货币基金。它主要来源于开业基金和保险费。就财产保险准备金而言,表现为未到期责任准备金、赔款准备金等形式;就人寿保险准备金而言,主要以未到期责任准备金形式存在。

与其他行业的基金相比,保险基金具有来源的分散性和广泛性、总体上的返还性、使用上的专项性、赔付责任的长期性和运用上的增值性等特点,是保险赔偿和给付的经济基础。

5. 保险合同的订立

保险关系作为一种经济关系，主要体现了投保人与保险人之间的商品交换关系，这种经济关系需要有关法律关系对其进行保护和约束，即通过一定的法律关系固定下来，这种法律形式就是保险合同。风险最基本的特征是不确定性，这就要求保险人和投保人应在确定的法律或契约关系约束下履行各自的权利和义务，否则保险经济关系难以成立，保险保障活动也难以实施。

1.2.3 保险的特征

保险的特征就其基本特征与比较特征而言，前者是一般特征，后者是与某特定行为比较而言的特征。

1. 基本特征

（1）经济性。保险是一种经济保障活动，是整个国民经济活动的一个有机组成部分。其保障的对象财产或人身都直接或间接属于社会再生产中的生产资料和劳动力两大经济要素；其实现保障的手段，最终都必须采取支付货币的形式进行补偿或给付；其保障的根本目的，无论从宏观的角度还是微观的角度，都是为了发展经济。

（2）互助性。保险具有"一人为众，众为一人"的互助特性。它在一定条件下，分担了个别单位和个人所不能承担的风险，从而形成了一种经济互助关系。这种经济互助关系通过保险人用多数投保人缴纳的保险费建立的保险基金对少数遭受损失的被保险人提供补偿或给付而得以体现。

（3）法律性。从法律角度看，保险是一种合同行为，是依法按照合同的形式体现其存在的。保险双方当事人要建立保险关系，其形式是保险合同；保险双方当事人要履行其权利和义务，其依据也是保险合同。没有保险合同，保险关系就无法成立。

（4）科学性。保险是一种科学处理风险的有效措施。现代保险经营以概率论和大数法则等科学的数理理论为基础。保险费率的厘定、保险准备金的提存等都是以精密的数理计算为依据的。

2. 比较特征

从现象上看，现在有一些制度与商业保险相类似。因此，人们很容易把商业保险和这些相似制度相混淆，为了更清晰地了解保险的概念，下面将商业保险和一些相似制度做一些比较。

（1）保险与互助保险。互助保险是由一些具有共同要求和面临同样风险的人自愿组织起来的，预交风险损失补偿分摊金的一种保险形式。这种互助形式曾存在于古今各种以经济补偿为目的的互助合作组织之中，如古埃及建造金字塔的石匠中的互助基金组织、古罗马的丧葬互助会、职工医疗互助保险等。

保险和互助保险之间也存在差异性：① 保险的互助范围以全社会公众为对象，而互助保险的互助范围则是以其互助团体内部成员为限；② 保险的互助是其间接后果而不是直接目的，而互助保险的互助则是直接目的；③ 保险是按照商品经济的原则，以营利为目的而经营的商业行为，而互助保险是以共济为目的的非商业活动。

（2）保险与社会保险。社会保险是国家政府通过立法形式，采取强制手段对全体公民或劳动者因遭遇年老、疾病、生育、伤残、失业和死亡等社会特定风险而暂时或永久失去劳动能力、失去生活来源或中断劳动收入时的基本生活需要提供经济保障的一种制度。其主要包括养老保险、医疗保险、失业保险和工伤保险。

这里，保险与社会保险的比较主要是人身保险与社会保险的比较。两者都是以风险的存在为前提，以概率论和大数法则为制定保险费率的数理基础，以建立保险基金为提供经济保障物质基础的。其区别主要表现为：① 经营主体不同。人身保险的经营主体是商业保险公司；而社会保险可以由政府或其设立的机构办理，也可以委托金融经营机构代管。我国经办社会保险的机构是由劳动和社会保障部授权的社会保障机构。② 行为依据不同。人身保险是以合同实施的民事行为，而社会保险是依法实施的政府行为。③ 实施方式不同。人身保险合同的订立贯彻平等互利、协商一致、自愿订立的原则；而社会保险具有强制实施的特点。④ 适用的原则不同。人身保险以合同体现双方当事人关系，双方的权利和义务是对等的，多投多保，少投少保，不投不保；而社会保障是以贯彻国家的劳动政策和社会政策为宗旨的，强调社会公平的原则，投保人的交费水平和保障水平的联系并不紧密。⑤ 保障功能不同。人身保险的保障目标是在保险金额限度内对保险事故所致损害进行保险金的给付，可以满足生存、发展与享受的各个层次的需要；社会保险的保障目标是通过社会保险金的支付保障社会成员的基本生活需要，即生存需要。⑥ 保费负担不同。投保人承担人身保险的全部保险费，社会保险的保险费通常由个人、企业和政府三方共同负担。

（3）保险与储蓄。保险与储蓄都是为将来的经济需要进行资金积累的一种形式，尤其是人身保险的生存保险和两全保险的生存部分，几乎与储蓄难以区分。但二者也存在区别：① 消费者不同。保险的消费者必须符合保险人的承保条件，经过核保可能会有一些人被拒保或有条件地承保；储蓄的消费者可以是任何单位或个人，一般没有特殊条件的限制。② 计算技术要求不同。保险是集合多数经济单位所交的保险费以备将来赔付用，其目的在于风险的共同分担，且以严格的数理计算为基础。③ 受益期限不同。保险的赔付是不确定的，无论已经交付多少保费和交付时间的长短，只有保险事故发生时，被保险人才能领取保险金；储蓄支付是确定的，存款人可获得本金，并且随着时间的推移领取利息。④ 行为性质不同。保险是互助互济的行为，是自力与他力的结合；储蓄则是个人行为，无求于他人。⑤ 消费目的不同。保险消费的主要目的是应付各种风险事故造成的经济损失；而储蓄的主要目的是为了获取利息收入。

（4）保险与救济。保险与救济均为对经济生活不安定的一种补救行为。其目标均为努力使社会生活正常和稳定。二者的区别在于：① 提供保障的主体不同。保险保障是由商业保险公司提供的，是一种商业行为；救济包括民间救济和政府救济。民间救济是由个人或单位提供，是一种慈善行为；政府救济属于社会行为，通常被称为社会救济。② 保险实行的是有偿的经济保障；救济实行的是无偿的经济帮助。③ 保险当事人地位的确定基于双方一定的权利、义务关系；救济的授受双方无对等义务可言，并非一定的权利、义务关系。④ 保险行为受保险合同的约束；救济事业是根据社会救济政策履行职责。⑤ 保险共同准备财产的形成以数学计算为基础；救济则大都为无准备。⑥ 保险机构是具有互助合作性质的经济实体；救济机构则完全是依靠社会资助的事业机构。

随堂讨论

"保险"的定义有哪些？你支持哪一种定义并说明理由。

1.3 保险的分类

由于对保险分类的角度和标准不同，保险分类存在较大的差异。这种差异主要表现为保险的理论分类、保险的实用分类和保险的法律分类。

保险的理论分类侧重于对保险总体特征的认识和对保险本身运动规律的把握，按保险标的、保险业务、保险的实施方式或保险的经营动机等标准来对保险进行分类。

保险的实用分类来自保险公司的业务实践。保险公司根据自身业务发展的需要，往往按经营业务的重点、业务量、保险公司现有规模或保险市场需求状况等标准来对保险进行分类。

保险的法律分类与保险的理论分类、实用分类的最主要差别在于，它受限于一国的法律体系，故保险的法律分类因国而异，体现各国对保险业进行宏观管理的目的。我国《保险法》将保险分为财产保险（包括财产损失保险、责任保险、信用保险）和人身保险（包括人寿保险、意外伤害保险、健康保险等）两大类。美国保险法将保险分为财产保险、人身保险和人身意外伤害保险三大类。日本的法律将保险分为损害保险和人身保险两大类。

保险的理论分类、保险的实用分类和保险的法律分类是从不同需要的角度对保险进行分类，这三种分类有很多相似之处，其差异也不是绝对的。以下四种分类标准是综合这三种主要分类方法而得出的。

保险的分类如表1-2所示。

表 1-2 保险的分类

分类标准	种　类	界　定
保险实施方式	强制保险	强制保险是国家通过法律或行政手段强制实施的保险。强制保险的保险关系虽然也是产生于投保人与保险人之间的合同行为，但是，合同的订立受制于国家或政府的法律规定。强制保险的实施方式有两种选择：一是保险标的与保险人均由法律规定，二是保险标的由法律规定，但投保人可以自由选择保险人。强制保险具有全面性与统一性的特征，例如，机动车辆第三者责任保险、雇主责任保险、损害责任险等就属于强制保险
	自愿保险	自愿保险是在自愿的原则下，投保人与保险人双方在平等的基础上，通过订立保险合同而建立的保险关系。投保人根据自身需要自主决定是否投保、向谁投保、中途退保等，也可以自由选择保险金额、保障范围、保障程度和保险期限等，保险人也可以根据情况自愿决定是否承保、怎样承保。商业保险是以营利为目的的一种保险，多由私人保险机构举办。商业保险多数为自愿保险，但也有少量为强制保险
保险标的	财产保险	财产保险是以财产及其有关利益为保险标的的一种保险，包括： （1）财产损失保险。它是以各类有形财产为保险标的的财产保险，其主要的种类有企业财产保险、家庭财产保险、运输工具保险、货物运输保险、工程保险、特殊风险保险和农业保险等 （2）责任保险。它是指被保险人对第三者的财产损失或人身损失依照法律和契约应负的赔偿责任为保险标的的保险，主要包括公众责任保险、产品责任保险、雇主责任保险和职业责任保险等 （3）信用保证保险。它是以各种信用行为为保险标的的保险，主要有一般商业信用保险、出口信用保险、合同保证保险、产品保证保险和忠诚保证保险
	人身保险	人身保险是以人的寿命和身体为保险标的的保险，包括： （1）人寿保险是以被保险人的寿命作为保险标的，以被保险人的生存或死亡为给付保险金条件的人身保险。主要有定期寿险、终生寿险、两全寿险、年金保险、投资连接保险、分红寿险和万能寿险等 （2）健康保险是以被保险人的身体为保险标的，使被保险人在疾病或意外事故所致伤害时发生的费用或损失获得补偿的一种人身保险。主要有医疗保险、疾病保险和收入补偿保险等 （3）人身意外伤害保险是指以被保险人的身体为保险标的，以意外伤害而致被保险人身故或残疾为给付保险金条件的一种人身保险。主要有普通意外伤害保险、特定意外伤害保险等

续表

分类标准	种类	界定
保险价值在合同中是否预先确定	定值保险	定值保险是指保险合同双方当事人事先确定保险标的的保险价值，并在合同中载明，以确定保险金最高限额的保险。对此类保险而言，约定的保险价值是保险事故发生后保险赔偿金计算的基础
	不定值保险	不定值保险是保险双方当事人对保险标的不预先确定其价值，而在保险事故发生后再估算价值、确定损失的保险
	定额保险	定额保险是针对人身保险而言的，是指在订立合同时，由保险人和投保人约定保险金额，在被保险人死亡、伤残、疾病或达到合同所约定年龄、期限时，保险人按照合同约定给付约定保险金的保险
保险金额与保险价值的关系	足额保险	足额保险是指保险金额与保险价值相等的保险
	不足额保险	不足额保险是指保险金额小于保险价值的保险，又称低额保险合同
	超额保险	超额保险是指保险金额超过保险价值的保险
保险标的的数量	单个保险	单个保险是指以一人或一物为保险标的的保险，又称单独保险
	团体保险	团体保险是指集合多数性质相似的保险标的，而每一保险标的分别订有各自的保险金额的保险
	综合保险	综合保险是指保险人对承保的多数保险标的仅确定一个总的保险金额，而不分别规定保险金额的保险
保险人承保风险的状况	指定险保险	指定险保险是指保险人承保一种或几种风险的保险
	一切险保险	一切险保险是指保险人承保"除外责任"以外的一切风险的保险
保险当事人	原保险	原保险是指保险人与投保人之间通过订立保险合同而建立的一种保险关系的保险。在原保险合同关系中，投保人通过缴纳保险费，将保险风险转移给保险人，当保险标的发生保险责任范围内的损失时，保险人对被保险人进行损失赔偿或保险金给付
	再保险	再保险也称"分保"，是保险人将其所承保的风险和责任的一部分，转移给其他保险人的一种保险，是原保险的进一步延续，也是可保风险的纵向转移和第二次转移。但是在保险合同的主体、保险标的和保险合同的性质等方面，再保险与原保险存在明显的差别

随堂讨论

你认为上述保险的分类哪些特别重要并说明理由。除上述分类外你还能举出哪些保险的分类？

案例分析　奥运保险

奥运会因各种原因停办和注销是组委会的最主要风险之一，原因最主要包括三部分，即无法提供电视转播信号、天气风险和政治风险。因此，事件取消保险常成为重要的险种之一。数据表明，1992年后历届奥运会转播权保额都在 1.5 亿至 2 亿美元之间，此种保险往往是奥运保险中最受瞩目的。此外，奥运会期间的人身意外、财产风险以及责任风险方面的保险产品也不可或缺。例如，有专门针对运动员、教练员、媒体工作者、志愿者的保险；也有对建筑安装工程、可移动器材、固定场馆、机动车辆、重要转播设施等固定资产进行投保的保险产品。由上可知，奥运保险的种类也不少。

1.4 保险的功能

2003 年 9 月 28 日，中国保险监督管理委员会（以下简称中国保监会）主席吴定富首次提出了"现代保险功能理论"，认为保险的主要功能是经济补偿功能、资金融通功能和社会管理功能。根据保险的本质，保险的功能主要划分为保障功能、资金融通功能和社会管理功能。

1.4.1 保障功能

保障功能是保险业的立业之本，最能体现保险业的特色和竞争力。保险保障功能具体体现为财产保险的补偿功能和人身保险的给付功能。

1. 财产保险的补偿

"无损失，无保险"。保险的机能在于损失的补偿，当特定灾害事故发生时，在保险的有效期和保险合同约定的责任范围以及保险金额内，按其实际损失金额给予补偿。通过补偿使得已经存在的社会财富因灾害事故所致的实际损失在价值上得以减少，在使用价值上得以恢复，从而使社会再生产过程得以继续进行。保险的这种补偿既包括对被保险人因自然灾害或意外事故造成的经济损失的补偿，也包括对被保险人依法应对第三者承担的经济责任的经济补偿，还包括对商业信用中违约行为造成的经济损失的补偿。

2. 人身保险的给付

人身保险是与财产保险性质不同的两种保险。由于人的生命价值很难用货币来计价，所以，人身保险的保险金额是由投保人根据被保险人对人身保险的需要程度和投保人的缴费能力，在法律允许的范围和条件下，与保险人双方协商约定后确定。因此，在保险合同约定的保险事故发生，或者约定的年龄到达，或者约定的期限届满时，保险人按照约定进行保险金的给付。

1.4.2 资金融通功能

资金融通功能是保险的衍生功能。保险人为了使保险经营稳定，必须保证保险资金的保值和增值，这就要求保险人对资金进行运用。保险资金的运用不仅是必要的，而且也是可能的。一方面，由于保险保费收入与赔付支出之间存在时间滞差，为保险人进行保险资金的融通提供了可能；另一方面，保险事故的发生也不都是同时的，保险人收取的保险费不可能一次性全部赔偿出去，也就是保险人收取的保险费与赔付支出之间存在数量滞差，也为保险人进行保险资金的融通提供了可能。但是，保险资金的融通应以保证保险的赔偿与给付为前提，同时也要坚持合法性、流动性、安全性和效益性的原则。随着我国保险资金运用渠道的进一步拓宽，资金融通功能对我国金融市场的影响力越来越大。

随着我国保险资金运用渠道的进一步拓宽，资金融通功能对我国金融市场的影响力越来越大。从资金运用情况看，2006年年末我国保险资金运用余额为17 785.39亿元，较2006年年初增长26.2%。其中，银行存款占33.67%，较2006年年初下降2.98个百分点；债券投资占53.14%，较2006年年初上升0.49个百分点。由于国内股市表现良好，保险公司全年共拿出912.08亿元购买证券投资基金，而直接投资股票以及未上市股权的保险资金累计达929.24亿元，占5.22%，比2006年年初上升了4.1个百分点。作为主要的机构投资者，保险公司在促进资本市场的稳定发展方面发挥的作用日益突出。保险公司持有的银行次级债占银行次级债发行总量的30%以上，为银行提高资本充足率、推动商业银行改革提供了有力的支持。

1.4.3 社会管理功能

保险的社会管理功能是在保险业逐步发展成熟并在社会发展中的地位不断提高和增强之后的衍生功能，具有十分丰富的内涵。

1. 社会保障管理

社会保障被誉为"社会减震器"，是保持社会稳定的重要条件。商业保险是社会保障体系的重要组成部分，在完善社会保障体系方面发挥着重要的作用。一方面，商业保险可以为城镇职工、个体工商户、农民和机关事业单位等没有参加社会基本保险制度的劳动者提供保险保障，有利于扩大社会保障的覆盖面。另一方面，商业保险具有产品灵活多样、选择范围广等特点，可以为社会提供多层次的保障服务，提高社会保障水平，减轻政府在社会保障方面的压力。此外，目前我国保险从业人员达150多万人，为社会提供的就业岗位占金融业总就业人数的44%，为缓解社会就业压力、维护社会稳定、保障人们安居乐业做出了积极的贡献。

2. 社会风险管理

保险公司不仅具有识别、衡量和分析风险的专业知识，而且积累了大量风险损失资料，为全社会风险管理提供了有力的数据支持。同时，保险公司能够积极配合有关部门做好防灾防损，并通过采取差别费率等措施，鼓励投保人和被保险人主动做好各项预防工作，实现对风险的控制和管理。

3. 社会关系管理

由于保险介入灾害处理的全过程，参与到社会关系的管理之中，所以逐步改变了社会主体的行为模式，为维护政府、企业和个人之间正常、有序的社会关系创造了有利条件，减少了社会摩擦，起到了社会润滑剂的作用，大大提高了社会运行的效率。

4．社会信用管理

保险公司经营的产品实际上是一种以信用为基础、以法律为保障的承诺，在培养和增强社会的诚信意识方面具有潜移默化的作用。保险在经营过程中可以收集企业和个人的履约行为记录，为社会信用体系的建立和管理提供重要的信息资料来源，实现社会信用资源的共享。

保障是保险最基本的功能，是保险区别于其他行业的一个最基本的特征。资金融通功能是在保障功能的基础上发展起来的，是保险金融属性的具体体现，也是实现社会管理功能的重要手段。正是由于具有资金融通功能，才使保险业成为国际资本市场的重要资产管理者，特别是通过管理养老基金，使保险成为社会保障体系的重要力量。现代保险的社会管理功能是保险业发展到一定程度，并深入到社会生活诸多层面之后产生的一项重要功能。社会管理功能的发挥，有许多方面都离不开保障和资金融通功能的实现。同时，随着保险社会管理功能逐步得到发挥，将为保障和资金融通功能的发挥提供更广阔的空间。因此，保险的三大功能之间既相互独立，又相互联系、相互作用，形成了一个统一、开放的现代保险功能体系。

随堂讨论

保险的功能还有哪些观点？举例说明如何理解保险的社会管理功能。

案例分析　　唐山大地震

1976年7月28日凌晨3时42分56秒，我国河北省唐山市发生7.8级强烈地震。这是一场罕见的天灾。在短短的十几秒内，在强烈的摇撼中，这座百万人口的工业重镇，顷刻间被夷为一片废墟。唐山地震释放的能量相当于400颗1945年美国投在日本广岛的原子弹同时爆炸，80%以上正在酣睡的人们来不及反应就被埋在瓦砾之下，造成惨重的伤亡。唐山地震是极为少见的城市直下型地震，其损失之巨大，是人类历史上罕见的，被列为20世纪10次破坏性最大的地震灾害之首。据统计，在唐山地震中死亡的人员共有24.24万人，重伤16.46万人。全家震亡、断门的有7 218户，占市区总户数的4.5%；重伤8.1万余人，其中1 700多人终身致残。由于众所周知的原因，保险在此次人类大劫难中几乎没发挥多少作用，保险理赔甚少。

本章关键要点

风险　　风险的特征　　风险因素　　风险事故　　损失　　风险的种类

风险管理　　风险管理程序　　保险　　保险的特征　　保险的分类　　保险的功能

第 2 章 保险合同

本章学习目标
- 了解保险合同的一般特征；掌握保险合同的自身特征。
- 掌握保险合同的概念及构成要素。
- 掌握保险合同成立与生效的标志，保险合同订立、变更、解除和终止的情形。
- 理解保险合同争议处理的解释原则和解决方式。

引导案例

2009 年 10 月 5 日，谢某向 A 人寿保险有限公司（以下简称 A 保险公司）申请投保人寿险 100 万元，附加长期意外伤害保险 200 万元，并填写了投保单。10 月 6 日，A 保险公司向谢某提交了盖有其总经理李某印章的《运筹建议书》，谢某按照该建议书的规定缴纳了首期保险费共计 11 944 元。A 保险公司核保人员在审核谢某的投保资料时发现，谢某投保高达 300 万元的保险金额，却没有提供相应的财务状况证明。为防范道德风险，保险公司一般会要求高额保单的投保人和被保险人提供财务状况证明。因此，10 月 10 日，A 保险公司向谢某发出照会通知书，要求谢某 10 天内补充提供有关财务状况的证明，并按核保程序要求进行身体检查。10 月 17 日，谢某进行了体检。10 月 18 日凌晨谢某在女友家中被其前男友刺杀致死。10 月 18 日上午 8 时，A 保险公司接到医院的体检结果，因谢某身体有问题，需增加保费承保。A 保险公司遂通知了谢家，但谢某家人称无法联络。2009 年 11 月 13 日，谢母向 A 保险公司告知保险事故并提出索赔申请。A 保险公司是否需要进行赔付呢？

2.1 保险合同的概念和特征

2.1.1 保险合同的概念

保险合同是保险关系得以产生的依据，其概念关系到对保险本质的反映。在了解保险合同的概念之前，必须弄清什么是合同。

1. 合同的定义

合同是我们日常生活中经常遇到的法律名词，它是指当事人之间达成的旨在设立、变更、终止某种民事权利、义务关系的协议。合同无处不在，无时不有，与我们的工作、生活密切相关。例如，你到公园游玩，与公园有旅游合同；你应聘到公司去工作，要与公司签订劳动合同；等等。

2. 保险合同的定义

保险合同作为合同中的一种，自然也是约定有关民事权利义务关系的协议。那么，究竟什么是保险合同呢？我国《保险法》第10条将其定义为："保险合同是投保人与保险人约定保险权利义务关系的协议。"由该定义可知，保险合同包括三层含义：一是合同性质，它属于民商事合同；二是当事人，包括投保人和保险人；三是合同内容，即为保险权利义务关系。

2.1.2 保险合同的特征

1. 保险合同的一般特征

保险合同是合同的一种形式，首先应遵循合同的有关规定，如果不具备这个特点，则不能称之为合同。那么，合同的法律特征具体包括哪些方面呢？

（1）合同行为是一种民事法律行为。合同行为作为民事法律行为，只有在合同当事人做出的意识表示是合法的、符合法律要求的情况下，合同才具有法律约束力，并受到国家法律的保护。我国《保险法》第4条规定："从事保险活动必须遵守法律、行政法规，尊重社会公德，不得损害社会公共利益。"如果当事人以违禁物品投保货物运输保险，即使保险人签发了保单，也不能产生合同的效力。

（2）合同以设立、变更或终止民事权利、义务关系为目的。当事人订立合同都有一定的目的和宗旨，这就是设立、变更、终止特定的民事权利、义务关系。所谓设立民事权利、义务关系，是指当事人订立合同旨在形成某种法律关系。例如，投保人通过购买保险的行为，与保险人形成了保险权利、义务关系，一旦发生约定的保险事故，有权向保险公司请求赔偿或给付保险金。所谓变更民事权利、义务关系，是指当事人通过订立合同使原有的合同关系在内容上发生变化。它通常是在继续保持原合同效力的前提下变更合同内容。例如，被保险人因经营规模扩大、资产增加，原有保险金额已起不到足额保障的作用，和保险人协商增加保险金额。所谓终止民事权利、义务关系，是指当事人通过订立合同，旨在消灭原民事权利义务关系。例如，投保人因经济原因无力缴纳续期人身险保费时，要求解除保险合同退还保单的现金价值。

（3）合同是两名或两名以上当事人意思表示一致的结果。意思表示的一致性，表明了合同是当事人协商一致的产物。如果不能协商一致，就不会有合同。我国《保险法》第11条第1款规定："订立保险合同，应当协商一致，遵循公平原则确定各方的权利和义务。"例如，保险人之所以愿意承担被保险人的某种风险，是因为它可以收取相应的保险费，双方就风险的大小与保费的多少达成了一致意见。

（4）合同是当事人自愿的行为。当事人在订立合同时，法律地位是完全平等的，任何一方不能把自己的意志强加给他方，否则合同无效。我国《保险法》第11条第2款规定："除法律、行政法规规定必须保险的外，保险合同自愿订立。"

2. 保险合同的自身特征

我国《保险法》的颁布与实施，使我国保险业的发展进入了一个有法可依的阶段。但是，在保险纠纷诉讼中，许多同种类型、同样性质的诉讼案件，只是由于司法管辖在地域上的差别，而使诉讼结果大相径庭。这种情况进一步导致了保险合同纠纷的增多，引起了保险业者和保险消费者的困惑，还严重影响了司法的统一。这既有立法上的原因，也有司法上的问题，归结起来，重要原因是忽视了保险合同的法律特性，如保险合同的双务性、诺成性、附和性和射幸性等。下面结合本章的引导案例对此加以阐述。

（1）保险合同的成立。

1）保险合同是非要式合同。根据合同的成立是否需要特定的形式，可将合同分为要式合同与非要式合同。要式合同是指法律要求必须采取一定形式或完成一定程序才能成立的合同，如专利转让合同必须采用书面形式才能成立。非要式合同是指法律对合同的成立不要求必须具备一定的形式或履行一定程序的合同。如一般的买卖合同既可以采用口头方式订立，也可以采用书面方式订立，任何一种方式都可以导致合同成立，双方愿意采用书面形式，法律上也不禁止。区分要式合同和非要式合同的法律意义在于：要式合同未采用特定的形式或履行特定的程序，合同不算成立，原则上不发生法律效力。

那么保险合同究竟属于要式合同还是非要式合同？我国《保险法》第13条第1款和第2款规定："投保人提出保险要求，经保险人同意承保，保险合同成立。保险人应当及时向投保人签发保险单或者其他保险凭证。保险单或者其他保险凭证应当载明当事人双方约定的合同内容。当事人也可以约定采用其他书面形式载明合同内容。"从该法律规定来看，保险合同在保险单或其他保险凭证签发以前就已经成立，出具保险单或其他保险凭证，并不是法律规定的保险合同成立的特定形式，而是法律规定的保险人的义务。

另外，我国《保险法》的立法过程很明显地体现了保险合同从要式性向非要式性发展的轨迹。在1995年2月7日提交由全国人民代表大会常务委员会第13次会议审议的《保险法（草案）》（以下简称《草案》）中，第13条明确规定："保险合同以保险单或书面协议的形式订立。"而2002年6月30日通过的《保险法》却删去了这一条款，只是规定"在保险合同成立后，保险人应当及时向投保人签发保险单或者其他保险凭证"。并且《保险法》第13条第2款又在《草案》的基础上做了补充规定："经投保人和保险人协商同意，也可以采取前款规定以外的其他书面协议形式订立保险合同。"在2009年2月28日第十一届全国人民代表大会常务委员会第七次会议修订并通过的《保险法》中，也做了同样的意思表示："当事人也可以约定采用其他书面形式载明合同内容。"这就更为明确地表现了保险单证并非保险合同的唯一法定形式。

因此我们认为，主张保险合同是要式合同，其成立始于保险单或其他保险凭证签发的观点，对保险实践是有害的。

第一，不利于保护被保险人的合法权益，影响生产和生活的安定。在实践中，有时出现投保人与保险人就投保事项协商一致，且投保人已交付保险费，但保险人尚未签发保险单或其他保险凭证的情形。产生此种情形的原因可能是多方面的，但也确实有少数保险人持观望态度，一旦发生保险事故造成被保险人的损失，就以尚未签发保险单或其他保险凭证，保险合同没有成立为由，拒绝承担保险责任，使被保险人的经济损失得不到及时的补偿，从而影响了生产和生活的安定。

第二，损坏了保险人的名誉，不利于保险业的顺利发展。投保人对保险一般是比较生疏的，他们总以为一旦与保险人协商一致，且交付了保险费，保险合同就成立，在保险期限内其因保险事故造成的损失，由保险人赔偿。如果保险合同的成立始于保险单或其他保险凭证的签发，即在签发之前，保险人不负赔偿责任，就很容易挫伤人们参加保险的积极性，也有损保险人的信誉，不利于保险业的健康发展。

尽管按照我国《保险法》的有关规定，保险合同是非要式合同，但是为了避免和减少纠纷，明确当事人的权利和义务，准确、及时、合理地解决纷争，我们认为，在实务中，应尽可能采用书面形式订立保险合同。对于口头的保险合同，一旦双方当事人达成协议，保险人应马上出具保险单或其他保险凭证，以资证明。

2）保险合同是诺成性合同。以合同的成立是否必须交付标的物或完成其他给付为标准，可将合同分为诺成性合同和实践性合同。诺成性合同是指当事人各方意思表示一致即成立的合同。例如，铁路运输合同只要托运人和承运人就货物运输的时间、路线等事宜达成一致意见，该合同就成立，而不论货物是否已交付到承运人之手。实践性合同是指除双方当事人的意思表示一致以外，尚需交付标的物或完成其他给付才能成立的合同。例如，赠与合同除了赠与人和受赠人双方当事人意思表示一致之外，只有赠与人把相关财产实际转移到受赠人手中，该合同才成立。区分诺成性合同与实践性合同的法律意义在于两者的成立时间不同：诺成性合同自当事人就合同主要条款达成协议时成立；实践性合同当事人只就合同主要条款达成协议，合同并不能成立，只有在当事人双方达成协议且存在一方当事人交付标的物等行为时，合同才能成立。

在我国，相当多的人认为，保险合同是实践性合同。只要投保人未交付保险费，即使双方当事人就合同的条款达成协议，保险合同也不成立。当然，此时发生保险事故，保险人也有权拒绝赔偿。我们认为，这种观点是缺乏法律依据的。因为从我国现有的法律规定来分析，保险合同应是诺成性合同。

第一，我国《保险法》第13条规定："投保人提出保险要求，经保险人同意承保，保险合同成立。保险人应当及时向投保人签发保险单或者其他保险凭证。"从该法律规定来看，保险合同成立与否，取决于双方当事人是否就合同的条款达成一致意见。显而易见，保险合同是诺成性合同。

　　第二,《保险法》第14条规定:"保险合同成立后,投保人按照约定交付保险费,保险人按照约定的时间开始承担保险责任。"这里投保人按照约定交付保险费是指按照保险合同的约定交付保险费,在合同成立之前,这种约定是不可能存在的,更谈不上交付保险费。因此,那种主张保险合同是实践性合同,即在保险费交付之前,保险合同尚未成立的观点是站不住脚的,与上述立法不符。

　　3)保险合同是有偿合同。有偿合同是指因为享有一定的权利而必须偿付一定对价的合同。保险合同以投保人支付保险费作为对价换取保险人对风险的保障。投保人与保险人的对价是相互的,投保人的对价是向保险人支付保险费,保险人的对价是承担投保人转移的风险。

　　4)保险合同是双务合同。双务合同是指合同双方当事人相互享有权利、承担义务的合同。保险合同的被保险人在保险事故发生时,依据保险合同享有请求保险人支付保险金或补偿损失的权利,投保人则负有支付保险费的义务;保险人应享有收取保险费的权利,具有承担约定事故发生时给付保险金或补偿被保险人损失的义务。

　　5)保险合同是附和合同。附和合同是指其内容不是由当事人双方共同协商拟订,而是由一方当事人事先拟就,另一方当事人只是做出是否同意的意思表示的一种合同。保险合同可以采用保险协议书、保险单或保险凭证的形式订立。在采用保险单和保险凭证形式时,保险条款已由保险人事先拟订,当事人双方的权利、义务已规定在保险条款中,投保人一般只能做出是否同意的意思表示,而不能对条款的内容做出实质性的变更。当然,投保人可以与保险人协商,增加特别约定条款,或对保险责任进行限制与扩展,但一般只能在原有保险条款的基本结构和内容下进行改变。

　　6)保险合同是射幸合同。射幸一词来源于拉丁语aleatoria,与alea(意为死亡)和aleator(意为玩骰子者)有联系。射幸合同是民事合同的一种,是指合同的效果在订约时不能确定的合同,即合同当事人一方并不必然履行给付义务,而只有当合同约定的条件具备或合同约定的条件发生时才履行。保险合同是一种典型的射幸合同:投保人根据保险合同支付保险费的义务是确定的,而保险人仅在保险事故发生时,承担赔偿或给付义务,即保险人的义务是否履行在保险合同订立时尚不确定,而是取决于偶然的、不确定的保险事故是否发生。但是,保险合同的射幸性是就单个保险合同而言的,而且也是仅就有形保障而言的。

　　7)保险合同是最大诚信合同。凡民事活动,当事人都应遵守诚信这一原则,保险合同也不例外,我国《保险法》第5条规定:"保险活动当事人行使权利、履行义务应当遵循诚实信用原则。"鉴于保险关系的特殊性,法律对诚实信用程度的要求远远大于其他民事活动。因为保险标的在投保前或投保后均在投保方的控制之下,而保险人通常只是根据投保方的告知来决定是否承保以及承保的条件。此外,投保方对保险标的的过去情况、未来事项也要向保险人做出保证。所以,投保方的道德因素和信用状况对保险经营来说关系很大。保险经营的复杂性和技术性使得保险人在保险关系中处于有利地位,而投保人处于不利地位。

这就要求保险人在订立保险合同时，应向投保人说明保险合同的内容。在约定的保险事故发生时，履行赔偿或给付保险金的义务等。所以，保险合同较一般合同对当事人的诚实信用的要求更为严格，故称最大诚信合同。

综上所述，保险合同的成立既不是以保单的出具作为标志，也不是以保费的缴纳作为前提。判断一个保险合同是否成立的主要标志就是看保险合同双方当事人是否就保险协议达成了一致意见。

（2）保费的缴纳、保单的出具与保险合同的生效。所谓保险合同的生效，是指已经成立的保险合同在当事人之间产生了一定的法律约束力。《保险法》第14条规定："保险合同成立后，投保人按照约定交付保险费；保险人按照约定的时间开始承担保险责任。"从《保险法》这一规定可以看出，保险合同成立与保险合同生效不是一个概念，两者既有联系，又有区别。

保险合同成立是指保险合同的当事人对保险合同的基本内容达成一致意见，解决了保险合同是否存在的问题，但没有解决保险合同是否生效的问题。在保险合同生效后，保险人才开始承担保险责任。

我国《保险法》第13条第3款规定："依法成立的合同，自成立时生效。投保人和保险人可以对合同的效力约定附条件或者附期限。"附生效条件的合同，自条件成就时生效。附解除条件的合同，自条件成就时失效。附生效期限的合同，自期限届至时生效。附终止期限的合同，自期限届满时失效。在保险实践中，有的保险公司在收取首期保险费后才开始承担保险责任，有的保险公司实行的是"零时起保制"，即签发保单的次日凌晨才开始承担保险责任。从现行的《保险法》来分析，缴纳保费、出具保单等并不是保险合同生效的要件，一份保险合同是否生效主要是看投保人与保险人对生效的条件和期限是如何约定的。

在对保险合同成立、生效的标志有了深入分析之后，针对本章引导案例，我们不难得出这样的结论：从整个投保、承保的过程来看，谢某一直是想投保的，而A保险公司一直是想承保的，双方已就保险合同达成了一致意见，所以保险合同成立。由于在该保险合同中既没有约定合同生效的条件，也没有约定合同生效的期限，依照《保险法》第13条的规定，对生效条件和生效期限没有约定或约定不明的，合同成立即生效。所以A保险公司应当承担给付保险金责任。

随堂讨论

试比较分析普通经济合同和保险合同的异同。

2.2 保险合同的主体、客体和内容

任何民事法律关系都包括主体、客体和内容这三个要素，缺少其中任何一个都不能成立民事法律关系。其中，民事法律关系的主体是指在民事法律关系中独立享有民事权利和承担民事义务的当事人；民事法律关系的客体是指当事人之间的权利、义务所指向的对象；民事法律关系的内容是指民事主体之间在民事法律关系中享有的、经国家法律确认的民事权利和民事义务。保险合同作为合同的一种，当然也必须包括主体、客体和内容这三个要素，否则，合同不能成立。

2.2.1 保险合同的主体

保险合同的主体有三类，包括保险合同当事人、保险合同关系人以及保险合同辅助人。保险合同当事人是指订立保险合同并享有和承担保险合同所确定的权利、义务的人，包括保险人和投保人；保险合同关系人是指在保险事故发生时或保险合同约定的条件满足时，对保险人享有保险金请求权的人，包括被保险人和受益人；保险合同的辅助人是指协助保险合同当事人和关系人办理保险合同有关事项的人，包括保险代理人、保险经纪人和保险公估人。

1. 保险合同当事人

（1）保险人。又称承保人，是指依法成立的，在保险合同成立时，有权收取保险费，并于保险事故发生时，承担赔偿或给付保险金义务的人，以法人经营为主，通常称为保险公司。我国《保险法》第10条第3款规定："保险人是指与投保人订立保险合同，并按照合同约定承担赔偿或者给付保险金责任的保险公司。"

2002年6月30日通过的《保险法》规定，保险公司应当采取股份有限公司或者国有独资公司的组织形式。与此同时，根据相关规定，外资法人保险公司均采取有限责任公司的形式。2009年2月28日修订并通过的《保险法》删除了有关保险公司组织形式的特别规定，保险公司在组织形式上直接适用《公司法》，既可以采取股份有限公司的形式，也可以采取有限责任公司的形式。此外，考虑到国有独资公司属于有限责任公司的特殊形式，因此也不再单独列举。

我国保险公司主要分为财产保险公司和人寿保险公司。

（2）投保人。又称要保人，是指与保险人签订保险合同，并按照合同约定负有支付保险费义务的人。作为投保人，既可以是自然人，也可以是法人，但必须具备下列三项条件：① 具有相应的民事权利能力和民事行为能力；② 必须对保险标的具有保险利益；③ 投保人须与保险人订立保险合同并按照合同约定交付保险费。

投保人与保险人所订立的保险合同，依订立合同的目的不同，可将其分为为自己利益订立的保险合同和为他人利益订立的保险合同。

1）为自己利益订立的保险合同，是指投保人为自己设定权利和义务，从而享有保险金请求权的保险合同。一般有两种情形：① 投保人自己为被保险人，自己同时也是受益人；② 投保人以他人为被保险人，而指定自己为受益人。

2）为他人利益订立的保险合同，是指投保人不自行享有赔偿或给付保险金权利的保险合同。一般有三种情况：① 投保人自己为被保险人，而指定他人为受益人；② 投保人以他人为被保险人，受益人为该被保险人；③ 投保人以他人为被保险人，而又另行指定受益人。

2. 保险合同关系人

（1）被保险人。是指其财产或人身受保险保障、享有保险金请求权的人。我国《保险法》第 12 条第 5 款明确规定："被保险人是指其财产或者人身受保险合同保障，享有保险金请求权的人。投保人可以为被保险人。"无论是作为财产保险合同的被保险人，还是人身保险合同的被保险人，以下两点必须明确：

1）必须是保险事故发生时遭受损失的人。在财产保险中，被保险人必须是保险标的的所有人或其他权利人，如财产的所有者、管理者或使用者等，才可能在保险事故发生时遭受损失；在人身保险中，由于是以被保险人的生命或身体作为保险标的，故保险事故发生时必然遭受损失（各种生存保险除外）。

2）必须是享有保险金请求权的人。被保险人因保险事故发生而遭受损失，自然应享有保险金请求权，但这点在财产保险和人身保险中并不相同。在财产保险中，由于保险事故发生后只是财产上的损毁灭失，被保险人一般可自己行使赔偿请求权；但在人身保险合同中，尤其是人寿保险中的死亡保险，一旦保险事故发生，被保险人无法自己行使请求给付保险金的权利，故法律规定，可由其受益人或继承人来行使请求给付保险金的权利。

（2）受益人。又称保险金受领人，是指由投保人或被保险人在保险合同中指定的、在保险事故发生时享有保险金请求权的人。我国《保险法》第 18 条第 3 款规定："受益人是指人身保险合同中由被保险人或者投保人指定的享有保险金请求权的人，投保人、被保险人可以为受益人。"

1）受益人的资格。作为人身保险的受益人，在法律上并没有对受益人加以任何限制。无论是自然人，还是法人，均可以被指定为受益人。

2）受益人的人数。当指定的受益人为数人时，受益人受益权的行使受到受益顺序与受益份额的制约。受益顺序是指由被保险人或者投保人在保险合同中确定的各受益人所享有的向保险人行使保险金请求权的先后次序；受益份额是指由被保险人或者投保人在保险合同中确定的同一顺序受益人所享有的向保险人行使保险金请求权的份额。我国《保险法》第 40 条规定："被保险人或者投保人可以指定一人或者数人为受益人。受益人为数人的，被保险人或者投保人可以确定受益顺序和受益份额；未确定受益份额的，受益人按照相等份额享有受益权。"

3）受益人的指定和变更。根据我国《保险法》第 39 条规定："人身保险的受益人由被保险人或者投保人指定。投保人指定受益人时须经被保险人同意。投保人为与其有劳动关系的劳动者投保人身保险，不得指定被保险人及其近亲属以外的人为受益人。被保险人为无民事行为能力人或者限制民事行为能力人的，可以由其监护人指定受益人。"

保险合同生效后，投保人或被保险人可以中途撤销或变更受益人，无须征得保险人同意，但必须书面通知保险人。如果投保人与被保险人不是同一人，投保人变更或撤销受益人时，需征得被保险人的同意；如果投保人或被保险人没有在保险合同中指明受益人的，那么在被保险人死亡后，保险金作为被保险人的遗产，由保险人向被保险人的继承人履行给付保险金的义务；受益人与被保险人在同一事件中死亡，且不能确定死亡先后顺序的，推定受益人死亡在先。

> **随堂讨论**
> 试比较分析现实业务中投保人、被保险人、受益人三者之间可能存在的身份关系。

3. 保险合同辅助人

（1）保险代理人。我国《保险法》第 117 条明确规定："保险代理人是根据保险人的委托，向保险人收取佣金，并在保险人授权的范围内代为办理保险业务的机构或者个人。"2004 年 11 月 1 日，中国保险监督管理委员会审定通过了《保险代理机构管理规定》，并于 2005 年 1 月 1 日起实施。保险人委托保险代理人代办保险业务的，应当与保险代理人签订委托代理协议，约定双方的权利和义务。保险代理人一般具有以下几个特征：

1）保险代理人必须以保险人的名义进行保险活动。保险代理人的任务就是代办保险业务，如代理销售保险单、代理收取保险费、代理保险人进行损失勘察和理赔等。因此，保险代理人只有以保险人的名义进行代理活动，才能为保险人设定权利和义务，而不能以自己的名义进行保险合同，否则由此产生的法律后果得由自己承担。

2）保险代理人必须在代理权限内进行保险活动。保险代理人因保险人的委托才享有代理权，因此必须在代理权限内进行活动。保险代理人没有代理权、超越代理权或者代理权终止后的行为，对保险人无效力。但是，保险代理人没有代理权、超越代理权或者代理权终止后以保险人名义订立合同，使投保人有理由相信其有代理权，该代理行为有效。保险人可以依法追究越权的保险代理人的责任。

3）保险代理人代理活动的法律后果由保险人承担。保险代理人在代理权限内所进行的保险活动，在法律上视为保险人自己的活动，故保险代理人的代理行为虽是发生在其本人与投保人之间，但保险法律关系却产生于保险人与投保人之间，基于这种法律关系而产生的权利和义务后果理应由保险人承担。

保险代理人可以分为专业代理人、兼业代理人和个人代理人。

（2）保险经纪人。是指基于投保人的利益，为投保人与保险人订立保险合同、提供中介服务，并依法收取佣金的机构。根据我国《保险法》的相关规定，我国的保险经纪人只能是单位，不能是个人。

保险经纪人与保险代理人的主要区别如下：

1）保险经纪人是基于投保人的利益，向保险人或其他保险代理人洽订保险合同；而保险代理人则是根据保险人的委托而代为办理保险业务。

2）保险经纪人虽然也像保险代理人一样，向保险人收取佣金，但有时候，他也向投保人收取佣金，如当保险经纪人为其提供风险咨询服务的时候。

3）保险经纪人的业务范围要比保险代理人广，如他可以受保险人的委托，为保险人提供防灾、防损或风险评估、风险管理方面的咨询服务，也可以代理保险人进行损失的查勘和理赔等。

（3）保险公估人。是指向保险人或者投保人、被保险人、受益人收取费用，为其办理保险标的的查勘、鉴定、估价与赔偿的理算、洽商业务，并为其提供证明的人。

2.2.2 保险合同的客体

保险合同的客体是指保险合同双方当事人权利和义务所共同指向的对象，即保险利益。由于保险利益是指投保人或者被保险人对保险标的具有的法律上承认的利益，很难直观感受到，往往通过保险标的将其反映出来。简言之，保险利益与保险标的是内容与形式的关系，保险利益是内容，保险标的是形式，保险标的是保险利益的载体。

那么什么是保险标的呢？保险标的是指作为保险对象的财产及其有关利益或者人的寿命和身体。此类标的物既可以是有形财产，也可以是行为、责任，甚至是人的寿命或身体等。因此，各种财产、民事权利、民事责任、人的身体和寿命等都可以作为保险标的。但是，保险机制所提供的保障作用，不是为了保险标的本身的安全，而是投保人和被保险人在保险标的上所具有的保险利益，保险的目的是为了使这种利益不至于因保险事故的发生而遭受损害或其他不利后果。因此，保险合同的客体应该是保险利益而非保险标的。

2.2.3 保险合同的内容

1. 保险合同内容的概念

狭义的保险合同内容仅指合同当事人依法约定的权利和义务；广义的保险合同内容则是指以双方权利、义务为核心的保险合同的全部记载事项。在这里我们所讲的保险合同内容指的是广义的保险合同内容。

由于保险合同一般都是依照保险人预先拟订的保险条款订立的，因而在保险合同成立后，双方当事人的权利和义务就主要体现在这些条款上。按照保险条款的目的和作用不同，可将其分为基本条款和附加条款。

（1）基本条款。又称普通条款，是指保险人在事先准备的保险单上，根据不同险种而规定的有关保险合同当事人双方权利、义务的基本事项。它往往构成保险合同的基本内容，是投保人和保险人签订保险合同的依据。

（2）附加条款。又称单项条款，是指保险合同当事人双方在基本条款的基础上所附加的，用以扩大或限制原基本条款中所规定的权利和义务的补充条款。它产生的原因主要在于：① 扩大基本条款的伸缩性，以适应投保人的特别需要；② 变更原保险单的合同内容，如扩大承保危险责任、增加保险标的数量等，也可以用以减少原规定的除外责任或缩小原规定的承保范围。

在保险实务中，一般把基本条款所规定的保险人承保的危险叫做基本险；附加条款所规定的保险人承保的危险叫做附加险。保险条款的这种特殊构成决定了投保人只有在投保基本险的基础上，才能投保附加险，而不能单独投保附加险。

2. 保险合同的基本条款

根据我国《保险法》第18条规定，在保险合同中一般应包括以下几方面事项。

（1）保险人的名称和住所。

（2）投保人、被保险人的姓名或者名称、住所，以及人身保险受益人的姓名、名称和住所。

（3）保险标的。

将保险标的作为保险合同的基本条款的法律意义如下：

1）确定保险合同的种类，明确保险人承担责任的范围及保险法规定的适用。

2）判断投保人是否具有保险利益及是否存在道德危险。

3）确定保险价值及赔偿数额。在2002年6月30日通过的《保险法》中将保险价值作为保险合同的一项内容，但在2009年2月28日修订并通过的《保险法》中删去保险价值，并规定投保人和保险人可以约定与保险有关的其他事项。保险价值是指保险标的在某一特定时期内以金钱估计的价值总额，是确定保险金额和确定赔偿金额的计算基础。《保险法》第55条第1款、第2款规定保险价值的认定坚持约定优先，投保人和保险人约定保险标的的保险价值并在合同中载明的，保险标的发生损失时，以约定的保险价值为赔偿计算标准。投保人和保险人未约定保险标的的保险价值的，保险标的发生损失时，以保险事故发生时保险标的的实际价值为赔偿计算标准。对于人身保险合同，不存在保险价值这一概念，因为人的生命和身体是无法用金钱加以衡量的。

4）确定诉讼管辖。

（4）保险责任和责任免除。

1）保险责任是指保险合同约定的保险事故或事件发生后，保险人所应承担的保险金赔偿或给付责任。其法律意义在于确定保险人承担风险责任的范围。

2）责任免除是指保险人依照法律规定或合同约定，不承担保险责任的范围，是对保险责任的限制。责任免除条款的内容应以列举的方式规定。其法律意义在于进一步明确保险责任的范围，避免保险人过度承担责任，以维护公平和最大诚信原则。

（5）保险金额。它是指保险人承担赔偿或者给付保险金责任的最高限额。在财产保险中，保险金额不得超过保险标的的实际价值，超过部分无效；在人身保险中，保险金额往往由双方当事人自行约定。

（6）保险期限。又称保险期间、承保期间，是指保险合同的有效期限，也即保险人依约承担保险责任的期限。

保险合同的保险期限通常有两种计算方法：① 用年、月、日来表示，如财产保险的合同期限一般为一年；人身保险的保险期限较长，有的是二年，有的是五年、十年、二十年等。② 以某一事件的始末作为保险期限，例如，货物运输保险、运输工具航程保险都是以一个航程为保险期限。

（7）保费及其支付办法。保费是指投保人为取得保险保障而交付给保险人的费用。保费包括纯保费和附加保费两部分。其中纯保费是以预定死亡率和预定利率为基础计算出来的，用于给付保险金的保费；附加保费是指用于保险人的营业费用、营业税金和利润等的保费。保费的多少取决于保险金额的大小、保险期限的长短和保险费率的高低。保费的支付方式主要有趸缴和期缴两种。

（8）保险金赔偿或给付办法。保险金的赔偿或给付办法，应当在保险合同中明确规定，以增强其严肃性。由于投保人投保的险种不同，保险金赔偿或给付的具体做法也是不同的，不过在实践中，一般以现金赔付和重置为主。

（9）违约责任和争议处理。

1）违约责任是指保险合同当事人因过错致使合同不能履行或者不能完全履行时，基于法律规定或合同约定所必须承担的法律后果。

2）争议处理是指保险合同发生纠纷后的解决方式。保险合同订立以后，双方当事人在履行合同过程中，围绕理赔、追偿、缴费以及责任归属等问题容易产生争议。因此，采用适当的方式公平合理地处理保险纠纷，直接影响到双方的权益。

对保险业务中发生的争议，可采取和解、调解、仲裁和诉讼四种方式来处理：① 和解是在争议发生后由当事人双方在平等、互相谅解基础上通过对争议事项的协商，互相做出一定的让步，取得共识，形成双方都可以接受的协议，以消除纠纷，保证合同履行的方法。② 调解是在第三人主持下根据自愿、合法原则，在双方当事人明辨是非、分清责任的基础上，促使双方互谅互让，达成和解协议，以便合同得到履行的方法。③ 仲裁是争议双方在争议发生之前或在争议发生之后达成协议，自愿将争议交给第三者做出裁决，双方有义务执行的一种解决争议的方法。④ 诉讼是合同当事人的任何一方按照民事法律诉讼程序向法院对另一方提出权益主张，并要求法院予以解决和保护的请求。

保险合同发生争议的，应首先通过友好协商解决。协商不成时，再考虑通过仲裁、诉讼等方式解决。

（10）订立合同的年、月、日。

3. 保险合同的形式

（1）投保单。是指投保人向保险人申请订立保险合同的书面要约，由投保人在申请保险时填写，保险人根据投保单签发保险单。投保单是保险合同的重要组成部分。在投保单中，一般列明订立保险合同所必需的项目，如投保人和被保险人的姓名，被保险人的年龄、性别、家庭住址、通信地址、联系电话、投保险种、保险金额等。如果投保单填写的内容不实或投保人故意隐瞒、欺诈，都将影响保险合同的效力。

（2）保险单。是指保险人与投保人订立正式保险合同的书面凭证。它由保险人制作、印刷、签发，并交付给投保人。保险单要将保险合同的全部内容详尽列明，其主要内容有：① 声明事项，即投保人向保险人应做的说明事项，如被保险人姓名、年龄、保险标的及其所在地、保险金额、保险期限以及对有关危险货物性质的说明及承诺等；② 保险责任，即保险人所承担的保障风险项目及其赔付责任；③ 除外责任，即对保险人风险承担责任的限制；④ 附注条件，一般是合同双方的权利和义务的规定等。

保险单在某些情况下，有类似有价证券的作用，被称为"保险证券"，如长期寿险保单本身包含一定的现金价值，可据以向保险人质押贷款。

（3）保险凭证。也称"小保单"，是保险人向投保人签发的证明保险合同已经成立的书面凭证，是一种简化了的保险单。

（4）暂保单。也称临时保险单，是指保险人在签发正式保险单之前，出立的临时保险凭证。

使用暂保单的情况如下：

1）保险代理人在争取到业务时，还未向保险人办妥保险单手续之前，给被保险人的一种证明。

2）保险公司的分支机构在接受投保后，还未获得总公司的批准之前，先出立的保障证明。

3）在洽订或续订保险合同时，订约双方还有一些条件需商讨，在没有完全谈妥之前，先由保险人出具给被保险人的一种保障证明。

4）出口贸易结汇时，保险单是必备的文件之一，在保险人尚未出具保险单或保险凭证之前，先出立暂保单，以资证明出口货物已经办理保险。

暂保单具有和正式保险单同等的法律效力，但一般暂保单的有效期不长，通常不超过30天。当正式保险单出立后，暂保单就自动失效。

（5）批单。批单是保险双方当事人协商修改和变更保险单内容的一种单证，也是保险合同变更时最常用的书面单证。批单的法律效力优于原保险单的同类款目。

（6）其他书面形式。除了以上印刷的书面形式外，保险合同也可以采取其他书面协议形式，如保险协议书、电报、电传等。

2.3 保险合同的订立、变更、解除和终止

2.3.1 保险合同的订立

保险合同的订立是指投保人与保险人就保险合同的条款达成协议的法律行为。订立应当遵循自愿、平等、公平互利、协商一致的原则，不得损害社会公共利益。

1. 保险合同的订立原则

保险合同的订立是通过投保人与保险人的双方法律行为而发生的，双方当事人的意思表示一致是该合同得以产生的基础。

（1）公平互利、协商一致原则。我国《保险法》第11条第1款规定："订立保险合同，应当协商一致，遵循公平原则确定各方的权利和义务。"当事人在保险合同中的法律地位是平等的，在订立保险合同时，应本着公平互利的精神，进行充分协商，取得一致意见。

（2）自愿订立原则。我国《保险法》第11条第2款规定"除法律、行政法规规定必须保险的外，保险合同自愿订立。"因此，当事人是否订立保险合同，选择哪家保险公司订立合同，以及订立何种合同等，完全取决于当事人的意愿，任何人不得欺诈、胁迫或强制他人订立保险合同。如果违背自愿订立原则，采取行政手段，利用职权强迫他人订立保险合同，所订立的保险合同无效，对当事人也没有法律约束力。

（3）合法性原则。任何单位和个人不得违背党的政策和国家的法律、行政法规，利用保险合同进行违法犯罪活动。否则，所订立的保险合同无效。

此外，还要遵循保险利益原则和诚实信用原则（相关内容请参阅第3章）。

2. 保险合同的订立程序

订立保险合同与订立其他合同一样，要经历两个法定程序，即要约和承诺。

（1）要约。亦称订约提议，是一方向另一方提出订立合同的建议。发出要约的人可称为要约人，接收要约的人可称为受要约人。而受约人可提出新的要约。

有效的要约要满足以下几个条件：① 要约人愿意订立合同的明确意思表示；② 要约必须向特定的人发出；③ 要约应当是要约人对于合同主要内容的完整的意思表示；④ 要约应当有要求另一方做出答复的期限。

在订立保险合同的过程中，一般由投保人向保险人提出投保的要求。投保人在投保时，第一，应考虑自己需要何种保障，所能面临的风险有哪些，进而通过咨询等方式，明确所要投保的保险险种；第二，选择经营稳健、有良好信誉的保险人，询问其是否可提供所需的保险险种，尽量索取有关条款或资料进行认真研究；第三，提出投保要求，并按照保险人的要求如实告知保险标的的主要危险情况及所需的风险保障，同时可要求保险人提供有关保险条款，并对其主要内容进行详细而明确的说明。

（2）承诺。承诺亦称接受提议，是指受约人在收到要约后，对要约的全部内容表示同

意并做出愿意订立合同的意思表示。承诺要约的人可称为承诺人，承诺人一定是受约人，但受约人不一定是承诺人。

承诺一般要具备以下条件：① 承诺必须由受约人本人或有订立合同的代理权人向要约人做出；② 承诺的内容应当与要约的内容完全一致；③ 承诺必须在要约规定的期限内做出；④ 承诺必须以要约要求的形式予以答复。

保险合同一般由保险人予以承诺。在投保人提出投保要约后，保险人第一，应审查保险标的是否符合投保要求及其主要危险情况，主要是向投保人提出询问，投保人应如实回答。第二，应审核要约是否符合该险种保险条款的内容，是否有特别约定内容。第三，应约定交纳保险费的具体时间、地点、数额等。第四，保险人必须在规定的时间内做出答复，一旦做出承保承诺，保险合同成立。

3. 保险合同的有效
（1）保险合同的成立与生效。

案例分析

因长期代办保险业务合同关系，大连港收到货物后，于8月28日在《水路货物承运登记单》上加盖了保险人的印章，并通知货主缴纳保险费。货主投保综合险，保额370万元，并支付了保险费13 019元，合同条款按中国人民保险公司《国内水路、铁路货物运输保险条款》（摘要）规定执行。

8月28日开始装船。8月30日凌晨天降大雨，船上液压管爆裂，致使舱盖不能关闭，已装船货物被淋湿。货主要求承运人卸下381件，并告知保险人货被雨淋。保险人查验后，没有提出卸货意见。当日，承运人出具了"8仓货物被淋，已卸381件，余货水湿不详"的货运记录。8月31日，货物装船完毕前往目的港。9月3日，保险人向货主出具了保险单。

抵港后因泊位紧张，等泊至9月30日才卸货。根据理货证明和货运记录，6 932件货物有水湿现象，其中370吨货物发生霉变。货主立即通知保险人查验货损。查验后，保险人要求货主采取各种补救措施，迅速处理受损货物，避免扩大损失。按投保额扣除残值后，损失33万元人民币。

资料来源：http://blog.shippingchina.com/blog-htm-do-showone-itemid-8061.html.

《保险法》第13条的规定："投保人提出保险要求，经保险人同意承保，保险合同成立。"投保人提出保险要求，经保险人同意承保，并就合同的条款达成协议，保险合同即告成立。

合同的生效是指依法成立的保险合同对合同主体产生法律约束力。

一般情况下，合同一经成立就产生法律效力，即合同生效，双方当事人、关系人依合同始享有权利，承担义务，并不得任意更改合同的有关内容。有些民事法律行为是可以附条件、附期限生效的，附条件、附期限的民事法律行为在符合所附条件或到达所附期限时才能生效。保险合同往往属于此类民事法律行为。《保险法》第13条第3款规定："依法成立的保险合同，自成立时生效。投保人和保险人可以对合同的效力约定附条件或者附期限。"《保险法》第14条规定："保险合同成立后，投保人按照约定交付保险费，保险人按照约定的时间开始承担保险责任。"如在我国保险业务实践中，保险合同普遍实行"零时起保制"，保险合同的生效时间通常在合同成立日的次日零时或约定的未来某一日的零时。

（2）保险合同有效的条件。合同是否发生法律效力取决于合同双方当事人在订立保险合同时及履行合同过程中，是否遵守国家法律、行政法规，是否符合合同的有效条件。任何保险合同要产生当事人所预期的法律后果，使合同产生相应的法律效力，亦均须符合有效条件。按照合同订立的一般原则，保险合同应具备下列条件：

1）合同主体必须具有保险合同的主体资格。在保险合同中，保险人、投保人、被保险人、受益人都必须具备法律所规定的主体资格，否则会引起保险合同全部无效或部分无效。

我国《保险法》第31条第3款规定："订立保险合同时，投保人对被保险人不具有保险利益的，合同无效。"

2）当事人的意思表示真实。订立保险合同是当事人为了达到保险保障的目的，为自己设定的法律行为。这种行为是有目的、有意识的活动，当事人对这种行为的后果应当能够有所预见，因此要求其意思表示真实，能够明确自己行为的后果，自愿承担相应的法律后果。如果合同的订立不是出于当事人的自愿，受到胁迫或欺骗，那么这样的保险合同属无效合同。

3）合同内容合法。这有两方面的含义：一是不违反法律；二是不违反社会公共利益。所谓不违反法律，是指保险合同的内容不得与法律和行政法规的强制性或禁止性规定相抵触，也不能滥用法律的授权性或任意性规定达到规避法律规范的目的，包括保险标的、条款均须符合法律的要求。

4．合同的无效

（1）无效合同的概念和合同无效的原因。保险合同的无效是指合同虽然已经订立，但国家不予承认和保护，没有法律效力的保险合同。在保险活动当中，有时虽然保险合同已经订立，但因其主体、内容或订立程序等方面不符合法律、法规的要求，致使其不受国家法律的承认与保护，保险合同的全部内容或部分内容自始不产生法律约束力。

合同无效可以分为全部无效和部分无效。保险合同的全部无效是指保险合同内容全部不产生法律效力。如投保人对保险标的不具有保险利益，保险合同即使订立，也全部无效。保险合同的部分无效是指保险合同中的部分内容不具有法律效力，其余部分仍然有效。如善意超额保险中的超额部分等。

根据《中华人民共和国经济合同法》对合同无效的规定，导致合同无效的原因一般有以下几类：① 违反法律和行政法规的合同；② 采用欺诈、胁迫手段签订的合同；③ 违反国家利益和公共利益的合同；④ 代理人超越代理权限签订的保险合同或以被代理人的名义同自己代理的其他人签订的合同。

（2）保险合同无效的情形。

1）主体不合格。保险是一种特殊的法律关系，签订保险合同当事人的主体资格必须符合法律规定。在财产保险里，如果投保人不是所投保财产的所有人或合法占有人，其所签订的保险合同应当自始无效。在人身保险里，如我国《保险法》第34条规定："以死亡为给付保险金条件的合同，未经被保险人书面同意并认可保险金额的，合同无效。……但父母为其未成年子女投保的除外。"言外之意，在以死亡为给付保险金条件的合同中，其主体限于父母，而且是父母为其未成年子女投保，否则，其他任何主体签订的死亡保险合同均无效。

至于保险人，作为经营风险业务的组织，首先应当具有合规经营的资格，没有合格经营资格的主体所签订的保险合同应当归属于全部无效。此外，对于保险人没有所承保险种的权利能力，或者其保险代理人没有代理权，超出代理权，或者代理权终止后而签订的保险合同无效。

2）保险客体不合法。这里所指的保险客体，即保险的对象。在人身保险里以人为保险的对象，在财产保险里以保险标的为对象。世界各国和地区把保险客体是否合法作为保险合同是否有效的依据。

在人身保险中，被保险人没有达到一定的年龄（限于死亡保险），保险合同无效。如我国台湾地区《保险法》第107条规定："以14岁以下的未成年人或心神耗弱的人为死亡保险的被保险人的保险合同无效。"《韩国商法》第732条规定："将未满15岁的人、丧失知觉者或者神志不清的人的死亡为保险事故的保险合同无效。"此外，对于虚报年龄的人身保险合同，我国《保险法》赋予保险人以合同解除权，从而使保险合同的效力提前消失。如《保险法》第32条规定："投保人申报的被保人年龄不属实，并且其真实年龄不符合合同约定的年龄限制的，保险人可以解除合同，……但自合同成立之日起逾2年的除外。"

在财产保险中，保险合同的是合同履行的根据。一个具有约束力可以依法履行的合同，其合同的目的必须符合法律规范。保险合同的合法性是指保险合同必须涉及合法的保险标的。例如，承保非法获得或违禁走私物品的保险合同无效，承保责任明显违反公共利益的保险合同无效，可能产生投保人或被保险人错误行为后果的保险合同无效。

3）保险合同的约定无效。保险合同为最大诚信合同，除了以上的法定无效的原因外，允许合同当事人约定保险合同无效的原因，以保障当事人和关系人的利益。约定保险合同无效的原因，是指当事人在订立保险合同时，在保险条款上载明保险合同无效的事项，在保险合同效力期间，一旦有此事项的出现，则保险合同无效。在保险合同中进行无效的约定，是当事人的一种任意行为，法律一般不予干涉。但这种约定必须不违背《保险法》和其他法律和行政法规的强行性规定及社会公序良俗，并清楚、明白地记载在保险合同内。这种约定可以就保险合同有关的任何权利、义务或实际情况的确定做出约定。

(3) 无效保险合同的确认机关及法律后果。合同的无效需要专门的、公正的、独立于主体之外的机构根据法律规定进行判断，做到既维护法律，又能保障双方当事人得到公平、合理的处理，这样才能使社会正常的经济秩序得以维护。根据法律规定，无效合同的确认机构为人民法院和仲裁机构。

无效保险合同和保险合同中无效的部分，自保险合同成立时就不产生效力，其产生的法律后果有三种，即返还、赔偿和追缴。

1) 返还是指保险合同被确认无效后，应当使之恢复到合同订立前的状态，取得财产的，应当返还。即保险人返还给投保人已收取的保险费；如保险人已支付赔款，被保险人应如数返还给保险人。

2) 赔偿是指保险合同被确认无效后，因此造成损失的，应由责任方承担赔偿责任。如系双方都有过错，则视双方过错大小，各自承担相应的赔偿责任。

3) 追缴是指保险合同因违反国家和社会公共利益而被确认无效的，合同双方均系故意行为，应将双方已经取得的财产进行追缴并收归国库。如系一方故意，该方应将依无效合同从对方取得的财产返还对方，非故意的一方依无效合同从故意方取得的财产也应被追缴，收归国库。

2.3.2 保险合同的变更

保险合同的变更是指保险合同没有履行或没有完全履行之前，当事人根据情况变化，依照法律规定的条件和程序，对原保险合同的某些条款进行修改或补充的变动。通常经济合同签订以后，对双方均产生约束力，任何一方不得随意变更或解除合同，但由于保险合同的标的、危险程度在一定的保险期限内有可能发生各种变化。当事人为使合同条款更有利于自己或有利于合同的履行，常常要求修改或补充合同条款，因此，保险合同的变更在所难免。根据《保险法》的规定，在保险合同有效期内，投保人和保险人经协商同意，可以变更保险合同的有关内容。保险合同的变更主要是指主体和内容等的变更。

1. 保险合同主体的变更

保险合同的主体包括保险当事人以及保险关系人。保险当事人是指订立保险合同并享有和承担保险合同所确定的权利、义务的人，包括保险人和投保人。保险关系人是指在保险事故发生或者保险合同约定的条件满足时，对保险人享有保险金给付请求权的人，包括被保险人和受益人。

(1) 财产保险合同的主体变更。财产保险合同的主体变更即财产保险合同的投保人、被保险人变更。变更的原因包括如下方面：

1) 保险标的所有权、经营权发生转移。由买卖、赠与、继承等民事法律行为所引起的保险标的所有权的转移；保险标的是国有财产的，其经营权或法人财产权的转移等，均可导致保险合同主体的变更。

2）保险标的用益权的变更。用益权是指对他人财产的使用和收益的权利。如保险标的的承包人、租赁人因承包、租赁合同的订立、变更、终止，致使保险标的使用权或收益权发生变更，从而导致保险合同主体的变更。

3）债务关系发生变化。在保险标的作为担保物的情况下，债权、债务的设立、变更、终止也可导致保险合同主体的变更。例如，抵押权人未抵押物投保的，当债务人提前履行债务时，抵押权也就随主债务的消灭而消灭，抵押权人也就会因此对保险标的失去保险利益，进而导致保险合同的主体变更。依照《保险法》第49条的规定："保险标的的转让的，保险标的的受让人承继被保险人的权利和义务。保险标的的转让的，被保险人或者受让人应当及时通知保险人，但货物运输保险合同和另有约定的合同除外。因保险标的的转让导致危险程度显著增加的，保险人自收到前款规定的通知之日起三十日内，可以按照合同约定增加保险费或者解除合同。保险人解除合同的，应当将已收取的保险费，按照合同约定扣除自保险责任开始之日起至合同解除之日止应收的部分后，退还投保人。被保险人、受让人未履行本条第2款规定的通知义务的，因转让导致保险标的的危险程度显著增加而发生的保险事故，保险人不承担赔偿保险金的责任。"

（2）人身保险合同的主体变更。人身保险合同主体的变更，不以保险标的的转移为基础，而主要取决于投保人或被保险人的主观意愿。主要有下列情形：① 投保人的变更。投保人的变更须征得被保险人的同意并通知保险人，经保险人核准后方可变更。② 被保险人的变更。被保险人与投保人是同一人时，投保人经保险人同意即可变更被保险人。③ 受益人的变更。依照《保险法》第41条规定，被保险人或者投保人可以变更受益人并书面通知保险人。保险人收到变更受益人的书面通知后，应当在保险单上批注。投保人变更受益人时须经被保险人同意。

2．保险合同客体的变更

保险合同客体变更的原因主要是保险标的的价值增减变化，从而引起保险利益发生变化。保险合同客体的变更，通常是由投保人或被保险人提出，经保险人同意，加批后生效。保险人往往根据变更后的保险合同客体调整保险费率，从而导致保险合同的权利和义务发生变更。

3．保险合同内容的变更

保险合同内容变更是指合同当事人之间享受的权利、承担的义务发生的变更，表现为保险合同条款事项发生的变更。如保险标的、保险价值、危险程度、保险期限、保险费、保险金额等约定事项的变更。一般是由当事人一方提出要求，经与另一方协商达成一致后，由保险人在保险合同中加以变更批注，其法律效力对双方均有约束力。

保险合同内容的变更可分为两种情况：一是保险人或投保人根据自身需要提出的变更，如变更保险条款、增减保险金额等；二是因客观情况要求变更的，如保险标的的危险情况发生变化，投保人依法律规定或合同约定，通知保险人，保险人视情况而增加或减少保险金额的变更。

应该说明的是，由国家法律确定的保险合同双方应享有的权利及应尽的义务和由保险监督管理机构制定的基本条款的内容是不可以进行协商变更的。

保险合同变更一般应采用书面形式，批单是保险合同变更时最常用的书面单证，其他书面形式亦可。但无论批单还是其他书面形式均应列明变更条款的内容事项，须由保险人签章，并附贴在原保险单或保险凭证上。

2.3.3 保险合同的中止与复效

保险合同成立生效后，可能因某种原因而暂时中止，合同暂时失去效力。这种合同效力的暂时停止就是保险合同的中止。但是，保险合同的中止，并不是保险合同的消灭，而是效力的暂时中断。保险合同的中止主要集中于人身保险合同，我国《保险法》第36条规定："合同约定分期支付保险费，投保人支付首期保险费后，除合同另有约定外，投保人自保险人催告之日起超过三十日未支付当期保险费，或者超过约定的期限六十日未支付当期保险费的，合同效力中止，或者由保险人按照合同约定的条件减少保险金额。被保险人在前款规定期限内发生保险事故的，保险人应当按照合同约定给付保险金，但可以扣减欠交的保险费。"第37条规定："合同效力依照本法第三十六条规定中止的，经保险人与投保人协商并达成协议，在投保人补交保险费后，合同效力恢复。但是，自合同效力中止之日起满二年双方未达成协议的，保险人有权解除合同。保险人依照前款规定解除合同的，应当按照合同约定退还保险单的现金价值。"

案例分析

韩某10岁时生母去世，韩父与李某结婚。1997年4月27日，韩父为儿子买了3份"少儿一生幸福"保险，每份360元。该保险缴费期为9年，9年后被保险人即可按合同领取成人纪念金、教育金、婚嫁金、养老金等保险收益。1998年6月，韩父被查出患有肝癌，后于2000年9月死亡。

保险合同中有相关约定，"投保人在保险期内发生责任范围内的身故后，由被保险人或其监护人向保险人申请免缴未到期保费，免缴保费后，保险人仍负约定的保险责任"。据此，继母李某以监护人的身份，向保险公司申请免交保费，但未获准许。

继母李某于2001年续缴了一年保费。之后因无力再缴保费，她在2002年3月21日和保险公司达成一致，解除了保险合同。

2006年已经成年还是一名在校学生的韩某认为保险公司和继母两人避开自己解除保险合同，侵犯了其合法权益，遂将二者告上法庭。

资料来源：南京晨报，2006-10-16. http://www.sina.com.cn.

2.3.4 保险合同的终止

保险合同的终止是指保险合同成立后,因法定的或约定的事由发生,使合同确定的权利、义务关系不再继续,法律效力完全消灭的法律事实,是合同发展的最终状态。应当注意的是,保险合同的终止只能说明合同自终止之日以后,合同主体之间法律关系消失,不再承担责任,而在合同有效期间产生的法律关系、引起的法律责任并不会消失,有些在保险合同终止以后很长时间在合同有效期间产生的法律责任或由其引起的法律责任才开始提出或出现,保险人仍然要承担原合同的责任,而不得以保险合同终止为由,拒绝履行义务。

引起保险合同终止的原因有很多,下面加以简要介绍。

1. 因合同解除而终止

保险合同的解除是指在保险合同有效期限尚未届满前,合同当事人依照法律或约定解除原有的法律关系的行为。合同成立后,依法产生法律效力,双方当事人应认真遵守和严格执行合同的各项条款,任何一方不得擅自停止履行合同或不履行。但如果出现法定或约定的解除情形时,为避免继续履行合同给当事人带来不应有的损失,允许解除保险合同。合同解除,不再继续享有或承担原合同约定的权利、义务,合同效力提前终止。

(1)保险合同解除的形式。可以分为约定解除、协商解除、法定解除和裁决解除。

1)约定解除。是指合同当事人在保险合同订立时约定,在合同履行过程中某种情形出现时,合同一方当事人可行使解除权。一旦该情形出现,一方当事人可解除保险合同。

2)协商解除。是指在保险合同履行过程中,某种在保险合同订立时未曾预料的情形出现,导致合同双方当事人无法履行各自的责任或合同的履行已成为不必要,于是通过友好协商,解除保险合同。

3)法定解除。是指在保险合同履行过程中,法律规定的解除情形出现时,合同一方当事人或者双方当事人都有权解除保险合同。

4)裁决解除。是指依人民法院或仲裁机构裁决,致使保险合同解除。除当事人协商解除、约定解除、法定解除的情形外,常常出现当事人协商不一致的情况,从而产生解除合同纠纷,纠纷当事人根据合同约定或法律规定,有权提请仲裁或向人民法院提起诉讼,人民法院或仲裁机构根据争议事实做出裁决,裁决保险合同解除的,按裁决解除。一般情况下,裁决保险合同解除应具备以下两个条件中的一个:第一,由于一方当事人虽无过失,但无法防止的外因,致使合同无法履行;第二,由于一方违约,使合同履行成为不必要。

(2)投保人解除保险合同的情形及法律后果。

1)投保人解除合同的情形。由于保险人与投保人在保险合同中的地位不同,所以《保险法》规定的解除保险合同情形也各不相同。

对于投保人来说,除《保险法》有规定或保险合同另有约定外,投保人有权随时解除保险合同。一般情况下,投保人在保险合同中代表被保险人、受益人的利益,处于受保险合同保障的地位,是否愿意享受保险保障应由其自己决定,无论在投保前还是保险合同成立后，均有自由选择的权利，既有投保的自由，也有退保的自由。

《保险法》规定的投保人不得解除保险合同的情形主要是指货物运输保险合同和运输工具航程保险合同，这两种保险合同的性质比较特殊，保险标的的流动性很大，航程或运程中所遇风险经常发生变化，保险人所承受的风险更是难以估计，因此，此类险种保险责任开始后保险合同双方当事人都不得解除保险合同。如果允许双方当事人随意解除，双方利益得不到根本的保障。

在保险合同订立或履行过程中双方可根据具体保险险种约定解除合同的情形，只要不不违反法律和公共利益，就会受到法律的保障。

2）解除保险合同的法律后果。解除保险合同的法律后果有两个：一个是在法律上保险合同的终止；另一个是经济上的赔偿。由于合同解除有可能带来一方当事人的损失，除法律或约定免责情形外，有责任一方应承担相应的经济赔偿责任。根据《保险法》第54条的规定，保险合同责任开始前，投保人要求解除合同的，应当按照合同约定保险人支付手续费，保险人应当退还保险费。保险责任开始后，投保人要求解除合同的，保险人应当将已收取的保险费，按照合同约定扣除自保险责任开始之日起至合同解除之日止期间的保险费，剩余部分退还投保人。

根据《保险法》第47条规定："投保人解除合同的，保险人应当自收到解除合同通知之日起三十日内，按照合同约定退还保险单的现金价值。"

（3）保险人解除合同的情形及法律后果。《保险法》明确规定，除本法另有规定或保险合同另有约定外，保险人不能任意解除保险合同。与投保人的权利正好相反。这是因为保险人承担着保险合同所规定的分散风险、补偿损失的保险责任，如果保险人可随意解除合同，保险人将在获悉危险可能发生的情况下，解除合同，逃避责任，对被保险人十分不利。

保险人解除保险合同的法定情形及法律后果有如下几种：

1）投保人故意隐瞒事实不履行如实告知义务，保险人有权解除保险合同，对于保险合同解除前发生的保险事故，不承担赔偿或者给付保险金的责任，并不退还保险费。

2）投保人因过失未履行如实告知义务，足以影响保险人决定是否同意承保或者提高保险费率的，保险人有权解除保险合同。如未告知事项对保险事故的发生有严重影响的，保险人对合同解除前发生的保险事故，不承担赔偿或者给付保险金的责任，但可以退还保险费。

3）被保险人或者受益人在未发生保险事故的情况下，谎称发生了保险事故，向保险人提出赔偿或者给付保险金的请求的，保险人有权解除保险合同，并不退还保险费。

4）投保人、被保险人或者受益人故意制造保险事故的，保险人有权解除保险合同不承担赔偿或给付保险金的责任。除《保险法》另有规定外，不退还保险费。

5）投保人、被保险人在财产保险合同中未按照约定履行标的安全应尽的责任的，保险人有权要求增加保险费或者解除合同。

6）在财产保险合同有效期内，保险标的危险程度增加的，被保险人按照合同约定应及时通知保险人，保险人有权要求增加保险费或者解除合同。被保险人未履行上述通知义务的，因保险标的危险程度增加而发生的保险事故，保险人不承担赔偿责任。

7）在人身保险合同中投保人申报的被保险人年龄不真实，并且其真实年龄不符合合同约定的年龄限制的，保险人可以解除合同，并按照合同约定退还保险单的现金价值。

8）人身保险合同分期支付保险费的，合同效力中止超过二年的，保险人可以解除合同。

9）其他合同约定保险人可以解除合同的情形。

2. 保险合同终止的其他原因

（1）保险期间届满而终止。保险合同约定的保险期间是保险人为被保险人提供保险保障的期间，在保险期间内，有些合同没有发生保险合同约定的保险事故；而有些合同发生了保险事故，保险人按照约定承担保险责任。保险人的保险责任得以一直持续到保险期间的终止。一旦超过约定的保险期间，保险人不再承担保险责任，保险合同也就自然终止，这是保险合同终止的最普遍的原因。

（2）因履行而终止。在保险合同中，保险人所有的义务中，最主要的就是承担赔偿或给付的责任，但这种责任不仅有期限的约定，也有约定的数额的限制。只要保险人履行赔偿或给付保险金达到保险合同约定的保险金额总数时，无论一次还是多次，或期限尚未届满，均属于保险人已实际履行了其全部保险责任，也可以说保险人的保险合同义务履行完结，保险合同终止。

（3）因特殊原因合同解除而终止。在法律规定中，有时会授予合同主体在合同履行期间，遇有某种特定情况，享有终止合同的权利，无须征得对方同意，这就是合同的终止权。我国《保险法》中就有类似规定，《保险法》规定："保险标的发生部分损失的，在保险人赔偿后三十日内，投保人可以终止合同。除合同约定不得终止合同的以外，保险人也可以终止合同，保险人终止合同的，应当提前十五日通知投保人，并将保险标的未受损失部分的保险费，扣除自保险责任开始之日起至终止期间的应收部分后，退还投保人。"

这一规定主要是指财产保险中的保险标的在发生部分损失后，保险标的本身的状态及面临的风险已经有所变化，因此允许双方当事人在法定期间内行使保险合同终止权。

（4）因标的灭失而终止。由于非保险事故发生，导致保险标的灭失的，保险标的已实际不存在，保险合同自然终止。在人身保险合同中，被保险人因遭受责任免除的情况而死亡，也属于保险合同自然终止。

（5）因法律原因而终止。由于法律规定的情况出现，无须当事人行使权利，保险合同即终止。保险人不承担保险责任，而且在余下的保险期间也没有履行保险责任的可能或必要。如《保险法》第43条规定："投保人、受益人故意造成被保险人死亡、伤残或者疾病的，保险人不承担保险金给付责任。投保人已交足二年以上保险费的，保险人应当按照合同约定向其他享有权利人退还保险单的现金价值。"此类情况的发生虽未明确提出合同终止，但这一规定的法律后果，必然是合同终止。

案例分析

王先生的母亲于2005年10月25日在保险代理人田某的说明和指导下填写人身保险投保书，购买保险金额为30万元的人身保险，指定身故受益人为王先生。田某提出因王母年龄偏大，要求体检，如身体有问题，或者拒绝承保或者加费承保；如果体检没问题，标准保险费为每年19 000元人民币，并先行收取了400元体检费。10月28日，王母参加保险公司组织的体检后将20 000元交给王先生，嘱咐其代交保险费并说在此金额内就保，而她本人则去海南旅游。11月1日，田某来到王先生家说因检查发现被保险人左肾积水，需要按照"次标准体"加费承保，每年保险费要在标准体基础上加800元，王先生考虑后同意投保，于是代其母亲交纳了19 800元保险费。

2005年11月2日，王先生才得知其母亲已于10月31日因交通事故不幸身故。11月5日，田某来送保险单时，王先生告知田某此事，并要求他代为理赔申请。

资料来源：http://www.66law.cn/channel/goodcase/2007-08-21/3070.aspx.

2.4 保险合同的解释及争议的处理

保险合同条款的解释是指当保险合同的条款或者内容发生争议时，如当事人对保险合同使用的语言文字有不同认识的，依照法律规定的方式或者常用的方式，对保险合同的内容或文字的含义予以确定或说明，称为保险合同的解释。

保险合同作为双方的协议，只要符合法律的要求，一经成立即具有法律效力，其所用文字、涉及内容不能随意变动，并受法律保护。但由于制定条款的经验问题或保险合同条款本身的局限性及文字语言表达方式的灵活性，尽管在订立合同时要求文字清楚、责任明确、内容具体、手续完备，也很难就有关的情况进行详尽无遗的约定，或者说很难避免文字上和内容上的不明确或不全面，条款制定的不严密。而保险合同直接涉及主体间的经济利益，对立双方产生争议是不可避免的，因此，当保险合同当事人由于对合同内容产生歧义引起纠纷时，适当的、合理的解释是必不可少的，以便合同的继续履行。

1. 保险合同条款的解释原则

（1）文义解释的原则。主要是对保险合同用词发生歧义时解释保险合同的一项原则。文义解释是按照保险合同条款所使用文句的通常含义和保险法律、法规及保险习惯，并结合合同的整体内容对保险合同条款所做的解释，即从文义上对保险合同进行解释。我国保险合同的文义解释主要有两种情形：

1）保险合同一般文句的解释。对保险合同条款适用的一般文句通常应尽可能按照文句公认的表面含义和语法意义解释。双方有争议的，以权威性工具书或专家的解释为准。

2）保险专业术语和法律专业术语的解释。对保险专业术语或其他法律术语，有立法解释的以立法解释为准；没有立法解释的，以司法解释、行政解释为准；无上述解释的，亦可按行业习惯或保险业公认的含义解释。

（2）意图解释的原则。意图解释即按保险合同当事人订立保险合同的真实意思，对合同条款所做的解释。其具体做法是：书面约定与口头约定不一致时，以书面约定为准；保险单及其他保险凭证与投保单及其他合同文件不一致时，以保险单及其他保险凭证中载明的合同内容为准；特约条款与基本条款不一致时，以特约条款为准；保险合同的条款内容因记载方式和记载先后不一致时，按照批单优于正文，后批注优于先批注，手写优于打印，加贴批注优于正文批注的规则解释，即以当事人手写的、后加的合同文通常只能采取手写或批单的方式。因此，手写的、后加的合同条款更能反映当事人的真实意图。

（3）专业解释的原则。专业解释是指对保险合同中使用的专业术语，应按照其所属专业的特定含义解释。在保合同中除了保险术语、法律术语之外，还会出现某些其他专业术语。对于这些具有特定含义的专业术语，应按其所属行业或学科的学术标准或公认的定义来解释。

（4）有利于被保险人和受益人的原则。保险合同属于附和性合同。保险合同的内容大多由保险人拟就，投保人只能依保险人拟就的合同进行选择，要么接受，要么放弃投保。因此，在订立保险合同时投保人相对处于较弱的一方，而保险人则具有很大优势，《保险法》规定："对于保险合同的条款，保险人与投保人、被保险人或者受益人有争议时，人民法院或者仲裁机关应当做有利于被保险人的解释。"为保证被保险人和受益人的利益，解释保险合同时，必须坚持这一原则。

（5）合法的原则。在解释保险合同的过程中，要按照符合法律要求解释合同的含义。当保险合同规定不符合强制性规范要求时，该规定应认定无效。当保险合同对某一问题未做规定时，应依法律规定，补充合同内容。

（6）诚实信用的原则。诚实信用原则是一条内涵丰富、适用范围很广的法律原则。以诚实信用原则来解释保险合同，就会使保险合同的解释达到公平、合理、真实的目的。对于保险合同中一些显失公平的规定予以改正，对于合同规定含糊不清的，就应以当事人订立合同的真实意思表示作为解释合同的依据，使合同能真正体现当事人的真实的意思表示。

（7）整体的原则。保险合同的解释，不应拘泥于合同规定的只言片语，或断章取义，而应把合同的某个条款放到整个合同之中，根据整个合同订立的目的、其他合同条款的规定来确定具体合同条款的含义。

2. 保险合同条款的解释效力

要想了解保险合同条款的解释是否具有法律效力必须弄清保险合同条款的出处，出处来源比较复杂的，可分为四类：第一，条款中有一部分条文是以《保险法》为基准制定的；第二，有一部分条文或者有些险种的完整条款是由中国保险监督管理机构审批的；第三，有一部分条文或有些险种的完整条款是保险公司自己制定的，并报中国保险监督管理机构备案的；第四，有一部分条文或险种的完整条款是保险人与投保人协商制定的。因此，条款的解释效力也应从以上几方面加以说明。

（1）法律解释。对于第一、第二类条文和条款，其解释效力应按照对国家法律解释形式进行说明。对法律的解释分为立法解释、司法解释、行政解释和学理解释。

1）立法解释。是指国家最高权力机关的常设机关——全国人民代表大会常务委员会对宪法和法律进行的解释。全国人民代表大会是全国最高的权力机关，也是最高的立法机关。宪法赋予其常设机构对宪法及其他基本法律进行具有法律效力的解释的权力。

宪法是国家的根本大法，具有最高的法律效力。任何法律、组织、个人都不得违反宪法的规定。因此，正确理解和解释宪法对其正确实施及确定合宪与违宪行为是非常必要的。对具有最高法律效力的宪法进行解释并能具有法律效力的只能是国家最高权力机关。法律主要是狭义上的法律，是指由全国人民代表大会及其常务委员会制定的宪法以外的国家基本法律。《保险法》就属于此类，只有全国人民代表大会常务委员会的解释才是属于具有法律效力的立法解释。涉及保险合同条款中有关《保险法》的内容时，此一解释为最具法律效力的解释，其他解释不能与其相冲突，否则无效。

2）司法解释。是指国家最高司法机关在适用法律过程中，对于具体应用法律问题所做的解释。国家最高司法机关是指最高人民法院。法律也是指前文所说的狭义的基本法律。地方各级人民法院均无权对适用法律问题做出司法解释。在适用法律过程中遇到疑难问题时，应报送最高人民法院做出决定。对于保险合同条款中有关《保险法》的内容，在适用法律时，必须遵守司法解释。

3）行政解释。是指国家最高行政机关及其主管部门对自己根据宪法和法律所制定的行政法规及部门规章所进行的解释。最高行政机关指国务院及其主管部门。中国保监会为保险监督管理部门，由它制定的保险合同条款亦应属于规章类或视同规章，因此，中国保监会制定的保险合同条款应由中国保监会负责解释，并具有法律效力。

4）学理解释。是指一般社会团体、专家学者等对法律所进行的法理性的解释，但不具有法律效力。作为专家学者等也可以在教学或著书或宣传法律时对我国宪法、法律、行政法规、地方法规进行法理性解释，但一般不能作为实施法律的依据。这些解释在仲裁、审判过程中有一定的参考作用。

以上四项中，前三项又合称为法定解释或有权解释，是特定的国家机关依宪法和法律所赋予的对有关法律、行政法规、法律具有相同的效力，并应作为办案的依据。

（2）双方协商一致的解释。对于第三、第四类条文和条款，不属于法律、法规、规章的范畴，因此，其解释权在主体双方手中，只有在合同订立时双方商定承认的解释或产生争议后双方协商一致的解释，才对双方具有约束力，也才具有法律效力。任何单方面所做的解释都是没有法律效力的，如保险人对保险合同条款的内部解释，它只能用于约束保险公司的展业和理赔人员在工作中遵守执行，投保方保险人可接受，也可不接受，他们不接受的，该解释不产生约束力。在双方没有共同承认的解释或双方协商不能达成一致时，由仲裁机构和人民法院在审理纠纷时，根据具体情况做出解释。该解释一般情况下只能对该案有效，对其他案件及上诉案件没有任何效力。如上诉法院认为解释不符合法律、行政法规、部门规章的，可以给予撤销。

案例分析

2008年4月9日，孙某为他的桑塔纳轿车投保包括机动车辆盗抢险在内的车辆损失险、第三者责任险、附加险全部险种，保额185 000元；保险期限自2008年4月10日起至2009年4月9日。2008年11月30日，车辆被盗。当日，孙某向公安局报案并通知了保险公司。后该车被发现时已被不知情的高某购得。2009年1月2日，公安局派人前去提取，因购车人高某阻挠未能提回。孙某向保险公司提出索赔，但遭到拒绝，故孙某诉至法院，在庭审过程中，双方争议的焦点集中在对机动车辆盗抢保险特约条款第一条约定的："保险车辆因全车被盗、被抢劫或被抢夺在3个月以上，经公安机关立案侦查未获者，保险人对其直接经济损失按保险金额计算赔偿。"孙某认为"未获者"指的是被保险人，而保险公司认为"未获者"是指公安机关，不是指被保险人，双方对此各执一词。

资料来源：http://www.examda.com/bx/anli/20080902/105424929.html.

3. 保险合同争议的处理

保险合同争议是指在保险合同成立后，合同主体就保险合同内容及履行时的执行约定具体做法等方面产生不一致甚至相反的理解而导致意见分歧或纠纷。由于保险合同比较特殊，主体之间的争议不仅产生于投保人与保险人，有时还会产生于投保人与被保险人、被保险人与受益人以及上述主体与第三人之间。争议所反映出的问题非常复杂，专业性很强。解决保险合同争议的方式一般有如下三种形式：

（1）协商。是指合同主体双方在自愿、诚信的基础上，根据法律的规定及合同的约定，充分交换意见，相互切磋与理解，求大同存小异，对所争议的问题达成一致意见，自行解决争议的方式。这种方式不但能使矛盾迅速化解，而且还可以增进双方的进一步信任与合作，有利于合同的继续执行。争议双方经协商不能取得一致时，可以约定向仲裁机构提出仲裁，也可以依法向人民法院提起诉讼。

（2）仲裁。是指争议双方依仲裁协议，自愿将彼此间的争议交由双方共同信任、法律认可的仲裁机构的仲裁员居中调解，并做出裁决。仲裁裁决具有法律效力，当事人必须予以执行。仲裁机构主要是指依法设立的仲裁委员会，独立于国家行政机关的民间团体，与行政机关没有隶属关系，仲裁委员会之间也没有隶属关系，而且不实行级别管辖和地域管辖，也就是说，仲裁委员会由当事人协议选定，不受级别和地域的限制。它有良好的信誉和公正性，手续简便、专业性强，争议双方的自主性能够得到充分的发挥，自由意识可以得到充分的表达，是处理纠纷的重要途径。

一般仲裁委员会就每一个案件都要设立仲裁庭，由一名仲裁员或三名仲裁员组成，当事人有权选择其中的任何一种方式。

仲裁员必须由符合法律规定资格、公道正派的人担任。当事人约定由一名仲裁员成立仲裁庭的，应当由当事人在仲裁员名单中共同选定或者共同委托仲裁委员会主任指定仲裁员；当事人约定由三名仲裁员组成仲裁庭的，应当由当事人各自在仲裁员名单上选择自己所信任的一名仲裁员，或者各自委托仲裁人共同选定或者共同委托仲裁委员会主任指定。

仲裁实行一裁终局的制度。裁决书自做出之日起发生法律效力，一方不履行仲裁裁决的，另一方当事人可以根据民事诉讼法的有关规定向人民法院申请执行仲裁裁决。当事人就同一纠纷不得向同一仲裁委员会或其他仲裁委员会再次申请仲裁，不得向人民法院提起诉讼，仲裁委员会和人民法院也不予受理。在仲裁裁决生效后六个月内，当事人提出有符合法定撤销裁决书的条件的证据的，可以向仲裁委员会所在地的中级人民法院申请撤销裁决。

应当注意的是，申请仲裁必须以双方在自愿基础上达成的仲裁协议为前提，没有达成仲裁协议或单方申请仲裁的，仲裁委员会将不予受理。协议应以书面形式订立，并应写明仲裁意愿、事项及双方所共同选定的争议发生前或发生时及发生后达成仲裁协议。订有仲裁协议的，一方向人民法院起诉，人民法院将不予受理。

保险合同中具有涉外因素的争议，如涉及对外贸易、涉外运输和海事纠纷等，应向中国国际商会组织设立的中国对外经济贸易仲裁委员会或海事仲裁委员会申请仲裁。

（3）诉讼。主要是指争议双方当事人通过国家审判机关人民法院解决争端、进行裁决的办法。它是解决争议最激烈的方式。人民法院具有宪法授予的审判权，是维护社会经济秩序、解决民事纠纷最权威的机构，不受行政机关、社会团体和个人的干涉，以法律为准绳、以事实为依据，独立行使审判权，维护当事人的合法权益。

人民法院在受理案件时，实行级别管辖和地域管辖、专属管辖和选择管辖相结合的方式，在不违反民事诉讼法关于级别管辖和专属管辖规定的情况下，合同双方当事人可以在书面合同中协议选择被告住所地，合同当事人首先应依法或依照合同约定到有权受理该案件的法院提起诉讼，人民法院才可受理并按相应的民事程序进行审理、判决。如合同中未有约定，而法律规定有两个以上人民法院具有管辖权的，原告可以向其中一个人民法院起诉。

《中华人民共和国民事诉讼法》（以下简称《民事诉讼法》）第 26 条对保险合同纠纷的管辖法院做了明确的规定："因保险合同纠纷提起诉讼，通常由被告所在地或者保险标的物所在地人民法院管辖。"最高人民法院关于适用《民事诉讼法》若干问题的意见中规定："因保险合同纠纷提起的诉讼，如果保险标的物是运输工具或者运输中的货物，由被告住所地或者运输工具登记注册地、运输目的地、保险事故发生地的人民法院管辖。"根据以上规定可以看出，只有上述有关法院有权审理保险合同纠纷。由于拥有管辖权的法院在两个以上，因此，保险合同的主体可以在以上所列有管辖权的人民法院范围内，在书面合同中选择管辖法院，一旦产生纠纷，应到合同中约定的管辖法院提起诉讼。

人民法院审理案件实行先调解后审判、二审终审制。如调解成功，要形成调解书，由审判人员和书记员签名并盖人民法院的印章。如调解不成功，人民法院依法判决，并做出判决书。不服一审法院判决的可以在法定的上诉期限内上诉至高一级人民法院进行再审。第二审判决为最终判决。当事人对已生效的调解书或判决书必须执行。一方不执行的,对方当事人有权向人民法院申请强制执行。对第二审判决还不服的,只能通过申诉和抗诉程序解决。

本章关键要点

保险合同　非要式合同　诺成性合同　双务合同　附和合同　射幸合同
保险人　投保人　被保险人　受益人　保险标的　保险利益　合同条款
保险价值　保险金额　保险责任　责任免除　违约责任　争议处理
投保单　暂保单　保险单　保险凭证　批单　告知　保证　弃权
除外责任　合同的失效　合同的解除　合同的终止　保险合同的解释原则

第 3 章 保险的基本原则

本章学习目标

- 掌握保险利益原则与最大诚信原则的含义。
- 掌握近因原则的含义以及判定近因的方法。
- 掌握损失补偿原则的含义。
- 掌握代位追偿原则的含义。
- 掌握重复保险的含义以及重复保险中各保险人分摊损失的计算方法。

引导案例

编造车祸骗保被判徒刑

2008年3月，益阳市赫山区村民刘某将自己牌号为湘H×××××的面包车向中国人民保险公司望城县支公司投了第三者责任险和车辆损失险。同年3月9日，刘某邀被告王某等人来"帮忙"，策划一起假交通事故骗取保险费，并承诺支付"工钱"。

次日早晨，王某等人搭乘刘某驾驶的面包车来到319国道1 226公里处，王某将自行车倒放在公路上，让刘某驾车撞上自行车，王某佯装被撞伤，刘某随后向保险公司提出16万余元的赔偿。保险公司在审查索赔材料时发现疑点，立即报案。

法院审理认为，王某等人编造交通事故，蓄意骗取保险金，且数额巨大，其行为已构成保险诈骗罪。判处被告人王某有期徒刑2年，缓刑2年，并处罚金2万元。

资料来源：三湘都市报.

在长期的保险实践中，人们摸索了许多经营技巧与方法，同时针对保险业经营的规律和特点，总结了一整套经营的基本原则。这些原则指导和规范了保险经营的各个环节，保证了保险业的健康发展。很多国家还将这些原则列入保险法或国家行政条例、条令中，用法律与行政手段保证这些原则的严格执行。

3.1 最大诚信原则

案例分析

2008年上海郊县有一农村妇女因患高血压休息在家，8月投保保险金额为20万元、期限为20年的人寿保险，投保时隐瞒了病情。2009年2月该妇女高血压病情发作，不幸去世。被保险人的丈夫作为家属请求保险公司给付保险金。

因为投保人在投保时隐瞒了病情，违反了最大诚信原则中的如实告知义务。因此，保险人有权解除保险合同，不承担给付保险金的责任，并且不退还保险费。

3.1.1 最大诚信原则的含义

诚信一般是指诚实可靠、坚守信誉，是签订各种经济合同的基础。它要求合同双方当事人中的一方对另一方不得隐瞒、欺骗，做到诚实；任何一方当事人都应善意、全面地履行自己的义务，做到守信用。诚实信用原则是各国立法对民事、商事活动的基本要求，也是任何民事活动的基本原则，被称为帝王原则。由于保险经营活动的特殊性，保险活动中对诚信原则的要求更为严格，要求做到最大诚信，即要求保险双方当事人在订立与履行保险合同的整个过程中要做到最大化的诚实守信。最大诚信原则的基本含义是：保险双方在签订和履行保险合同时，必须以最大的诚意，履行自己应尽的义务，不得隐瞒有关保险活动的任何重要事实，双方都不得以欺骗手段诱使对方与自己签订保险合同，否则将导致保险合同无效。

所谓重要事实，是指任何影响保险人判断保险标的危险大小、决定是否承保、费率高低以及合同条件的各种情况。

3.1.2 最大诚信原则存在的原因

保险经营活动的特殊性决定了保险活动必须坚持最大诚信原则，表现在以下两个方面。

1. 保险合同以最大诚信原则约束投保人，可以避免或减少投保人的欺诈行为或道德风险

在整个保险经营活动中，保险标的始终控制在投保人、被保险人手中，投保人对保险标的危险因素、危险程度等重要事实了如指掌。而保险人往往因没有足够的人力、物力、财力、时间对投保人、被保险人、保险标的进行详细的调查研究，因此，保险人对保险标的的了解不如投保人那么全面、深刻，保险经营活动要能正常进行，就要求投保人一方在合同订立与履行过程中将保险标的的危险因素、危险程度等重要事实如实告知保险人。例如，海上保险合同的签订地点往往远离船舶和货物所在地，投保人对保险标的的价值及风险程度等情况陈述是否完整、准确，直接影响到保险人是否承保以及保险费率的确定，投保人的任何欺骗或隐瞒行为，必然会侵害保险人的利益。

2. 保险条款一般由保险人事先拟定或由管理机关制定，具有较强的专业性和技术性，这就要求保险人也必须坚持最大诚信原则，必须将保险合同的主要内容告知投保人、被保险人

保险人对于合同的具体内容，如费率、赔偿方式、各种条款等的了解程度远胜过投保人，保险费率是否合理，承保条件及赔偿方式是否苛刻等均取决于保险人的诚意。《保险法》第 17 条第 1 款规定："订立保险合同，采用保险人提供的格式条款的，保险人向投保人提供的投保单应当附格式条款，保险人应当向投保人说明合同的内容。"《保险法》第 17 条第 2 款规定："对保险合同中免除保险人责任的条款，保险人在订立合同时应当在投保单、保险单或者其他保险凭证上做出足以引起投保人注意的提示，并对该条款的内容以书面或者口头的形式向投保人做出明确的说明；未做提示或者明确说明的，该条款不产生效力。"

不过，由于保险人经营以信用为基础，任何违反经营信誉的行为将会成为今后业务开展的障碍。而且法院对于保险判案，多做对合同非起草方（投保人）有利的解释，而且，2009 年修改并实施的《保险法》，更是进一步规范了保险人的经营必须做到最大诚信。因此，保险人违反诚信的情况少见，所以最大诚信原则多用于约束投保人。

3.1.3 最大诚信原则的主要内容

最大诚信原则的主要内容包括告知、保证、弃权与禁止反言。在早期的保险合同及有关法律规定中，告知与保证主要是对投保人与被保险人的约束，而现代保险合同及有关法律规定中的告知与保证则是对投保人、保险人等保险合同关系人的共同约束。弃权与禁止反言的规定主要是约束保险人的。

1. 告知

（1）告知的概念。告知是对投保双方的要求，保险人对投保人就保险合同的解说叫说明，而保险人对投保人就保险标的的有关事项的口头或书面陈述叫告知。告知又包括狭义的告知和广义的告知两种。狭义的告知仅指投保人在与保险人签订的保险合同成立时，就保险标的的有关事项向保险人进行口头或书面的陈述；而广义的告知是指保险合同订立时，投保人必须就保险标的的危险状态等有关事项向保险人进行口头或书面的陈述，以及合同订立后，标的的危险变更、增加或事故的发生要及时通知保险人。事实上，在保险实务中所称的告知，一般是指狭义的告知。关于保险合同订立后保险标的的危险变更、增加或保险事故发生时的告知，一般称为通知。

（2）告知的内容。在保险合同订立时，要求投保人应将那些足以影响保险人决定是否承保和确定费率的重要事实如实告知保险人；在合同生效后，要求投保人也应就风险发生变化的情况履行告知义务，以利于保险公司评估风险。投保人必须告知的重要事实主要有：保险标的物的危险或损失可能超出正常情况的现象；与保险标的有联系的道德风险；保险标的风险增加；涉及投保人或被保险人的一些事实。例如，将财产保险中保险标的的价值、品质、风险状况等如实告知保险人；将人身保险中被保险人的年龄、性别、健康状况、既往病史、家族遗传史、职业、居住环境、嗜好、职业变更等如实告知保险人。要求保险人告知的内容主要有两方面：① 在保险合同订立时要主动向投保人说明保险合同条款的内容，对于责任免除条款还要进行明确说明；② 保险合同约定的条件满足后或保险事故发生后，保险人应按合同约定如实履行给付或赔偿义务。《保险法》第23条规定："保险人应当将核定结果通知被保险人或者受益人；对属于保险责任的，在与被保险人或者受益人达成赔偿或者给付保险金的协议后十日内，履行赔偿或者给付保险金义务。保险合同对赔偿或者给付保险金的期限有约定的，保险人应当按照约定履行赔偿或者给付保险金义务。""保险人未及时履行前款规定义务的，除支付保险金外，应当赔偿被保险人或者受益人因此受到的损失。"

（3）告知的形式。国际上对于告知的立法形式有两种，即无限告知和询问回答告知。

1）无限告知。即法律上或保险人对告知的内容没有明确规定，投保人必须主动地将保险标的的风险状况、危险程度及有关重要事实如实告知保险人。

2）询问回答告知。又称主观告知，指投保人只对保险人询问的问题如实告知，对询问以外的问题投保方无须告知。早期保险经营活动中的告知形式主要是无限告知。随着保险经营技术水平的提高，目前世界上许多国家，包括我国在内的保险立法都是采用询问回答告知的形式。《保险法》第16条第1款规定："订立保险合同，保险人就保险标的或者被保险人的有关情况提出询问的，投保人应当如实告知。"一般操作方法是保险人将需投保方告知的内容列在投保单上，要求投保方如实填写。

2. 保证

（1）保证的概念。保证是最大诚信原则的另一项重要内容。在保险合同中，所谓保证，是指保险人要求投保人或被保险人做或不做某事，或者使某种事态存在或不存在做出承诺。保证是保险人签发保单或承担保险责任时要求投保人或被保险人履行某种义务的条件，其目的在于控制风险，确保保险标的及其周围环境处于良好的状态中。例如，投保家庭财产保险时，投保人或被保险人保证不在家中放置危险物品，此承诺即保证。若无以上保证，则保险人将不接受承保，或将改变此保单所适用的费率。

（2）保证的形式。根据保证存在的形式，通常可分为明示保证和默示保证两种。

1）默示保证。默示保证的内容虽不载明于保险合同之上，但它一般是国际惯例所通行的准则，是习惯上或社会公认的被保险人应在保险实践中遵守的规则。默示保证的内容通常是以往法庭判决的结果，是保险实践经验的总结。默示保证在海上保险中运用比较多，如海上保险的默示保证有三项：① 船舶的适航性，是指船舶在开航前应具备的必要条件，即船体、设备、供给品、船员配备和管理人员都要符合安全标准，并有适航的能力。② 不变更航程，船舶航行于经常和习惯的航道，意味着风险小、安全，除非因躲避暴风雨或求助他人，否则不得变更航程。③ 航程具有合法性，即被保险人保证其船舶不从事非法经营活动或运载违禁物品等。

2）明示保证。指以文字或书面的形式载明于保险合同中，成为保险合同的条款。例如，我国机动车辆保险条款："被保险人必须对保险车辆妥善保管、使用、保养，使之处于正常技术状态。"明示保证是保证的重要表现形式。明示保证又可分为确认保证和承诺保证。① 确认保证。是要求投保人或被保险人对过去或投保当时的事实做出如实的陈述，而不是对该事实以后的发展情况做出保证。例如，投保人身保险时，投保人保证被保险人在过去和投保当时健康状况良好，但不保证今后也一定如此。② 承诺保证。指投保人对将来某一事项的作为或不作为的保证，即对该事项今后的发展做出保证。例如，在投保家庭财产盗窃险时，保证家中无人时，门窗一定要关好、上锁。

默示保证与明示保证具有同等的法律效力，被保险人都必须严格遵守。

保证与告知都是对投保人或被保险人诚信的要求，但二者有很大的区别：① 保证是保险合同内容的重要组成部分，除默示保证外，均须列入保险单或其附件中。告知是投保人在投保时所做的陈述，并非合同的内容。如果把告知的事项列入合同中，其性质就变为保证了。② 保证的目的在于控制危险，而告知则在于使保险人能够正确估计其所承担的危险。③ 保证在法律上推定其是重要的，任何违反将导致保险合同无效。而告知须由保险人证明其确是重要的，才可以成为解除保险合同的依据。④ 保证必须严格遵守，而告知仅需实质上大体符合即可。

3. 弃权与禁止反言

弃权是指保险人放弃其在保险合同中可以主张的某种权利。禁止反言是指保险人已放弃某种权利，日后不得再向被保险人主张这种权利。比如，在海上保险中，保险人已知被保险轮船改变航道而没提出解除合同，则视为保险人放弃对不能改变航道这一要求的权利，因改变航道而发生保险事故所造成的损失，保险人就要赔偿。值得注意的是，弃权与禁止反言在人寿保险中有特殊的时间规定，规定保险方只能在合同订立之后一定期限内（一般为两年）以被保险方告知不实或隐瞒为由解除合同，如果超过规定期限而没有解除合同，则视为保险人已经放弃这一权利，不得因此解除合同。《保险法》第 16 条第 3 款规定："前款规定的合同解除权，自保险人知道有解除事由之日起，超过三十日不行使而消灭。自合同成立之日起超过二年的，保险人不得解除合同；发生保险事故的，保险人应当承担赔偿或者给付保险金的责任。"

3.1.4 最大诚信原则的违反及法律后果

违反最大诚信便是破坏最大诚信，包括违反实质性重要事实的告知和破坏保证两方面。

1. 违反告知及其法律后果

由于保险合同是建立在当事人双方最大诚信原则基础之上的，况且保险标的都在被保险方的监督控制之下，因而要求投保方对所有实质性重要事实予以正确无误的告知，保险人才能在自己技术和经济能力的基础上，权衡是否承保或基于何种条件承保，任何重要事实的不正确告知，都有可能导致保险人做出错误的决定。

投保人或被保险人违反告知的表现主要有四种：① 隐瞒。投保人一方明知一些重要事实而有意不申报。② 漏报。投保人一方对某些重要事实误认为不重要而遗漏申报，或由于疏忽对某些事项未予申报。③ 误告。投保人一方因过失而申报不实。④ 欺诈。投保人一方有意捏造事实，弄虚作假，故意对重要事实不做正确申报并有欺诈意图。

各国法律对违反告知的处分原则是区别对待的。① 要区分其动机是无意还是故意。对故意的处分比无意的重。② 要区分其违反的事项是否属于重要事实，对重要事实的处分比非重要事实的重。比如，《保险法》第16条规定："投保人故意不履行如实告知义务的，保险人对于合同解除前发生的保险事故，不承担赔偿或者给付保险金的责任，并不退还保险费。""投保人因重大过失未履行如实告知义务，对保险事故的发生有严重影响的，保险人对于合同解除前发生的保险事故，不承担赔偿或者给付保险金的责任，但应当退还保险费。"

2. 破坏保证及其法律后果

与告知不同的是，保险合同涉及的所有保证内容，无论是明示保证还是默示保证，均属于重要事实，因而投保方必须严格遵守。若投保方一旦违背或破坏保证内容，保险合同即告失效，或保险人拒绝赔偿或给付保险金。而且除人寿保险外，保险人一般不退还保险费。

案例分析

某人于1979年在曼谷以65 000美元买了222件古代石雕像和青铜雕像。在新加坡，这些雕像被估价300 000美元，他就以此金额在伦敦投保了去荷兰的货运险。货物装运前，承保人对货物进行了检查，认为投保人对商品估价过高，一些事实有虚报现象，因此取消了保险单。1982年，他从美国的一家保险公司获得货运保险单，货物装上了船，途中那条船触礁沉没，货物全损。承保人经调查后宣布保单无效，理由是投保人对货物的一系列事实做了错误申报，特别是隐瞒了以前保险单曾被取消一事，并要求法院做出裁决。法院认为，最大诚信原则是海商法中的既定准则，于是做出了有利于承保人的判决。

3.2 保险利益原则

案例分析

李某与张某同为公司业务员，2008年8月李某从公司辞职后，开始个体经营。开业之初，由于缺乏流动资金，李某向张某提出借款，并愿意按高于银行的利率计息，将自己的桑塔纳轿车作为抵押，以保证按时还款。张某觉得虽然李某没有什么可供执行的财产，但以汽车作为抵押，自己的债权较有保证，为以防万一，张某要为车辆购买保险，李某表示同意，2008年9月，双方到保险公司投保了车损险，为了方便，投保人和被保险人一栏中，都写了张某的名字。2009年年初，李某驾车外出，途中因驾驶不慎发生翻车，车辆遭到严重损坏，几乎报废，李某也身受重伤。得知事故后，张某向保险公司提出了索赔，认为该车的事故属于保险责任，保险公司应当赔偿。

保险公司认为尽管该车的损失属于保险责任，但是被保险车辆并非张某所有或使用的车辆，张某对于车辆没有保险利益，根据《保险法》的相关规定，保险合同无效，保险公司应退还李某所交的保费，不承担赔偿责任。

经过几次交涉未果，张某将保险公司告上了法院。法院经过审理认为，张某作为债权人，抵押车辆是否完好关系到抵押权能否实现，最终决定债权能否得到清偿，因此，发生保险事故后，张某对车辆拥有保险利益，保险公司应当进行赔偿。

3.2.1 保险利益原则的含义及意义

1. 保险利益原则的含义

保险利益也称可保利益，是指投保人或被保险人对其所投保的标的所具有的法律上认可的经济利益，也就是说，标的的损坏或灭失对被保险人有着利害关系。如果财产安全，投保人就能得益；如果财产受损，其利益亦遭受损害。所谓保险利益原则，是指在签订和履行保险合同的过程中，投保人或被保险人对保险标的必须具有保险利益。我国《保险法》第12条规定："人身保险的投保人在保险合同订立时，对被保险人应当具有保险利益。""财产保险的被保险人在保险事故发生时，对保险标的应当具有保险利益。"

2. 保险利益原则的意义

保险利益原则规定，投保人对保险标的必须具有法律上承认的利益，否则，保险合同无效。在保险经营活动中，坚持保险利益原则意义深远。

（1）防止道德风险的发生。如果投保人以没有保险利益的保险标的投保，则有可能出现投保人为获得保险赔偿而任意购买保险，并盼望事故发生的现象；更有甚者，为了获得巨额赔偿或给付，采用纵火、谋财害命等手段，故意制造保险事故，增加了道德风险事故的发生。在保险利益原则的规定下，由于投保人与保险标的之间存在利害关系的制约，投保的目的是为了获得一种经济保障，一般不会诱发道德风险。

（2）避免赌博行为的发生。在保险业刚刚兴起的时候，有人以与自己毫无利害关系的远洋船舶与货物的安危为赌注，向保险人投保。若船货安全抵达目的地，则投保人丧失少量已付保费；若船货在航行途中灭失，他便可获得高于所交保险费几百倍甚至上千倍的额外收益，这种收益不是对损失的补偿，是以小的损失谋取较大的经济利益的投机行为。于是，人们就像在赛马场上下赌注一样买保险，严重影响了社会的安定。英国政府于18世纪通过立法禁止了这种行为，维护了正常的社会秩序，保证了保险事业的健康发展。保险利益原则规定，投保人的投保行为必须以保险利益为前提，一旦保险事故发生，投保人获得的就是对其实际损失的补偿或给付，这就把保险与赌博从本质上区分开来。

（3）便于衡量损失赔偿金额，避免保险纠纷的发生。保险人对被保险人的保障，不是保障保险标的本身不遭灾受损，而是保障保险标的遭受损失后被保险人的利益，补偿的是被保险人的经济损失；而保险利益以投保人对保险标的的现实利益以及可以实现的预期利益为限，因此是保险人衡量损失及被保险人获得赔偿的依据。保险人的赔付金额不能超过保险利益，否则被保险人将因此获得额外利益，这有悖于损失补偿原则。再者，如果不以保险利益为原则，还容易引起保险纠纷。例如，借款人以价值 30 万元的房屋作抵押向银行贷款 15 万元，银行将此抵押房屋投保，房屋因保险事故全损，银行作为被保险人其损失是 15 万元还是 30 万元呢？保险人应赔付 15 万元还是 30 万元？如果不根据保险利益原则来衡量，银行的损失就难以确定，就可能引起保险双方在赔偿数额上的纠纷。而以保险利益原则为依据，房屋全损只会导致银行贷款本金加利息的难以收回，因此，银行最多损失 15 万元及利息，保险公司不用赔付 30 万元。

3.2.2 构成保险利益的必要条件

保险利益是订立保险合同的前提条件，无论是财产保险合同，还是人身保险合同，必须以保险利益的存在为前提，因此保险利益的确立十分重要。投保人对保险标的的利益关系并非都可作为保险利益，它必须符合以下几个条件。

1．保险利益必须是确定的利益

保险利益必须是一种确定的利益，是投保人对保险标的在客观上或事实上已经存在或可以确定的利益。这种利益是客观存在的利益，不是当事人主观臆断的利益。财产保险的保险利益必须是财产或同财产相关联的利益；人身保险的保险利益必须是人的身体或生命；责任保险的保险利益必须是不幸事故发生后所丧失的权益等。

2．保险利益必须是经济上能计（估）价的利益

由于保险补偿是经济补偿或给付，只有投保人或被保险人的保险利益能够用货币反映其价值或进行估价，保险人才能对被保险人的损失进行补偿或给付，否则，无法实施保险职能。因此，投保人对保险标的的保险利益在数量上应该可以用货币来计量，无法定量的利益不能成为保险利益。财产保险中，保险利益一般可以精确计算，对那些像纪念品、日记、账册等不能用货币计量其价值的财产，尽管它们与被保险人有利害关系，但不能作为保险利益，接受其投保。人身保险合同的保险利益有一定的特殊性，由于人身无价，只要求投保人与被保险人具有利害关系，就认为投保人对被保险人具有保险利益。在某些特殊情况下，人身保险的保险利益也可加以计算和限定。比如，债权人对债务人生命的保险利益可以确定为债务的金额加上利息及保险费。

3. 保险利益必须是合法的利益

投保人对保险标的所具有的经济利益必须是国家法律所承认的。只有法律上认可的合法利益才能受到国家法律的保护，因此，保险利益必须是符合国家法律法规、符合社会公共利益、为法律所承认并受到法律保护的利益。例如，在财产保险中，投保人对由保险标的的所有权、占有权、使用权及收益权等产生的利益，必须是依照法律、法规、有效合同等合法取得、合法享有、合法承担的，因违反法律规定或损害社会公共利益而产生的利益，不能作为保险利益。例如，因贪污、走私、盗窃、偷税漏税等非法行为所得的利益不得作为投保人的保险利益而投保，如果投保人为非法手段取得的利益投保，则保险合同无效。

4. 保险利益必须是具有经济利害关系的利益

投保人对保险标的必须具有经济利害关系。这里的经济利害关系是指，因标的的存在、完好、健在而使利害关系人获得经济利益，因标的的毁损灭失而使利害关系人遭受经济损失，即保险标的的安全与损害直接关系到投保人的切身经济利益。而投保人与保险标的之间不存在经济利害关系是不能签订保险合同的。

《保险法》规定，在财产保险合同中，保险标的的毁损灭失直接影响投保人的经济利益，视为投保人对该保险标的具有保险利益；在人身保险合同中，投保人的直系亲属，如配偶、子女、债务人等的生老病死，与投保人有一定的经济关系，视为投保人对这些人具有保险利益。

3.2.3 保险利益的种类

1. 财产保险的保险利益

财产保险的保险标的是财产及其有关利益，凡因财产及其有关利益而遭受损失的投保人，对其财产及有关利益具有保险利益。财产保险的保险利益有下列情况：

（1）财产所有人、经营管理者、财产保管人及承租人的保险利益。一旦其财产毁损灭失，财产所有人就会使自己遭受经济损失而对该财产具有保险利益；财产的经营管理者、保管人、承租人，对他们所经营、保管、使用的财产负有经济责任，因而具有保险利益；故他们可以为其拥有、经营、保管或承租的财产投保。例如，房屋所有权人可以为房屋投保家庭财产险；承运人可为托运的货物投保运输保险；企业经营者可以为其经营的财产投保企业财产险；房屋承租人可以为所租赁的房屋投保火灾保险。

（2）抵押权人与质权人的保险利益。抵押与出质都是债务的一种担保，当债务人不能清偿债务时，抵押权人或质权人有从抵押或出质的财产价值中优先受偿的权利，因而对抵押、出质的财产均具有保险利益。就银行抵押贷款的抵押品而言，在贷款未还之前，抵押品的毁损灭失会使银行蒙受损失，银行对抵押品具有保险利益；在借款人偿还贷款后，银行对抵押品的抵押权消失，其保险利益也随之消失。

（3）合同双方当事人的保险利益。在合同关系中，一方当事人或双方当事人，只要合同标的的毁损会给他们带来经济损失，其对合同标的就具有保险利益。例如，在进出口贸易中，出口方或进口方均具有投保货物运输保险的保险利益。

2. 人身保险的保险利益

人身保险的保险标的是人的生命或身体，签订人身保险合同要求投保人与保险标的之间存在经济利害关系。根据《保险法》第31条的规定，人身保险的保险利益可分为以下五种情况。

（1）本人对自己的生命和身体具有保险利益，可以作为投保人为自己投保。

（2）投保人对配偶、子女、父母的生命和身体具有保险利益，可以作为投保人为他们投保。由于配偶之间、父母与子女之间具有法律规定的抚养或赡养责任，被保险人的死亡或伤残会给投保人造成经济损失，所以投保人对其配偶、父母、子女具有保险利益，可以作为投保人为他们投保。

（3）投保人对上述两项以外与投保人有抚养、赡养或者扶养关系的家庭其他成员、近亲属具有保险利益。由于与投保人有抚养、赡养或者扶养关系的家庭成员、近亲属的伤亡，可能会给投保人带来经济上的损失，因此，投保人对他们具有保险利益，可以为他们投保。

（4）与投保人有劳动关系的劳动者。只要投保人对被保险人的存在具有精神和物质幸福，被保险人死亡或伤残会造成投保人痛苦和经济损失，有这种利害关系存在就具有保险利益，如认为债权人对债务人具有保险利益，企业对其职工具有保险利益。

（5）除前款规定外，被保险人同意投保人为其订立合同的，视为投保人对被保险人具有保险利益。在国外，就判定投保人对他人的生命和身体是否具有保险利益方面，主要有两种观点：一是利害关系论。只要投保人对被保险人的存在具有精神或物质幸福，被保险人死亡或伤残会造成投保人痛苦和经济损失，有这种利害关系存在就具有保险利益。英、美等国一般采用这种主张，如认为债权人对债务具有保险利益，企业对其职工具有保险利益。二是同意或承认论。即只要投保人征得被保险人同意或承认，就对其生命或身体具有投保人身保险的保险利益。德国、日本、瑞士等国采用这种观点。我国对人身保险合同的保险利益的确定方式是采取了限制家庭成员关系范围并结合被保险人同意的方式。

3. 责任保险的保险利益

责任保险的保险标的是被保险人对第三者依法应负的赔偿责任，因承担经济赔偿责任而支付损害赔偿金和其他费用的人具有责任保险的保险利益。责任保险的保险利益主要有以下四种：

（1）雇主责任保险的保险利益。雇主对雇员在受雇期间从事业务因遭受意外导致伤残、死亡或患有有关的职业性疾病，而依法或根据雇用合同应承担经济赔偿责任的（如医药费、工伤补贴、家属抚恤金等），应具有保险利益，可投保雇主责任保险。

（2）公众责任保险的保险利益。各种公众或非公众场所（如旅馆、商店、影剧院、工程建设工地等）的所有者或经营者，对因这些场所的缺陷或管理上的过失及其他意外事件导致顾客、观众等人身伤害或财产损失，依法应对受害人承担经济赔偿责任，应具有保利益，可投保公众责任险。

（3）职业责任保险的保险利益。各类专业人员，如医师、律师、建筑师、设计师等，可能由于工作上的疏忽或过失使他人遭受损害而必须依法承担经济赔偿责任，因而具有保险利益，可投保职业责任保险。

（4）产品责任保险的保险利益。制造商、销售商因商品质量缺陷或其他问题给消费者造成人身伤害或财产损失，依照法律应承担经济赔偿责任，因而对这种侵权责任具有保险利益，可投保产品责任险。

4．信用与保证保险的保险利益

信用与保证保险的保险标的是一种信用行为。信用保险的保险利益是指债权人担心债务人到期无法偿还债务而致使自身遭受经济损失，从而债权人对债务人的信用具有保险利益，债权人可以投保信用保险。保证保险的保险利益是指债务人对自身的信用具有保险利益，可以按照债权人的要求投保自身信用的保险，即保证保险。

3.2.4 保险利益的时效

1．财产保险的保险利益时效规定

财产保险一般要求从保险合同签订到合同终止，始终都应具有保险利益。如果投保时存在保险利益，发生损失时已丧失保险利益，则保险合同无效，被保险人无权获得赔偿。但货物运输保险例外，只要求索赔时被保险人对保险标的具有保险利益即可。因为货物运输保险的利益方比较多，经济关系复杂，保险合同随货物运输保险提单转让而转让，保险标的不受被保险人所控制，所以货物运输保险在保险标的的受损时存在保险利益就行。

2．人身保险的保险利益时效规定

人身保险是以人与人的关系来确定可保利益的，人之间的关系比较长久，假定其可以延续至保单到期日，而且长期性人身保险合同是有储蓄性质的，因而强调在签订保险合同时投保人必须具有保险利益，而索赔时不必具有保险利益。如果人身保险要求出险时具有可保利益，将限制保单的流动性。

即使投保人对被保险人因离异、雇用合同解除或其他原因而丧失保险利益，保险合同效力并不受影响，保险人仍要承担给付被保险人保险金的责任。例如，某甲以自己为受益人为其丈夫某乙投保死亡保险，并征得某乙的同意。后双方离婚，被保险人未变更受益人，这样，在某乙因保险事故死亡后，某甲作为受益人并不因已丧失妻子的身份而丧失保险金的请求权。

案例分析

王先生4年前投保了20万元人寿保险，指定他的妻子陈女士为受益人。投保后，王先生与陈女士离异，与周女士结婚并生有一个儿子。但王先生并未申请变更受益人。王先生发生意外事故后，其妻周女士、儿子及前妻陈女士都向保险公司提出了索赔申请。但保险公司经审核后，拒绝了王先生现任妻子和儿子的申请，将保险金给付了陈女士。王先生的妻子周女士气愤难平：丈夫车祸身亡，可得到保险金的不是可怜的妻儿，而是已反目成仇的前妻。这样处理合理吗？

案例分析

某外贸企业从国外进口一批货物，与卖方交易采取的是离岸价格。按该价格条件，应由买方投保。于是企业以这批尚未运抵取得的货物为保险标的投保海上货运险。保险公司是否愿意承保？

3.3 近因原则

案例分析

老李开了个杂货铺，还为自己的杂货铺和杂货铺里的货物买了财产保险。一天，杂货铺因电线老化失火，老李在无法将大火扑灭的情况下，奋力把店里的杂货搬了出来，不料街上的人把货物抢了个精光。事后，保险公司只答应赔付店铺损失和店内被烧毁的货物损失，而对于被哄抢的货物则拒绝赔付，理由是货物不是被火烧毁的。双方争执不下，结果法院判决保险公司败诉，应向老李赔偿全部损失。为什么保险公司会败诉呢？

3.3.1 近因及近因原则的含义

近因是引起保险标的损失的最直接、最有效、起决定作用的原因，而不是指时间上或空间上最接近的原因。近因原则是判断风险事故与保险标的损失之间的因果关系，从而确定保险赔偿责任的一项基本原则。长期以来，它是保险实务中处理赔案时所遵循的重要原则之一。近因原则的基本含义是：若造成保险标的损失的近因属于保险责任范围，则保险人应负赔偿责任；若造成保险标的损失的近因不属于保险责任范围，则保险人不负赔偿责任，即只有当承保危险是损失发生的近因时，保险人才承担赔偿责任。

3.3.2 近因的认定及近因原则的应用

近因的判断正确与否，关系到保险双方的切身利益。近因原则从理论上讲比较简单，但在实践中，要从众多复杂的原因中确定近因具有相当的难度。因此，如何确定损失近因要具体问题具体分析。

1. 认定近因的基本方法

认定近因的关键是确定风险因素与损失之间的关系，确定这种因果关系的基本方法有以下两种：

（1）顺推法。从原因推结果，即从最初事件出发，按逻辑推理直到最终损失发生，最初事件就是最后一个事件的近因。比如，雷击折断大树，大树压坏房屋，房屋倒塌致使家用电器损毁，家用电器损毁的近因就是雷击。

（2）逆推法。从结果推原因。从损失开始，从后往前推，追溯到最初事件，如没有中断，则最初事件就是近因。比如，第三者被两车相撞致死，导致两车相撞的原因是其中一位驾驶员酒后开车，酒后开车就是第三者死亡的近因。

2. 近因原则的应用

保险人在分析引起损失的原因时应以最先发生的原因为近因，从应用近因原则来进行近因认定和保险责任认定来看，可能会有以下几种情况：

（1）损失由单一原因所致。若保险标的损失由单一原因所致，那么该原因就是近因。若这个近因属于保险风险，保险人应承担损失赔偿责任；若该项近因属未保风险或除外责任，则保险人不承担损失赔偿责任。例如，某人投保了企业财产险，地震引起房屋倒塌，使机器设备受损。若此险种列明地震为不保风险，则保险人不予赔偿；若地震列为保险风险，则保险人承担赔偿责任。

（2）损失由同时发生的多种原因所致。多种原因同时导致损失，即各原因的发生无先后之分，且对损害结果的形成都有直接与实质的影响效果，那么原则上它们都是损失的近因。至于是否承担保险责任，可分为两种情况：

1）多种原因均属保险风险，保险人负责赔偿全部损失。例如，暴雨和洪水均属保险责任，暴雨和洪水同时造成家庭财产损失，保险人负责赔偿全部损失。

2）多种原因中，既有被保风险，又有除外风险，保险人的责任视损害的可分性如何而定。如果损害是可以划分的，保险人就只负责被保风险所致损失部分的赔偿。如果损害难以划分，则保险人按比例赔付或与被保险人协商赔付。

（3）损失由连续发生的多种原因所致。多种原因连续发生，即各原因依次发生，持续不断，且具有前因后果的关系。若损失是由两个以上的原因所造成的，且各原因之间的因果关系并未中断，那么最先发生并造成一连串事故的原因为近因。如果该近因属于保险责任，保险人应负责赔偿损失；反之，则不承担赔偿责任。例如，莱兰船舶公司对诺威奇保险公司诉讼案。第一次世界大战期间，莱兰船舶公司的一艘轮船被敌潜艇用鱼雷击中，但仍拼力驶向哈佛港。由于情况危急，又遇到大风，港务当局担心该船会沉在码头泊位上堵塞港口，拒绝它靠港，在航行途中船底触礁，终于沉没。该船只投保了海上一般风险，没有保战争险，保险公司予以拒赔。法庭判决损失的近因是战争，保险公司胜诉。虽然在时间上导致损失的最近原因是触礁，但船在被鱼雷击中了以后，始终没有脱离险情，触礁是被鱼雷击中引起的，被鱼雷击中（战争）属未保风险。

（4）损失由间断发生的多项原因所致。致损原因有多个，它们是间断发生的，在一连串连续发生的原因中，有一项新的、独立的原因介入，使原有的因果关系链断裂，并导致损失，则新介入的独立原因就是近因。若新介入的独立原因为被保风险，则保险人应付赔偿责任；反之，保险人不承担损失赔偿或给付责任。例如，我国某企业集体投保团体人身意外伤害保险，被保险人王某骑车被卡车撞倒，造成伤残并住院治疗，在治疗过程中王某因急性心肌梗塞而死亡。由于意外伤害与心肌梗塞没有内在的必然联系，心肌梗塞并非意外伤害的结果，故属于新介入的独立原因。心肌梗塞是被保险人死亡的近因，它属于疾病范围，不包括在意外伤害保险的责任范围，故保险人对被保险人的死亡不负责任，只对其意外伤残按规定支付保险金。

案例分析

一英国居民投保了意外伤害险。他在森林中打猎时从树上跌下受伤。他爬到公路边等待救助，夜间天冷，染上肺炎死亡。保险人是否承担给付责任？

3.4 损失补偿原则

案例分析

某银行将借款单位抵押给它的一栋房屋投保，保单约定保险期限从2009年1月1日至2009年12月31日。银行于同年11月底收回全部借款，不料房屋于12月30日为大火焚毁。银行能否获得保险公司的赔偿？

3.4.1 损失补偿原则的含义

损失补偿原则的基本含义是指当保险事故发生并导致被保险人经济损失时，保险人给予被保险人的经济赔偿数额恰好弥补被保险人因保险事故所造成的保险金额范围内的损失，但被保险人不能因损失而获得额外利益。损失补偿原则包括如下两层含义：

（1）补偿以保险责任范围内损失的发生为前提，即有损失发生就有补偿，无损失发生则无补偿。在保险合同中体现为：被保险人因保险事故所致的经济损失，依据保险合同有权获得赔偿，保险人也应及时承担合同约定的保险保障义务。

（2）补偿以被保险人的实际损失为限，达到通过保险补偿使被保险人恢复到受损失前的经济状态的目的，不允许被保险人因损失而获得额外收益。但保险合同通常规定，保险事故发生时，被保险人有义务积极抢救保险标的，防止损失进一步扩大。被保险人抢救保险标的所支出的合理费用，由保险人负责赔偿。《保险法》第57条规定："保险事故发生时，被保险人应当尽力采取必要的措施，防止或者减少损失。保险事故发生后，被保险人为防止或者减少保险标的的损失所支付的必要的、合理的费用，由保险人承担；保险人所承担的费用数额在保险标的损失赔偿金额以外另行计算，最高不超过保险金额的数额。"这主要是为了鼓励被保险人积极抢救保险标的，以减少社会财富的损失。

遵循损失补偿原则的意义是：真正发挥保险的经济补偿职能，避免将保险演变成赌博行为，防止诱发道德风险的发生。

3.4.2 损失补偿原则的限制

1．损失补偿以实际损失为限

在补偿性保险合同中，保险标的遭受损失后，保险赔偿以被保险人所遭受的实际损失为限，全部损失全部赔偿，部分损失部分赔偿。比如，医疗保险中以被保险人实际花费的医疗费用为限。财产保险中以受损标的的当时市值为限，即以受损标的当时的市场价计算赔款额，赔款额不应超过该项财产损失时的市价。这是因为财产的价值经常发生变化，只有以受损时的市价作为依据计算赔款额，才能使被保险人恢复到受损前的经济状况。例如，一台机床投保时按其市价确定保险金额为 5 万元，发生保险事故时的市价为 2 万元，保险人只应赔偿 2 万元，尽管保险金额为 5 万元，因为 2 万元的赔偿足以使被保障人恢复到受损前的水平。

2．损失补偿以保险金额为限

保险金额是指保险人承担赔偿或者给付保险金责任的最高限额，也是计算保险费的依据。保险人的赔偿金额不能超过保险金额，只能低于或等于保险金额。因为保险金额是以保险人已收取的保费为条件确定的保险最高责任限额，超过这个限额，将使保险人收取的保险费不足以抵补赔偿支出，影响保险人的经营稳定。即使发生通货膨胀，仍以保险金额为限。例如，某一房屋投保时按其市价确立保险金额为 30 万元，发生保险事故全损，全损时的市价为 40 万元，保险人的赔偿金额应为 30 万元，因为保险金额为 30 万元。

3．损失补偿以保险利益为限

被保险人在保险事故发生时对保险标的所具有的保险利益是其向保险人索赔的必要条件，保险人对被保险人的赔偿金额要以被保险人对受损标的所具有的保险利益为限，被保险人所得的赔偿以其对受损标的的保险利益为最高限额。保险事故发生时，如果被保险人已丧失了对保险标的的全部保险利益，保险人不予赔偿；如果被保险人已丧失了对保险标的的部分保险利益，那么保险人对被保险人的赔偿仅以仍然存在的那部分保险利益为限。

在财产保险中，如果保险标的受损时财产权益已全部转让，则被保险人无权索赔；如果受损时保险财产已部分转让，则被保险人对已转让的那部分财产所遭受的损失无索赔权。例如，李某独立经营一条运输船，投保时船的保险价值保险金额为 500 万元，保险期限 1 年。投保 3 个月后，将其船只的 60% 转让给王某，投保 8 个月后船全损。保险人只赔给李某 200 万元的损失。再如，在银行抵押贷款中，如银行将抵押品投保，则银行的可保利益以其贷款额度为限。某企业以价值 200 万元的厂房做抵押贷款 100 万元，后发生保险事故厂房全损，保险人给银行的最高赔偿金额只能是 100 万元。若贷款已经收回，则以银行名义投保的保险合同无效，银行无权索赔。

3.4.3 损失补偿方式

损失补偿方式是损失补偿原则的具体应用。

1．第一损失赔偿方式

第一损失赔偿方式即在保险金额内，按照实际损失赔偿。当损失金额小于或等于保险金额时，赔偿金额为损失金额；当损失金额大于保险金额时，赔偿金额等于保险金额。这种赔偿方式是把保险财产的价值分为两部分，第一部分为保险金额以内的部分，这部分已经投保，保险人应当承担损失赔偿责任；第二部分是超过保险金额的部分，这部分保险人不予赔偿。故称为第一损失赔偿方式。

2．比例赔偿方式

在不定值保险条件下，若保险金额等于或大于保险价值，即足额或超额保险时，其赔偿金额等于损失金额；若保险金额小于保险价值，即不足额保险时，其赔偿金额的计算公式为：

$$赔偿金额 = 损失金额 \times 保险保障程度$$

$$保险保障程度 = \frac{保险金额}{损失当时财产的保险价值} \times 100\%$$

例如，某企业投保了企业财产保险，保险金额为 2 700 万元，保险事故发生时，保险价值为 3 000 万元。若发生全部损失，则保险人赔偿 2 700 万元；若发生部分损失，损失金额为 2 000 万元，则按比例计算的赔偿金额为：

$$赔偿金额 = 2\,000 \times 2\,700 / 3\,000 = 1\,800（万元）$$

3.4.4 损失补偿原则的例外

1．人身保险

人身保险是以人的生命和身体为保险标的的一种保险，而人的生命和身体是不能简单地用货币衡量其价值的，其可保利益也是无法估价的。被保险人发生伤残、死亡等事件，对其本人及家庭所带来的经济损失和精神上的痛苦都不是保险金所能弥补得了的，保险金只能在一定程度上缓解被保险人及其家庭由于保险事故的发生所带来的经济困难，帮助其摆脱困境，给予精神上的安慰，所以人身保险合同不是补偿性合同，而是给付性合同。保险金额是根据被保险人的需求程度和支付保险费的能力来确定的，当保险事故发生时，保险人按双方事先约定的金额给付，所以，损失补偿原则不适用于人身保险。

2. 定值保险

定值保险是财产保险的一种，在订立保险时，保险合同双方当事人约定保险标的的价值，并以此确定为保险金额，视为足额保险。当保险事故发生时，保险人不论保险标的损失当时的市价如何，即不论保险标的的实际价值是大于还是小于保险金额，均按损失程度十足赔付。其计算公式为：

$$赔偿金额 = 保险金额 \times 损失程度$$

在这种情况下，保险赔款可能超过实际损失，因此，定值保险是损失补偿原则的例外。海洋运输货物保险通常采用定值保险的方式，因为运输货物出险地点不固定，各地的市价不一样，如果按照损失当时的市价确定损失，不仅很麻烦，而且容易引起纠纷，故采用定值保险的方式。

例如，若某远洋货物运输公司为其运输的某种货物投保了定值保险，其保险金额为300万元，保险价值为300万元。保险事故发生时，若发生全部损失，则保险人赔偿300万元；若发生部分损失，损失程度为75%，则按比例计算的赔偿金额为：

$$赔偿金额 = 300 \times 75\% = 225（万元）$$

3. 重置价值保险

重置价值保险是指以被保险人重置或重建保险标的所需费用或成本确定保险金额的保险。一般财产保险是按保险标的的实际价值投保，发生损失时，按实际损失赔付，使受损的财产恢复到原来的状态，由此恢复被保险人失去的经济利益。但是，由于通货膨胀、物价上涨等因素，有些财产（如建筑物或机器设备）即使按实际价值足额投保，保险赔款也不足以进行重置或重建。因此，保险人允许投保人按超过保险标的实际价值的重置或重建价值投保，发生保险事故时，保险人按重置或重建成本赔付。这样就有可能出现保险赔款大于实际损失的情况，所以重置价值保险也是损失补偿原则的例外。

案例分析

2008年5月，孙某和王某共同出资购得东风牌卡车一辆，其中孙某出资3万元，王某出资5万元。孙某负责卡车驾驶，王某负责联系业务，所得利润按双方出资比例分配。保险公司业务员赵某得知孙某购车后，多次向其推销车辆保险。在赵某多次劝说下，孙某同意投保车损险和第三者责任险。随后，保险公司向孙某签发保单，列孙某为投保人和被保险人。2008年10月，孙某驾车与他人车辆相撞，卡车全部毁损，孙某当场死亡。事发后，王某自赵某处了解孙某曾向保险公司投保，于是与孙某家人一起向保险公司提出索赔。保险公司认为，根据保单，孙某系投保人与被保险人，保险公司只能向孙某赔付。王某不是保险合同当事人，无权要求保险公司赔偿。并且，因投保车辆属孙某与王某共有，孙某仅对其出资额部分享有保险利益，故保险公司只能赔偿孙某出资额部分赔款。王某与孙某家人均表示不能接受，遂向人民法院起诉。法院将如何判决比较合理？

3.5 损失补偿原则的派生原则

案例分析

2006年1月1日，中基公司与关港仓库签订仓储保管合同一份，约定：货物在储存期间，由于保管不善发生灭失、短少、变质、污染、损坏的，由关港仓库负责赔偿损失；储存期间货物保管要求为防火、防潮、防缺损。4月6日，中基公司将保存于关港仓库的仓储物（棉花）以2 000万元的保险金额向大众保险分公司投保财产综合险。4月21日，该仓库发生火灾，烧损中基公司所有的2-31、2-41两垛共计1 034件棉花以及因施救造成2-32、2-42两垛共计1 056件棉花湿损。同日，大众保险分公司委托某保险公估公司进行勘验、理算。事故发生后，中基公司向关港仓库提出索赔，遭到拒绝，故中基公司要求大众保险分公司在保险责任范围内先行赔偿。大众保险分公司向中基公司支付保险赔偿金1 071 752.8元。为此，大众保险分公司依法取得代位求偿权，请求法院判令关港仓库支付大众保险分公司保险赔偿金1 071 752.8元、公估费5万元及利息损失。

代位追偿原则和重复保险的分摊原则是损失补偿原则的派生原则，也是遵循损失补偿原则的必然要求和结果。

3.5.1 代位追偿原则

1. 代位追偿原则的含义

代位追偿原则是指在财产保险中，保险标的发生保险事故造成推定全损，或者保险标的由于第三者责任导致损失，保险人按照合同的约定履行赔偿责任后，依法取得对保险标的的损失负有责任的第三者的追偿权或对保险标的的所有权。我国《保险法》第60条规定："因第三者对保险标的的损害而造成保险事故的，保险人自向被保险人赔偿保险金之日起，在赔偿金额范围内代位行使被保险人对第三者请求赔偿的权利。"保险人所获得的这种权利就是代位追偿权。所谓推定全损，是指保险标的遭受保险事故尚未达到完全损毁或完全灭失的状态，但实际全损已不可避免；或者修复和施救费用将超过保险价值；或者失踪达到一定时间，保险人按照全损处理的一种推定性的损失。

坚持代位追偿原则是为了防止被保险人由于保险事故的发生而获得超额赔偿。当保险事故是由被保险人以外的第三者造成的，被保险人既可以依据保险合同的规定向保险人要求赔偿，也可以依据法律规定的民事损害赔偿责任向第三者要求赔偿。如果由保险人和第三者同时赔偿被保险人的损失，就有可能使被保险人获得双重赔偿，这不符合损失补偿原则。如果仅由第三者赔偿，又往往会使被保险人得不到及时补偿。于是法律规定了代位追偿原则，以保证当保险标的因第三者责任而遭受损失时，保险人支付的赔款与第三者赔偿的总和，不超过保险标的的实际损失。

2. 代位追偿原则的适用范围

（1）保险代位追偿原则仅适用于财产保险合同，而不适用于人身保险合同。人身保险的被保险人伤残或死亡，被保险人、受益人可以同时得到保险人给付的保险金和第三者负责的赔偿金额。因为人身价值是无法以货币形式来衡量的，不存在额外收益问题。《保险法》第 46 条规定："被保险人因第三者的行为而发生死亡、伤残或者疾病等保险事故的，保险人向被保险人或者受益人给付保险金后，不享有向第三者追偿的权利，但被保险人或者受益人仍有权向第三者请求赔偿。"

（2）在财产保险合同中，保险人不得对被保险人的家庭成员或者其组成人员行使代位请求赔偿的权利，除非被保险人的家庭成员或者其组成人员故意造成保险事故。因为被保险人的家庭成员或其组成人员（如职工）往往与被保险人具有一致的经济利益关系，即他们的利益受损，被保险人的利益也同样遭受损失；他们的利益得到保护，实质上也就是保护了被保险人的利益。如果被保险人的家庭成员或者其组成人员由于过失行为导致保险财产损失，保险人对被保险人先行赔偿，而后向被保险人的家庭成员或其组成人员追偿损失，则无异于又向被保险人索还；即保险人一只手将保险金支付给被保险人，另一只手又把保险金收回，被保险人的损失将得不到真正的补偿。因此，保险人不得向被保险人的家庭成员或其组成人员行使代位追偿权，除非他们故意造成保险事故的发生。

3. 代位追偿原则的主要内容

代位追偿原则的主要内容包括权利代位和物上代位。

（1）权利代位。即追偿权的代位，是指在财产保险中，保险事故由第三者责任方所致，被保险人从保险人处获得赔偿后，其向第三者责任方享有的赔偿请求权依法转让给保险人，由保险人在赔偿金额范围内代位行使被保险人对第三者请求赔偿的权利。《中华人民共和国海商法》（以下简称《海商法》）第 252 条规定："保险标的发生保险责任范围内的损失是由第三人造成的，被保险人向第三人要求赔偿的权利，自保险人支付赔偿之日起，相应转移给保险人。"

1）代位追偿权产生的条件。

第一，损害事故发生的原因及保险标的都在保险责任范围内。只有属于保险责任范围内的保险事故，保险人才负责赔偿，否则，保险人无须承担赔偿责任，受害人只能向有关责任方索赔，与保险人无关，也就不存在保险人代位追偿的问题。

第二，保险标的的损失是由第三者责任造成的。依据法律肇事方应向被保险人承担经济赔偿责任，这样被保险人才有权向第三者请求赔偿，并在取得保险赔款后将向第三者请求赔偿权转移给保险人，保险人才有权代位追偿。

第三，保险人必须事先向被保险人履行赔偿责任。因为代位追偿权是债权的转移，在债权转移之前是被保险人与第三者之间特定的债务关系，与保险人没有直接的法律关系。保险人只有依照保险合同的规定向被保险人履行赔偿责任后，才依法取得对第三者请求赔偿的权利。

2）保险人在代位追偿中的权益范围。保险人在代位追偿中享有的权益以其对被保险人赔付的金额为限，如果保险人从第三者责任方追偿的金额大于其对被保险人的赔偿金额，则超出部分应归被保险人所有。代位追偿原则的目的不仅在于防止被保险人取得双重赔款而获得额外的利益，从而保障保险人的利益；而且保险人也不能通过行使代位追偿权而获得额外的利益，以损害被保险人的利益。当第三者责任方对被保险人造成的损失大于保险人支付的赔偿金额时，被保险人有权就未取得赔偿部分向第三者请求赔偿。例如，《保险法》第60条规定："保险人依照本条第1款规定行使代位请求赔偿的权利，不影响被保险人就未取得赔偿的部分向第三者请求赔偿的权利。"

应当注意的是：① 被保险人已从第三者取得损害赔偿但赔偿不足时，保险人可以在保额限度内予以补足，保险人赔偿保险金时，应扣减被保险人从第三者已取得的赔偿金额。② 保险人行使代位追偿权，不影响被保险人就未取得赔偿的部分向第三者请求赔偿的权利。

3）保险人取得代位追偿权的方式。权益取得的方式一般有两种：一是法定方式，即权益的取得无须经过任何人的确认；二是约定方式，即权益的取得必须经过当事人的磋商、确认。我国《保险法》规定，保险人代位追偿权的取得采用法定方式，保险人自向被保险人赔偿保险金之日起，在赔偿金额范围内代位行使被保险人对第三者请求赔偿的权利，而无须经过被保险人的确认。但是在实践中，保险人支付保险赔款后，通常要求被保险人出具"权益转让书"。从法律规定上看，"权益转让书"并非权益转移的要件，但这一文件确认了保险人取得代位追偿的时间和向第三者追偿所能获得的最高赔偿额。

4）代位追偿的对象及限制。保险人代位追偿的对象是造成保险事故及其对保险标的的损失负有民事赔偿责任的第三者，它可以是法人，也可以是自然人。当存在如下情况时，保险人在赔偿被保险人损失后，依法取得对第三者的代位追偿权：

第一，第三者对被保险人的侵权行为，导致保险标的遭受保险责任范围内的损失，依法应承担损害赔偿责任。所谓侵权行为，是指"因作为或不作为而不法侵害他人财产或人身权利的行为"。例如，第三者违章行驶，造成交通事故，导致被保险人投保的车辆损失，第三者依法应对被保险人承担侵权的民事损害赔偿责任；又如某种产品质量不合格，造成保险标的的损失，产品的制造商、销售商应对被保险人承担侵权的民事损害赔偿责任。

第二，第三者的违约行为，不履行合同规定的义务，造成保险标的的损失。根据合同的约定，第三者应对保险标的的损失承担赔偿责任。如在货物运输保险中，由于承运人野蛮装卸，造成运输货物的损毁，根据运输合同的规定，承运人应对被保险人承担损害赔偿责任。

第三，第三者的不当得利行为，造成保险标的的损失，依法应承担赔偿责任。如第三者偷窃行为，非法占有保险标的，造成被保险人的损失，根据法律，如果案件破获，应当向第三者即窃贼进行追偿。

第四，依据其他法律规定，第三者应承担的赔偿责任。如共同海损的受益人对共同海损负有分摊损失的责任。

5）对保险人代位追偿权的法律保护。为保护保险人的代位追偿权，法律上要求被保险人不能损害保险人的代位追偿权的情况包括：

第一，在保险人赔偿之前如果被保险人放弃了向第三者的请求赔偿权，那么也就同时放弃了向保险人请求赔偿的权利。《保险法》第61条第1款规定："保险事故发生后，保险人未赔偿保险金之前，被保险人放弃对第三者请求赔偿的权利的，保险人不承担赔偿保险金的责任。"

第二，在保险人赔偿之后，如果被保险人未经保险人的同意而放弃了对第三者的请求赔偿的权利，该行为无效。《保险法》第61条第2款规定："保险人向被保险人赔偿保险金后，被保险人未经保险人同意放弃对第三者请求赔偿的权利的，该行为无效。"

第三，如果因被保险人的过错影响了保险人代位追偿权的行使，保险人扣减相应的保险赔偿金。《保险法》第61条第3款规定："被保险人故意或者因重大过失致使保险人不能行使代位请求赔偿的权利的，保险人可以扣减或者要求返还相应的保险金。"

第四，被保险人有义务协助保险人行使代位追偿权。《保险法》第63条规定："保险人向第三者行使代位请求赔偿的权利时，被保险人应当向保险人提供必要的文件和所知道的有关情况。"

（2）物上代位。是指保险标的遭受保险责任范围内的损失，保险人按保险金额全数赔付后，依法取得该项标的的所有权。物上代位通常适用于对保险标的的全损或推定全损的保险事故的处理。

1）物上代位权的取得。保险人的物上代位权是通过委付取得的。所谓委付，是指发生保险事故造成保险标的推定全损时，投保人或被保险人将保险标的的一切权益转移给保险人，而请求保险人按保险金额全数赔付的行为。委付是一种放弃物权的法律行为，在海上保险中经常采用。委付的成立必须具备一定的条件：

第一，委付必须以保险标的的推定全损为条件。因为委付包含着全额赔偿和转移保险标的的一切权利、义务两重内容，所以必须要求在保险标的推定全损时才能适用。

第二，委付必须由被保险人向保险人提出。当保险标的发生推定全损时，被保险人通常采用书面的形式即委付通知向保险人申请按照全部损失赔偿，委付通知是被保险人向保险人做推定全损索赔之前必须提交的文件。保险人接到被保险人的委付通知后，可以接受委付，也可以不接受委付，但是应当在合理的时间内将接受委付或者不接受委付的决定通知被保险人。被保险人不向保险人提出委付，保险人对受损的保险标的只能按部分损失处理。

第三，委付必须是就保险标的的全部提出请求。保险标的在发生推定全损时，通常保险标的本身不可拆分，委付也具有不可分性，因此，被保险人请求委付的必须是针对推定全损的保险标的全部。如果仅委付保险标的的一部分，则极易产生纠纷。但如果保险标的是由独立可分的部分组成，其中只有一部分发生委付原因，可仅就该部分保险标的请求委付。

第四，委付不得有附加条件。我国《海商法》第249条第2款明确规定："委付不得附带任何条件。"例如，船舶失踪而被推定全损，被保险人请求委付，但不得要求日后如船舶被寻回，将返还其受领的赔偿金而取回该船。因为这会增加保险合同双方关系的复杂性，从而增加保险人与被保险人之间的纠纷。

第五，委付必须经过保险人的同意。被保险人向保险人发出的委付通知，必须经保险人的同意才能生效。保险人可以接受委付，也可以不接受委付。因为委付不仅将保险标的的一切权益转移给保险人，同时也将被保险人对保险标的的所有义务一起转移给保险人。《海商法》第250条规定："保险人接受委付的，被保险人对委付财产的全部权利和义务转移给保险人。"因此，保险人在接受委付之前必须慎重考虑，权衡利弊，即受损保险标的的残值是否大于将要由此而承担的各种义务和责任风险所产生的经济损失，不能贸然从事。如船舶因沉没而推定全损，被保险人提出委付，保险人要考虑打捞沉船所能获得的利益是否大于打捞沉船以及由此而产生的各项费用支出。

被保险人提出委付后，保险人应当在合理的时间内将接受委付或不接受委付的决定通知被保险人。如果超过合理的时间，保险人对是否接受委付仍然保持沉默，应视为不接受委付的行为。但保险人一经接受委付，委付即告成立，双方都不能撤销，保险人必须以全损赔付被保险人，同时取得保险标的的物上的代位权，包括标的物上的权利和义务。

2）保险人在物上代位中的权益范围。由于保险标的的保障程度不同，保险人在物上代位中所享有的权益也有所不同。《保险法》第59条规定："保险事故发生后，保险人已支付了全部保险金额，并且保险金额等于保险价值的，受损保险标的的全部权利归于保险人；保险金额低于保险价值的，保险人按照保险金额与保险价值的比例取得受损保险标的的部分权利。"即在足额保险中，保险人按保险金额支付保险赔偿金后，就取得了对保险标的的全部所有权。在这种情形下，保险人在处理标的物时所获得的利益如果超过所支付的赔偿金额，超过的部分归保险人所有；而在不足额保险中，保险人只能按照保险金额与保险价值的比例取得受损标的的部分权利。此外，如有对第三者损害赔偿请求权，索赔金额超过其支付的保险赔偿金额，也同样归保险人所有，这一点与代位追偿权有所不同。

案例分析

若某项保险金额为100万元的进口货物发生保险事故，该货物损失时的实际价值为120万元，损失金额为80万元。由于该货物的部分损失所形成的处理费用大于120万元，因此，被保险人提出委付申请，保险人经审查接受了被保险人的委付申请。按照推定全损处理此案，并向被保险人支付了100万元的保险赔款，从而取得了对该货物的所有权。保险人利用其国外分支机构的关系,投资 10 万元处理好了货物,并以 160 万元的价格转卖给某公司。保险人在该项业务中获利 50 万元。被保险人认为保险人的这 50 万元为不当得利,便诉讼于法院,要求得到保险人 50 万元收益的一部分。经法院判决,被保险人败诉。因为被保险人通过委付已经丧失了该货物的全部权利。

3.5.2 重复保险的分摊原则

1. 重复保险分摊原则的含义

重复保险是指投保人以同一保险标的、同一保险利益、同一保险事故,分别与两个或两个以上保险人订立保险合同,且其保险金额的总和超过保险价值的保险。在重复保险的情况下,如果发生保险事故并导致保险标的损失,被保险人有可能利用重复保险在数个保险人处重复得到超过实际损失额的赔偿,这就违背了保险的损失补偿原则和宗旨。为了确保保险补偿目的的实现,并维护保险人与被保险人、保险人与保险人之间的公平原则,重复保险分摊原则应运而生。重复保险分摊原则是指在重复保险的情况下,当保险事故发生时,通过采取适当的分摊方法,在各保险人之间分配赔偿责任,使被保险人既能得到充分的补偿,又不会超过其实际损失而获得额外的利益。

2. 重复保险的分摊方式

在重复保险的情况下,当发生保险事故时,保险标的所遭受的损失由各保险人分摊,分摊赔偿方式主要包括比例责任分摊、限额责任分摊和顺序责任分摊三种方式。

(1) 比例责任分摊方式。即由各保险人按其承保的保险金额占保险金额总和的比例分摊保险事故造成的损失,支付赔款。其计算公式为:

$$各保险人承担的赔款金额 = 损失金额 \times \frac{该保险人承保的保险金额}{所有保险人承保的保险金额的总和}$$

例如,某公司以价值 80 万元的某物品,分别向甲、乙两家财产保险公司投保,两家保险公司承保的金额分别是 60 万元和 40 万元,属重复保险。若发生保险事故造成保险标的实际损失是 50 万元,那么甲保险人应赔偿:50×60/100=30(万元);乙保险人应赔偿:50×40/100=20(万元)。两家保险公司的赔款总额为 50 万元,正好等于被保险人的实际损失。

(2) 限额责任分摊方式。这种分摊方式是指各保险人的分摊金额不是以其保险金额为基础,而是假设每个保险人在没有其他保险人重复保险的情况下单独承担的赔偿限额与各保险人赔偿限额总和的比例来分摊损失金额。其计算公式为:

$$各保险人承担的赔款金额 = 损失金额 \times \frac{该保险人的赔偿限额}{所有保险人承保的赔偿限额的总和}$$

例如,A、B 两家保险公司承保同一财产,A 公司承保 4 万元,B 公司承保 6 万元,实际损失为 5 万元。A 公司在无 B 公司的情况下应赔付 4 万元,B 公司在无 A 公司的情况下应赔付 5 万元。在重复保险的情况下，如以责任限额来分摊，A 公司应赔偿：5×4/9≈2.22（万元）；B 公司应赔偿：5×5/9≈2.78（万元）。两家保险公司的赔款总额仍等于实际损失 5 万元。

比例责任分摊和限额责任分摊都是按一定的比例分摊赔偿责任，但前者是以保险金额为计算基础，后者是以赔偿限额为计算基础。

（3）顺序责任分摊方式。各保险公司按出单时间顺序来确定赔偿责任，先出单的公司首先负责赔偿，后出单的公司只有在损失额超出前一家公司的保额时，才在自身保额限度内赔偿超出的部分。被保险人的损失赔偿有可能由一家保险公司承担，也可能由多家保险公司赔偿。这取决于被保险人的损失大小和顺次承担的保险金额的大小。

例如，某货物保险价值为 30 万元，发货人及其代理人先后向甲、乙两家保险公司为该批货物投保了货物运输保险，其保险金额为 20 万元和 10 万元，甲公司先出单，乙公司后出单。若该批货物发生全损，则先由甲保险公司赔偿 20 万元，余下的 10 万元再由乙保险公司赔偿；若发生部分损失，损失额为 10 万元，则先由甲保险公司赔偿 10 万元，而乙保险公司不负赔偿责任。

在保险实务中，各国采用较多的是比例责任和限额责任分摊方式，因为顺序责任分摊方式下各承保公司承担的责任有欠公平。我国规定采用比例责任方式赔偿。《保险法》第 56 条规定："重复保险的各保险人赔偿保险金的总和不得超过保险价值。除合同另有约定外，各保险人按照其保险金额与保险金额总和的比例承担赔偿保险金的责任。"因此，在我国，重复保险依法采用比例责任方式赔偿。

案例分析

北京某显像管厂与北京朝阳区某建筑队签订了维修成品库的施工协议，其中第 9 条规定："因施工发生火灾，由乙方（建筑队）负责。"建筑队在施工时，有关人员违反安全操作规程，把带着火苗的沥青桶放在库棚顶上的油毡上，酿成火灾，库内 15 500 余只显像管烧毁，直接损失共计 80 万元。保险公司赔偿损失后，该厂把要求责任方赔偿的权利交给保险公司。在代位追偿的过程中，该建筑队及其上级管理部门一再推脱责任，拖了 11 个月未能解决，保险公司在不得已的情况下向法院提起诉讼。在事实和法律面前，该建筑队承认应负全部赔偿责任。但保险公司考虑到该建筑队的实际负担能力，给予充分谅解和照顾。经法院调解，最后达成协议，建筑队赔偿保险公司赔款总额的 30%，分 4 年偿清。

案例分析

在某次交通事故（属于保险责任）中，被保险车辆损失 5 万元，交通监理部门判定被保险车辆无责任，对方承担全部责任并一次支付车损赔偿金。该保单被保险人在收到责任方的赔偿后又凭保单向保险人索赔，保险人应如何处理？

本章关键要点

保险利益原则　　最大诚信原则　　近因原则　　损失补偿原则　　代位追偿原则
重复保险

第 4 章 保险费率的厘定

本章学习目标

- 理解保险费率的概念及厘定的原则。
- 了解保险费率厘定的数理基础。
- 了解财产保险费率厘定的过程及原理。
- 掌握寿险费率厘定的基本原理及计算方法。
- 了解寿险责任准备金的计算方法。

引导案例

保险精算师年薪相差 20 倍

一直被称为"金领中的贵族"的保险精算师近年来炙手可热，保险精算师的年薪成为很多人关注的焦点。一位从事多年保险精算的业内人士昨日向记者透露，保险精算师的年薪并没有外界想象得那么高，而且差距相当大，业内最高的年薪达到 200 万元，而最低的在 10 万元左右。

1. 国内保险精算师仅 70 多人

2007 年中国精算师颁证仪式在北京举行。共有 34 人获得中国精算师资格，189 人获得中国准精算师资格。其中，我国首批 22 名产险精算师拿到了由中国保监会颁发的证书，这标志着我国非寿险精算师考试制度建设自 2004 年开始推动以来取得了阶段性成果。

长期以来，中国保监会就大力推动精算制度建设这项工作，在 1999 年首批认证了 43 名中国精算师。2000 年，中国保监会在颁布的《保险公司管理规定》中要求，经营全国业务的寿险公司至少需要 3 名中国保监会认可的精算人员，区域性的至少 1 名。但据业内人士介绍，目前，国内认证的保险精算师大约有七八十人，国际认证的大约有 200 多人，缺口还是很大。

一位精算顾问有限公司总经理向记者表示，目前来看，保险精算师的进入门槛还比较高，一般学员都要通过 5~10 年的时间才能拿到证书。特别是对于一些已经参加工作的学员来讲，由于学习时间很少，所以难度更大一点。

2. 保险精算师应"八面玲珑"

"精算不是唯一的。"保险精算师不仅仅要懂得新产品的费率厘定或准备金提留等基础性技能，而且还必须为公司做很多经营分析与经营控管的事情。

例如，现代的精算师功能已逐渐扩展到资产负债管理以及协助拟定投资策略等方面，即已经进入所谓的财务精算领域。精算师还必须懂得如何协调公司、监管层以及客户的关系。

中国保监会财产监管部主任郭左践表示，保险精算师在保险公司防范风险方面应发挥重要作用。中国保监会还将建立总精算师体制，将精算师纳入保险高管行列，对保险公司的决策提供专业性建议。

长城人寿总精算师刘占国表示，一个好的保险精算师不仅仅要精通"精算"，还要对公司的文化、管理以及公司战略各个层面深入了解，这样才能为公司决策层提供有建设性的建议。

资料来源：http://www.examda.com/jss/Guide/20090531/102554568.html，有节选.

4.1 保险费率厘定的原则及数理基础

4.1.1 保费及其厘定原则

1. 保费和保险费率

保费是指投保人为获得经济保障而缴纳给保险人的费用。保险人依靠其所收取的保费建立保险基金，对被保险人因保险事故所遭受的损失进行经济补偿。因此，缴付保费是被保险人的基本义务，只有在被保险人履行了约定交费义务的前提下，保险人才能承担保险合同载明的保险责任。

保费由纯保费和附加保费构成，纯保费是保险人用于赔付给被保险人或受益人的保险金，它是保费的最低界限；附加保费是由保险人所支配的费用，主要由营业费用、营业税和营业利润构成。

保险费率是保费与保险金额的比率，又称为保险价格，是被保险人为取得保险保障而由被保险人向保险人所支付的价金，通常以每百元或每千元的保险金额的保费来表示。

保险费率一般由纯费率和附加费率两部分组成。习惯上，将纯费率和附加费率相加所得到的保险费率称为毛费率。

纯费率是纯保费与保险金额的比率，也称净费率，它用于保险事故发生后进行赔偿和给付保险金的费率。其计算的依据因险种的不同而有所不同：财产保险纯费率的计算依据是保额损失率，即财产保险的平均损失率，保额损失率是一定时期内赔偿金额与保险金额的比率，人寿保险纯费率的计算依据是利率和死亡率。

附加费率是附加保费与保险金额的比率。它是以保险人的营业费用为基础计算的，用于保险人的业务费用支出、手续费支出以及提供部分保险利润等。通常以占纯费率的一定比例表示。附加费率由费用率、营业税率和利润率构成。

2. 保险费率厘定的基本原则

保险人在厘定保险费率时总体上要做到权利与义务对等，具体包括下列几个原则：

（1）充分性原则。充分性原则是指所收取的保险费在支付赔款、营业费用和税款之后，仍有一部分合理的利润，充分性原则的核心是保证保险人有足够的偿付能力。如果保险费率过低，就会降低保险人的偿付能力，结果使保险人的经营处于一种不稳定状态，不利于稳健发展。在竞争激烈的保险市场上，为了提高自己的竞争力，保险人常常不惜以降低保险费率来吸引顾客。为了贯彻充分性原则，避免恶性竞争，很多国家都对保险费率进行管制，以保证保险公司的偿付能力。

（2）公平合理原则。公平是指一方面保险人的保费收入与预期支付相对称；另一方面被保险人负担的保费应与其获得的保险保障相一致。保费的多少应与保险的种类、保险期限、保险金额、被保险人的年龄与性别等相对称，风险性质相同的被保险人应承担相同的保险费率，风险性质不同的被保险人，则应承担有差别的保险费率。合理则是指保险费率应尽可能合理，保险人不能为追求超额利润而片面制定过高的保险费率。

（3）稳定灵活原则。指保险费率应当在一定时期内保持稳定，以保证保险公司的信誉。稳定的费率有利于保险公司的业务核算，也使被保险人的保费支出保持稳定。不稳定的保险费率会给保险公司的经营活动带来负面影响。同时，坚持稳定原则并不是要求保险费率保持一成不变，也要随着风险的变化、保险责任的变化和市场需求等因素的变化而做出相应的调整，具有一定的灵活性。

（4）促进防灾防损原则。该原则要求保险费率的厘定应有利于促进防灾防损。具体来讲，对注重防灾防损工作的被保险人采取较低的费率。贯彻这一原则有两个好处：其一，可以减少保险人的赔款支出；其二，可以促进被保险人加强防灾防损，减少整个社会的财富损失。

3. 保险费率厘定的一般方法

一般来说，保险费率的计算方法大致可分为三种，即观察法、分类法和增减法。

（1）观察法。观察法又称判断法或个别法，是在具体的承保过程中，由核保人员根据每笔业务保险标的和以往的经验，直接判断风险频率和损失率，从而确定适合特定情况的个别费率。由于这种类型的保险费率是从保险标的的个别情况出发单独厘定的，因此较能反映个别风险的特性。

但是，在现代保险业务中，判断法往往因其手续烦琐，加之受核保人员的水平和被保险人的信用影响很大，并不十分科学。通常用于海上保险、航空保险等，这些保险因航程不定、气候变化或交替使用不同运输工具而遭遇无法统一分类的风险时，就常用判断法。例如，我国保险公司初期承保波音 747 飞机时，就是采用观察法厘定费率的。另外，一些新的保险业务，开始时由于缺乏统计资料，有无可比情况，只好用观察法。

（2）分类法。这是现代保险经营中经常使用的厘定保费的方法，它是根据若干重要而明显的风险标志，将性质相同的风险予以归类，并在此基础上依据损失率分别确定费率的方法。其准确程度既有赖于分类的适当性，又取决于各类别所包含的风险单位的数量。人寿保险、火灾保险以及大多数意外伤害保险通常使用分类法。如美国火灾保险，以被保险财产所在地区的消防级别作为费率分类的基础。又如，各种人寿保险以年龄、性别、健康状况来分类，适用于不同的分类费率。

采用分类法是基于这样一种假设：被保险人将来的损失很大程度上由一系列相同的因素决定。因此，最理想的分类费率的条件是每一类别中，各单位所有风险因素的性质完全一致，这样每单位的预期损失及费用都相同。但现实生活中的标的很难完全符合这一条件，只是近似于符合这一条件。

（3）增减法。增减法又称修正法，即在规定基本费率后，在具体的承保过程中，根据损失经验就个别风险加以衡量后，在基本费率基础上进行适当增减而确定下来的费率。修正法兼具判断法的灵活性和分类法的优点，是一种科学、适用的计费方法。修正法通常又可分为表定法、经验法和追溯法。

1）表定法。是指保险人依据分类法确定每一具有相似风险的类别的基本费率，然后根据个别标的的风险状况做增减修正的方法。当投保人投保时，核保人员以实际投保标的所具有的风险与原定标准相比较，若其条件比原定标准好，则按表定费率减少一部分；反之，则做适当增加。表定费率一般用于性质较为复杂的工商业风险，如火灾保险。例如，建筑物火灾保险，以砖造、具有一般消防设备的建筑物为基础，对影响建筑物火灾的四大因素——用途、构造、位置、防护设施分别确定调整幅度表，并规定调整幅度至多不超过基础费率的15%。

其优点是：第一，它适用于程度不等的风险和各种规模的投保单位；第二，可以鼓励被保险人加强防灾防损。因为费率的高低决定于客观标准的规定。如果防灾、防损搞得好，则可规定平均风险以下的客观标准，厘定出较低的保险费率；反之，则厘定出较高的费率。

其缺点是厘定费率费用太高，不利于保险人降低保险成本；同时，表定费率在实际运用中灵活性太大，业务人员在竞争激烈时，为争取承保更多业务而有可能过度地降低费率，不利于保险人财务的稳定。

2）经验法。是指根据被保险人以往的损失经验，对分类法所确定的保险费率进行修正的方法。该方法一般以过去一段时期（通常是3年）的平均损失经验数据来确定下一保险期的保险费率，因此，该方法又称为预期经验法。计算公式是：

$$M = \frac{A-E}{E} \times C \times T$$

其中，M表示保险费率调整的百分数；A表示经验期（考察期）被保险人的平均实际损失；E表示被保险人适用某分类费率时的预期损失；C表示信赖因数；T表示趋势因数。这里采用的趋势因数，主要是为了顾及平均赔偿金额支出的趋势以及物价指数的变动等。

例如，某企业投保产品责任保险，按分类费率计缴保险费总额为 5 000 元，其中 80% 为纯保费（预期损失），过去 3 年平均实际损失为 3 000 元，假定信赖因数为 38%，趋势因数为 1，则其费率调整幅度为：

$$M = \frac{A - E}{E} \times C \times T$$

$$= \frac{3\,000 - (5\,000 \times 80\%)}{5\,000 \times 80\%} \times 38\% \times 1$$

$$= -9.5\%$$

即该企业投保时实际保险费率应比分类费率减少 9.5%，所以调整后应缴保险费为：

$$5\,000 \times (1 - 9.5\%) = 4\,525 \text{（元）}$$

经验法的最大优点是厘定时，已考虑到影响风险发生的每一因素；而表定法仅考虑若干个重要因素。经验费率大多适用于主观风险因素较多、损失变动幅度较大的风险，如公众责任保险、汽车保险等。

3）追溯法。是以保险期内保险标的实际损失为基础，并以此计算被保险人当期应缴的保险费。由于保险标的当期实际损失额须等到保险期届满后才能得知，这样确切的应缴保费只有在保险期满后才能计算出来。因此，在使用追溯法时，先在保险期限开始时，以其他类型费率确定预缴保费，然后在保险期届满后，根据实际损失对已缴保费予以修正。追溯法厘定程序烦琐，不利于保险人大规模开展业务，实际中很少采用。

4.1.2 概率论基础

1. 概率分布

我们知道随机试验的结果具有不确定性，那么怎样表示随机试验的不确定结果呢？以掷色子为例，用 X 表示掷一个色子可能出现的点数，则 X 可能为 1，2，3，4，5，6，可以看出一旦试验结果定了，X 的取值也就被确定了。这种取值依赖于某个随机试验的结果，并由试验结果完全确定的变量就称为随机变量。在保险实务中，这种随机变量往往取值为各种损失额，用来表示各种危险事故发生的后果。我们需要研究的不仅是风险是否发生，而且包括这些损失是以什么概率发生，换句话讲，随机变量即损失数额的概率是怎样分布的。

概率分布是用来描述各种随机变量及其对应概率的。由于随机变量随实际问题的不同可分为离散型和连续型两种，因此对于不同的随机变量有不同的概率分布描述形式。

对离散型随机变量，由于随机变量的取值为有限个或可数个，容易知道，要掌握一个离散随机变量 X 的统计规律，只需知道 X 的所有可能取值所对应的概率即可。

设离散随机变量 X 的所有可能取值为 $x_k\,(k=1,2,\cdots)$，X 取各个可能值的概率为：

$$P(X = x_k) = p_k\,(k = 1, 2, \cdots)$$

我们称之为离散型随机变量 X 的概率分布或分布率。分布率也可以表示如下：

X	x_1	x_2	$\cdots$	x_k	$\cdots$
P	p_1	p_2	$\cdots$	p_k	$\cdots$

由概率的性质可知：

（1） $p_k \geqslant 0 (k=1,2,\cdots)$。

（2） $\sum_k p_k = 1$。

例如，存在大、中、小三种类型的风险事故，其分别对应的概率和损失额如表 4-1 所示。

表 4-1 风险事故类型、发生概率和损失额

风险事故类型	发生概率 P	损失额 X（万元）
大	0.1	10
中	0.6	3
小	0.3	1

在这个例子中，损失额 X 是随机变量，其能取三个值为 10，3，1，分别对应的概率为 0.1，0.6，0.3。这时我们称损失额 X 为离散型的随机变量，其概率分布表示如表4-2 所示。

表 4-2 概率分布

X	1	3	10
P_k	0.3	0.6	0.1

在表 4-2 中，可一目了然地看出损失额及其概率分布情况。如果想知道 3 万元以上的损失发生概率是多少，只要将损失额 3 万元以上的概率 0.6 和 0.1 加总。

对于连续型随机变量，由于随机变量可能取到某个有限区间或无限区间上的任何值，要描述它的概率分布就不能像离散型随机变量那样，而要用到概率分布密度函数。

如果对于任意实数 x，存在非负函数 $f(x)$，满足

$$P(X \leqslant x) = \int_{-\infty}^{x} f(t) \mathrm{d}t$$

则称随机变量 X 为连续型随机变量，函数 $f(x)$ 称为连续型随机变量 X 的概率密度函数。

概率密度函数具有如下性质：

（1） $\int_{-\infty}^{+\infty} f(x) \mathrm{d}x = 1$。

（2） $P(a < X \leqslant b) = \int_a^b f(x) \mathrm{d}x$ （a,b 为任意数）。

2．数字特征

上面讨论了随机变量的概率分布，它们能够完整地描述随机变量的统计规律。但往往

使用起来不大方便,对结果的比较也不简便。所以在处理一些实际问题中,更值得关心随机变量的某些特征,如数学期望、方差等。这些数字特征无论在理论上还是实践上都具有重要的意义。

（1）随机变量的数学期望。

1）离散型随机变量的数学期望。设有一离散型随机变量 X，它的可能取值为 $x_1,x_2,\cdots,x_n$，这些值对应的概率分别为 $P(x_1),P(x_2),\cdots,P(x_n)$，则称 $E(X)=\sum x_k P(x_k)$ 为离散型随机变量 X 的数学期望。受算术平均值的启发，也可以把它看成是某种更广泛意义上的平均值。与算术平均值相对照，在算术平均值中，每一 x_k 都乘以相同的权数 $\frac{1}{n}$，但在求期望的公式中，所有 x_k 的权数则是随机变量取此值的概率 $P(x_k)$。于是，此概率值 $P(x_k)$ 越大，相应的 x_k 对期望 $E(X)$ 的贡献也越大，从这一意义上说，这样的平均称为加权平均或概率平均。鉴于上述解释，通常也把期望 $E(X)$ 称为是随机变量 X 的均值。

例如，在上面大、中、小三种类型危险事故的例子中，就可以用损失额 X 与其概率的乘积之和计算出损失额 X 的期望：

$$E(X)=10\times0.1+3\times0.6+1\times0.3=3.1（万元）$$

其含义是大、中、小三种类型危险事故的损失额的平均值为 3.1 万元。

2）连续型随机变量的数学期望。若 X 为连续型随机变量，其概率密度为 $f(x)$，由于 $f(x)\mathrm{d}x$ 在连续型随机变量中起的作用类似于概率分布在离散型随机变量中起的作用，因此连续型随机变量 X 的数学期望 $E(X)$ 可以定义为：

$$E(X)=\int_{-\infty}^{+\infty}xf(x)\mathrm{d}x$$

数学期望具有以下运算性质：

$$E(X_1+X_2+\cdots+X_n)=E(X_1)+E(X_2)+\cdots+E(X_n)$$
$$E(aX+b)=aE(X)+b$$

其中 a,b 为常数。

3）损失期望值。在保险实务中，随机变量的取值通常是损失的各种不同数额，则此时随机变量的数学期望就是损失期望值，即未来危险事故产生损失的平均值。

保险费由纯保费和附加保费构成。其中，纯保费用于保险事故发生时保险人赔付给被保险人或受益人的保险金，也是保险商品的价格。从理论上讲，纯保费总额应等于未来赔付金总额，能否科学确定纯保费，关键在于能否正确计算未来风险事故发生的损失的均值，即损失期望值。对于保险人来说，只有知道了损失期望值，才能知道预期损失的总额，然后才能确定自己的收费费率，确保未来经营的连续性。对于理性投保人来说，也会考虑到损失的期望值，将预期的损失金额与需缴纳的保费相比较，才能做出是否购买保险的决定。

（2）随机变量的方差与变异系数。

1)随机变量的方差和标准差。随机变量的数学期望仅仅表明了随机变量的平均程度,而不能表明随机变量 X 与均值 $E(X)$ 之间的偏离程度。例如,设 X 表示保险人承保的 10 000 辆汽车中的失盗数量,假设 X 的分布有两种可能情况表(见表 4-3 和表 4-4)。

表 4-3 情况一

X	16	18	20	22	24
P	$1/5$	$1/5$	$1/5$	$1/5$	$1/5$

表 4-4 情况二

X	8	14	20	24	34
P	$1/5$	$1/5$	$1/5$	$1/5$	$1/5$

虽然在这两种情况下均有 $E(X) = 20$,但是在情况一中,X 的取值与 $E(X)$ 的偏离程度较小,保险人能够比较准确地估计失盗汽车数;在情况二中,X 的取值与 $E(X)$ 的偏离程度较大,保险人很难准确地估计失盗汽车数。可见仅有数学期望还不能完全说明随机变量的分布特征。为了刻画随机变量与其数学期望的偏离程度,还需要引进方差的概念。

方差 $\mathrm{Var}(X)$ 是随机变量 X 除期望 $E(X)$ 以外,另一个最重要的数字特征。方差的定义为:

$$\mathrm{Var}(X) = E\left(X - E(X)\right)^2$$

如果 X 为离散型随机变量,则:$\mathrm{Var}(X) = E\left(X - E(X)\right)^2 = \sum_k (x_k - E(X))^2 p_k$

方差 $\mathrm{Var}(X)$ 是 X 相对于 $E(X)$ 的偏离程度的概率平均。这表明,如果方差 $\mathrm{Var}(X)$ 较小,则随机变量 X 与均值 $E(X)$ 之间的偏离就较小(在概率平均的意义下);如果方差 $\mathrm{Var}(X)$ 较大,则随机变量 X 与均值 $E(X)$ 之间的偏离就较大(在概率平均的意义下)。

方差具有下列性质:

$$\mathrm{Var}(CX) = C^2 \mathrm{Var}(X)$$

其中,C 为常数。

若 X_1 与 X_2 是相互独立的随机变量,则

$$\mathrm{Var}(X_1 + X_2) = \mathrm{Var}(X_1) + \mathrm{Var}(X_2)$$

标准差 σ_X 是方差的平方根,即

$$\sigma_X = \sqrt{\mathrm{Var}(X)}$$

标准差和方差一样,都可反映随机变量 X 和其期望 $E(X)$ 之间的偏离程度。方差和标准差的概念在保险实务中的含义是:方差和标准差越小,则说明损失期望值越接近于实际损失额,其代表性越强;反之,则说明损失期望值与实际损失额偏差越大,其代表性

越差。

2）随机变量的变异系数。如果 $E(X) \neq 0$，定义 $V(X) = \mathrm{Var}(X)/E(X)$ 为随机变量 X 的变异系数。变异系数 $V(X)$ 是用来描述随机变量相对离散程度的。方差和标准差是用来反映随机变量绝对离散程度的。而仅仅依靠绝对偏离程度并不能客观地反映随机变量的偏离程度。例如，标准差为 10 对数学期望为 10 000 的随机变量并不算很大的偏差，但对数学期望为 10 的随机变量而言就是一个较大的偏差。因此，变异系数能更加客观地反映随机变量的偏离程度。变异系数大则表示数学期望的代表性差；变异系数小则表示数学期望的代表性好。

变异系数在保险实务中运用广泛，它反映了保险企业经营危险的高低。如果变异系数小，说明危险低，保险企业经营稳定性高；反之，说明危险高，保险企业经营稳定性低。

3. 大数法则

所谓大数法则，是用来说明大量的随机现象由于偶然性相互抵消所呈现的必然数量规律的一系列定理的统称。现就其中主要的内容加以说明。

（1）切比雪夫（Chebyshev）大数法则。设 $X_1, X_2, \cdots, X_n, \cdots$ 是由相互独立的随机变量所构成的序列，每一随机变量都有有限方差，并且它们有公共上界：

$$D(X_1) \leqslant C, D(X_2) \leqslant C, \cdots, D(X_n) \leqslant C, \cdots$$

则对于任意的 $\varepsilon > 0$，都有：

$$\lim_{n \to 0} P\left\{\left|\frac{1}{n}\sum_{k=1}^{n} X_k - \frac{1}{n}\sum_{k=1}^{n} E(X_k)\right| < \varepsilon\right\} = 1$$

这一法则在保险经营中实际含义就是：在承保标的数量足够大时，被保险人所缴纳的纯保费与其所能获得赔款的期望值相等。这个结论反过来，则说明保险人应如何收取纯保费。

（2）贝努利（Bernoulli）大数法则。假设某一事件 A 以某一概率 p 发生。如果用 M_n 来表示 A 事件在 n 次贝努利试验中发生的次数，则 M_n/n 就是事件 A 发生的频率。由计算可知：

$$E\left(\frac{M_n}{n}\right) = p, \qquad \sigma = \sqrt{\frac{p(1-p)}{n}}$$

则对于任意的 $\varepsilon > 0$，都有：

$$\lim_{n \to \infty} P\left\{\left|\frac{M_n}{n} - p\right| < \varepsilon\right\} = 1$$

由此可见，当 n 趋于无穷大时，频率的数学期望不变（恒为 p），而标准差 σ 则趋于零。在这里，标准差描述的是相对于不同的 n 值所得到的频率与实际概率的离散程度。由于标准差随着 n 的增大而减小，说明当 n 足够大时，频率与实际概率很接近，这就是贝努利大数法则。

这一法则对于利用统计资料来估计损失概率是极其重要的。在非寿险精算中,往往假设某一类标的具有相同的损失概率,为了估计这个概率的值,便可以通过以往有关结果的经验,求出一个——这类标的发生损失的频率。而在观察次数很多或观察周期很长的情况下,这一频率将与实际损失概率很接近。换句话说,当某个所要求的概率不能通过等可能分析、理论概率分布近似估计等方法加以确定时,则可通过观察过去大量实验的结果而予以估计,即用来代替概率。反过来,经估计得到的频率,可由将来大量实验所得的实际经验而修正,以增加其真实性。

(3)泊松(Poisson)大数法则。假设某一事件在第一次实验中出现的概率为 p_1,在第二次实验中出现的概率为 p_2,…,在第 n 次实验中出现的概率为 p_n。同样用 M_n 来表示此事件在 n 次实验中发生的次数,则依据泊松大数法则有:

对于任意的 $\varepsilon > 0$,成立

$$\lim_{n\to\infty} P\left\{\left|\frac{M_n}{n} - \frac{p_1 + p_2 + \cdots + p_n}{n}\right| < \varepsilon\right\} = 1$$

泊松大数法则的意思是说:当实验次数无限增加时,其平均概率与观察结果所得的频率将无限接近。

4.2 财产保险费率的厘定

财产保险费率的厘定是以保额损失概率为基础的。通过对保额损失率和均方差的计算求出纯费率,然后再计算附加费率,最后将纯费率和附加保险费率相加即得出营业保险费率。

4.2.1 纯费率的确定

依照费率厘定的原则,保险纯费率应当与保险事故发生的概率和保险事故发生后的赔偿金额有关。因此,确定纯费率,一方面要研究有效索赔的概率分布,也就是未来保额损失的可能性,即保额损失概率;另一方面要研究有效索赔的金额。我们通常按照统计学的原理,利用过去的数据来推断这两方面的指标,并由此得出有效索赔额的均值。通常采用的方法是,根据历年的有效索赔数额,计算出单位保额的平均有效索赔额,即平均保额损失率。然后,用其近似地估计未来单位保额的有效索赔额,进而确定纯费率。

纯费率是纯保费占保险金额的比率。它是用于补偿被保险人因保险事故造成保险标的损失的概率。其计算公式为:

$$纯费率 = 保额损失率 \pm 均方差$$

1. 确定保额损失率

保额损失率是赔偿金额占保险金额的比率。其计算公式为：

$$保额损失率 = \frac{赔偿金额}{保险金额} \times 100\%$$

由于保险事故的发生在实践上具有很强的随机性，只有在一个较长的时期里才比较稳定，因此，纯费率的计算应当取一个较长时期的数据，通常不少于 5 年。若已知各年的保额损失率，则可计算平均保额损失率。平均保额损失率的公式为：

$$\bar{X} = \frac{\sum_{i=1}^{n} X_i}{n}$$

2. 计算均方差

均方差是各保额损失率与平均损失率离差平方和平均数的平方根。它反映了各保额损失率与平均保额损失率相差的程度，说明了平均保额损失率的代表性，均方差越小，则其代表性越强；反之，则代表性差。若以 S 表示均方差，则其计算公式为：

$$S^2 = \frac{\sum (X - \bar{X})^2}{n}$$

对于平均保额损失率附加均方差的多少，取决于损失率的稳定程度。对于损失率较稳定的，则其概率 $P(A)$ 不要求太高，相应地概率度 t 为 1 即可；反之，则要求概率较高，以便对高风险的险种有较大的把握，从而稳定经营，相应的概率度 t 为 2 或 3。例如：

若 $t=1$，$P(A)=68.27\%$，附加 1 个均方差，一般适应损失率比较稳定的险种，如火灾保险。

若 $t=2$，$P(A)=95.45\%$，附加 2 个均方差，一般适应损失率不够稳定的险种，如机动车辆保险、飞机保险等。

若 $t=3$，$P(A)=99.73\%$，附加 3 个均方差，一般适应损失率很不稳定的高风险险种，如卫星发射等。

3. 计算稳定系数

稳定系数是均方差与平均保额损失率之比。它衡量期望值与实际结果的密切程度，即平均保额损失率对各实际保额损失率的代表程度。稳定系数越小，保险经营稳定性越高；反之，稳定系数越大，保险经营的稳定性越低。一般认为，稳定系数在 10%～20%是较为合适的。稳定系数(V_s)的计算公式为：

$$V_s = \frac{S}{\bar{X}}$$

4. 确定纯费率

纯费率是纯保费占保险金额的比率，是作为保险金用于补偿被保险人因保险事故造成保险标的的损失金额。其计算公式为：

$$纯费率=保额损失率\pm均方差$$
$$=保额损失率\times（1\pm稳定系数）$$

例4.1 某保险公司某类保险业务过去5年期间每年的保额损失率分别为0.30%，0.25%，0.26%，0.24%，0.20%，求来年的纯费率。

解：首先，计算以往5年的平均保额损失率，为

$$\bar{X}=\frac{\sum_{i=1}^{n}X_i}{n}=\frac{0.003+0.0025+0.0026+0.0024+0.0020}{5}$$
$$=0.0025$$

其次，计算均方差。为了方便，列表计算（见表4-5）。

表4-5 计算均方差

年　份	保险损失率(X)	离　　差$(X-\bar{X})$	离差的平方$(X-\bar{X})^2$
1	0.30%	0.05%	0.0025×10^{-4}
2	0.25%	0%	0
3	0.26%	0.01%	0.0001×10^{-4}
4	0.24%	-0.01%	0.0001×10^{-4}
5	0.20%	-0.05%	0.0025×10^{-4}
$n=5$	$\sum X=1.25\%$	$\sum(X-\bar{X})=0$	$\sum(X-\bar{X})^2=0.0052\times10^{-4}$

$$S=\sqrt{\frac{\sum(X-\bar{X})^2}{n}}=\sqrt{\frac{0.0052\times10^{-4}}{5}}=0.032\%$$

再次，计算稳定系数。

$$V_s=\frac{S}{\bar{X}}=\frac{0.032\%}{0.25\%}=12.8\%$$

最后，根据前面的叙述，本例的保险业务经营比较稳定，可考虑在同种业务的纯费率中加1个均方差，因此

$$纯费率=0.25\%+0.032\%=0.282\%$$

4.2.2 附加保险费率的确定

附加费率与营业费率密切相关。附加费率的计算公式为：

$$附加费率 = \frac{营业费用开支总额}{保险金额} \times 100\%$$

营业费用主要包括：

（1）按保险费的一定比例支付的业务费、企业管理费、代理手续费及缴纳的税金。

（2）支付的工资及附加费用。

（3）预期的营业利润。

除了按上述公式计算附加费率外，还可以按纯保险费率的一定比例来确定，如规定附加保险费率为纯保险费率的20%。

4.2.3 营业保险费率的确定

财产保险的营业保险费率是由纯保险费率和附加保险费率构成的。其计算公式为：

$$营业费率 = 纯保险费率 + 附加保险费率$$

这样计算出来的营业保险费率仅是一个大略的费率，因此，需根据不同的业务，进行分项调整，这种调整被称为级差费率调整。经过级差费率调整后，营业保险费率就最终形成了。

4.2.4 非寿险责任准备金

非寿险的基本特点是保险期限为1年或1年以下，又称短期保险。以下责任准备金的讨论以1年期财产和责任保险为例。

财产和责任保险公司的责任准备金包括未决赔款准备金、未到期责任准备金、总准备金和其他准备金。未决赔款准备金和未到期责任准备金是主要的负债项目，换句话说，保险人现在收取的保费是为了赔付将来发生的损失，这就使保险人承担了某种责任或负债。

1. 未决赔款准备金

所谓未决赔款准备金，是指截至年终决算日，已经发生，但尚未赔偿的损失，具体来说，包括以下几类损失：① 投保人提出赔案，保险人已经核定应赔金额而尚未付款的赔案；② 投保人已经提出赔案，保险人尚未核实的赔案；③ 投保人已经发出索赔通知，尚未提出索赔金额的赔案；④ 已经发生，但尚未发出索赔通知的赔案。

例如，某年12月底发生的一起汽车碰撞事故，当事人提出的索赔在次年1月1日以后才在其投保的保险公司总部备案。由于年度财务报表通常在12月31日编制，保险公司必须对这种已发生但尚未报告（Incurred-but-not-reported，IBNR）的损失进行估计，以便准确计算资产负债表中的总的未决赔款准备金。

如果保险公司能够知道每次理赔的最大成本，那么就很容易确定赔款准备金的额度了。但是，在大多数情况下，保险公司并不能确定理赔的成本，因此保险公司必须采取一定的方法对应提取的准备金额度进行估计。

（1）对已发生且已报告的损失（Known or Reported Loss）的未决赔款准备金的计算方法。

1）个别估计法（Individual Estimate Method）。它是根据每个理赔人员的经验判断，对每次损失应提取的准备金额度做出估计。某个险种的索赔案数量如果特别小，或者多个索赔案中的索赔额度相差特别大而无法使用一个平均的估计值时，使用个别估计法是比较有优势的。有时保险公司编制年度报表时所依据的准备金估计值不是根据个别估计法估计出来的，而是根据其他方法估计出来的，这并不妨碍保险公司把个别估计法作为一个重要的准备金提取方法来使用，这是因为根据个别估计法估计出来的应提取准备金额度是损失理算和按照经验法制定费率的一个重要的参考依据。

2）平均值法（Average Value Method）。根据平均值法，对每个索赔案提取相同的准备金。这样，保险公司在年底对某个特定的险种应当提取的总的准备金额度，就是尚未理赔的索赔案的数量乘以每案应提取的平均赔款准备金。在使用平均值法时，这个"平均值"也是保险公司根据过去的经验得出来的。如果就某个险种提出的索赔案的数量较大，每个索赔数额之间的离差又比较小时，适合使用平均值法。这种方法的优点是简单易行和费用低廉。如果按照平均值法计算总的准备金额度，则要统计年终编制财务报表时已经发生但尚未赔付的损失共有多少件，这个数字也可以由保险公司根据过去的经验得出来。

3）公式法（Formula Method）或赔付率法（Loss Ratio Method）。这种方法所依据的原理是，特定险种的赔付率是一定的。保险公司对某个险种应提取的准备金额度应当是根据估计的损失赔付率计算的最终赔付额减去至编制报表日为止已经支付的损失赔偿金和损失理算费用。此种方法计算简便，但存在实际赔付率与假定赔付率不一致的缺陷。

4）交叉价值法（Tabular-value Method）。如果保险公司支付的损失赔偿金或保险给付金的额度要受到下列因素的影响，则常常会使用交叉价值法来计算应提取的准备金额度：平均余命、残疾时间、受益人的再婚和其他一些类似的因素。这时保险公司计算准备金时就需要使用死亡概率和生存概率，甚至需要受益人再婚的概率，也就是说，所使用的数据是从生命表、发病率统计表和再婚概率表中得来的，因此称为交叉价值法。

（2）已发生但尚未报告损失（Incurred-but-not-reported Loss）的未决赔款准备金的计算方法。此种准备金的计算方法也比较多。通常，保险公司会根据过去的经验在已发生但尚未报告的损失和一个选定的基数，如"已发生且已报告的损失的赔款准备金"两者之间建立一个数据关系。现在的保险公司常常根据新的因素对上述方法进行调整。但是，需要认识到的一点是，不管计算赔款准备金的方法有多么精确，所计算出来的结果只能是对实际损失的一个估计值。通货膨胀、社会观念的不断变化、有追溯效力的立法以及很多其他因素会对赔款准备金的计算产生影响，从而使计算结果只能是一个估计值。另外，赔款准备金的水平还受到保险公司管理者态度的影响：保险公司如果实行的是一种消极、保守的管理办法，常常会倾向于过度地提取未决赔款准备金，造成资本的流失；相反，开放的保险公司管理者则倾向于降低赔款准备金的水平，以突出承保的收益。

此外，保险公司除了需要为损失提取赔款准备金以外，还需要对损失理算费用提取准备金。这项准备金分为两个部分，一部分是与每个具体索赔案相关的损失理算费用准备金；另一部分是为保险公司的理赔部门整体发生的、与个别索赔案不相关的费用所提取的准备金。

这样，保险公司的未决赔款准备金中总共包括三部分内容：为已发生且已报告的损失提取的赔款准备金；为已发生但尚未报告的损失提取的赔款准备金；为损失理算费用提取的准备金。从理论上讲，未决赔款准备金应当足够清偿在编制财务报表当日保险公司对尚未理赔的损失所承担的所有责任。但是，仍有保险公司认为不够稳妥，另外提取了巨灾准备金。巨灾准备金的主要目的是消除未能预见的因素造成的预计损失总额的偶然波动对保险公司的财务稳定所带来的冲击。保险行业的许多当事人，包括保险监管机构和费率厘定机构，都非常支持这种提取巨灾准备金的做法，认为这样能够稳定保险公司的经营业绩，使保险公司在一定时期内获得稳定的利润。

需明确说明的是，如果保险公司提取的未决赔款准备金过低，则对未来的赔偿义务来说，就是不充分的，同时还会造成保险监管机构对保险公司偿付能力的怀疑。但是，如果保险公司提取的未决赔款准备金过高，就会相应地抵减保险公司该时期内的承保利润，那么也就减少了该时期内保险公司的纳税义务，因此，过度提取准备金是受到法律限制的。过度提取准备金导致保险公司利润大幅削减，这就使保险公司找到了提高费率的冠冕堂皇的借口。但对上市的股份制保险公司而言，过度提取准备金还会有这样一个不良的后果：保险公司利润下降，会大大挫伤其股东对公司经营的信心，从而使该保险公司的股票价格受到抑制。总之，未决赔款准备金额度的最后确定要取决于各方面因素的综合考虑以及各方利益的综合权衡。

2．未到期责任准备金

（1）未到期责任准备金的性质。保险公司在一个会计年度内签发保单后入账的保费称做入账保费。假定会计年度与日历年度一致，全部保单保险期间均为1年。显然，除当年第一天签发的保单外，其余保单均不能在该年内满期，而要跨入第二年。这样，保费就要依保险期间在两个会计年度所占的时间比例进行分割。我们可以举一个例子来看，假定某保险公司于当年12月1日签发了一张期限为一年的保单，保费为120美元。被保险人应当预付保费，由于保险公司期限为1年，因此签单时保险公司显然没有赚取这笔保费，但随着时间的推移，保险公司会赚取相应期间的保费。到第一个月的月末，即12月31日，保险期间的1/12已经过了，则保险公司就赚取了总保费的1/12，即10美元。换句话说，留在当年的部分属于当年的收入，称为已赚保费。此时，由于保险公司尚未提供以后11个月的保障,总保费的另外 11/12,即 110 美元,对保险公司而言是未赚取的,需转入下一年度,因而这些跨入第二年度的部分属于下年度收入,称为未赚保费。与未赚保费相对应的是保险人在下年度要继续承担的保险责任。针对这部分保险责任,将未赚保费转入下一会计年度,建立起相应的责任准备金,称为未到期责任准备金或未赚保费准备金。因此,直到下一年 11 月 30 日,保险期间结束,保险公司履行了保单项下的承保义务以后,才赚取了全部的保费,此时,已到期保费最大,达到了总保费的百分之百,未到期保费则降至为零。总保费的未到期部分就构成未到期责任准备金。具体来说,未到期责任准备金是指保险财务年度虽已到期,但保险责任年度尚未到期,保险公司对未到期保单仍负有赔付责任。这部分保费应当视为保险公司代保单持有人管理的一笔钱。尽管被保险人将这部分保费预付给了保险公司,但保险公司并不能在收到这笔钱时立刻将这部分保费视为自己的财产任意处置,保险公司只有在赚取了这笔保费后才能将其用做自己希望的用途。这部分保费因此被定义为未到期保费,是保险公司因持有尚未赚取的保费而对保单持有人承担的债务,这就是未到期责任准备金的性质。

(2)计算未到期责任准备金的方法。

1)每月按比例分摊法。这是一种普遍使用的简便方法。该种方法假定全年的承保业务量平均,再假设承保的当月内保费的有效天数是 15 天,因此,把一年分为 24 个半月。对一年期的保单,在承保的第一个月未赚得 1/24 的保费,即 23/24 时未到期的责任准备金,以后每个月已赚得保费的比例是按月再加 2/24,即 3/24,5/24,7/24,…,23/24。在年末计算未到期责任准备金时,1 月开出的保单按 1/24 提存,并以此类推,12 月开出的保单以 23/24 提存。如果保险期为 6 个月,承保的月末赚得 1/12 的保费,未到期责任准备金为 11/12 的保费,如果保险期为 3 年,承保的月末赚得 1/72 的保费、未到期责任准备金为 71/72 的保费。保险期限越长,承保的月末赚得的保费越少。

2)逐日计算法。这是根据有效保单的天数计算未到期责任准备金,需要使用计算机。计算公式是:

$$未到期责任准备金=有效保单的保费\times未到期天数\div保险期天数$$

对个人保险来说,这种方法与每月按比例分摊法没有多大的区别,因为个人保险的月内承保业务量比较平均,但对企业保险来说,因保险单一般都在月初生效,这种方法将会减少未到期责任准备金。

3)年比例计算法。假定一年中所有保单是逐日开出的,而且每天开出的保单数量和保险金额大体均匀。以一年保险期为例,则:

$$未到期责任准备金=保费收入总额\times 50\%$$

该方法计算简便,但不很准确,尤其在自留保险费在全年分布很不均匀的条件下,会失去其使用价值。若自留保险费主要在上半年,则提存的未到期责任准备金偏高;反之,则偏低。

我国财产保险公司提取未到期责任准备金时一般都使用年比例计算法，即将保费收入的 50%作为未到期责任准备金。办理年度决算时，首先就是按照上述比例将未到期保险责任的保费提存责任准备金，以冲减本期收入，同时还要将上年同期的准备金转回作为本期收入处理，从而真实地反映本期的经营成果。

3．总准备金

总准备金是指为应付巨大灾害事故的发生或风险集中发生所需的巨额赔款而设立的基金，即对实际损失超过损失期望的情况所做的储备。总准备金通常以附加费率的形式提取或从结余中留存。这部分基金，在一般情况下不予动用，只有在巨灾巨损赔案发生时才予以动用。

4．其他准备金

其他准备金是保险公司为了某种或某些特殊用途而设立的准备金，如公积金、公益金、税收准备金、红利准备金等。

4.3 人寿保险费率的厘定

4.3.1 影响寿险费率的因素

1．利率

寿险业务大多是长期的。寿险公司预定的利率是否能实现，取决于其未来投资收益，因此，预定利率的确定必须十分慎重。精算人员在确定预定利率之前要与投资部门进行协商，要考虑本公司及其他公司过去的投资收益情况。

预定利率对于保险公司制定费率十分重要，特别是对于传统寿险，因为它们在保单有效期内是固定不变的。寿险公司在预定利率时往往是十分谨慎的，但过于保守的态度也会损害被保险人的利益或丧失市场竞争力。

2．死亡率

寿险公司的经验死亡表是制定寿险费率十分重要的因素之一。各家寿险公司之间的经验死亡表差别是很大的。有的较高的经验死亡率可能是有的较低的经验死亡率的 1.5 倍。国民生命表是人口普查数据经统计分析和修正而编制的，大体上与总人口的寿命情形一致，但是对于某一地区、某一群体就不一定适合了。各寿险公司的科学做法应是将国民生命表与各公司的经验数据相结合，找出最适合本公司的死亡率数据。

3．费用率

保险公司均确定预定费用率。费用率一般随公司的不同而不同。大的公司比小的公司有较低的费用。寿险公司的费用一般包括：

（1）初始费，包括签发保单费用、承保费用等。

（2）代理人酬金，包括代理人佣金、奖金、奖励、研讨会会费、养老金计划支出等。

（3）保单维持费用，包括缴费费用、会计费用、佣金的管理费用、客户服务费用、保单维持的记录费用和保费收入税等。

（4）保单终止费，包括退保费用、死亡给付费用和到期费用等。

4．保单失效率

一般而言，影响保单失效率的因素包括：第一，保单年度。保单失效率随保单年度的增加而降低。第二，被保险人投保时的年龄。十几岁至二十几岁的人口保单失效率较高，而30岁以上的被保险人的保单失效率较低。第三，保险金额。大额保单的失效率通常较低。第四，保费缴付频率。每年缴费一次比每月预先从工资中扣除保费的保单失效率较低，而每月直接缴费的保单的退保率则较高。第五，性别。当其他情况相同时，女性保单失效率要比男性保单失效率低。

预定失效率应基于本公司的经验数据，而各公司之间由于各种差别使保单失效率大相径庭。如果本公司经验数据有限，可以找与公司经营状况相类似的公司的经验数据，再根据年龄、性别和保额等因素进行调整。即使是本公司的经验数据，在使用时仍需要做适当的调整。

5．平均保额

平均保额一般是以千元保额为单位的，一般表示为几个单位千元保额，如5单位保额、10单位保额等。通过平均保额可以计算保单费用、每张保单开支、单位保费费用和每次保单终止费用等。保单的特点及保单的最小单位也会影响平均保额的大小，通常可根据被保险人的年龄、性别及保单的特点对平均保额进行调整。

尽管影响人寿保险费率的因素有以上五个主要方面，但我们在厘定人寿保险费率时，为了简化分析过程往往只考虑死亡率因素、利率因素和费用率因素。这三个因素就是我们常说的计算人寿保险费率的三要素。

4.3.2 利息基础

所谓利息，指的是在一定时期内，资金所有者将资金的使用权转让给借款人后所得到的报酬。计算利息有三个基本要素，即本金、利率和期间。利息的数额取决于本金的数量、利率的高低、存放期间的长短。本金数量越大，利率越高，存放期间越长，则利息越多。反之，利息就越少。一般来说，任何一项普通的金融业务都可以看做是投资一定数量的资金以产生一定量的利息。因此，利息的多少是衡量该项业务"好""坏"的一个重要指标。

在利息的计算中，利息的水平是以利率来度量的。所谓利率，是指单位资本在一个度量期产生的利息。实务中最常用的度量方法有两种，即单利法和复利法。

1．单利的计算

单利是指每度量期均只对本金计息，而对本金产生的利息不再计息，即所谓"本生利，而利不生利"。

若以 P 表示本金，i 表示利率，n 表示计息期数，I 表示利息，S 表示本利和，则单利的计算公式为：

$$I = P \cdot i \cdot n$$
$$S = P + I = P(1 + i \cdot n)$$

2. 复利的计算

复利，是指将按本金计算出来的利息额再加入本金，一并计算出来的利息，即所谓"本生利，而利也生利"，即民间通常所说的"利滚利"。复利的计算公式为：

$$S = P(1+i)^n$$
$$I = S - P = P\left[(1+i)^n - 1\right]$$

3. 终值与现值的计算

一笔资金在一定利率下存放一定时期后所得的本利和称为终值。在复利的条件下，终值可以表示为：

$$终值 = 本金 \times (1+利率)^n \quad 即，S = P(1+i)^n$$

现值和终值是相反的概念。现值是指未来本利和折算到现在的价值，也就相当于本金。由终值的计算公式可以推得：

$$现值 = 终值 / (1+利率)^n \quad 即，P = S/(1+i)^n = Sv^n$$

其中，v 称为贴现因子，$v = \dfrac{1}{1+i}$，表示 1 年后的 1 元在年初时刻的现值，v^n 表示 n 年后的 1 元在年初时刻的现值。

4.3.3 生命表

1. 生命表的概念和种类

生命表又称死亡表，它是根据一定时期的特定国家（或地区）或特定人口群体（如保险公司的全体被保险人、某单位的全体员工）的有关生存状况统计资料，依整数年龄编制而成的用以反映相应人口群体的生死规律的统计表。生命表在有关人口的理论研究、某地区或某人口群体的新增人口与全体人口的测算、社会经济政策的制定、寿险公司的保费及责任准备金的计算等方面都有着极为重要的作用。

生命表中最重要的内容就是每个年龄的死亡率。影响死亡率的因素主要有年龄、性别、职业、习惯、既往病史和种族等。一般情况下，在设计生命表时，主要考虑年龄和性别。

生命表总体上可以分为国民生命表和经验生命表两大类。国民生命表是以全体国民或特定地区的人口生存状况统计资料编制而成的，依其编制的技术可分为完全生命表和简易生命表。完全生命表是根据准确的人口普查资料，依年龄分别计算死亡率、生存率、平均余命等生命函数而编制的生命表；简易生命表则采取每年的人口生存状况动态统计资料和人口抽样调查的资料，按年龄段（如5岁或10岁为一段）计算的死亡率、生存率、平均余命等而编制的生命表。而寿险公司使用的经验生命表，是以被保险人群体为对象，按实际经历的死亡统计资料编制而成的。但根据需要，经验生命表也可按保险的种类、保单的年限及被保险人的性别等进行编制。

2. 生命表的内容

在生命表中，首先要选择初始年龄且假定该年龄生存的一个合适的人数，这个数称为基数。一般选择0岁为初始年龄，并规定此年龄的人数通常取整数如10万、100万、1 000万等。在生命表中还规定极限年龄，用ω表示，满足$l_{\omega+1}=0$。一般的生命表中都包含以下内容。

x：年龄。

l_x：生存人数，是指从初始年龄至满x岁尚生存的人数。例如，l_{30}表示在初始年龄定义的基数中有l_{30}人活到30岁。

d_x：死亡人数，是指x岁的人在一年内死亡的人数，即指l_x个x岁的生存者中，经过一年所死去的人数。已知在$x+1$岁时生存数为l_{x+1}，于是有$d_x = l_x - l_{x+1}$。

q_x：死亡率，表示x岁的人在一年内死亡的概率。显然，$q_x = \dfrac{d_x}{l_x} = \dfrac{l_x - l_{x+1}}{l_x}$。

p_x：生存率，表示x岁的人在一年后仍生存的概率，即到$x+1$岁时仍生存的概率。$p_x = \dfrac{l_{x+1}}{l_x}$，所以$p_x + q_x = 1$。

e_x：平均余命或生命期望值，表示x岁的人以后还能生存的平均年数。若假设死亡发生在每一年的年中，则有：

$$e = \frac{(l_{x+1} + l_{x+2} + \cdots + l_\omega)}{l_x} + \frac{1}{2}$$

在寿险数理的计算中，还要遇到一些符号：

$_tp_x$：表示x岁的人在t年年末仍生存的概率，即x岁的人能生存到$x+t$岁以上的概率。

$$_tp_x = \frac{l_{x+t}}{l_x}$$

$_tq_x$：表示x岁的人在未来t年内死亡的概率。

$$_tq_x = \frac{l_x - l_{x+t}}{l_x} = 1 - {_tp_x}$$

$_{t|u}q_x$：表示x岁的人生存t年，即生存至$x+t$岁，而后在未来u年内死亡的概率。

$$_{t|u}q_x = \frac{l_{x+t} - l_{x+t+u}}{l_x}$$

当 $u=1$ 时，用 $_{t|u}q_x$ 表示 x 岁的人生存 t 年，即生存至 $x+t$ 岁，而后在未来 1 年内死亡的概率。

$$_{t|u}q_x = {}_tp_x - {}_{t+1}p_x = {}_tp_x \cdot q_{x+t}$$

4.3.4 年金及其计算

年金是指在一定时间内按照相等的时间间隔进行支付的一系列款项。依据不同的标准，年金可以划分为很多类。按支付条件，年金可以划分为确定年金和风险年金。确定年金是指年金的每次支付是必然要发生的；风险年金则是年金的每次支付是不确定的，如以人的生死为给付条件的生命年金就是一种风险年金。对人寿保险而言，有意义的年金划分方式还有以下几种：以每个支付期支付的时点不同，分为期首付年金和期末付年金；以支付开始的时间不同，分为即期年金和延期年金；以年金的期限不同，分为定期年金和永久年金。

1. 确定年金

（1）期首付年金。是指年金的支付发生在每一期的期初。假设每期初的支付金额为 1，支付的责任期限为 n，每个支付期的实际利率为 i，用 $\ddot{a}_{\overline{n}|}$ 表示期首付确定年金的现值，$\ddot{S}_{\overline{n}|}$ 表示期首付确定年金的终值。则：

$$\ddot{a}_{\overline{n}|} = 1 + v + v^2 + \cdots + v^{n-1} = \frac{1-v^n}{iv},$$

其中，$v = \dfrac{1}{1+i}$。

同样可以得出：

$$\ddot{S}_{\overline{n}|} = (1+i) + (1+i)^2 + \cdots + (1+i)^n = (1+i) \cdot \frac{(1+i)^n - 1}{i} = \frac{(1+i)^n - 1}{iv}$$

可见，终值和现值之间存在以下的关系：

$$\ddot{S}_{\overline{n}|} = \ddot{a}_{\overline{n}|}(1+i)^n$$

（2）期末付年金。是指年金的支付发生在每一期的期末。假设每期末的支付金额为 1，支付的责任期限为 n，每支付期的实际利率为 i，用 $a_{\overline{n}|}$ 表示期末付确定年金的现值，$S_{\overline{n}|}$ 表示期末付确定年金的终值。则：

$$a_{\overline{n}|} = v + v^2 + \cdots + v^n = \frac{1-v^n}{i}$$

同理：

$$S_{\overline{n}|} = 1 + (1+i) + (1+i)^2 + \cdots + (1+i)^{n-1} = \frac{(1+i)^n - 1}{i}$$

期末付终值和现值之间也存在这样的关系：

$$S_{\overline{n}|} = a_{\overline{n}|}(1+i)^n$$

期首付确定年金与期末付确定年金的现值和终值之间的关系为：

$$\ddot{S}_{\overline{n}|} = S_{\overline{n}|}(1+i)$$

$$\ddot{a}_{\overline{n}|} = a_{\overline{n}|}(1+i)$$

2．生命年金

所谓生命年金，又称为生存年金，就是指以被保险人的生存为支付条件，按事先约定的金额以连续的方式或以一定的时间间隔而进行的一系列支付的保险。生命年金可按不同的标准进行划分。按支付开始的日期，可分为即期年金和延期年金；按支付的期间，可分为终身生命年金和定期生命年金；按年金支付的额度，可分为定额年金和变额年金。

（1）期末付生命年金的现值。

1）期末付定期生命年金的现值。

设 $a_{x:\overline{n}|}$ 表示年龄为 x 岁的人，购买定期 n 年，期末付年金 1 元的生命年金的现值。则：

第 1 年年末，保险人支付年金的现值为 $v \cdot l_{x+1}$；

第 2 年年末，保险人支付年金的现值为 $v^2 \cdot l_{x+2}$；

$\qquad\qquad\qquad\vdots$

第 n 年年末，保险人支付年金的现值为 $v^n \cdot l_{x+n}$。

保险人收取的净保费现值为 $l_x \cdot a_{x:\overline{n}|}$，根据收支相等原则，有：

$$l_x \cdot a_{x:\overline{n}|} = v \cdot l_{x+1} + v^2 \cdot l_{x+2} + \cdots + v^n \cdot l_{x+n}$$

$$a_{x:\overline{n}|} = \frac{v \cdot l_{x+1} + v^2 \cdot l_{x+2} + \cdots + v^n \cdot l_{x+n}}{l_x}$$

为了简化上述表达式，令：

$$D_x = v^x \cdot l_x$$

$$N_x = D_x + D_{x+1} + \cdots + D_w$$

D_x，N_x 被称为换算符号，它们由 v 和 l_x 确定，通常有生命表可供查阅。所以：

$$a_{x:\overline{n}|} = \frac{v \cdot l_{x+1} + v^2 \cdot l_{x+2} + \cdots + v^n \cdot l_{x+n}}{l_x}$$

$$= \frac{v^{x+1} \cdot l_{x+1} + v^{x+2} \cdot l_{x+2} + \cdots + v^{x+n} \cdot l_{x+n}}{v^x \cdot l_x}$$

$$= \frac{D_{x+1} + D_{x+2} + \cdots D_{x+n}}{D_x}$$

$$= \frac{N_{x+1} - N_{x+n+1}}{D_x}$$

同理可求,

1)期末付终身生命年金的现值:

$$a_x = \frac{N_{x+1}}{D_x}$$

2)期末付延期定期生命年金的现值:

$$_{m|}a_{x:\overline{n}|} = \frac{N_{x+m+1} - N_{x+m+n+1}}{D_x}$$

3)期末付延期终身生命年金的现值:

$$_{m|}a_x = \frac{N_{x+m+1}}{D_x}$$

(2)期首付生命年金的现值。

1)期首付定期生命年金的现值。

设 $\ddot{a}_{x:\overline{n}|}$ 表示年龄为 x 岁的人,购买定期 n 年,期首付年金 1 元的生命年金的现值。则:

第一年年初,保险人支付年金的现值为 $1 \cdot l_x$;

第二年年初,保险人支付年金的现值为 $v \cdot l_{x+1}$;

$\qquad \vdots \qquad\qquad\qquad \vdots$

第 n 年年初,保险人支付年金的现值为 $v^{n-1} \cdot l_{x+n-1}$。

保险人收取的净保费现值为 $l_x \cdot \ddot{a}_{x:\overline{n}|}$,根据收支相等原则,有:

$$l_x \cdot \ddot{a}_{x:\overline{n}|} = 1 \cdot l_x + v \cdot l_{x+1} + \cdots + v^{n-1} \cdot l_{x+n-1}$$

$$\ddot{a}_{x:\overline{n}|} = \frac{1 \cdot l_x + v \cdot l_{x+1} + \cdots + v^{n-1} \cdot l_{x+n-1}}{l_x}$$

$$= \frac{v^x \cdot l_x + v^{x+1} \cdot l_{x+1} + \cdots + v^{x+n-1} \cdot l_{x+n-1}}{v^x \cdot l_x}$$

$$= \frac{D_x + D_{x+1} + \cdots D_{x+n-1}}{D_x}$$

$$= \frac{N_x - N_{x+n}}{D_x}$$

同理可求,

2)期首付终身生命年金的现值:

$$\ddot{a}_x = \frac{N_x}{D_x}$$

3）期首付延期定期生命年金的现值：

$$_{m|}\ddot{a}_{x:\overline{n}|} = \frac{N_{x+m} - N_{x+m+n}}{D_x}$$

4）期首付延期终身生命年金的现值：

$$_{m|}\ddot{a}_x = \frac{N_{x+m}}{D_x}$$

4.3.5 人寿保险纯保费的计算

1. 人寿保险趸缴纯保费的计算

所谓趸缴纯保费，就是指投保人或被保险人在保单签发之日一次性缴付的纯保费。这里的纯保费是指理论保费，即只以预定死亡率和预定利率为基础而计算出来的一种保费，且刚好可用于未来保险金的给付。人寿保险费制定的基本原则是等价交换、收支相等。人寿保险纯保费制定的直接依据是：纯保费收入的现值等于未来支付保险金的现值。

由于趸缴纯保费是在投保时一次性付清的，因此，趸缴纯保费是投保人在未来获得的保险利益在投保时的现值。趸缴纯保费应与保险合同所规定的保险人在整个保险期内的给付义务的现值相等。在以后的计算中，均假设利率为 i，$v = \frac{1}{1+i}$，死亡发生在每一年的年中，保险人给付保险金为1。

这里，仅用定期死亡保险即定期寿险为例来说明趸缴纯保费的计算原理，其他险种的趸缴纯保费的计算方法与此类似。

假设被保险人投保（或签单）时的年龄为 x 岁，x 岁时有 l_x 人参加定期死亡保险，第一年中有 d_x 个人死亡，保险人对死亡的被保险人每人给付保险金1元，共 d_x 元，则给付保险金的现值为 $v^{\frac{1}{2}}d_x$；第二年中保险人给付保险金的现值为 $v^{1+\frac{1}{2}}d_{x+1}$；……第 n 年保险人给付保险金的现值为 $v^{n-\frac{1}{2}}d_{x+n-1}$。

l_x 个人应缴纳的总纯保费等于保险人各年给付保险金的现值之和，即：

$$v^{\frac{1}{2}}d_x + v^{1+\frac{1}{2}}d_{x+1} + \cdots + v^{n-\frac{1}{2}}d_{x+n-1}$$

用总保费除以 l_x，可以得出每个人应缴纳的纯保险金额。用 $\overline{A}^1_{x:\overline{n}|}$ 表示 x 岁的人投保保险金额为1元，保险期限为 n 的死亡保险的趸缴纯保费。则：

$$\overline{A}^1_{x:\overline{n}|} = \frac{v^{\frac{1}{2}}d_x + v^{1+\frac{1}{2}}d_{x+1} + \cdots + v^{n-\frac{1}{2}}d_{x+n-1}}{l_x}$$

$$= \frac{1}{l_x}\left(v^{\frac{1}{2}} \cdot 1 \cdot d_x + v^{1+\frac{1}{2}} \cdot 1 \cdot d_{x+1} + \cdots + v^{n-\frac{1}{2}} \cdot 1 \cdot d_{x+n-1}\right)$$

$$= \frac{1}{v^x l_x} \left(v^{\frac{1}{2}+x} \cdot 1 \cdot d_x + v^{1+\frac{1}{2}+x} \cdot 1 \cdot d_{x+1} + \cdots + v^{n+x-\frac{1}{2}} \cdot 1 \cdot d_{x+n-1} \right)$$

$$= \frac{1}{v^x l_x} \left(v^{x+\frac{1}{2}} \cdot 1 \cdot d_x + v^{x+1+\frac{1}{2}} \cdot 1 \cdot d_{x+1} + \cdots + v^{x+n-1+\frac{1}{2}} \cdot 1 \cdot d_{x+n-1} \right)$$

引入换算符号，有：

$$\overline{C}_x = v^{x+\frac{1}{2}} \cdot d_x$$

$$\overline{M}_x = \overline{C}_x + \overline{C}_{x+1} + \cdots + \overline{C}_\omega$$

$$\overline{R}_x = \overline{M}_x + \overline{M}_{x+1} + \cdots + \overline{M}_\omega$$

所以：

$$\overline{A}^1_{x:\overline{n}|} = \frac{\overline{C}_x + \overline{C}_{x+1} + \cdots + \overline{C}_{x+n-1}}{D_x} = \frac{\overline{M}_x - \overline{M}_{x+n}}{D_x}$$

当 $n=1$ 时，$\overline{A}^1_{x:\overline{n}|} = \frac{\overline{C}_x}{D_x}$，此即为自然费率公式。

同理可求，

（1）终身死亡保险趸缴净保费：$\overline{A}_x = \frac{\overline{M}_x}{D_x}$

（2）生存保险趸缴净保费：$A_{x:\overline{n}|}^{\ 1} = \frac{D_{x+n}}{D_x}$

（3）两全保险趸缴净保费：$\overline{A}_{x:\overline{n}|} = \frac{\overline{M}_x - \overline{M}_{x+n} + D_{x+n}}{D_x}$

（4）延期定期寿险趸缴净保费：$_m|\overline{A}^1_{x:\overline{n}|} = \frac{\overline{M}_{x+m} - \overline{M}_{x+n+m}}{D_x}$

（5）延期终身寿险趸缴净保费：$_m|\overline{A}_x = \frac{\overline{M}_{x+m}}{D_x}$

（6）延期定期生存保险趸缴净保费：$_m|A_{x:\overline{n}|}^{\ 1} = \frac{D_{x+n+m}}{D_x}$

（7）延期定期两全保险趸缴净保费：$_m|\overline{A}_{x:\overline{n}|} = \frac{\overline{M}_{x+m} - \overline{M}_{x+n+m} + D_{x+n+m}}{D_x}$

2. 寿险年缴纯保费的计算

趸缴纯保费数额较大，投保人往往难以接受。为了解决投保人的这个负担，保险公司一般允许投保人在购买保险时，将保险费按年、每半年、按季或按月缴付一次，而以一年缴付一次的方式最为普遍。按年缴付的保险费即为年度保险费。不论是一次性缴费方式还是按年缴费方式，投保人所缴保险费的现值都应该相等，即年缴保险费的现值等于趸缴保险费的现值。

以 A 代表各类人寿保险的趸缴纯保险费，以 P 代表年缴纯保险费，由于 P 是投保人按年缴付的，因此，各年的 P 折算到投保时的现值不同，各年缴费的人数也不同。设年缴纯保险费 P 在 n 年内每年年初缴纳一次，则保险人各年收取纯保险费的现值为：

$$P(l_x + vl_{x+1} + v^2 l_{x+2} + \cdots + v^{n-1} l_{x+n-1}) = P\ddot{a}_{x:\overline{n}|}$$

此累积现值应与趸缴纯保费相等，即：

$$P(l_x + vl_{x+1} + v^2 l_{x+2} + \cdots + v^{t-1} l_{x+t-1}) = l_x A$$

则：

$$P = \frac{l_x}{l_x + vl_{x+1} + v^2 l_{x+2} + \ldots + v^{t-1} l_{x+t-1}} \cdot A$$

即：

$$P = \frac{1}{\ddot{a}_{x:\overline{n}|}} \cdot A = \frac{A}{\ddot{a}_{x:\overline{n}|}}$$

因此，

（1）定期死亡保险年缴纯保险费：$P^1_{x:\overline{n}|} = \dfrac{\overline{A}^1_{x:\overline{n}|}}{\ddot{a}_{x:\overline{n}|}} = \dfrac{\overline{M}_x - \overline{M}_{x+n}}{N_x - N_{x+n}}$

（2）终身寿险的年缴净保费：$P_x = \dfrac{\overline{A}_x}{\ddot{a}_x} = \dfrac{\overline{M}_x}{N_x}$

（3）定期生存保险的年缴净保费：$P^{\;\;1}_{x:\overline{n}|} = \dfrac{A^{\;\;1}_{x:\overline{n}|}}{\ddot{a}_{x:\overline{n}|}} = \dfrac{D_{x+n}}{N_x - N_{x+n}}$

（4）两全保险的年缴净保费：$P_{x:\overline{n}|} = \dfrac{\overline{A}_{x:\overline{n}|}}{\ddot{a}_{x:\overline{n}|}} = \dfrac{\overline{M}_x - \overline{M}_{x+n} + D_{x+n}}{N_x - N_{x+n}}$

4.3.6 寿险营业保费的计算

1. 比例法

比例法就是按照营业保费的一定比例作为附加费用。这一比例一般根据以往的业务管理的经验来确定。若以 P 表示纯保费，P' 表示营业保费，k 表示附加费用比例，则：

$$P' = P + kP'$$
$$P' = P/(1-k)$$

若以 L 表示附加保费，则：

$$L = kP' = kP/(1-k)$$

比例法计算附加费用虽然简便，但不尽合理。一般对年期短、保费低的险种，附加费就可能少于实际需要；反之，对于年期长、保费高的险种，附加费则可能多于实际需要。

➡ 例 4.2 已知某投保人缴净保费 $P=1600$ 元，附加费比例 $k=12\%$，求该投保人缴纳的营业保费 P' 和附加费用 L。

解：
$$P' = \frac{P}{1-k} = \frac{1600}{1-12\%} = \frac{1600}{0.88} = 1818.2 \text{（元）}$$
$$L = kP' = 12\% \times 1818.2 = 218.2 \text{（元）}$$

2. 比例常数法

比例常数法是把附加费用分成两部分考虑，首先，根据每张保单的平均保险金额推算出每单位保额必须承担的固定费用，这部分作为一个固定常数，用 c 表示；然后再确定营业保费的一定比例作为其余部分的附加费用，用 k 表示，则：

$$P' = P + kP' + c$$

所以：

$$P' = \frac{P+c}{1-k}$$

比例常数法虽然对保额大的险种增加一定量的附加费，但对于年期短、保费低的险种，提取的附加费仍然少于实际需要。

➡ 例 4.3 某人现年 30 岁，购买一定期 10 年的两全保险，保险金额为 50 000 元。已知经营此类业务，每万元保额需要支出固定费用 100 元，且该合同年的年缴净保费为 3 623.10 元。此外，每年投保人还需要按营业保费的 7.5% 承担其余部分的附加费用。求该保单的年缴营业保费。

解： 年缴营业保费为：
$$P' = \frac{P+c}{1-k} = \frac{3\,623.10 + 100 \times 5}{1 - 7.5\%} = 4\,457.41 \text{（元）}$$

3. 三元素法

该法综合了前面我们所介绍的三种附加费规定的方式。按每张保单在保险期内的不同阶段和不同用途，附加三种费用，称为三元素法。具体情况如下：

（1）新契约费用。它是寿险公司签订新契约与第一年度所必须支付的费用，如体检费、签单费等，它是一次性费用且在签订保险合同的当年支出。一般按保额的一定比例计算，用 α 表示。

（2）维持费用。它是契约自第一年开始至契约终止时为止，全部保险期间内维持契约所必须支付的费用，如催缴保费、契约变更等所需费用。维持费用一般分摊于整个缴费期，每年每单位保险金额为 β。

（3）收费费用。包括收费员工资、缴费事务费等，也是分摊于整个缴费期，一般按总保费的一定比例计算，用 γ 表示。

此三元素法是由 T.B.Spraque 提出，故又称为史晋列克算式。

4.3.7 寿险责任准备金

1. 寿险责任准备金的含义

人寿保险的保险费既可以一次性趸缴，也可分期缴纳。在趸缴保费的情况下，保险公司必须提存一部分以应付以后的给付。在分期按年缴费的情况下，大多数是按均衡保险费缴纳的。一般而言，在保险全过程的初期若干年中，保险公司的保费收入大于其所应支付给受益人的保险金；而在后期若干年中，其所收入的保费小于应支付给受益人的保险金。所以，保险公司必须把保险前期收入的部分保费积存起来，以弥补后期的不足。这种从保费中抽出一部分做提存的保费，称为责任准备金。

责任准备金其实是保险人对被保险人或其受益人的一种负债。责任准备金的提存，主要是为了保证被保险人或其受益人的利益。如果被保险人在保险期满前中途退保，或改变保费缴纳方式，或改变保险金领取的方式，保险人应根据当前所提存的责任准备金的数额，计算退保金或保险金的数额。

责任准备金可分为理论责任准备金和在其基础上修正后的实际责任准备金。

2. 理论责任准备金的计算

理论责任准备金的计算，有过去法和未来法之分。

（1）过去法。以分析已缴的纯保险费为出发点，用过去所缴纯保险费的终值减去过去已给付保险金的终值作为责任准备金的计算方法。即：

$$时刻\ t\ 时的准备金 = 已缴纯保险在时刻\ t\ 的精算积存值 -$$
$$以往保险利益在时刻\ t\ 时的精算积存值$$

（2）未来法。采用过去法计算准备金虽然有利于理解，但计算较烦琐复杂，通常不采用这种方法。而常用的是未来法，它是采用将来应给付保险金在结算日的现值减去将来可收取的纯保费在结算日的现值的方法来计算准备金的。即：

$$时刻\ t\ 时的准备金 = 未来保险利益在时刻\ t\ 时的精算现值 -$$
$$未缴纯保险费在时刻\ t\ 时的精算现值$$

采用过去法和未来法计算的责任准备金是一致的。未来法和过去法的等价关系说明了责任准备金实际上是保险人在时刻 t 的未来损失的期望值。

3. 实际责任准备金的计算

利用均衡纯保费计算准备金，必须假定附加费用足以支付实际的各项费用的开支。因为每年的纯保险费相等，故附加费用每年也相等，这就要求每年的实际费用支出相等。然而实际情况并非如此。由于原始费用的关系，第一年的费用要比以后各年的费用大得多。因此，保险公司实际提存的准备金并不与理论准备金相同，而是将理论准备金加以必要的修正计算出来的。这种修正之后的准备金称为实际责任准备金，又称修正责任准备金。不论采用什么方式对理论准备金加以修正，在保单到期时的实际责任准备金应与理论责任准备金相同。

为讨论问题方便，我们假定承保有下面的具有代表意义的保单：

某年龄为 x 岁的人，投保 n 年定期混合保险，即生死两全保险，保险金额为 l 元，保险费自保单开始时起分 m 年交付。

由于保险公司开始承保的第一年的年度毛保费 P 减去年度纯保费 $_mP_{x:n}$ 的余额不足抵付当年的开支，故将第一年的纯保费修订为一个较小的 $P_{(1)}$，使保险公司有 $\left(P_{(1)} - {_mP_{x:n}}\right)$ 元的金额以应付当年的开支，同时将第二年及以后各年的年度纯保费修正为 $P_{(2)} = P_{(3)} = \cdots = P_{(m)}$。换言之，在第一年少收的纯保险费，要从第二年以后的纯保费内弥补。

在修正准备金时，第一个问题是如何决定第一年度的纯保费 $P_{(1)}$ 及第二年以后的纯保费 $P_{(2)} = P_{(3)} = \cdots = P_{(m)}$，如果令 $P_{(1)}$ 与 $P_{(2)}$ 的差额为 α，则有：

$$P_{(1)} + \alpha = P_{(2)} = P_{(3)} = \cdots = P_{(m)}$$

这里的 α 称为扣除额，因为 $P_{(1)}$，$P_{(2)}$，…，$P_{(m)}$ 为各年的年度纯保费，故其现值应与趸缴纯保费的现值相等，即：

$$P_{(1)} + P_{(2)}\left(a_{x:\overline{m}|} - 1\right) = A_{x:\overline{n}|}$$

又因为：

$$_mP_{x:\overline{n}|} \cdot a_{x:\overline{m}|} = A_{x:\overline{n}|}$$

联合上面两式整理后可得：

$$P_{(2)} = {_mP_{x:\overline{n}|}} + \frac{\alpha}{a_{x:\overline{m}|}}$$

可见，只要使 α 等于某个规定值，就可求出对应的 $P_{(1)}$ 及 $P_{(2)}$。

显然，对于扣除额 α 的数值是不能随意规定的，而应有一定的限制。例如，保险公司在第一年的给付，在理论上应等于自然纯保费 c_x，故 $P_{(1)}$ 不论怎样都不得小于 c_x，即应有，

$$P_{(2)} > {_mP_{x:n}} > P_{(1)} \geqslant c_x$$

因此：

$$\alpha = P_{(2)} - P_{(1)} \leqslant P_{(2)} - c_x$$

不难求出 α 的最高限额为：

$$\alpha^* = {_{m-1}P_{x+1:\overline{n-1}|}} - c_x$$

同理论责任准备金的计算一样，实际责任准备金的计算也可分别用过去法或未来法进行，在此我们不再说明。总之，实际责任准备金计算的关键在于恰当地确定 α 的值。实务上采用的所谓一年定期修正制、终身保险修正制、扣除制等的差别在于选取的 α 的值不同。

本章关键要点

保险费率的构成　　纯保费　　附加保费　　保额损失率　　保险费率厘定的原则
大数法则　　责任准备金　　未决赔款准备金　　总准备金　　未到期责任准备金
其他准备金　　死亡率　　失效率　　平均保额　　单利　　复利　　生命表
年金　　三元素法　　理论责任准备金　　实际责任准备金

第 5 章 财产保险

本章学习目标

- 了解企业财产保险的保险财产范围，在展业、核保、承保和理赔中能判断哪些是保险财产，哪些是不保财产。
- 掌握企业财产保险的责任范围，能判断保险案例中的保险人要不要赔偿。
- 掌握企业财产保险的承保和理赔方法，通过学习，能通过保险公司核保核赔师考试。
- 了解家庭财产保险及机器损坏保险的基本内容。

引导案例

"百年不遇"的雪灾

2008 年，我国南方遭遇了"百年不遇"的雪灾，局部地区交通、电力等基础设施几近瘫痪，数亿人被困风雪中；2009 年 11 月，我国北方又遭遇了"百年不遇"的暴雪，学校食堂垮了好几个，部分城市再度陷入交通困局。截至 2009 年 11 月 15 日 14 时统计，北方地区严重雪灾共造成冀、晋、鲁、豫、鄂、陕、新、宁 8 省（区）962.2 万人受灾，死亡 32 人，疏散公路滞留和转移安置 16.6 万人；农作物受灾面积 295.3 千公顷；倒塌房屋 1.5 万余间；因灾直接经济损失达 69.6 亿元。2008 年保险公司对保险财产的冰灾损失进行了赔偿，2009 年的雪灾损失正在查勘定损理赔。

财产保险有广义和狭义之分。广义的财产保险是以财产及其有关利益作为保险标的的保险，狭义的财产保险是以物质财产为保险标的的保险。狭义的财产保险的保险标的是有形的物质财产，而广义的财产保险的保险标的除了有形的物质财产外，还包括有关的经济利益（如预期利润、信用等）和损害经济赔偿责任。财产保险业务包括财产损失保险、责任保险、信用保险等保险业务，也就是说，人身保险以外的各种保险均属于财产保险范畴。

5.1 企业财产保险

5.1.1 企业财产保险的保险财产范围

我国的企业财产保险有主险和附加险两类，主险又分为财产基本险、财产综合险和财产一切险,适用于一切工商企业、机关单位投保。作为被保险人具有保险利益的财产,符合承保财产的范围,均可成为企业财产保险的保险财产。财产基本险、财产综合险和财产一切险的保险财产范围相同。

1．可保财产

(1)属于被保险人所有或与他人共有而由被保险人负责的财产。
(2)由被保险人经营管理或替他人保管的财产。
(3)具有其他法律上承认的,与被保险人有经济利益关系的财产。

2．特约可保财产

特约可保财产与一般可保财产不同,需经保险双方特别约定并在保险合同中载明才能成为保险财产。特约可保财产有如下五类:

(1)金银、珠宝、钻石、玉器、首饰、古玩、古币、古书、古画、邮票、艺术品、稀有金属和其他珍贵财物。
(2)堤堰、水闸、铁路、道路、涵洞、隧道、桥梁、码头等。
(3)矿井、矿坑内的设备和物资等。
(4)便携式通讯装置、便携式计算机设备、便携式照相摄像器材以及其他便携式装置、设备。
(5)尚未交付使用或验收的工程。

3．不可保财产

保险条款中规定下列财产不属于保险标的范围:

(1)土地、矿藏、水资源及其他自然资源。
(2)矿井、矿坑。
(3)货币、票证、有价证券以及有现金价值的磁卡、集成电路(IC)卡等卡类。
(4)文件、账册、图表、技术资料、计算机软件、计算机数据资料等无法鉴定价值的财产。
(5)枪支弹药。
(6)违章建筑、危险建筑、非法占用的财产。
(7)领取公共行驶执照的机动车辆。
(8)动物、植物、农作物。

5.1.2 企业财产保险的保险责任

1．财产保险基本险的保险责任

(1)列明承保的意外事故。

1)火灾。火灾是指在时间上或空间上失去控制的燃烧所造成的灾害。构成火灾责任必须同时具备三个条件:① 有燃烧现象,即有热、有光、有火焰;② 偶然、意外发生的燃烧；③ 燃烧失去控制并有蔓延扩大的趋势。

因此，在生产、生活中有目的的用火，如为了防疫而焚毁被玷污的衣物、工商执法部门用火焚毁假冒伪劣产品等，不属于火灾责任。因烘烤、烫、烙造成焦糊变质等损失，既无燃烧现象，又无蔓延扩大的趋势，也不属于火灾责任。

电机、电器、电气设备因使用过度，超电压、碰线、弧花、自身发热所造成的本身损毁，不属于火灾责任。但如果发生了燃烧并失去控制蔓延扩大就构成火灾责任，并对电机、电器、电气设备本身的损失负责赔偿。

2）爆炸。是指物质发生一种急剧的物理或化学变化，能在瞬间内放出大量能量的现象。爆炸分为物理性爆炸和化学性爆炸。① 物理性爆炸：由于液体变为蒸汽或气体膨胀，压力急剧增加并大大超过压力容器所能承受的极限压力，因而发生的爆炸。一般为锅炉、压力容器爆炸。鉴别锅炉、压力容器是否属于爆炸事故，以劳动部门出具的鉴定意见为准。② 化学性爆炸：物体在瞬间分解或燃烧时放出大量的热和气体，并以很大的压力向四周扩散的现象，如火药爆炸、可燃性粉尘纤维爆炸、可燃气体爆炸及各种化学物品爆炸。

3）飞行物体及其他空中运行物体坠落。空中运行或飞行物的坠落，如空中飞行器、人造卫星、陨石坠落、吊车、行车在运行时发生的物体坠落，造成保险财产损失的，都属于本保险责任。

在施工过程中，因人工开凿或爆破而使石方、石块、土方飞射塌下而造成保险财产的损失；建筑物倒塌、倒落、倾倒造成保险财产损失的，均视同空中运行物体坠落责任负责。如果涉及第三者责任，保险人可进行代位追偿。

（2）列明承保的自然灾害。雷击是财产保险基本险和综合险都承保的自然灾害。雷击是雷电造成的灾害，雷电为积雨云中、云间或云地之间产生放电现象，雷击的破坏形式分为直接雷击和感应雷击。① 直接雷击：由于雷电直接击中保险财产造成的损失，属于直接雷击责任。② 感应雷击：由于雷电产生的静电感应或电磁感应使屋内对地绝缘金属物体高电位放出火花引起火灾，导致电器本身的损毁，或因雷电的高电压感应，致使电器部件的损坏，属感应雷击责任。

（3）施救、保护、整理费用。在发生保险责任范围内的灾害事故时，被保险人应对面临或遭受灾害事故的财产采取必要的施救、整理、保护措施，以减少保险财产的损失，保险人对施救、整理、保护保险财产而支出的合理费用予以负责。对这一责任，应掌握好以下几点：

1）必须是因保险责任范围内的灾害事故而发生的费用。例如，在救火时，被保险人使用的消防设备损坏，灭火药剂的损耗，抢运保险财产的运输费用和临时存仓费用等。

2）必须是为了减少保险财产损失而发生的费用。例如，保险财产因火灾受到水渍损失，需雇请人员进行清洗、摊晒、改装等人工费用、物料费用等。

3）必须是必要的和合理的费用。如果所支出的费用超过了被施救财产的价值，就不能认为是必要的和合理的费用。

4）保险人对施救整理保护费用的赔款在保险标的的损失赔偿金额以外另行计算，最高不超过保险金额。

5）保险人只对施救保险财产的费用负责。

2. 财产保险综合险的保险责任

财产保险综合险保险责任是在基本险的基础上另约定承保13种自然灾害。

（1）暴雨。指每小时降雨量达到16毫米以上，或连续12小时降雨量达到30毫米以上，或连续24小时降雨量达到50毫米以上。

（2）洪水。山洪暴发、江河泛滥、潮水上岸及倒灌致使保险标的遭受浸泡、冲散、冲毁等损失都属于洪水责任。规律性的涨潮、自动灭火设施漏水以及在常年水位以下或地下渗水，水管爆裂造成保险标的损失不属于洪水责任。

（3）台风、飓风。台风指中心附近最大平均风力12级或以上，即风速在32.6米/秒以上的热带气旋；飓风是一种与台风性质相同、但出现的位置区域不同的热带气旋，台风出现在西北太平洋海域，而飓风出现在印度洋、大西洋海域。

（4）暴风。是指风速在28.3米/秒，即风力等级表中的11级风。本保险条款的暴风责任扩大至8级风，即风速在17.2米/秒以上即构成暴风责任。

（5）龙卷风。是一种范围小、时间短的猛烈旋风。陆地上平均最大风速一般在79~103米/秒，极端最大风速一般在100米/秒以上，是否构成龙卷风以当地气象站的认定为准。

（6）雹灾。指因雹子降落造成的灾害。

（7）冰凌。即气象部门称的凌汛，春季江河解冻期，冰块飘浮遇阻，堆积成坝，堵塞江道，造成水位急剧上升，以致冰凌、江水溢出江道，漫延成灾。陆地上有些地区，如山谷风口或酷寒致使雨雪灾物体上结成冰块，成下垂形状，越结越厚，重量增加，由下垂的拉力致使物体毁坏，也属冰凌责任。至于一般冰冻损失，如露天砖坯冻裂，水管冻裂等都不属于冰凌责任。

（8）暴雪。指连续12小时的降雪量大于或等于10毫米的降雪现象。

（9）泥石流。指由于雨水、冰雪融化等水源激发的、含有大量泥沙石块的特殊洪流。

（10）崩塌。石崖、土崖、岩石受自然风化、雨蚀造成崩溃下塌以及大量积雪在重力作用下从高处突然崩塌滚落。

（11）突发性滑坡。斜坡上不稳的岩体、土体或人为堆积物在重力作用下突然整体向下滑动。

（12）地面突然下陷下沉。地壳因为自然变异，地层收缩而发生突然塌陷。对于因海潮、河流、大雨侵蚀或在建筑房屋前没有掌握地层情况，地下有孔穴、矿穴，以致地面突然塌陷，也属地面突然下陷下沉。但未按建筑施工要求导致建筑地基下沉、裂缝、倒塌等，不在此列。

3. 财产一切险的保险责任

保险单明细表中列明的保险财产因除责任免除以外的自然灾害或意外事故造成的直接物质损坏或灭失，保险公司都负责赔偿。

5.1.3 企业财产保险的责任免除

1. 基本险的责任免除

基本险的责任免除由两部分组成，一是由于下列原因造成保险标的损失，保险人不负责赔偿：

（1）战争、类似战争行为、敌对行动、军事行动、武装冲突、罢工、骚乱、暴动、政变、谋反、恐怖活动。战争指发生了外部敌人入侵而进行的自卫反击的武装冲突。敌对行为和武装冲突是指国家没有宣布战争状态而使用武力解决国际争端的行为。军事行动是指出现了外部敌人挑衅行为进行备战措施，或为了加强军事力量进行必要的军事演习、部队调动的行动。罢工是指工作者为实现某种要求，或表示抗议而集体停止工作的行为。暴动是指阶级或集团为破坏当时的政治制度、社会秩序而采取的集体武力行为。恐怖活动指任何人以某一组织的名义或参与某一组织使用武力或暴力对任何政府进行恐吓或施加影响而采取的行动。

（2）投保人、被保险人及其代表的故意或重大过失行为。被保险人及其代表一般指一个单位或公司的法人代表。故意行为指明明知道自己的行为会导致灾难性的结果仍希望或放纵这种结果发生的行为。它是一种可预见的道德危险，不是意外事故。重大过失行为指行为人不但没有遵守法律规范对其较高要求，甚至连人们都应当注意并能注意的一般标准也未达到的行为。

（3）行政行为或司法行为。指各级政府部门、执法机关或依法履行公共管理、社会管理职能的机构下令破坏、征用、罚没保险标的的行为。

（4）地震、海啸及其次生灾害。地震指地壳发生的震动。海啸是指由海底地震，火山爆发或水下滑坡、塌陷所激发的海洋巨波。

（5）核辐射、核裂变、核聚变、核污染及其他放射性污染。

（6）大气污染、土地污染、水污染及其他非放射性污染，但因保险事故造成的非放射性污染不在此限。

（7）保险标的的内在或潜在缺陷、自然磨损、自然损耗，大气（气候或气温）变化、正常水位变化或其他渐变原因，物质本身变化、霉烂、受潮、鼠咬、虫蛀、鸟啄、氧化、锈蚀、渗漏、自燃、烘焙。

（8）暴雨、洪水、暴风、龙卷风、冰雹、台风、飓风、暴雪、冰凌、沙尘暴、突发性滑坡、崩塌、泥石流、地面突然陷下沉。

（9）水箱、水管爆裂。

（10）盗窃、抢劫。

以上列明的各种原因造成保险标的的损失，无论是由上述原因直接造成的，还是由这些原因引起本条款约定的保险事故发生造成的，均为责任免除，保险人不予赔偿。

二是保险人对下列损失也不负责赔偿：

（1）保险标的遭受保险事故引起的各种间接损失。

（2）广告牌、天线、霓虹灯、太阳能装置等建筑物外部附属设施，存放于露天或简易建筑物内部的保险标的以及简易建筑本身，由于雷击而造成的损失。

（3）锅炉及压力容器爆炸造成其本身的损失。

（4）任何原因导致供电、供水、供气及其他能源供应中断造成的损失和费用。

（5）保险合同中载明的免赔额或按保险合同中载明的免赔率计算的免赔额。

（6）其他不属于本保险合同责任范围内的损失和费用。

2．综合险的责任免除

综合险的责任免除与基本险相比较，主要区别是把基本险中不承保的自然灾害，即暴雨、洪水、暴风、龙卷风、冰雹、台风、飓风、暴雪、冰凌、突发性滑坡、崩塌、泥石流、地面突然下陷下沉列为综合险的保险责任。此外，在综合险的责任免除中，列明了广告牌、天线、霓虹灯、太阳能装置等建筑物外部附属设施，存放于露天或简易建筑物内部的保险标的以及简易建筑本身，由于雷击、暴雨、洪水、暴风、龙卷风、冰雹、台风、飓风、暴雪、冰凌、沙尘暴造成的损失除外。综合险的责任免除其余内容与基本险相同。

3．财产一切险的责任免除

财产一切险的责任免除只有以下四方面和财产保险基本险不同：

（1）设计错误、原材料缺陷或工艺不善造成保险标的本身的损失。

（2）非外力造成的机械或电气设备本身的损失。

（3）被保险人及其雇员的操作不当、技术缺陷造成被操作的机械或电气设备的损失。

（4）盘点时发现的短缺。

5.1.4　企业财产保险的保险价值、保险金额与免赔额（率）

保险标的的保险价值可以为出险时的重置价值、出险时的账面余额、出险时的市场价值或其他价值，由投保人与保险人协商确定，并在保险合同中载明。

保险金额由投保人参照保险价值自行确定，并在保险合同中载明。保险金额不得超过保险价值。超过保险价值的，超过部分无效，保险人应当退还相应的保费。

免赔额（率）由投保人与保险人在订立保险合同时协商确定，并在保险合同中载明。

5.1.5　企业财产保险的费率

财产保险基本险、综合险、一切险的费率是在基准费率的基础上，再考虑被保险人的行业、所在区域、投保金额、选择的免赔额、个体风险综合计算。企业财产保险业务的保险费率为年费率，保险金额以千元计算。

以下为中国人民财产保险股份有限公司财产保险费率表。

1．基准费率

基准费率如表 5-1 所示。

表 5-1 基准费率表

项　目	基本险	综合险	一切险
费率	0.8‰	1.8‰	2.8‰

2．行业标准费率

$$行业标准费率=基准费率\times 行业系数$$

行业系数表如表 5-2 所示。

表 5-2 行业系数表

行业代码	基本险	综合险	一切险
1	0.5	0.7	0.7
2	0.6	0.8	0.8
3	1.2	1.1	1.1
4	1.8	1.5	1.5
5	3.3	2.8	2.8
6	4	3.5	3.5
7	0.5	0.7	0.7
8	1.2	1.2	1.2
9	2.5	2.4	2.4
10	0.4	0.6	0.6
11	1.0	1.0	1.0
12	0.5	0.7	0.7
13	1	0.9	0.9
14	1.9	1.8	1.8

行业代码对照表如表 5-3 所示。

表 5-3 行业代码对照表

行业代码	国民经济行业分类代码（GB/T4754—2002）
1	B06 B08 B09 B10 B11 C3111 C312 C313 C3161 C3169 C32 C33 C341 C343 C344 C35 C36 C371 C372 C373 C375 C376 C379 D46

续表

行业代码	国民经济行业分类代码（GB/T4754—2002）
2	C213 C2411a C2412a C2419a C2421a C2422a C2423a C2424a C2429a C2440a C2451 C3162 C342 C345 C348 C349 C374 C391 C392 C4212 D4411 D4412
3	C131 C132 C134 C135 C136 C137 C139 C14 C152 C153 C154 C191 C192 C193 C214 C2414 C2411b C2412b C2419b C2421b C2422b C2423b C2424b C2429b C2440b C2452 C2667 C2673 C2674a C3112 C314 C315 C319 C346 C347 C393 C394 C395 C396 C397 C399 C40 C41 C4211 C4218 C4221 C423 C431 D4413 D4419 D443
4	C133 C171 C172 C173 C174 C175 C176 C18 C194 C203 C219 C221 C223 C23 C2411d C2412d C2413 C2419d C2421d C2422d C2423d C2424d C2429d C2440d C243 C252 C2611 C2613 C2614 C2619 C262 C263 C2642 C2643 C2645 C265 C2671 C2672 C2679 C27 C28 C292 C293 C294 C295 C296 C299 C30 C4213 C4214 C4216 C4217 C4219 C4222 C4229
5	C151 C16 C201 C202 C204 C211 C212 C222 C2612 C2641 C2674b C291 C4215 C432
6	B07 C2411c C2412c C2419c C2421c C2422c C2423c C2424c C2429c C2440c C251 C253 C2644 C2661 C2662 C2663 C2664 C2665 C2666 C2669 C424 C429 D45
7	F5810a F5820a
8	F5810b F5820b
9	F5810c F5820c
10	F5810d F5820d
11	F5820e
12	M75 M76 M77 M78 N79 N80 N81 Q86 Q87 S93 S94 S95 S96
13	A05 D442 F51 F52 F53 F54 F55 F56 F57 F59 G60 G61 G62 H63 H65 I66 I67 J68 J69 J70 J71 K72 L73 L74 P84 Q85 R88 R89 R90 R91 S97
14	O82 O83 R92

3. 区域标准费率

区域标准费率=行业标准费率×（暴风雨损失占比×暴风雨区域系数+台风损失占比×台风区域系数+洪水损失占比×洪水区域系数+其他灾因损失占比×其他灾因区域系数）

注意，基本险的区域系数为1。

各灾因损失比例如表5-4所示。

各灾因损失比例表

险种 \ 灾因	暴风雨	台风	洪水	其他
综合险	31%	9%	5%	55%
一切险	22%	7%	4%	67%

暴风雨区域系数如表 5-5 所示。

表 5-5　暴风雨区域系数表

地区分类	地　　区	区域系数
一类地区	北京、陕西、青海、宁夏、天津	0.12 ~ 0.54
二类地区	山西、内蒙古、辽宁、大连、吉林、黑龙江、上海、浙江、宁波、福建、厦门、山东、青岛、河南、湖北、广东、深圳、海南、重庆、贵州、西藏、甘肃、新疆	0.52 ~ 1.34
三类地区	河北、江苏、安徽、江西、湖南、广西、云南、四川	1.27 ~ 1.74

台风区域系数如表 5-6 所示。

表 5-6　台风区域系数表

地区分类	地　　区	区域系数
一类地区	北京、天津、河北、山西、内蒙古、辽宁、大连、吉林、黑龙江、安徽、河南、湖北、四川、重庆、贵州、云南、西藏、陕西、甘肃、青海、宁夏、新疆	0 ~ 0.05
二类地区	山东、青岛、江西、湖南	0.10 ~ 0.48
三类地区	上海、江苏、广西、海南	0.60 ~ 2.44
四类地区	福建、厦门、浙江、宁波、广东、深圳	2.61 ~ 5.13

洪水区域系数如表 5-7 所示。

表 5-7　洪水区域系数表

地区分类	地　　区	区域系数
一类地区	北京、天津、上海、西藏	0.01 ~ 0.08
二类地区	河北、山西、内蒙古、辽宁、大连、吉林、黑龙江、江苏、山东、青岛、河南、广东、深圳、海南、陕西、甘肃、青海、宁夏、新疆、厦门	0.11 ~ 0.88
三类地区	浙江、宁波、福建、四川、重庆、贵州、云南	1.04 ~ 1.92
四类地区	安徽、江西、湖南、广西、湖北	1.74 ~ 4.45

其他灾因区域系数如表 5-8 所示。

表 5-8　其他灾因区域系数表

地区分类	地　　区	区域系数
一类地区	北京、天津、上海、陕西、青海、宁夏、吉林、重庆、四川、福建、广东、海南、厦门、深圳、辽宁	0.85 ~ 0.91
二类地区	甘肃、新疆、山西、黑龙江、湖北、江苏、安徽、浙江、贵州、大连、宁波、西藏	0.95 ~ 1.05

续表

地区分类	地 区	区域系数
三类地区	江西、湖南、广西、河北、山东、河南、青岛	1.08～1.14
四类地区	内蒙古、云南	1.17～1.30

4．标的实收费率

标的实收费率=区域标准费率×保额系数×绝对免赔额系数×个体风险评估系数

保额系数如表 5-9 所示。

表 5-9　保额系数表

保险金额（元）	系　　数
1 000 万以下	1.5～5
1 000 万～1 亿	0.8～1.5
1 亿～10 亿	0.5～0.8
10 亿以上	0.2～0.5

绝对免赔额系数如表 5-10 所示。

表 5-10　绝对免赔额系数表　　　　　　　　　　　　单位：元

绝对免赔额	保险金额			
	1 000 万以下	1 000 万～1 亿	1 亿～10 亿	10 亿以上
1 000～2 000	0.93～0.97	0.96～0.98	—	—
2 000～5 000	0.87～0.93	0.92～0.96	0.96～0.98	0.98～1.00
5 000～1 万	0.80～0.87	0.86～0.92	0.94～0.96	0.97～0.98
1 万～3 万	0.66～0.80	0.73～0.86	0.86～0.94	0.94～0.97
3 万～5 万	0.60～0.66	0.66～0.73	0.81～0.86	0.91～0.94
5 万～10 万	0.52～0.60	0.57～0.66	0.73～0.81	0.87～0.91
10 万～20 万	0.45～0.52	0.49～0.57	0.64～0.73	0.81～0.87
20 万以上	0.45	0.45～0.49	0.59～0.64	0.77～0.81

个体风险评估系数如表 5-11 所示。

表 5-11　个体风险评估系数表

项　目	评估内容	系　数	备　注
地理位置	保险财产位于地势低洼处（如低于临近的公路），位于山坡上、山脚下，或临近江河（海、湖、水库）	≥1.1	基本险除外

续表

项　目	评估内容	系　数	备　注
周边环境	主要标的物周围存在火灾、爆炸隐患，或与发生火灾、爆炸风险度高的建筑物、工厂毗邻	≥1.1	
特定行业	生产工艺对环境要求非常严格，一旦发生事故极易造成重大损失的行业，如无尘、无菌生产工艺	≥2	
建筑物结构	根据建筑物结构的类型，对费率水平进行浮动： （1）钢筋混凝土结构 （2）钢结构 （3）砖混结构 （4）砖砌/石头 （5）木材 （6）其他	0.6~1.2	
场所占用性质	风险密集型公共营业场所，如小商品市场、家具市场、灯具市场、建材市场、百货公司、娱乐城等	≥1.5	
防雷、避雷设施	建筑物和电力线路缺少诸如高架避雷线、避雷针或接线柱等必要的防雷、避雷设施	≥1.05	
消防设施	考虑以下几个方面，对费率水平进行浮动： （1）消防系统：烟火探测系统、自动灭火装置、自动喷淋系统，或者其他特殊消防系统的安装情况 （2）消防供水：采用公共消防用水供应或自建消防用水供应，还是两者的结合；消防水箱、消防水泵、消防栓、水龙带的安装配置 （3）消防设施：灭火器、火灾报警器等的配置情况 （4）消防验收：是否依法通过了公安消防机构的消防设计审核、消防施工验收以及定期的消防安全检查 （5）消防队：是否组建消防队及消防队情况 （6）建筑布局：应急疏散通道、安全出口、疏散指示标志、应急照明、消防车通道、防火防烟分区、防火间距是否具备，或是否符合规定	0.5~2	
公共消防队	根据公共消防队距离被保险人的远近、消防队的级别、资质、反应速度，对费率水平进行浮动	0.7~1.5	
防洪设施	排雨水系统、防洪墙、防洪闸门、沙袋、抽水机、垫板等防洪设施的配备情况	0.9~2	基本险除外

续表

项　　目	评估内容	系　数	备　注
风险管理水平	考虑以下几个方面，对费率水平进行浮动： （1）吸烟管理制度 （2）防灭火措施 （3）动火/高热作业许可制度 （4）防火安全责任制 （5）防火安全管理机构 （6）厂内自检程序 （7）厂内应急编组 （8）保安措施 （9）损失控制态度 （10）安全组织：制定并执行安全计划，确保安全措施符合政府的规章要求，定期举行关于消防安全和紧急疏散的培训 （11）内务管理与维护保养：对财产、设备、设施的维护与照管，对厂房、机器设备等进行定期检查、预防性保养，对电缆、配电盘、变压器、交换机房等电气系统进行定期检查和维护，对消防设施、防洪设施等进行定期检查和维护	0.5～2	
历年事故损失情况	根据被保险人过去若干年发生灾害事故的次数及损失情况，对费率水平进行浮动	0.5～2	
续保优惠	根据续保年限，给予续保险种相应费率浮动： （1）续保1年 （2）续保2年 （3）续保3年及以上	0.92～0.98	
标的物风险分散程度	保险财产可以划分为多个危险单位，风险分散程度高	0.85～0.95	
耐水性	根据仓储物、原材料、半成品、产成品、生产设备等在水淹、水渍、水淋等条件下是否容易造成损坏、贬值以及其轻重程度	0.9～2	基本险除外

■ 随堂讨论

财产保险基本险、综合险、一切险的相同点和不同点有哪些？

5.1.6　赔偿处理

企业财产保险的赔偿处理规定都相同。保险事故发生时，被保险人对保险标的不具有保险利益的，不得向保险人请求赔偿保险金。

1. 赔偿方式

保险标的发生保险责任范围内的损失，保险人有权选择下列方式赔偿：

（1）货币赔偿。保险人以支付保险金的方式赔偿。

（2）实物赔偿。保险人以实物替换受损标的，该实物应具有保险标的出险前同等的类型、结构、状态和性能。

（3）实际修复。保险人自行或委托他人修理修复受损标的。

对保险标的在修复或替换过程中，被保险人进行的任何变更、性能增加或改进所产生的额外费用，保险人不负责赔偿。

2. 赔款计算

保险标的发生保险责任范围内的损失，保险人按以下方式计算赔偿：

$$赔款=实际损失（保险金额 \geq 保险价值）$$
$$赔款=实际损失 \times 保险金额/保险价值（保险金额 < 保险价值）$$

（1）保险标的遭受损失后，如果有残余价值，应由双方协商处理。如折归被保险人，由双方协商确定其价值，并在保险赔款中扣除。

（2）保险标的的保险金额大于或等于其保险价值时，被保险人为防止或减少保险标的的损失所支付的必要的、合理的费用，在保险标的损失赔偿金额之外另行计算，最高不超过被施救保险标的的保险价值。保险标的的保险金额小于其保险价值时，上述费用按被施救保险标的的保险金额与其保险价值的比例在保险标的损失赔偿金额之外另行计算，最高不超过被施救保险标的的保险金额。被施救的财产中，含有保险合同未承保财产的，按被施救保险标的的保险价值与全部被施救财产价值的比例分摊施救费用。

（3）每次事故保险人的赔偿金额要扣减免赔额。

（4）保险事故发生时，如果存在重复保险，保险人按照本保险合同的相应保险金额与其他保险合同及本保险合同相应保险金额总和的比例承担赔偿责任。

（5）保险标的发生部分损失，保险人履行赔偿义务后，本保险合同的保险金额自损失发生之日起按保险人的赔偿金额相应减少，保险人不退还保险金额减少部分的保险费。如投保人请求恢复至原保险金额，应按原约定的保险费率另行支付恢复部分从投保人请求的恢复日期起至保险期间届满之日止按日比例计算的保险费。

案例分析

2007年1月底，大力公司下属的三三服饰城4号馆至5号馆之间的天桥改造工程由服饰城工程部经理管某发包给一名没有资质的个体户施工。同年2月10日晚10时许，一名无证施工人员在天桥上进行电焊气割作业，由于违章操作，导致气割熔渣飞溅到4号馆的一店铺内，引燃铺内物品，酿成火灾，直接经济损失约80余万元。事发后，大力公司向投保的A保险公司申请理赔。A保险公司却以被保险人纵容违规施工导致火灾为由，拒绝理赔。为此，大力公司将 A 保险公司告上法庭，你认为法院会如何判决？

5.2 家庭财产保险

凡城乡居民、单位职工、夫妻店、家庭手工业者等个人及家庭成员的自有财产，以及代他人保管或与他人共有的财产，都可以投保家庭财产损失保险。

5.2.1 普通家庭财产保险

1. 普通家庭财产保险的保险财产范围

（1）可保财产。

1）房屋及其附属设施和室内装修。

2）存放于室内的其他家庭财产：① 衣服、床上用品、家具、用具、家用电器、文化娱乐用品及其他生活用品；② 农村家庭的非动力农具、工具和已收获的农副产品；③ 非机动交通工具。

（2）不保财产。

1）金银、首饰、珠宝、货币、票证、古玩、技术资料、古书、邮票、字画、票证、文件、账册、花、鸟、虫、鱼、树、盆景以及其他难以鉴定价值的财产。

2）家禽、家畜及其他饲养动物。

3）生产营业用的房屋、机器设备、工具、原材料、产品、商品等生产资料。

4）违章建筑及正处于危险状态下的财产。

5）不属于可保财产范围内的其他家庭财产。

2. 保险责任

保险财产在保险合同中载明的保险地址内，遭受下列约定的自然灾害和意外事故造成损失，保险人承担赔偿责任。

（1）火灾、爆炸。

（2）雷击、暴风、暴雨、雹灾、雪灾、洪水、台风、龙卷风、冰凌、泥石流、地面突然塌陷、突发性滑坡、崖崩。

（3）空中运行物体的坠落以及外来不属于被保险人所有或使用的建筑物和其他固定物体的倒塌。

（4）在发生上述灾害或事故时，为了抢救财产或防止灾害蔓延采取合理的必要的措施而造成保险财产的损失。

（5）在保险事故发生后，被保险人为了防止或减少保险标的的损失所支付的合理的必要的费用。

3. 责任免除

（1）保险人对下列原因及造成的损失，不承担赔偿责任：

1）战争、敌对行为、军事行为、武装冲突、罢工、暴动、骚乱、恐怖活动、盗抢。

2）核反应、核子辐射和放射性污染。

3）被保险人及其家庭成员、寄居人、雇佣人员的违法、犯罪或故意行为。

（2）保险人对下列损失和费用，也不承担赔偿责任：

1）保险标的因遭受保险事故而引起的各种间接损失。

2）地震及其发生灾害所造成的一切损失。

3）家用电器因使用过度、超电压、短路、漏电、自身发热、烘烤等原因所造成的本身的损毁。

4）坐落在蓄洪区、行洪区、河岸边、低洼地区以及防洪堤外当地常年警戒水位线以下的财产，由于洪水所造成的一切损失。

5）保险标的本身缺陷、保管不善导致的损毁；保险标的的变质、霉烂、受潮、虫咬、自然磨损、自燃、烘焙所造成本身的损失。

6）行政、执法行为引起的损失和费用。

7）其他不属于保险责任范围内的损失和费用。

4. 保险金额及保险费率

家庭财产保险的保险金额由被保险人在保险标的价值范围内自行确定，由单位统一投保的家庭财产保险，一般都统一保险金额。

家庭财产的保险费率为千分之几，根据保险房屋的建筑等级及保险标的的具体风险大小确定。

5. 赔偿处理

家庭财产保险对室内财产的赔偿采用第一危险赔偿方式，即发生损失时保险人在保险金额范围内按实际损失予以赔偿。

$$赔款=实际损失$$

家庭财产保险对房屋的赔偿也可以约定按比例责任赔偿方式计算赔款，即保险人对发生的损失按保险金额与保险价值的比例计算。

$$赔款=实际损失×（保险金额/保险价值）$$

在赔款时同样要考虑施救费用的赔偿和残余物资的扣除。

5.2.2 家庭财产两全保险

家庭财产两全保险是指兼有经济补偿和到期还本的双重性质。保险人的保费收入来源于被保险人所交存的保险储金的利息收入，在保险期满时将保险储金全部退还给被保险人。家庭财产两全保险的保险财产、保险责任、责任免除、保险金额的确定、赔偿处理等内容和普通家庭财产保险基本相同，不同点主要体现在以下方面。

1. 保险期限

普通家庭财产保险的保险期限一般为 1 年，而家庭财产两全保险的保险期限时间最长可达 10 年。

2. 保险储金

保险储金按每千元保险金额计算，投保时一次缴清，保险期满时不管保险期限内保险人是否进行了赔偿，保险人将保险储金全部退还给被保险人。保险储金的数量得根据保险公司的费率及银行的利率确定。

$$保险储金=保险金额\times储金率$$
$$储金率=保险费率/银行利率$$
$$银行利率=中国人民银行公布的一年期存款利率\times（1-利息税率）$$

5.2.3 家庭财产保险的新型险种

最近几年，各家保险公司都开发出新型家庭财产保险，有一揽子家庭财产保险，即将家庭财产保险和责任保险或意外伤害保险结合在一起进行承保；也有投资型家庭财产保险，被保险人不但能在家庭财产发生损失时得到经济赔偿，还能得到固定金额的投资回报，但所需缴纳的投资金较大，保险期限一般较长，保险人的保费收入来源于运用投资金的投资收益，在保险期限内发生保险事故，保险人按合同约定进行赔偿，保险期满时，保险人将保险投资金及固定收益金退还给被保险人。

随堂讨论

试设计家庭财产保险条款。

5.3 机器损坏保险

机器损坏保险既可作为专门险种承保，也可以作为财产保险的附加险种承保。

5.3.1 机器损坏保险承保的保险标的

机器损坏保险承保的保险标的包括各类机器、工厂设备、机器装置，如发电机组（锅炉、汽轮发电组）、电力输送设备（变压器和高低压设备）、生产机器和附属设备（机器工具、造纸机、织布机、抽水机），但主要是各类工厂、矿山的大型机械设备和机具。

5.3.2 机器损坏保险的保险责任

在保险期间内，因下列原因引起或构成突然的、不可预料的意外事故造成的物质损坏或灭失（以下简称"损失"），保险人按照本保险合同的约定负责赔偿：

（1）设计、制造或安装错误、铸造和原材料缺陷。

（2）工人、技术人员操作错误、缺乏经验、技术不善、疏忽、过失、恶意行为。

（3）离心力引起的断裂。

（4）超负荷、超电压、碰线、电弧、漏电、短路、大气放电、感应电及其他电气原因。

（5）除本条款中"责任免除"规定以外的其他原因。

（6）施救整理保护费用。

5.3.3 机器损坏保险的除外责任

下列原因造成的损失、费用，保险人不负责赔偿：

（1）被保险人及其代表的故意行为或重大过失。

（2）被保险人及其代表已经知道或应该知道的保险机器及其附属设备在本保险开始前已经存在的缺点或缺陷。

（3）战争、类似战争行为、敌对行为、武装冲突、恐怖活动、谋反、政变、罢工、暴动、民众骚乱。

（4）政府命令或任何公共当局没收、征用、销毁或毁坏。

（5）核裂变、核聚变、核武器、核材料、核辐射及放射性污染。

（6）机器设备运行必然引起的后果，如自然磨损、氧化、腐蚀、锈蚀、孔蚀、锅垢等物理性变化或化学反应。

（7）由于公共设施部门的限制性供应及故意行为或非意外事故引起的停电、停气和停水。

（8）火灾、爆炸。

（9）地震、海啸及其次生灾害。

（10）雷击、飓风、台风、龙卷风、暴风、暴雨、洪水、冰雹、地崩、山崩、雪崩、火山爆发、地面下陷下沉及其他自然灾害。

（11）飞机坠毁、飞机部件或飞机物体坠落。

（12）机动车碰撞。

（13）水箱、水管爆裂。

下列损失、费用，保险人也不负责赔偿：

（1）保险事故发生后引起的各种间接损失或费用。

（2）各种传送带、缆绳、金属线、链条、轮胎、可调换或替代的钻头、钻杆、刀具、印刷滚筒、套筒、活动管道、玻璃、磁、陶及钢筛、网筛、毛毡制品、一切操作中的媒介物（如润滑油、燃料、催化剂等）及其他各种易损、易耗品。

（3）根据法律或契约应由供货方、制造人、安装人或修理人负责的损失或费用。

（4）保险机器设备在修复或重置过程中发生的任何变更、性能增加或改进所产生的额外费用。

（5）本保险合同中载明的免赔额或按本保险合同中载明的免赔率计算的免赔额。

5.3.4　机器损坏保险的保险金额和免赔额

机器设备的保险金额，应为该机器设备的重置价值，即重新换置同一厂牌或相类似的型号、规格、性能的新机器设备的价格，包括出厂价格、运保费、税款、可能支付的关税以及安装费用等。免赔额由保险双方约定，并在保险合同中载明。

5.3.5　机器损坏保险的费率

中国人民财产保险股份有限公司机器损坏保险费率如下所示。

（1）机损险作为主险单独承保的费率。以财产险一切险费率表为基础，上浮5%~300%。

（2）机损险附加于财产险主项下承保的费率。以财产险主险费率为基础，上浮5%~300%。

（3）每次事故免赔额。不低于10 000元人民币。

5.3.6　机器损坏保险的赔偿处理

（1）保险标的发生保险责任范围内的损失，保险人有权选择下列方式赔偿：

1）货币赔偿。保险人以支付保险金的方式赔偿。

2）实物赔偿。保险人以实物替换受损标的，该实物应具有保险标的出险前同等的类型、结构、状态和性能。

3）实际修复。保险人自行或委托他人修理修复受损标的。

对保险标的在修复或替换过程中，被保险人进行的任何变更、性能增加或改进所产生的额外费用，保险人不负责赔偿。

（2）保险标的遭受损失后，如果有残余价值，应由双方协商处理。如折归被保险人，由双方协商确定其价值，并在保险赔款中扣除。

（3）保险标的发生保险责任范围内的损失，保险人按以下方式计算赔偿：

1）部分损失以将被保险机器设备修复至其基本恢复受损前状态的费用金额为准，如残值折归被保险人，则按双方协商确定的价值，在上述费用金额中扣除。

2）全部损失或推定全损以保险机器设备损失前的实际价值为准，如残值折归被保险人，则按双方协商确定的价值，在上述费用金额中扣除。

3）任何属于成对或成套的设备项目，若发生损失，保险人的赔偿责任不超过该受损项目在所属整对或整套设备项目的保险金额中所占的比例。

4）发生保险事故时，若受损保险标的的分项或总保险金额低于重置价值时，其差额部分视为被保险人所自保，保险人则按本保险合同中列明的保险金额与对应的重置价值的比例负责赔偿。如保险机器多于一项时，每一项将按照本保险合同规定的分项保险金额单独计算比例赔偿的责任。

（4）发生保险事故后，被保险人为减少损失而采取必要措施所产生的合理费用，保险人也予以赔偿，但本项费用以被施救保险机器设备的保险金额为限。

（5）被施救的财产中，含有本保险合同未承保财产的，按被施救保险标的的重置价值与全部被施救财产价值的比例分摊施救费用。

（6）每次事故保险人的赔偿金额应扣除每次事故免赔额。

（7）保险事故发生时，如果存在重复保险，保险人按照本保险合同的相应保险金额与其他保险合同及本保险合同相应保险金额总和的比例承担赔偿责任。

（8）保险标的发生部分损失，保险人履行赔偿义务后，本保险合同的保险金额自损失发生之日起按保险人的赔偿金额相应减少，保险人不退还保险金额减少部分的保险费。如投保人请求恢复至原保险金额，应按原约定的保险费率另行支付恢复部分从投保人请求的恢复日期起至保险期间届满之日止按日比例计算的保险费。

（9）发生保险责任范围内的损失，应由有关责任方负责赔偿的，保险人自向被保险人赔偿保险金之日起，在赔偿金额范围内代位行使被保险人对有关责任方请求赔偿的权利，被保险人应当向保险人提供必要的文件和所知道的有关情况。

（10）被保险人向保险人请求赔偿保险金的诉讼时效期间为二年，自其知道或者应当知道保险事故发生之日起计算。

随堂讨论

机器损坏保险和财产保险相比较各有什么特点？

案例分析

2007 年 4 月 12 日，某保险公司承保了某机械公司的机械设备，保险险别为机器损坏险。2007 年 10 月 15 日，该机械公司精密制造分厂 ZAYER 铣削加工中心 20KFG-1000 设备进行零件加工时，机床主轴直接与零件相撞，机床锁住不能移动，并伴随 CUP 报警。经查造成事故的原因是编程人员在编程时发生错误，导致机床主轴与工作台相撞，造成设备的 CPU 及相关线路板损坏。保险公司该如何处理？

本章关键要点

基本险　　综合险　　一切险　　保险价值　　保险责任　　责任免除　　保险金额
保险费率　　保险人的义务　　被保险人的义务　　赔偿处理

第6章 运输保险

本章学习目标
- 掌握机动车辆商业保险基本险的种类和责任范围。
- 了解飞机、船舶保险的保险责任范围。
- 了解货物运输保险的种类及保险责任范围。

引导案例

海盗出了一道保险题

中新网 2008 年 11 月 19 日电,印度洋海盗劫船事件近期突然增多,很可能立即影响到世界各地消费者的利益。英国广播公司 19 日援引专家发言称,这会导致包括运输保险费在内的运输成本费用上涨等。

印度洋非洲东岸海域近来突然增加海盗劫船,在任何时候当然都会是坏消息,但在目前尤其让西方国家政府头疼。

从海湾国家运往美国和欧洲的大批原油都必须要么经过苏伊士运河,要么因为油轮的体积巨大,会绕道南非的好望角去欧美。而现在给人的印象是,任何一艘货轮都可能受到攻击或者被劫持。这就意味着所有重要货物的运输费和保险费都会上涨。所以一些海运公司已经在考虑,开辟与目前使用的繁忙海路拉开距离、远离非洲海岸线的新的运输路线,但这也会增加燃料费和延长运输时间。

运输保险是以处于流动状态下的财产为保险标的的一种保险,包括运输工具保险和货物运输保险。运输工具保险一般包括交强险、机动车辆商业保险及附加险、飞机保险和船舶保险;货物运输保险包括国际货物运输保险和国内货物运输保险。

6.1 机动车辆商业保险及附加险

6.1.1 机动车辆商业保险险种概况

伴随机动车交通事故责任强制保险的实施,中国保险行业协会联合中国人民财产保险股份有限公司、中国平安财产保险股份有限责任公司、中国太平洋财产保险股份有限责任公司三家公司开发完成了 2007 版车险行业条款,分 A、B 和 C 三款,于 2007 年 4 月 1 日正式启用。各套保险均包括主险和附加险两部分，各公司在三套中任选一套使用，如表 6-1 和表 6-2 所示。

表 6-1　国内各主要财产保险公司选用条款

条　款	公司名称
A 款	中国人民财产保险股份有限公司
	中华联合保险控股股份有限公司
	中国大地财产保险股份有限公司
	天安保险股份有限公司
	永安财产保险股份有限公司
	华泰财产保险股份有限公司
	安邦财产保险股份有限公司
	阳光财产保险股份有限公司
B 款	中国平安财产保险股份有限公司
	华安财产保险股份有限公司
	太平保险股份有限公司
	阳光农业相互保险公司
	都邦财产保险股份有限公司
C 款	中国太平洋财产保险股份有限公司
	中银保险有限公司

1．基本险

机动车辆保险的基本险在 2007 年 4 月 1 日以前分为车辆损失险和第三者责任险，在此后中国保监会将全车盗抢险也列为可以单独购买的险种。

（1）车辆损失险是指保险车辆遭受保险责任范围内的自然灾害或意外事故造成保险车辆本身损失，保险人依照合同的规定给予赔偿的一种保险。

（2）第三者责任险所承保的是在保险期间内，被保险人或其允许的合格驾驶员在使用车辆过程中，发生意外事故，致使他人遭受人身伤亡或财产损失，依法应由被保险人承担的相应的民事赔偿责任，保险人按照我国道路交通事故处理办法的规定和保险合同的约定给予赔偿。

（3）全车盗抢险承保机动车辆（含挂车）全车盗窃、被抢劫或被抢夺，经县以上公安部门立案证实，自立案之日起满两个月未查明下落的损失。此外，还承保保险车辆被盗窃、被抢劫或被抢夺期间受到损坏或车上零件或附属设备丢失，需要修复或重置的费用。

2．附加险

为了满足被保险人对汽车有关的其他风险的保障要求，保险人常提供多种附加险供投保人选择。附加险不能单独投保，必须在汽车损失险和第三者责任险的基础上进行选择投保。

（1）车辆损失险的附加险有玻璃单独破碎险、车辆停驶损失险、自燃损失险、新增加设备损失险等。

（2）第三者责任险的常见附加险有车上责任险、无过失责任险和车上货物掉落责任险等。

（3）不计免赔特约险同时为车辆损失险、第三者责任险的附加险，即只有投保了车辆损失保险和第三者责任保险的基础上才能投保不计免赔特约险。该附加险仅对基本险的免赔额进行赔偿，对于附加险所规定的免赔额不予负责。

表 6-2　人保、平安、太保三大保险公司现行商业险种一览

公司 险种	中国人民财产 保险股份有限公司	中国平安财产 保险股份有限公司	中国太平洋财产 保险股份有限公司
基本险	1. 家庭自用汽车损失保险 2. 非营业用汽车损失保险 3. 营业用汽车损失保险 4. 机动车第三者责任保险 5. 机动车车上人员责任险 6. 特种车保险 7. 摩托车、拖拉机保险 8. 机动车提车保险	1. 商业第三者责任保险 2. 车辆损失保险 3. 全车盗抢保险 4. 车上人员责任保险	1. 机动车损失险 2. 机动车第三者责任险 3. 全车盗抢险 4. 车上人员责任险
附加险、特约条款	1. 盗抢险 2. 玻璃单独破碎险 3. 火灾、爆炸、自燃损失险 4. 自燃损失险 5. 车身划痕损失险 6. 可选免赔额特约条款 7. 新增加设备损失保险 8. 发动机特别损失险 9. 机动车停驶损失险 10. 代步机动车服务特约条款 11. 更换轮胎服务特约条款 12. 送油、充电服务特约条款 13. 拖车服务特约条款 14. 附加换件特约条款 15. 随车行李物品损失保险	1. 玻璃单独破碎险条款 2. 车身划痕损失险条款 3. 自燃损失险条款 4. 车辆停驶损失险条款 5. 代步车费用险条款 6. 新增加设备损失险条款 7. 车上货物责任险条款 8. 车载货物掉落责任险条款 9. 交通事故精神损害赔偿险条款 10. 全车盗抢附加高	1. 自燃损失险 2. 玻璃单独破碎险 3. 新增设备损失险 4. 车身油漆单独损伤险 5. 涉水损失险 6. 车轮单独损坏险 7. 零部件、附属设备被盗窃险 8. 车上货物责任险 9. 精神损害抚慰金责任险 10. 随车携带物品责任险 11. 特种车车辆损失扩展险 12. 特种车固定机具、设备损失险 13. 免税车辆关税责任险 14. 道路污染责任险 15. 车损免赔额特约条款

续表

公司 险种	中国人民财产 保险股份有限公司	中国平安财产 保险股份有限公司	中国太平洋财产 保险股份有限公司
	16. 新车特约条款 A 17. 新车特约条款 B 18. 车上货物责任险 19. 附加交通事故精神损害赔偿责任保险 20. 教练车特约条款 21. 附加油污污染责任保险 22. 附加机动车出境保险 23. 异地出险住宿费特约条款 24. 不计免赔率特约条款 25. 起重、装卸、挖掘车辆损失扩展条款 26. 特种车辆固定设备、仪器损坏扩展条款	尔夫球具盗窃险条款 11. 随车行李物品损失险条款 12. 保险事故附随费用损失险条款 13. 系安全带补偿特约险条款 14. 指定专修厂特约条款 15. 多次事故免赔特约条款 16. 基本险不计免赔率特约条款 17. 附加险不计免赔率特约条款	16. 救援费用特约条款 17. 修理期间费用补偿特约条款 18. 事故附随费用特约条款 19. 更换新车特约条款 20. 多次事故免赔率特约条款 21. 使用安全带特约条款 22. 基本险不计免赔特约条款 23. 附加险不计免赔特约条款 法律服务特约条款 24. 节假日行驶区域扩展特约条款 25. 指定专修厂特约条款 26. 换件特约条款

资料来源：中国太平洋财产保险股份有限公司"神行车保"机动车辆保险产品目录，http://www.cpic.com.cn/cpic/cn/personal/cview_1.jsp.

中国人民财产保险股份有限公司，http://www.piccnet.com.cn/cn/cpfw/bxcp/qcbx/index.shtml.

网上直销-平安汽车保险-机动车辆保险条款(2009版)，http://www.pingan.com/clause/clause_car2009.jsp.

6.1.2　机动车辆商业保险的责任范围

1. 车辆损失险的责任范围

（1）意外事故或自然灾害造成保险车辆的损失。保险人所负的保险责任的具体内容如下：

1）碰撞事故。碰撞是保险车辆与外界静止的或运动中的物体的意外撞击。通常包括两种情况：一是保险车辆与外界物体的意外撞击造成的本车损失；二是保险车辆所装货物与外界物体的意外撞击造成本车损失，这时车辆与货物视为一体。例如，保险车辆碰撞他车或他车撞击本车；保险车辆撞上树木、电线杆或房屋；保险车辆在停车场停车后退时撞坏了挡泥板；突然开门，碰坏车旁另外一辆车等都属于碰撞责任事故。一般因碰撞责任所造成的损失，除驾驶人的故意行为外，无论驾驶人有无过失（明确除外者不在内），保险人均负责赔偿。

2）非碰撞事故。非碰撞事故分为自然灾害和意外事故两类。

自然灾害一般包括雷击、暴风、暴雨、龙卷风、洪水、海啸、地陷、冰陷、崖崩、雪崩、雹灾、泥石流、滑坡以及载运保险车辆的渡船遭受自然灾害，但只限于驾驶人随车照料者。

意外事故包括倾覆、火灾、爆炸、坠落以及外界物的倒塌或坠落等。

（2）合理的施救、保护费用。这是指保险车辆在发生保险事故时，被保险人为了减少车辆损失对保险车辆采取的施救、保护措施所支出的合理的费用。但此项费用的最高赔偿金额以保险车辆的保险金额为限。

2．第三者责任保险的责任范围

机动车辆第三者责任保险的保险标的是一种民事责任，即保险期间内，被保险人或其允许的合法驾驶人在使用被保险机动车过程中发生意外事故，致使第三者遭受人身伤亡或财产直接损毁，依法应当由被保险人承担的损害赔偿责任，保险人依照本保险合同的约定，对于超过机动车交通事故责任强制保险各分项赔偿限额以上的部分负责赔偿。

合同中的机动车是指在中华人民共和国境内（不含港、澳、台地区）行驶，以动力装置驱动或者牵引，上道路行驶的供人员乘用或者用于运送物品以及进行专项作业的轮式车辆（含挂车）、履带式车辆和其他运载工具（以下简称被保险机动车），但不包括摩托车、拖拉机和特种车；第三者是指因被保险机动车发生意外事故遭受人身伤亡或者财产损失的人，但不包括被保险机动车本车上人员、投保人、被保险人和保险人。

3．第三者责任保险的赔偿范围

保险期间内，被保险机动车的下列损失和费用，保险人依照保险合同的约定负责赔偿：

（1）被保险机动车被盗窃、抢劫、抢夺，经出险当地县级以上公安刑侦部门立案证明，满60天未查明下落的全车损失。

（2）被保险机动车全车被盗窃、抢劫、抢夺后，受到损坏或车上零部件、附属设备丢失需要修复的合理费用。

（3）被保险机动车在被抢劫、抢夺过程中，受到损坏需要修复的合理费用。

4．附加险的责任范围

（1）玻璃单独破碎险。保险车辆挡风玻璃或车窗玻璃的单独破碎，由保险人负责赔偿。

（2）车身划痕损失险。无明显碰撞痕迹的车身划痕损失，保险人负责赔偿。

（3）可选免赔额特约条款。投保了机动车损失保险的机动车可附加本特约条款。保险人按投保人选择的免赔额给予相应的保险费优惠。发生保险责任事故时，保险人按照约定计算赔款后，扣减本特约条款约定的免赔额。

（4）不计免赔率特约条款。经特别约定，保险事故发生后，按照对应投保的险种规定的免赔率计算的、应当由被保险人自行承担的免赔金额部分，保险人负责赔偿。被保险机动车全车被盗窃、抢劫、抢夺后，受到损坏或车上零部件、附属设备丢失需要修复的合理费用。

（5）自燃损失险。因保险车辆电器、线路、供油系统、供气系统发生故障或所载货物自身原因起火燃烧造成本车的损失；发生保险事故时，被保险人为防止或者减少保险车辆的损失所支付的必要的、合理的施救费用。

（6）新增加设备损失保险。机动车辆在使用过程中，发生车损险保险责任范围内的事故，造成车上新增设备的直接损毁，保险人在保单该项目所载明的保险金额内，按实际损失计算赔偿。

（7）机动车停驶损失险。因发生车辆损失保险的保险事故，致使保险车辆停驶，保险人在保单载明的保险金额内承担赔偿责任。赔偿责任按以下规定承担：

1）部分损失的，保险人在双方约定的修复时间内，按保单约定的日赔偿金额乘以从送修之日起至修复竣工之日止的实际天数计算赔偿。

2）全车损毁的，按保险单约定的赔偿限额计算赔偿。

3）在保险期限内，上述赔款累计计算，最高以保单约定的赔偿天数为限。

5. 车辆损失险、第三者责任保险的责任免除

（1）车辆损失险的责任免除。我国各家保险公司规定的车辆损失险的除外责任有所不同，但一般主要包括以下几个方面：

1）不可抗拒因素造成的车辆损失责任。① 地震造成的损失；② 战争、军事冲突、暴乱、扣押、罚没、恐怖主义、政府征用。

2）车辆自身原因导致的车辆损失责任。① 自然磨损、锈蚀、故障、轮胎单独损坏；② 保险车辆所载货物坠落、倒塌、撞击、泄漏造成的损失；③ 自燃以及不明原因引起火灾造成的损失；④ 玻璃单独破碎、无明显碰撞痕迹的车身划痕。

3）驾驶员责任。① 人工直接供油、高温烘烤造成的损失；② 两轮及轻便摩托车停放期间翻倒的损失；③ 遭受保险责任范围内的损失后，未经过必要修理继续使用，致使损失扩大的部分；④ 被保险人或者非被保险人允许的驾驶员使用保险车辆；⑤ 驾驶员饮酒、吸毒、被药物麻醉；⑥ 没有驾驶证、行驶证；⑦ 驾驶与驾驶证准驾车型不相符合的车辆。

4）其他责任。① 竞赛、测试、在营业性修理场所修理期间；② 保险车辆发生意外事故，致使被保险人停业、停驶、停电、停水、停气、停产、中断通信及其他各种间接损失；③ 因污染引起的各种损失；④ 因保险事故引起的各种精神损害赔偿；⑤ 保险车辆全车被盗窃、被抢窃或被抢夺以及在此期间受到损坏或车上零部件、附属设备丢失所造成的损失；⑥ 其他不属于保险责任范围内的保险车辆的损失和费用；⑦ 未按书面约定履行缴纳保费义务；⑧ 除本保险另有书面约定外，发生保险事故时保险车辆没有公安交通管理部门核准的行驶证和号牌，或未按规定检查或检验不合格。

（2）第三者责任保险的免除责任。

1）被保险机动车造成下列人身伤亡或财产损失，不论在法律上是否应当由被保险人承担赔偿责任，保险人均不负责赔偿：① 被保险人及其家庭成员的人身伤亡、所有或代管的

财产的损失；② 被保险机动车本车驾驶人及其家庭成员的人身伤亡、所有或代管的财产的损失；③ 被保险机动车本车上其他人员的人身伤亡或财产损失。

2）下列情况下，不论任何原因造成的对第三者的损害赔偿责任，保险人均不负责赔偿：① 地震。② 战争、军事冲突、恐怖活动、暴乱、扣押、收缴、没收、政府征用。③ 竞赛、测试、教练，在营业性维修、养护场所修理、养护期间。④ 利用被保险机动车从事违法活动。⑤ 驾驶人饮酒、吸食或注射毒品、被药物麻醉后使用被保险机动车。⑥ 事故发生后，被保险人或其允许的驾驶人在未依法采取措施的情况下驾驶被保险机动车或者遗弃被保险机动车逃离事故现场，或故意破坏、伪造现场、毁灭证据。⑦ 驾驶人有下列情形之一者：无驾驶证或驾驶证有效期已届满；驾驶的被保险机动车与驾驶证载明的准驾车型不符；实习期内驾驶公共汽车、营运客车或者载有爆炸物品、易燃易爆化学物品、剧毒或者放射性等危险物品的被保险机动车，实习期内驾驶的被保险机动车牵引挂车；持未按规定审验的驾驶证以及在暂扣、扣留、吊销、注销驾驶证期间驾驶被保险机动车；使用各种专用机械车、特种车的人员无国家有关部门核发的有效操作证，驾驶营运客车的驾驶人无国家有关部门核发的有效资格证书；依照法律法规或公安机关交通管理部门有关规定不允许驾驶被保险机动车的其他情况下驾车。⑧ 非被保险人允许的驾驶人使用被保险机动车。⑨ 被保险机动车转让他人，未向保险人办理批改手续。⑩ 除另有约定外，发生保险事故时被保险机动车无公安机关交通管理部门核发的行驶证或号牌，或未按规定检验或检验不合格。⑪ 被保险机动车拖带未投保机动车交通事故责任强制保险的机动车（含挂车）或被未投保机动车交通事故责任强制保险的其他机动车拖带。

3）下列损失和费用，保险人不负责赔偿：

① 被保险机动车发生意外事故，致使第三者停业、停驶、停电、停水、停气、停产、通信或者网络中断、数据丢失、电压变化等造成的损失以及其他各种间接损失；② 精神损害赔偿；③ 因污染（含放射性污染）造成的损失；④ 第三者财产因市场价格变动造成的贬值、修理后价值降低引起的损失；⑤ 被保险机动车被盗窃、抢劫或抢夺期间造成第三者人身伤亡或财产损失；⑥ 被保险人或驾驶人的故意行为造成的损失；⑦ 仲裁或者诉讼费用以及其他相关费用。

4）应当由机动车交通事故责任强制保险赔偿的损失和费用，保险人不负责赔偿。

6.1.3 机动车辆商业保险的保险期限、保险金额和赔偿限额

1. 保险期限

保险期限是指保险人为被保险人提供保险保障的起止日期，又称为保险期间或保险合同的有效期间。机动车辆的保险期限通常是1年，自保险单载明之日起，到保险期满日24时止。对于当天投保的车辆，起保时间应为次日零时，保险人按照保单上约定的时间承担保险责任。保险期满续保需另行办理投保手续。

2. 保险金额

保险金额是指保险人承担赔偿或者给付保险金额的最高限额，简称保额，机动车保险一般采用不定值保险的方式进行投保。车辆损失险的保险金额是保险人对投保车辆损失险的机动车辆，在发生保险责任范围内的自然灾害或意外事故造成损失时，给予赔偿的最高金额。车辆损失险的保险金额由投保人和保险人选择以下三种方式协商确定，保险人根据保险金额的确定方式承担相应的赔偿责任。

（1）按新车购置价确定。新车购置价是指保险合同签订地购置与保险车辆同类型新车（含车辆购置附加税）的价格。

（2）按投保时车辆的实际价值确定。实际价值是指同类型车辆的新车购置价减去该车已使用年限折旧金额后的价格。但最高折旧金额不超过新车购价的80%。车辆使用年限按每满1年扣除1年计算，不足1年的部分，不计折旧。规定使用年限按国家有关规定执行。折旧计算公式为：

$$实际价值=新车购置价 \times [1-已使用年限/规定使用年限]$$

或

$$=新车购置价 \times [1-已使用年限 \times 年折旧率]$$

（3）由投保人与保险人协商确定。采用这种方法确定保险金额时，保险金额不得超过同类型新车购置价。如果超过，其超过部分无效。

如果投保人将保险车辆另行加装的新增加设备与保险车辆一起向保险人投保，就必须列明新增加设备明细表及价格。新增加设备的保险金额在实际价值内由投保人与保险人协商确定，新增加设备的实际价值为其投保时的市场价格。

$$保险金额=新车购置价+新增设备的实际价值$$

3. 第三者责任险的赔偿限额

赔偿限额是保险人承担第三者责任险每次事故赔偿的最高限额，也是保险人计算保险费时所需考虑的因素。第三者责任险的每次事故最高赔偿限额应根据不同车辆种类选择确定，投保人和保险人在投保时可以根据不同车辆的类型，自行协商选择确定第三者责任险每次事故的最高赔偿限额。

挂车投保后与主车视为一体。发生保险事故时，挂车引起的赔偿责任视同主车引起的赔偿责任。保险人对挂车与主车所承担的赔偿金额之和，不得超过主车的赔偿限额。

4. 附加险的保险金额或赔偿限额

（1）车上责任险的赔偿限额可以按车辆的座位或吨位来确定。

（2）无过失责任险一般分为两个档次（5万元和10万元）确定赔偿限额。

（3）车辆停驶损失险按双方约定的赔偿天数和日赔偿金的乘积来确定赔偿限额。

（4）自燃损失险的保险金额由双方协商确定，但最高不得超过保险车辆的实际价值。

（5）新增设备损失险的保险金额按新增设备的购置价确定。

（6）车载货物责任险的赔偿限额由双方协商确定。

（7）玻璃单独破碎险的保险金额由双方在协商的基础上，自愿选择按进口玻璃或国产玻璃确定。

（8）不计免赔特约保险的赔偿限额以车辆损失险和第三者责任险的免赔额（率）为限。

6.1.4 保费的计算与无赔款优待

1. 机动车辆损失保险保费的计算

按照被保险人类别、车辆用途、座位数/吨位数/排量/功率、车辆使用年限所属档次查找基础保费和费率，公式如下：

$$车辆损失保险费=基础保费+（保险金额×费率）$$

机动车损失保险基本费率表如表 6-3 所示。

表 6-3 机动车损失保险基本费率表（A 款）2008 版

家庭自用汽车与非营业用车		机动车损失保险					
		1 年以下		1~2 年		2~6 年	
		基础保费（元）	费率（%）	基础保费（元）	费率（%）	基础保费（元）	费率（%）
家庭自用汽车	6 座以下	603	1.43	575	1.37	569	1.35
	6~10 座	724	1.43	689	1.37	683	1.35
	10 座以上	724	1.43	689	1.37	683	1.35
企业非营业客车	6 座以下	368	1.22	351	1.16	347	1.15
	6~10 座	442	1.16	421	1.10	417	1.09
	10~20 座	442	1.24	421	1.18	417	1.17
	20 座以上	461	1.24	439	1.18	434	1.17

注：费率表中，座位的分类按照"含起点不含终点"的原则来解释

例 6.1 假定某辆家庭自用汽车投保车损险，车龄为 1 年以下，保险金额为 10 万元。在费率表上查得对应的基础保费为 603 元，费率为 1.43%，则该车辆的保费=603+10×1.43%=2 033（元）。

2. 第三者责任保险保费的计算

第三者责任保险保费是一种固定保险费，一般根据车辆种类、使用性质按投保人选择的赔偿险额档次从费率表中查出其保险费收费标准。

我国机动车辆第三者责任险的固定保险按不同车辆种类和使用性质对应的第三者责任险每次最高赔偿限额确定的，对于汽车的最高限额一般分为六个档次，即 5 万元、10 万元、20 万元、50 万元、100 万元和 100 万~1 000 万元。保费按投保时确定的每次事故最高赔偿

限额对应的固定保费收取。保费的计算方法是：

（1）当投保人要求投保的每次事故最高赔偿限额不超过100万元时：

$$保险费=固定保险费$$

（2）当投保人要求投保的每次事故最高赔偿限额超过100万元时，其投保的赔偿限额应是50万元的整倍数，且最高不得超过1 000万元：

$$保险费=N \times A \times (1.05-0.025N)/2$$

其中，A 为同档次限额为100万元时的第三者责任险的保费；N 为投保限额/50万元。

➡ 例6.2 某甲拥有一台非营业的上海别克轿车，现单独投保第三者责任险，赔偿限额为300万元，其中同档次限额为100万元的第三者责任保险的保费是1 820元。试计算保费。

解： $A=1\,820$（元）

$N=300$万元$/50$万元$=6$

保险费$=N \times A \times (1.05-0.025N)/2$

$\qquad =6 \times 1\,820 \times (1.05-0.025 \times 6)/2 = 2.7 \times 1\,820$

$\qquad =4\,914$（元）

3．短期费率

如果保险期限不足一年，应按短期费率计收保费。短期费率一般分为日费率和月费率。采用日费率一般适用被保险人新置车辆的投保，其计算公式为：

$$应交保费=年保费 \times 保险天数/365$$

4．无赔款优待

保险车辆在上一年度保险期限内，续保时可享受无赔款保险费优待。

（1）无赔优待的条件。保险期限必须满一年；保险期限内无赔款；保险期满前办理续保。

（2）无赔款优待金额一般为本年度续保险种应交保费的比例（一般是10%）。其计算公式为：

$$无赔款优待金额=该车辆续保险中本年应交保险费 \times 优待比例$$

➡ 例6.3 某被保险人今年续保时应交保费3 000元，在上一年保险期内没有发生保险赔款，今年续保时可获得的无赔款优待比例为10%，则：

$$无赔款优待金额=3\,000 \times 10\%=300（元）$$

（3）当被保险人投保车辆不止一辆时，无赔款优待按车辆分别计算。实施无赔款优待办法时应注意以下几个问题：

1）上年度保险车辆投保的车辆损失险、第三者责任险、附加险中任何一项发生保险赔款，续保时均不能享受无赔款优待。

2）不续保者也不得享受无赔款优待。

3）如果续保的险种与上年度不完全相同，无赔款优待则以险种相同的部分为计算基础；如果续保的险种与上年度相同，但保险金额不同，无赔款优待则以本年度保险金额对应的应交保险费为计算基础。

4）如果被保险人在续保时享受了无赔款优待，但事后发现上一保险期内发生过赔案或期满后补报赔案，应出具批单追回或在支付赔款时扣除已享受的无赔款优待金额。

5）从其他保险公司转来续保的车辆，无赔款优待应根据投保人提供的转保车辆上年度的无赔款有效证明确定。

6）凡发生以下这些情况的，不能享受无赔款优待：① 上一保险年限不足一年；② 在上一年保险期内发生赔案；③ 在上一年保险期内保险车辆发生所有权转移但未办理批改的；④ 保险期满后已脱保等。

随堂讨论

保险公司对哪些原因造成保险车辆损失或费用支出不承担赔偿责任？请列举说明。

案例分析　　车主被自己的车撞死，保险公司是否该赔偿？

车主下车问路被自己驾驶的货车撞死，保险公司该不该以第三者责任险赔偿？日前，江苏省宿迁市宿城区法院审结一起保险理赔纠纷案，以死者不属于第三者驳回其家属要求保险公司理赔11万元的请求。

2008年3月23日，吴某驾驶自己的机动车运货，途中因道路不熟停车问路，因未拉手刹，致使车辆溜行将自己当场撞死。经交警认定，吴某驾驶制动不符合标准车辆，停车时未拉手刹，未能确保安全导致事故发生，应负事故全部责任。吴某家属随后向保险公司申请理赔，保险公司以死者是车主和被保险人，不属于交强险合同中所指的受害人，拒绝理赔。双方遂诉诸法院。

法院经审理认为，吴某与保险公司签订的保单中详细约定了第三者及保险责任范围，并有明确提示，作为投保人理应能够理解并注意到。保险公司承担的第三者保险责任，是指对被保险人依法应当对第三者遭受的损失支付的赔偿金额承担的保险责任。保险条款明确吴某作为车辆所有人和被保险人，不属于保险合同的承保险种第三者责任险赔偿范围，据此，法院做出以上判决。

资料来源：汽车中国网，http://baoxian.carschina.com/chexiananlifenxi/2009041136.html。

6.2 飞机保险

6.2.1 飞机保险的含义

飞机保险是以飞机及其有关利益、责任为保险标的的一种运输保险。飞机保险既包括财产保险，如以飞机及设备为保险标的的飞机及零备件保险；又包括责任保险，如承保承运人对旅客及第三者的法定责任保险；还包括人身意外伤害保险，如机组人员人身意外伤害保险、航空人身意外伤害保险等。

6.2.2 飞机保险的基本险

1．飞机保险的责任范围

（1）机身保险。即飞机损失或损坏险。指飞机在飞行、滑行或停航中，无论任何原因造成的飞机及其附件的损失或损坏，以及由此造成的拆卸、重装、运输、清除残骸等费用，保险公司均负责赔偿。该保险中"机身"的概念包括机壳以及其他使飞机飞行的零部件和发动机。保险责任一般包括：

1）由被保险人拥有、使用的飞机不论何种原因（不包括保险单列明的除外责任）造成的损毁和灭失。

2）由于维修或修理时从飞机上拆卸下来且又未将同类型的零备件装配在飞机上，而由被保险人负责保管的零备件的损毁或灭失。

3）由被保险人拥有或使用的从被保险飞机上替换下来的零部件和设备的损毁或灭失。

4）被保险飞机起飞后失踪，并且在10天之内未得到任何行踪消息所构成的损失。

（2）旅客（行李、货物、邮件）法定责任保险和第三者责任保险。旅客、行李、货物、邮件法定责任保险和第三者责任保险承保由以下原因引起的被保险人依法承担的人身伤害和财产损失赔偿责任：

1）由于使用或拥有飞机、飞机部件造成的责任事故。

2）在被保险人经营业务的机场内发生的事故。

3）其他与被保险人从事空中运送旅客或货物业务有关的活动中发生的事故。

4）由于使用或经营飞机或由于从事空中运输事业而提供货物、服务而发生的事故。

5）发生事故后，被保险人因清理、移动而损坏飞机或者由于疏忽在清理或移动飞机失败而引起的责任和费用。

6）由于搜索、寻找、营救工作而引起的费用。

7）为了减少被保险飞机的损失或为了避免事故扩大而使用灭火剂后引起的费用，以及依据法律规定应由被保险人支付的费用等。

2．飞机保险的除外责任

（1）飞机机身（零备件）一切险的除外责任。

1）有战争和军事行动、飞机不符合适航条件而飞行和被保险人的故意行为。
2）机械失灵、自然磨损、内在缺陷。
3）由于发动机吸入石子、灰尘、沙土、冰块等而造成发动机的损失。
4）存仓零备件、设备无法解释的减少、丢失或者在清仓时发现的短少。
（2）旅客、行李、货物、邮件法定责任保险和第三者责任保险对下列责任不负责赔偿：
1）房屋或由被保险人占用的建筑物的损失。
2）有营运牌照的机动车辆的责任及损失，但在机场范围内被保险人使用的车辆除外。
3）由被保险人分配、提供、销售、处理、服务、修理、改装、建筑、生产的不合格产品和货物进行的修理或换置费用。
4）由于错误或不按规定而进行工作、设计、生产造成的损失。

3. 飞机保险的保险金额与责任限额

（1）飞机保险的保险金额的确定。在历史上，飞机机身险是按不定值保险方式承保的，现代保险中，机身险普遍采取定值保险，其保险金额与保险价值相等。飞机保险的保险金额可以按三种方式确定：
1）账面价值，即按购买飞机时的实际价值或按年度账面逐年扣减折旧后的价值。
2）重置价值，即按照市场同样类型、同样机龄飞机的市场价值。
3）双方协定价值，即由保险人与被保险人共同协商确定的价值。
（2）旅客法定责任保险和第三者责任保险责任限额的确定。旅客法定责任保险和第三者责任保险的责任限额是按每次事故来确定的。确定责任限额主要考虑的因素有飞机的飞行路线、飞机的型号、有关国家对人身伤亡赔偿限额的规定、旅客的构成等。如果是以机队形式投保的，还要考虑机队飞机的构成。

4. 飞机保险的赔偿处理

（1）飞机全部损失及部分损失的赔偿。飞机发生全损的，保险人按飞机的保险金额全部赔付，不扣免赔额。此外，保险人还负责赔偿清理飞机残骸的费用。如果被保险人宣布推定全损，保险人可不接受委付，但是按保险金额扣减残值方式计算赔款。飞机发生失踪，保险人按全损赔付。飞机发生部分损失，保险人按实际修理费用扣除免赔额后计算赔款。

无论飞机是全损还是部分损失，保险人均负责赔偿施救费用（通常按保险金额的10%支付）、运输费用（将飞机从出事地点运往修理厂的费用）和抢救费用（为抢救飞机而实施的灭火或其他抢救措施所支付的费用）等。

（2）旅客法定责任保险的赔偿。对于旅客的伤亡，保险人原则上按有关法规或国际公约规定的责任限额予以赔偿。例如，按照《华沙公约》和《海牙议定书》的规定，每一位旅客的最高赔偿限额为25万金法郎，约合2万美元；行李为每千克250金法郎，约合20美元。

（3）第三者责任险的赔偿。第三者责任险通常不规定免赔额，一般可分为三类：

1）空中碰撞造成的其他飞机及人身伤亡及财产损失。对于碰撞责任通常采用分摊责任制来确定，如甲航空公司负责 60%，乙航空公司负责 10%，空中交通指挥负责 30%。保险人按自己所承保的责任比例负责赔偿。

2）飞机在地面上造成第三者的人身伤亡和财产损失。飞机造成地面上任何人员、设备、飞机等损失，一般按照当地机场的规定或有关合同来确定赔偿责任。

3）飞机在空中造成地面上的第三者的任何损失（如从飞机上坠入或坠物）。一般按当地法律来处理，也可以参照有关国际公约的规定处理。

6.2.3 飞机保险的附加险

1．飞机战争和劫持险

飞机战争和劫持险一般作为附加险，主要承保由于战争、劫持、敌对行为武装冲突、罢工、民变、暴动、飞机被扣留、没收或第三者恶意破坏造成的被保险飞机及部件的损坏、灭失以及由此引起的被保险人对第三者或旅客应负的法律责任。

2．飞机承运货物责任险

飞机承运货物责任险亦称承运人航空运输货物责任保险或空运货物赔偿责任保险，它是承保航运方在受托运送的货物遭受损失时依法应负的赔偿责任的一种责任保险。凡装载于保险飞机上已经办妥托运手续的货物，自交运时起至目的地交付收货人或办妥转运手续时止，发生的损失依法或契约规定由承运人负责时，由保险公司赔偿。

随堂讨论

飞机保险同航空意外险有区别吗？请说明理由。

案例分析　法航失事撬动飞机保险市场

2009 年 6 月 1 日 14 时，一架载有 228 人的法航空客 A330 起飞不久后与地面失去联系。机上 228 人全部遇难，其中包括 9 名中国人。法航失事飞机将涉及 1 亿美元的机身保险和高达 10 亿美元之巨的责任保险赔偿。

外电消息称，法国安盛保险公司（AXA）为该机的首席保险人，该保单由怡和保险经纪（Jardine Lloyd Thompson）在巴黎安排承保，伦敦市场首席承保人则为美国信利金融公司旗下 XL 保险公司。国际航空险承保人估计，这架空中客车 330-200 型客机机身价值约为 9 900 万美元，但由于最终无人可生还，此次空难造成的责任险赔付将高达 10 亿美元之巨。美国怡安保险经纪公司航空保险分析师马格纳斯·艾伦则认为，总体来看，近五年来国际航空保险市场的损失相当惊人。中国人民财产保险股份有限公司自 1974 年开始承保中国民航联合保险机队项目，至今已 35 年，是国际航空保险市场上最大的机队保单，去年起承保 1 100 余架，机队价值超过 500 亿美元，中国人民财产保险股份有限公司作为主承保人，占有 88% 的份额。但中国人民财产保险股份有限公司也曾遭遇高额赔付。2004 年 11

月 21 日，东航 ARJ200 客机发生重大空难，中国人民财产保险股份有限公司为此支付机身险赔款 2 300 万美元。

与机身险相比，更高的赔付来自涵盖人员死亡赔偿的责任险。业内人士估计，此次空难造成的责任险赔付将高达 10 亿美元之巨。在失事飞机的 9 名中国乘客中，已有 5 人被确认将获得国内保险公司赔付。其中一名在此次事故中失踪的中国人民财产保险股份有限公司寿险客户，于 2008 年购买了该公司畅享人生年金保险产品，保险金额为 24 万元，根据条款规定，如客户发生航空意外，将可以获得 40 倍保险金额的赔付，按此规定，该人员或将得到 960 万元的保险赔付，这将是中国保险史上赔付最大的个人保险赔案。

资料来源：http://insurance.jrj.com.cn/2009/06/0501195160833.shtml。

6.3 船舶保险

6.3.1 远洋船舶保险

远洋船舶保险一般分为全损险和一切险两种。不同的险别，承保着不同的保险责任范围。

1．全损险的保险责任

全损险承保被保险船舶因遭受保险范围内的风险而导致的全部损失，包括实际全损和推定全损。全损险承保的保险责任范围是：

（1）海上风险。海上风险是指由海上自然灾害和意外事故构成的海上灾难，自然灾害包括恶劣气候、雷电、海啸、地震、火山爆发、洪水等，意外事故包括船舶搁浅、触礁、沉没、失踪、碰撞和触碰其他物体等。

（2）火灾或爆炸。

（3）来自船外的暴力盗窃或海盗行为。

（4）抛弃货物。

（5）核装置或反应堆发生的故障或意外事故。

（6）装卸或移动货物或燃料时发生的意外事故。

（7）船舶机件或船壳的潜在缺陷。潜在缺陷是指合格的验船师用正常的检验方法不能发现的瑕疵。这种缺陷通常是船舶在建造上的缺陷。

（8）船长、船员有意损害被保险人利益的行为。

（9）船长、船员和引水员、修船人员及租船人的疏忽行为。这里所指的租船人，不包括光船租船人。

（10）任何政府当局当防止或减轻因承保风险造成被保险船舶损坏引起的污染所采取的行动。

2. 一切险的保险责任

船舶一切险除承保全损险责任范围内的风险所致被保险船舶的全部损失外,还负责因这些风险造成的船舶的部分损失,以及碰撞责任、共同海损分摊、救助费用和施救费用。一切险的承保范围要比全损险大,但承保的风险是相同的。一切险的保险责任范围如下:

(1)全部损失。全部损失包括被保险船舶由于遭受保险风险而造成的实际全损和推定全损。保险人对全部损失的赔偿以保险金额为限,并且不扣除免赔额。

(2)部分损失。部分损失是指被保险船舶由于遭受保险风险而造成的不属于全部损失的损失。保险人在保险金额的限度内负责船舶的部分损失,如果船舶在保险期限内连续发生两次或多次事故造成部分损失,尽管累计损失额超过保险金额,但只要每次损失额不超过保险单载明的保险金额,保险人仍负责赔偿,不过在赔偿时应按每次事故扣除免赔额。

(3)碰撞责任。碰撞责任是指被保险船舶由于航行疏忽或过失造成与其他船舶碰撞或触碰任何固定的、浮动的物体或其他物体所引起的第三者的财产损失或人身伤亡,在法律上应负的赔偿责任。

(4)共同海损和救助。共同海损是指船舶和船上所载货物遭遇共同危险时,为了共同安全,有意而合理地做出特殊的牺牲或支付额外的费用。由于这种特殊的牺牲和额外的费用是为船舶、船上所载货物以及运费的共同安全而产生的,因此,这种牺牲和费用也由各方受益人按各自的获救价值进行分摊,这种分摊称为共同海损分摊。

救助是指被保险船舶遭受保险风险时,单凭自身的力量无法解脱其所处的困境和危险,只好由委请的第三者或由第三者自愿提供帮助解决危险的一种行为。由此行为引起的费用称为"救助费用"。如果救助费用是船舶或与船舶有关的利益方所引起的,通常列为共同海损费用,参加共同海损分摊。

(5)施救费用。由于承保风险造成船舶损失或船舶处在危险之中,被保险人为防止或减少根据该保险可以得到赔偿的损失而付出的合理费用,保险人应予以赔付。施救费用是一种单独费用。因此,保险人对施救费用的赔偿不受船舶本身损失、碰撞责任、共同海损分摊和救助费用等赔偿金额的限制,但不得超过船舶的保险金额。如果船舶的保险价值高于保险金额,保险人要按比例赔偿施救费用。

(6)其他费用。由于船舶碰撞事故或第三者过失造成被保险船舶受损,被保险人或保险人对第三者提出诉讼或抗辩引起的法律诉讼费用,可由保险人负责赔偿。另外,为确定保险责任范围的损失,进行检验、查勘等合理费用,包括船舶搁浅后检验船底的费用,也可由保险人负责赔偿。

6.3.2 远洋船舶保险的除外责任

1. 被保险船舶不适航的条件

(1)船长和船员的配备不当。

(2)船舶的装备不妥。

(3)货物配载不当。

2. 被保险人的疏忽或故意行为

(1)船舶保险的被保险人一般是指船东或经营船舶航运的轮船公司,也包括对船舶实际上拥有调动权和使用权的法人代表。船东的代表主要是指行使船东权利管理船舶以及有权调度船舶的部门。船长和船员不是船东,也不是船东的代表,因此,船长、船员的行为导致的船舶损失,保险人负责赔偿。

(2)被保险人恪尽职责应予发现的正常磨损、锈蚀、腐烂或保养不周或材料缺陷,包括不良状态部件的更换和修理。

6.3.3 远洋船舶保险的保险期限

远洋船舶保险按保险期限分类,可分为定期保险和航次保险。

1. 定期保险的保险期限

定期保险是指以时间作为保险责任起讫期限的保险。定期保险的责任期限一般为1年,最短为3个月。责任起讫时间以保险单上注明的日期为准。

2. 航次保险的保险期限

航次保险是指以船舶自起运港到目的港为保险责任起讫期限的保险。航次保险的责任期限按保险单上载明的航程为准。不载货船舶的起讫时间自起运港解缆或起锚时开始,至目的港抛锚或系缆完毕时为止;载货船舶的起讫时间自起运港装货时开始,至目的港卸货完毕时终止。但自船舶抵达目的港当日午夜零时起,最多不得超过30天。

6.3.4 远洋船舶保险的免赔额规定

船舶保险的免赔额是指被保险船舶发生保险风险事故时,保险人按照保险风险事故损失额的比例或一定数额免于赔偿。免赔额的具体实施的规定如下:

(1)免赔额的适用范围。船舶保险规定的免赔额适用于被保险船舶的部分损失。对保险责任范围内的风险所造成的被保险船舶的全部损失、共同海损、碰撞责任、救助费用或施救费用的赔偿均不适用免赔额规定。但是船舶发生搁浅,专门为检验船底而产生的合理费用,保险人在赔偿时须扣除免赔额。

(2)免赔额按每次事故扣除。免赔额应在每一次事故造成的损失总额中扣除。也就是说,当每次保险事故造成船舶部分损失时,保险人在计算赔偿金额时都要扣除免赔额。

(3)因恶劣气候造成两个连续港口之间单独航程的损失赔偿应视为一次事故,保险人只扣除一次免赔额。例如,船舶在A港至B港的单独航程中遭遇飓风袭击,折断桅杆,随后船舶在航行中又遇上台风,造成船体其他部位受损,保险人应按照一次事故从赔偿金额中扣除免赔额。

6.3.5 远洋船舶保险的赔偿处理

（1）全部损失。

1）被保险船舶发生完全损毁或严重损坏不能恢复原状，或者被保险人不可能避免地丧失该船舶，保险人可按全部损失赔偿。

2）被保险船舶在预计到达目的港日期超过 2 个月后，尚未得到它的行踪消息时，保险人可按全部损失赔偿。这种情况称为船舶失踪，可视为实际全损。

3）当被保险船舶的实际全损已不能避免，或者恢复、修理、救助的费用以及这些费用的总和超过船舶保险价值时，这种情况称为推定全损。被保险人向保险人发出委付通知后，保险人同意接受后可按全部损失赔偿。

（2）部分损失。

1）保险人对被保险船舶的部分损失均予以赔付，并且对于受损零件的重新置换不扣减折旧费用。

2）保险人对船底的除锈或喷漆费用不予赔付，除非这些费用与船舶损失有直接关系。

3）船东为使船舶适航做必要的修理或按惯常进入船坞时，如果被保险船舶同时需要为所承保的损坏进行修理，那么进出船坞或船坞的使用费用应平均分摊。

（3）船舶碰撞责任。在两船双方互有过失情况下，保险人对船舶碰撞责任的赔偿可采用单一责任和交叉责任两种计算方法。根据远洋船舶保险条款的规定，保险人对船舶碰撞责任的赔偿按交叉责任方法计算。

（4）被保险人为获取和提供资料及文件所花费的时间和劳务，或被保险人委派和以其名义行事的任何经理人、代理人、管理或代理公司的佣金或劳务费用，保险人均不予赔付，除非保险人事先同意赔付。

（5）凡保险金额低于约定价值，或低于共同海损或救助费用的分摊价值时，保险人对所承保的共同海损或救助费用的赔偿，按保险金额与约定价值或分摊价值的比例来计算赔偿金额。

（6）被保险船舶与同一船东所有或由同一管理机构经营的船舶之间发生碰撞或接受救助，应视为第三方船舶一样，保险人也负责赔偿。

6.3.6 沿海内河船舶保险

（1）沿海内河船舶保险的保险标的。沿海内河船舶保险承保的船舶是指依照中华人民共和国的法律、法规和主管部门的章程进行登记注册，在中华人民共和国境内水域，从事合法营运和合法航运作业的船舶，包括海船、河船和其他可视为船舶的水上移动或浮动的装置。

（2）全损险的保险责任。沿海内河船舶保险分为全损险和一切险。但在责任范围上，沿海内河船舶保险的保险责任采取列明风险的方式，保单上没有列明的风险保险人不予负责。

全损险是指发生保险责任范围内所列明的灾害或事故致使保险船舶全损时，保险人负责赔偿的一种保险。全损包括实际全损和推定全损。因下列原因造成保险船舶的全损属于保险责任范围：八级以上（含八级）大风、洪水、地震、海啸、雷击、崖崩、滑坡、泥石流、冰凌、火灾、爆炸、碰撞、触碰、搁浅、触礁等灾害或事故引起的船舶倾覆、沉没。船舶失踪也属于保险责任，但必须具备三个条件：① 船舶在航行中失踪；② 船员和船舶同时失踪；③ 失踪满 6 个月以上。

（3）一切险的保险责任一切险在全损险的基础上，有条件地扩大了保险责任范围。一切险在保险赔偿责任方面，将全损险责任扩大为船舶发生全损或部分损失时均予负责赔偿；在承保的责任方面，增加了被保险船舶碰撞他船或触碰他物而产生的对第三者依法承担的赔偿责任和被保险船舶发生的共同海损、救助及救助费用损失等。

1）碰撞、触碰责任。一切险承保被保险船舶在可航水域与其他船舶、码头、港口设备、航标、钻井平台发生直接碰撞或触碰产生侵权行为而依法应负的赔偿责任。

2）共同海损、救助和施救费用。保险人对共同海损、救助和施救费用赔偿的前提是：在保险船舶发生保险事故时，被保险人为了防止或减少损失而采取救助或施救措施所支付的费用必须是必要的、合理的。保险人对每次保险事故所支付的共同海损、救助及施救三项费用之和的最高赔偿额以保险金额为限。当保险金额低于实际价值时，保险人应当按照保险金额与实际价值的比例，支付上述三项费用。

6.3.7 沿海内河船舶保险的除外责任

（1）船舶不适航、不适拖。

（2）船舶正常的维修、油漆，船体自然磨损、锈蚀、腐烂及机器本身发生的故障和舵、螺旋桨、桅、锚、锚链、橹及子船的单独损失。

（3）浪损、座浅。

（4）被保险人及其代表（包括船长）的故意行为或违法犯罪行为。

（5）清理航道、污染和防止或清除污染的责任和费用，水产养殖及设施、捕捞设施、水下设施、桥梁的损失和费用。

（6）因保险事故引起被保险船舶及第三者的间接损失和费用以及人员伤亡或由此引起的责任和费用。

（7）战争、军事行动、扣押、骚乱、罢工、哄抢和政府征用、没收。

（8）其他不属于保险责任范围内的损失。

6.3.8 沿海内河船舶保险的保险金额

船舶保险金额的确定应考虑船舶的使用年限、新旧程度、船体结构及船舶用途等因素。保险金额可按保险价值确定，也可以由保险双方协商确定，但保险金额不得超过保险价值。

6.3.9 沿海内河船舶保险的赔偿处理

1. 全损险的赔偿处理

船舶全损按照保险金额赔偿。保险金额高于保险价值时，赔偿金额以保险价值为限。推定全损首先要由被保险人提出委付，保险人拒绝接受委付时，不影响其对推定全损的赔偿义务。保险人接受委付时，船舶所有权及附带的义务和责任将转移给保险人。

2. 一切险的赔偿处理

（1）新船发生部分损失时的赔偿方法。按照实际发生的损失计算赔偿，新船的保险金额小于保险价值时，按新船的保险金额与保险价值的比例计算赔偿计算公式为：

实际赔偿金额=（实际损失和费用-残值）/重置价值×（1-免赔率）×保险金额

或　　实际赔偿金额=（实际损失和费用-残值）×保险金额/重置价值-免赔额

（2）旧船发生部分损失时的赔偿方法。采取扣除折旧的办法，以保险金额和重置价值的比例为依据。旧船发生部分损失时，赔偿方式有两种。

1）保险金额大于或等于旧船的保险价值时，其计算公式为：

实际赔偿金额=（实际损失和费用-残值）×（1-免赔率）×保险价值/重置价值

或　　实际赔偿金额=（实际损失和费用-残值）×保险金额/重置价值-免赔额

2）保险金额小于旧船的保险价值时，其计算公式为：

实际赔偿金额=（实际损失和费用-残值）×（1-免赔率）/重置价值×保险金额/重置价值

或　　实际赔偿金额=（实际损失和费用-残值）×（保险金额/重置价值）×保险价值/重置价值-免赔额

（3）船舶碰撞、触碰责任赔偿的规定。保险人负责赔偿保险船舶在可航水域碰撞其他船舶或触碰码头、港口设施、航标发生的直接损失和费用，包括被碰撞船舶上所载货物的直接损失，以及依法应当由被保险人承担的赔偿责任。保险人对每次碰撞、触碰责任仅负责赔偿金额的3/4，保险期限内一次或累计最高赔偿额以船舶保险金额为限。因保险船舶的碰撞责任所致被碰撞船舶及其所载货物的损失应当合并计算。

（4）共同海损、施救及救助的赔偿规定。三项费用之和的最高赔偿额以保险金额为限，对于不足额投保的船舶，其共同海损、施救及救助费用应当按比例分摊。

随堂讨论

试说明远洋船舶保险与沿海内河船舶保险的区别。

> **案例分析**　对沿海内河船舶保险"一切险"条款的理解

2005 年 11 月 3 日,浙江省奉化市顶盛船务有限公司(下称顶盛公司)就其所属的船舶"顶盛 11"轮向中国人民财产保险股份有限公司宁波分公司(下称保险公司)投保,投保单中特别约定"碰撞、触碰责任以条款为准"。保险公司签发了沿海内河船舶保单,投保险别为沿海内河船舶一切险附加船东对船员责任险。保险条款第二条"一切险"对"碰撞、触碰责任"做了如下规定:本公司承保的保险船舶在可航水域碰撞其他船舶或触碰码头、港口设施、航标,致使上述物体发生的直接损失和费用,包括被碰撞船舶上所载货物的直接损失,依法应当由被保险人承担的赔偿责任。保险条款"除外责任"中约定,桥的损失和费用属于除外责任。2005 年 12 月 2 日,"顶盛 11"轮在行驶过程中为避让一小船,触碰了苏通大桥临时墩,造成临时墩严重损失。顶盛公司赔偿临时墩的损失后,向保险公司索赔遭拒,遂向武汉海事法院提起诉讼。

法院审查认为:本案所涉"沿海、内河船舶保险条款"对触碰责任的范围做了列明式的规定,保险人对触碰责任的承保范围仅限于"触碰码头、港口设施、航标",致使上述物体发生的直接损失和费用。故本案"一切险"的承保风险应当为列明风险,未在保险条款中列明的风险不属于保险公司的承保范围。顶盛公司签署的投保单中特别约定"碰撞、触碰责任以条款为准",说明顶盛公司已知悉有关保险条款,保险公司对保险条款已尽到一般性说明义务。综上,本案事故不属于保险责任范围,保险公司无须承担赔付责任,裁定驳回顶盛公司的诉讼请求。

资料来源:最高法院裁定顶盛公司诉中国财产保险公司内河船舶保险纠纷申诉案,http://www.167susong.cn/xwny.asp?id=60.

6.4 国际货物运输保险

6.4.1 海上运输货物保险

1. 海上运输货物保险基本险的保险责任

国际上习惯采用的英国《伦敦协会海上运输货物保险条款》将基本险的保险责任分为平安险(Free From Particular Average, FPA)、水渍险(With Particular Average, WA)和一切险(All Risks, AR)。

(1)平安险。平安险按其英文原意是"不负责单独海损",仅对全部损失和共同海损负赔偿责任。平安险的保险责任包括:

1)被保险货物在运输途中由于恶劣气候、雷电、海啸、地震、洪水等自然灾害造成整批货物的全部损失或推定全损。

2)由于运输工具遭受搁浅、触礁、沉没、互撞、与流冰或其他物体碰撞以及失火、爆炸等意外事故造成货物的全部或部分损失。

3）在运输工具已发生搁浅、触礁、沉没、焚毁等意外事故的情况下，货物在此前后又在海上遭受恶劣气候、雷电、海啸、地震、洪水等自然灾害所造成的部分损失。

4）在装卸或转运时，由于一件或数件整件货物落海造成的全部或部分损失。

5）被保险人对遭受承保责任内危险的货物进行抢救，采取防止或减少货损的措施而支付的合理费用。保险人的赔偿责任以不超过该批被救货物的保险金额为限。

6）运输工具遭受海难后，在避难港由于卸货所引起的损失，以及在中途港、避难港由于卸货、存仓及运送货物所产生的特别费用。

7）共同海损的牺牲、分摊和救助费用。

8）运输合同中订有"船舶互撞责任"条款，根据该条款规定应由货方偿还船方的损失。

平安险一般适用低值、裸装的大宗货物，如矿砂、钢材、铸铁制品等。

（2）水渍险。水渍险承保的责任范围除包括平安险的各项责任外，还负责被保险货物由于恶劣气候、雷电、海啸、地震、洪水等自然灾害所造成的部分损失，即水渍险的保险责任是在平安险的基础上，加上被保险货物由于海上自然灾害所造成的部分损失。可见，水渍险的保险责任大于平安险的保险责任，与此相适应，水渍险的保险费率也高于平安险的。

水渍险只适用于那些不大可能发生碰损、破碎，或容易生锈但不影响使用的货物，如铁钉、铁丝、螺丝等小五金类商品以及旧汽车、旧机床、旧设备等二手货。

（3）一切险。一切险的保险责任，除包括平安险和水渍险的所有责任外，还包括被保险货物在海上运输途中由于各种外来原因所造成的全部损失或部分损失。一切险保险责任中所指的"外来原因"并非运输途中的一切外来风险，而是以一般附加险中的11种风险为限。简言之，一切险的保险责任范围是平安险、水渍险和一般附加险的总和，是一种风险高度综合的险别。

三个基本险别的除外责任是：

（1）被保险人的故意行为或过失所造成的损失。

（2）属于发货人责任所引起的损失。

（3）被保险货物存在的品质不良或数量短差所造成的损失。

（4）被保险货物的自然耗损、本质缺陷、特性以及市价跌落、运输延迟所引起的损失或费用。

（5）属于战争险条款和罢工险条款规定的保险责任和除外责任的货损。

2. 海上运输货物保险附加险的保险责任

海上运输货物保险的附加险可分为一般附加险、特别附加险和特殊附加险三种。

（1）一般附加险。一般附加险亦称"普通附加险"，承保一般外来原因所造成的货物损失。我国海上运输货物保险承保的一般附加险共有11种：偷窃、提货不着险；淡水雨淋险；短量险；混杂、玷污险；渗漏险；碰损、破碎险；串味险；受潮受热险；钩损险；包装破裂险；锈损险。

（2）特别附加险。特别附加险与一般附加险不同之处有两点：一是特别附加险不含在一切险责任范围内；二是导致特别附加险的货物损失原因往往同政治、国家行政管理以及一些特殊的风险相关。我国现行的特别附加险有6种，即交货不到险、进口关税险、舱面险、拒收险、黄曲霉（毒）素险、出口货物到中国香港（包括九龙在内）或澳门存仓火险责任扩展条款。

（3）特殊附加险。特殊附加险和特别附加险一样，不属于一切险的责任范畴。特殊附加险承保的风险主要是战争和罢工这两种风险。

3. 海上运输货物保险的保险期限

我国海洋运输货物保险的保险期限采用"仓至仓"条款（Warehouse to Warehouse Clause，W/W），规定保险人对被保险货物所承担责任的空间范围，从货物运离保险单所载明起运港发货人的仓库时开始，一直到货物运抵保险单所载明的目的港收货人的仓库时为止。保险人的保险责任起讫分为正常运输和非正常运输两种情况。

（1）正常运输情况下保险责任的起讫。正常运输是指按照正常的航程、航线行驶并停靠港口的运输，包括途中正常延迟和正常转船，其过程自被保险货物运离保险单所载明的起运地发货人仓库或储存处所开始，直到货物到达保险单所载明的目的地收货人仓库或储存处所为止。

1）被保险货物运抵卸货港并全部卸离海轮后，但未被收货人立即运到自己的仓库时，保险责任可以从货物全部卸离海轮时起算满60天终止。若在60天内货物到达收货人仓库，保险责任即在到达仓库时终止。

2）被保险货物运抵卸货港，卸货港即为目的地，收货人提货后并不将货物运往自己的仓库，而是将货物进行分配、分派或分散转运，那么保险责任就从开始分配货物时终止。

3）如果被保险货物以内陆为目的地，收货人提货后运到内陆目的地自己的仓库，保险责任即行终止。如果收货人提货后没有将货物直接运往自己在内陆目的地的仓库，而是先行存入某一仓库，然后在这个仓库对货物进行分配、分派或分散转运，即使其中一部分货物运到了保险单所载明的内陆目的地的最后仓库，则先行存入的某一仓库视为收货人的最后仓库，保险责任在货物到达该仓库时终止。

上述第2）项、第3）项规定也受被保险货物全部卸离海轮后满60天的限制。如果在这两项规定的情况发生之前，时间已满60天时，货物才全部卸离海轮，保险责任的终止以先发生的为准。

（2）非正常运输情况下保险责任的起讫。在运输过程中，由于遇到被保险人无法控制的情况致使被保险货物无法运往原定卸载港而在途中被迫卸货、重装或转运，以及由此而发生的运输延迟、绕航或运输合同终止等非正常的情况，属于非正常运输。

4. 海上运输货物保险的保险金额

海上运输货物保险一般为定值保险即以当事人所持有的保险利益为限，以约定保险价值作为保险金额。通常以货物价值、预付运费、保险费、其他费用及预期利润总和作为计算标准，即以国际贸易价格条件——CIF 价格加成一定比例作为保险金额。我国常用于确定保险金额的价格条件可分为两类：不带保险费的 FOB 和 CFR；带保险费的 CIF。

（1）CIF 价格条件下保险金额的计算。CIF 价格条件明确规定货物价格中包括成本、保险费和运费，货物所需要的运输工具及保险，由卖方办理并负担费用。它是国际贸易货物价格条件中最常见的一种。其计算公式为：

$$保险金额 = CIF \times (1+加成率)$$

（2）CFR 价格条件下保险金额的计算。CFR 即为成本加运费价格条件，又称为离岸加运费价格条件。在这种价格条件下，卖方负责租船订舱并将货物装上船且支付运费，负担装船前的一切风险和费用；由买方办理有关保险并支付保险费。由于海上运输货物保险金额是以 CIF 价格为计算基础的，因此，买方投保时需要首先将 CFR 价格换算成 CIF 价格，然后再加成计算保险金额。CFR 价格换算成 CIF 价格的计算公式为：

$$CIF = CFR / [1-(1+加成率) \times 保险费率]$$

如果货物按 CFR 价格成交，买方要按 CIF 价格加成 10%办理保险，用下列公式直接用 CFR 价格计算保险金额。

$$保险金额 = CFR / [1-(1+加成率) \times 保险费率] \times (1+10\%)$$

（3）FOB 价格条件下保险金额的计算。FOB 价格又称"离岸价格"，即装运港船上交货价格，是指卖方在约定的装运港将货物交到买方指定的船上，卖方负责办理出口手续，买方负责派船接运货物，买卖双方费用和风险的划分，以装运港船舷为界。一般按 FOB 价格条件成交的货物，都明确规定由买方办理海上运输货物保险。但买方办理的保险是自货物在起运港越过船舷之后生效的，保险公司对买方所负的赔偿责任仅限于货物上船之后由承保危险所造成的损失。对于货物从发货人仓库运到装船码头未装船之前这一期间的损失，买方因为尚未承担货物的风险，也就不能向保险公司索赔。因此，对于这一期间的风险，卖方应自行办理保险。

同样，以 FOB 价格成交的货物，其投保金额也以 CIF 价格加成一定比率，如 10%为计算基础，因此在计算保险金额时也要先将 FOB 价格换算成 CIF 价格，换算方法同 CFR 价格换算成 CIF 价格。

6.4.2 陆上运输货物保险

我国陆上运输货物保险基本险的险别为陆运险、陆运一切险；专门险有陆上运输冷藏货物险等；附加险有陆上运输货物战争险等。

1. 陆上运输货物保险基本险

（1）保险责任。

1）陆运险。陆运险的保险责任与海上运输货物保险中"水渍险"的责任范围相似。保险人负责赔偿被保险货物在运输途中遭受暴风、雷电、洪水、地震等自然灾害，或由于运输工具遭受碰撞、倾覆、出轨，或在使用驳船驳运过程中，因驳运工具遭受搁浅、触礁、沉没、碰撞，或由于遭受隧道倒塌、崖崩或失火、爆炸等意外事故所造成的全部或部分损失，还负责赔偿被保险人对遭受承包风险的货物采取抢救、防止或减少货损的措施而支付的合理费用，但这种赔偿以不超过该批被救货物的保险金额为限。

2）陆运一切险。陆运一切险的保险责任除包括上述陆运险的责任外，还负责被保险货物在运输途中由于外来原因所致的全部或部分损失。

（2）除外责任。

1）被保险人的故意行为或过失所造成的损失。

2）属于发货人的责任所引起的损失。

3）在保险责任开始前，被保险货物存在的品质不良或数量短差所造成的损失。

4）被保险货物的自然耗损、本质缺陷、特性以及市价跌落、运输延迟所引起的损失或费用。

5）陆上运输货物战争险和罢工险条款规定的责任范围和除外责任。

（3）保险期限。陆上运输货物保险的责任起讫采用"仓至仓"条款的规定。保险合同自被保险货物运离保险单所载明的起运地仓库或储存处所时生效，包括正常运输过程中的陆上和与陆上有关的水上驳运在内，直至该项货物运达保险单所载明的目的地收货人的最后仓库和储存处所，或被保险人用做分配分派的其他储存处所为止。如未运抵上述仓库或储存处所，则以被保险货物运抵最后卸载车站满 60 天为止。其索赔时效是从被保险货物在最后目的地车站全部卸离车辆后算起，最多不超过 2 年。

2. 陆上运输冷藏货物保险

陆上运输冷藏货物保险是陆上运输货物保险中的一种专门保险。

（1）保险责任。保险人除负责陆运险所列举的自然灾害和意外事故所造成的全部损失和部分损失外，还负责赔偿由于冷藏机器或隔热设备在运输途中损坏所造成的被保险货物解冻融化而腐败的损失。

（2）除外责任。该保险的除外责任除了适用于一般险别的除外责任条款外，对于下列两种损失，保险公司也不予以负责：一是因战争、罢工或运输延迟而造成的被保险货物的腐败或损失；二是被保险冷藏货物在保险责任开始时未能保持良好状态，整理包扎不妥或冷冻不合规格所造成的损失。

（3）保险期限。该保险的责任是从被保险货物运离保险单所载明的起运地点的冷藏仓库装入运送工具开始运输时生效，包括正常陆运和与陆运有关的水上驳运在内，直至货物到达目的地收货人仓库为止。与陆运险、陆运一切险不同的是，陆上运输冷藏货物保险的保险责任的有效期限是以被保险货物到达目的地车站后 10 天为限。

3．陆上运输货物战争险

陆上运输货物战争险是陆上运输货物保险的一种附加险。只有在投保了陆运险或陆运一切险的基础上，经过投保人与保险人协商并经保险人同意后方可加保。

除战争险外，陆上运输货物保险还可以加保罢工险。如果在投保战争险后要求加保罢工险，其保险费按战争险的费率计算，无须另加保险费。陆上运输货物罢工险的保险责任、除外责任等，均与海上运输货物罢工险相同。

6.4.3 航空运输货物保险

航空运输货物保险一般分为航空运输险和航空运输一切险。

1．航空运输货物保险的保险责任规定

（1）航空运输险的保险责任。保险人负责赔偿被保险货物在运输途中遭受雷电、火灾、爆炸，或由于飞机遭受恶劣气候或其他灾难事故而被抛弃，或由于飞机遭受碰撞、倾覆、坠落或失踪等意外事故所造成的全部或部分损失。此外，保险人还负责被保险人对遭受承保责任范围内处于危险的货物采取抢救、防止或减少货损的措施而支付的合理费用，但以不超过该批获救货物的保险金额为限。

（2）航空运输一切险的保险责任。航空运输一切险除包括航空运输险的全部责任外，保险人还负责被保险货物由于外来原因所致的全部或部分损失。

2．航空运输货物保险的保险期限

航空运输货物保险的责任起讫也采用"仓至仓"条款的规定。根据航空运输货物保险的特点，其责任起讫规定为：自被保险货物运离保险单所载明的起运地仓库或储存处所运输时生效，包括正常运输过程中的运输工具在内，直至该项货物到达保险单所载明目的地收货人的最后仓库或储存处所，或被保险人用做分配分派或做正常运输的其他储存处所为止。若未抵达上述仓库或储存处所，则以被保险货物在最后卸载地卸离飞机后满 30 天为止。若在上述 30 天内，被保险货物需转送到非保险单所载明的目的地，则以该项货物开始转运时终止。在非正常运输情况下，保险期限除了 30 天的规定以外，其他与海上货物运输保险的规定相同。

6.4.4 邮包运输保险

邮包运输保险是指承保邮包通过海、陆、空三种运输工具在运输途中由于自然灾害、意外事故或外来原因所造成的包裹内物件的损失。邮包运输保险的险别分为邮包险和邮包一切险。

1. 邮包运输保险的保险责任

（1）邮包险的保险责任。邮包险负责赔偿被保险邮包在运输途中由于恶劣气候、雷电、海啸、地震、洪水等自然灾害或由于运输工具遭受搁浅、触礁、沉没、碰撞、倾覆、出轨、坠落、失踪，或由于失火、爆炸等意外事故所造成的全部或部分损失。此外，该保险还负责被保险人对遭受承保责任范围内危险的货物采用抢救、防止或减少损失的措施而支付的合理费用，但以不超过被保险货物的保险金额为限。

（2）邮包一切险的保险责任。邮包一切险除承保包括邮包险的保险责任外，还负责被保险邮包在运输途中由于外来原因所致的全部或部分损失。但战争、罢工等风险仍然除外不保。

2. 邮包运输保险的保险期限

邮包运输保险的保险责任自被保险邮包离开保险单所载起运地点寄件人的处所开始生效至保险单所载明的目的地起算满15天为止。但在此期间内邮包一经递交至收件人的处所时，保险责任即行终止。

6.4.5 国际多式联运保险

国际多式联运是指按照多式联运合同，以至少两种不同的运输方式，由多式联运经营人将货物从一国境内接受货物的地点运至另一国境内指定交付货物地点。迄今为止，国际多式联运货物保险业务尚未形成一种单独的险种。

★ 随堂讨论

FOB 和 CIF 最大的区别在哪里？

某出口公司按 CIF 条件成交一批货物向中国人民财产保险股份有限公司投保了水渍险，货物在转船过程中遇到大雨，货到目的港后，收货人发现货物有明显的雨水浸渍，损失达 70%，因而向我方提出索赔。请问我方能接受吗？为什么？

案例分析 FOB 合同中风险转移的原则

中国某外贸公司以 FOB 价格条件出口棉纱 2 000 包，每包净重 200 公斤。装船时已经双方认可的检验机构检验，货物符合合同规定的品质条件。该外贸公司装船后因疏忽未及时通知买方，直至 3 天后才给予装船通知。但在起航 18 小时后，船只遇风浪致使棉纱全部浸湿，买方因接到装船通知晚，未能及时办理保险手续，无法向保险公司索赔。买方要求卖方赔偿损失，卖方拒绝，双方发生争议。

根据国际商会的解释，一般情况下，FOB 合同中货物在装运港越过船舷后，风险即由买方承担。但如果卖方未及时履行发出装船通知这一义务，则货物越过船舷后的风险仍由卖方承担。本案 FOB 合同中方虽已完成货物装船义务，使货物越过船舷。但由于疏忽或没有及时将装船情况通知买方，耽误了买方投保。根据《国际贸易术语解释通则》的规定和国际商会的解释，风险未发生转移，仍由卖方承担，因此，本案中应由卖方承担赔偿货物损失的全部责任。

资料来源：国际货物运输保险案例集锦，http://bbs.baoyuntong.com/showtopic.aspx?topicid=2805.

6.5 国内货物运输保险

6.5.1 国内货物运输保险概述

1. 国内货物运输保险的险种

国内货物运输保险是以在国内运输过程中的货物为保险标的，在标的物遭遇自然灾害或意外事故所造成的损失时给予经济补偿的险种。它属于财产保险的范畴。国内货物运输保险按运输工具的不同可分为四类：

（1）铁路运输货物保险。该险种主要承保利用火车运输的货物。

（2）水路运输货物保险。该险种是以水上运输工具运输的货物为保险标的的一种保险，保险险种分为基本险和综合险。

（3）公路运输货物保险。该险种承保公路运输的货物，保险责任与铁路运输货物保险的保险责任基本相同，但一般不负责盗窃和整件提货不着的损失。

（4）航空运输货物保险。该险种专门承保航空运输的货物，其责任范围除了自然灾害或意外事故外，还包括雨淋、渗漏、破碎、偷盗或提货不着等风险。

2. 国内货物运输保险的险别

按照保险人承担责任的方式，国内货物运输保险划分为基本险、综合险与附加险三类。

6.5.2 国内水路、陆路（公路、铁路）运输货物保险

1. 国内水路、陆路（公路、铁路）运输货物保险的保险责任

（1）基本险的保险责任。

1）因火灾、爆炸、雷电、冰雹、暴风、洪水、海啸、地陷、崖崩、突发性滑坡、泥石流造成的损失。

2）由于运输工具发生碰撞、搁浅、触礁、沉没、倾覆、出轨或隧道、码头坍塌所造成的损失。

3）在装货、卸货或转载时，因遭受不属于包装质量不善或装卸人违反操作规则所造成的损失。

4）按国家规定或一般惯例应分摊的共同海损的费用。

5）在发生上述灾害、事故时，因纷乱而造成的货物散失以及因施救或保护货物所支付的直接、合理的费用。

（2）综合险的保险责任。

1)基本险承保的风险,综合险均负责。
2)因受震动、碰撞、挤压而造成货物破碎、弯曲、折断、凹瘪、开裂、渗漏等损失,以及包装破裂致使货物散失的损失。
3)液体货物因受震动、碰撞或挤压致使所用容器(包括封口)损坏而渗漏的损失,或用液体储装的货物因液体渗漏而造成储装货物腐烂变质的损失。
4)遭受盗窃的损失。
5)因外来原因致使提货不着的损失。
6)符合安全运输规定而遭受雨淋所致的损失,即货物在包装、堆放等符合有关安全运输规定的情况下,遭受雨水(包括人工降雨、雪融)而致的水渍损失。

2. 国内水路、陆路(公路、铁路)运输货物保险的除外责任

无论基本险,还是综合险条款规定,对下列原因导致的被保险货物损失,保险人均不负责赔偿:
(1)战争、军事行动、扣押、罢工、哄抢和暴动。
(2)地震造成的损失。
(3)核反应、核子辐射和放射性污染。它是指核设施内的核燃料、放射性物资、废料或运入运出核设施的核材料所发生的放射性、毒性、爆炸性或其他危害性事故。
(4)保险货物本身的缺陷或自然耗损,以及由于包装不善所致的损失。
(5)投保人或被保险人的故意行为或违法犯罪行为。
(6)市价跌落、运输延迟所引起的损失。
(7)属于发货人责任引起的损失。
(8)由于行政行为或执法行为所致的损失。
(9)其他不属于保险责任范围内的损失。

3. 国内水路、陆路(公路、铁路)运输货物保险的保险期限

运输货物保险的保险责任起讫期,是自签发保险单和保险货物运离起运地发货人的最后一个仓库或储存处所时,至该保险单上注明的目的地收货人在当地的第一个仓库或储存处所时终止。但保险货物运抵目的地后,如果收货人未及时提货,则保险责任的终止期最多延长至以收货人接到到货通知单后的 15 天为限(以邮戳日期为准)。

4. 国内水路、陆路(公路、铁路)运输货物保险的保险价值

国内货物运输保险一般采用定值保险方式承保。国内货物运输保险的保险价值可按下列价格中的任何一种确定:
(1)起运地成本价。它是指起运地货物的购进价格,即货物本身的价值,如出厂价、购进成本价。
(2)目的地成本价。它是指货物运抵目的地的实际成本,即起运地的购进价或调拨价加上运杂费、包装费、搬运费等。

（3）目的地市价。它是指货物到达目的地的销售价，即目的地的实际成本价加上合法利润。

5．国内水路、陆路（公路、铁路）运输货物保险的保险金额

国内货物运输保险的保险金额按保险价值确定，也可由保险双方具体协商确定投保价值。根据国内货物运输保险实践，运输货物的保险价值通常按照货价或货价加运杂费确定。货物运输保险的保险金额一经确定，既是投保货物的保险价值，也是保险人承担赔偿责任的最高限额。

6.5.3 国内航空运输货物保险

1．国内航空运输货物保险的保险责任

国内航空运输货物保险承保被保险货物在保险期限内的运输或存放过程中，由于下列原因遭受的损失：

（1）由于飞机遭受碰撞、倾覆、坠落、失踪（在3个月以上），在危难中发生卸载以及遭遇恶劣气候或其他风险事故发生抛弃行为所造成的损失。

（2）因遭受火灾、爆炸、雷电、冰雹、暴风、暴雨、洪水、海啸、地面陷落、崖崩等所造成的货物损失。

（3）因受震动、碰撞或压力而造成的破碎、弯曲、凹瘪、折断、开裂等损害以及由此而引起包装破裂而造成货物的散失。

（4）凡属液体、半流体或者需要用液体储装的被保险货物，在运输途中因受震动碰撞或压力致使所装容器（包括封口）损坏发生渗漏而造成的损失，或用液体储装的货物因液体渗漏而致储装货物腐烂的损失。

（5）被保险货物因遭受偷窃或者提货不着的损失。

（6）在装货、卸货时以及地面运输过程中，因遭受不可抗力的意外事故及雨淋所造成的被保险货物损失。

（7）在发生保险责任范围内的灾害事故时，因施救或保护被保险货物而支付的合理费用，保险人也负责赔偿，但最高以不超过保险金额为限。

2．国内航空运输货物保险的除外责任

在航空运输货物保险中，保险单上列明的除外责任，一般与铁路运输货物保险等相同。

3．国内航空运输货物保险的保险期限

被保险货物如在非保险单所载明目的地出售，被保险人及时将获知的情况通知保险人并在必要时加交保费的情况下，保险合同仍然继续有效，保险责任至交货时为止。但无论任何情况，均以被保险货物在卸载地卸离飞机后满15天为止。如果被保险货物在15天期限内继续运往保单所载明原目的地或其他目的地时，保险责任仍原规定终止。

随堂讨论

试比较分析国内水路、陆路（公路、铁路）运输货物保险的保险责任及其异同。

案例分析　　货物运输保险：货通八方不担忧

1998年5月26日，中国财险上海分公司与核电秦山联营有限公司在沪签署了作为国家重点建设项目的秦山核电站二期工种的全部材料设备及配套件，约50亿人民币的运输保险合同，这是目前国内运输保险中最大的一项保险标的。

秦山核电站是我国自行设计建造的第一座压水型反应堆核电站，一期工程30万千瓦已于1991年12月15日并网发电，这是我国和平利用原子能的一个新的里程碑。作为"九五"期间的国家重点工程，国务院已决定在秦山地区再建两台60万千瓦的核电机组。根据设计要求，二期工程共有138台（套），约1.8万余吨的"高"、"精"、"尖"设备需从海、陆两路运至工地，其中最大的核电设备蒸汽发生器，长21米，直径4.6米，重380吨，共四台都需整体吊装运输，承担该项目运输总包的是上海通捷货运代理有限公司。

为确保核电设备在运输途中万无一失，承保运输保险的中保财险上海分公司已专门组成了工作班子，按核电设备运输的特殊要求，制定了严密细致的防灾防损方案。同时，该公司还将以国际保险机构"劳合社"代理的身份，负责对秦山核电站的进口设备提供代检代赔一条龙服务。

资料来源：中国太平洋财产保险股份有限公司深圳分公司，http://www.szcpic.com.cn/20007301119.htm.

本章关键要点

车损险　　三责险　　船舶保险的全损险和一切险　　水渍险
机身险　　货物运输保险

第 7 章 责任保险和信用保证保险

本章学习目标
- 掌握责任保险的概念及分类。
- 了解信用保险的概念及分类。
- 区分出口信用保险的不同类别。
- 了解出口信用保险的责任范围。
- 掌握保证保险的概念和分类。
- 区分期内发生式和期内索赔式两种不同的承保基础,能灵活运用其处理赔案。
- 能够区分信用保险与保证保险。
- 能够区分产品质量保证保险与产品责任保险。

引导案例

某年 5 月被保险人北京某生物医学工程公司的负责人向某保险某分公司告知,其所投保的产品出险。医学工程公司投保产品责任险的产品——人工股骨,植入病人高某体内两年后断裂在体内,现高某请求医学工程公司赔偿医药费、误工费等实际支出,要求依医学工程公司与保险公司的责任险合同赔偿 10 万元人民币。高某委托代理人向某区人民法院起诉,法院受理了此案。保险公司协助医学工程公司聘请代理人参加了本案诉讼。保险公司是否承担赔偿责任?

7.1 责任保险

7.1.1 责任保险的概念及分类

1. 责任保险的概念

(1)责任保险的概念。《保险法》第 65 条第 4 款规定:责任保险是指以被保险人对第三者依法应负的赔偿责任为保险标的的保险。责任保险属于广义的财产保险范畴。

(2)承保标的。责任保险的保险标的是被保险人在法律上应负的民事损害赔偿责任。责任保险承保的民事责任主要包括侵权的民事责任(侵权责任)和违反合同的民事责任(合同责任或违约责任）两种。

（3）适用对象。责任保险的适用对象包括各种公众场所的所有者、经营管理者；各种产品的生产者、销售者和维修者等；各种运输工具的所有者、经营管理者或驾驶员；各种需要雇用员工的单位；各种提供职业技术服务的单位或个人；城乡居民家庭或个人，等等。此外，建设工程的所有者、承包者等也对相关责任事故风险具有保险利益；非公众活动场所也存在着公众责任风险。

（4）承保基础。在保险实务中，有两种确定责任的方法，即承保基础。其一，期内发生式。以损失发生的时间为承保基础，即保险人负责赔偿发生在保险期限内的事故。其二，期内索赔式。以索赔提出的时间为承保基础，即保险人负责赔偿在保险期限内受害人向被保险人提出的索赔。

（5）赔偿对象。责任保险的直接赔偿对象是被保险人，间接赔偿对象是第三者，即受害人。当保险事故发生后，受害人有权向被保险人索赔，被保险人有权向保险人索赔。保险人既可以直接对受害人支付赔款，也可以在被保险人赔偿受害人后将赔款支付给被保险人。《保险法》第65条规定：保险人对责任保险的被保险人给第三者造成的损害，可以依照法律的规定或者合同的约定，直接向该第三者赔偿保险金。责任保险的被保险人给第三者造成损害，被保险人对第三者应负的赔偿责任确定的，根据被保险人的请求，保险人应当直接向该第三者赔偿保险金。被保险人怠于请求的，第三者有权就其应获赔偿部分直接向保险人请求赔偿保险金。责任保险的被保险人给第三者造成损害，被保险人未向该第三者赔偿的，保险人不得向被保险人赔偿保险金。

（6）赔偿范围。责任保险的赔偿范围一般包括两方面：第一，保险人负责赔偿被保险人对第三者造成的人身伤害与财产损失依法应负的赔偿责任；第二，因赔偿纠纷引起的诉讼、律师费用及其他事先经保险人同意支付的费用。

（7）赔偿限额。从责任保险的发展实践来看，赔偿限额作为保险人承担赔偿责任的最高限额，通常有以下几种类型：第一，每次责任事故或同一原因引起的一系列责任事故的赔偿限额。它又可以分为财产损失赔偿限额和人身伤害赔偿限额。第二，保险期内累计的赔偿限额。它也可以分为累计的财产损失赔偿限额和人身伤害赔偿限额。第三，在某些情况下，保险人也将财产损失和人身伤害两个赔偿限额合成一个限额，或者只规定每次事故和同一原因引起的一系列责任事故的赔偿限额而不规定累计赔偿限额。

（8）承保方式。责任保险的承保方式有两种：一种将责任保险作为各种财产保险的组成部分或将其作为附加险来承保，另一种以单独的责任保险方式。

2. 责任保险的分类

（1）根据业务内容分类，责任保险的主要种类包括产品责任保险、雇主责任保险、公众责任保险、职业责任保险和第三者责任保险等。其中，每一类业务又由若干具体的险种构成。

（2）根据责任发生的原因分类，责任保险的主要种类包括无过失责任保险和过失责任保险。在无过失责任保险中，保险人承保被保险人无论有无过失，都要对造成他人的损害依法承担赔偿责任，如雇主责任保险、核电站责任保险等。过失责任保险是指保险人承保被保险人因疏忽或过失行为对他人造成损害依法应负的赔偿责任，如场所责任保险、医生职业责任保险、个人责任保险和机动车辆第三者责任保险等。

（3）根据法律的归类分类，责任保险的主要种类包括法律责任保险与约定责任保险。法律责任保险，通常是指保险人对被保险人因过失损害他人而负有的法律规定的责任承担赔偿责任。约定责任保险也称合同责任保险，保险人承保被保险人违反合同约定依法应负的赔偿责任。

7.1.2 产品责任保险

1．产品责任保险的概念

（1）产品责任。是指产品生产者或销售者等因该产品的缺陷致使消费者遭受人身伤害或财产损失时应承担的经济赔偿责任。

（2）产品责任保险。是指以产品生产者或销售者等的产品责任为承保风险的责任保险，即产品的生产者或销售者等向保险人投保产品责任保险，缴付保险费，一旦因产品责任给消费者或其他人造成人身伤亡或财产损失，依法应由该生产者或销售者等负责时，由保险人予以赔偿。可以投保产品责任保险的群体包括生产商、出口商、进口商、批发商、零售商及修理商等一切可能对产品责任事故造成的损害负有赔偿责任的人。可以由他们中间的任何一人投保，也可以由他们中间的几个人或全体联名投保。

2．产品责任保险的内容

（1）责任范围。产品责任保险的责任范围要从保险责任、除外责任和责任期限三个方面分析。

1）保险责任。产品责任保险主要承担两项保险责任：① 在保险期限内，被保险人生产、销售的产品或商品在承保区域内发生事故，造成用户、消费者或其他任何人的人身伤害（包括疾病、伤残、死亡）或财产损失，依法应由被保险人负责赔偿时，保险人在保单规定的赔偿限额内予以赔偿；产品责任事故是"意外、偶然"的，且产品责任事故必须发生在被保险人制造或销售场所以外的地方，而且产品的所有权必须已转移至用户。承保餐饮、旅馆等行业的产品责任保险，不要求满足后一个条件。② 有关法律费用。被保险人为产品责任事故所支付的诉讼、抗辩费用及其他经保险人事先同意支付的费用，保险人也予以赔付。发生产品责任后，是否应由被保险人承担赔偿责任以及赔偿数额的高低，通常都通过诉讼由法院判定。通常保险人为了避免或减少这项开支，对一些小额赔案或责任比较明确的案件，常采用与受害人协商解决的方式。

2）除外责任。包括以下内容：根据合同或协议应由被保险人承担的责任；被保险人根据《劳动法》或雇佣合同对其雇员及有关人员应承担的责任；被保险人所有或照管或控制的财产的损失；被保险人故意违法生产、销售的产品或商品发生事故造成任何人的人身伤害或财产损失；被保险产品本身的损失以及退换、回收有缺陷产品造成的费用及损失；被保险产品造成大气、土地、水污染及其他各种污染引起的责任；被保险产品造成对飞机或轮船的损害赔偿责任；战争、罢工、核风险引起的产品责任事故造成的损害；因缺陷产品造成责任事故而导致的罚款以及保单规定的免赔额。

3）责任期限。产品责任保险的保险期限通常为一年，期满可以续保。产品责任保险的责任期限是由两种不同的承保基础决定的。①"期内发生式"的具体规定为：即使产品是在保险期限前几年生产或销售的，只要该产品在保险期限内发生事故并导致损害，保险公司均负赔偿责任。其具体要点包括：产品责任事故必须发生在保险期限内；不论产品是否在保险期限内生产或销售；不论意外事故或损失是否在保险期限内发现；不论被保险人提出的索赔是否在保险期限内。②"期内索赔式"的具体规定为：不管保险事故是否发生在保险期限内，只要被保险人在保险期限内提出索赔，保险人就承担赔偿责任。假设某制药有限责任公司在 2003 年投保了产品责任保险，保险期限为一年。在保险期限内，某患者服用了该公司生产的已投保产品责任保险的药品，因此种药品的配方存在缺陷致使该患者身体受到了伤害。该患者于 2006 年发现并向制药公司提出索赔。保险事故是在 2003 年发生的，因此，如果该保单是以"期内发生式"为基础承保的，那么保险公司对此索赔要负责赔偿；反之，若该保单是以"期内索赔式"为基础承保的，且该制药公司在 2006 年未投保产品责任保险，则保险人不负任何赔偿责任。原则上讲，凡保险事故发生后能够立即得知或发现的，宜采用"期内发生式"；反之，如保险事故发生后不能立即得知或发现的，宜采用"期内索赔式"。

（2）保险费率和保险费。影响保险费率的因素有：产品的特点及其可能对人体或财产造成损害的风险大小；赔偿限额的高低；承保地区范围的大小；产品数量多少和产品价格的高低；保险公司以往经营此项业务的损失或赔付统计资料；产品制造者的技术水平和质量管理情况。产品责任保险的保险费，通常是按上年的生产、销售总额或营业收入总额及适用的保险费率计算出预收保险费，待保险期满时再按实际营业收入总额计算出实际保险费，多退少补。

（3）赔偿限额。保险人所承担赔偿责任的最高限额。被保险人因产品责任事故对受害人应该承担赔偿责任的金额的大小，通常由法院判定或有关各方协商确定。通常规定两项赔偿限额，即每次事故的赔偿限额和保单累计赔偿限额。前者指保险人对每一次产品责任事故可以赔付的最高金额，后者指保险人在整个保险期限内可以赔付的最高限额。每项赔偿限额还可以分别划分为人身伤害和财产损失两项赔偿限额。赔偿限额应该根据不同产品发生责任事故后可能引起的赔偿责任大小确定。在确定赔偿限额时应考虑不同产品、不同地区的差异。

（4）承保地区范围。承保地区范围由保险双方当事人商定，并在保单中列明。保险人仅对规定地区范围内发生保险事故引起的赔偿责任负责。

7.1.3 雇主责任保险

案例分析

2007年8月27日,上海某卫生设备公司向某保险公司投保"雇主责任险",合同载明:"凡被保险人雇用的员工,在保险有效期内从事与业务有关的工作时,遭受意外导致职业性疾病,所致的伤残或死亡,保险公司须负担医疗费及经济赔偿责任。"2008年5月,该公司油漆工吕某患皮肌炎入院治疗,2个月后死亡,医院认定系油漆过敏诱发皮肌炎,而皮肌炎属于风湿性疾病,不在先天性疾病之列。卫生设备公司据此向保险公司提出赔保要求,得到的答复是,职业性疾病的定义是通常意义上的职业病,而皮肌炎则是自身疾病,不属于赔保范围。无奈,卫生设备公司一纸诉状告到法院,要求保险公司支付死亡赔偿金7.2万元。保险公司赔否?

1. 雇主责任保险的概念

(1)雇主责任。是指雇主对其雇员在受雇期间因发生意外事故或职业病而造成人身伤残或死亡时依法应承担的经济赔偿责任。雇主责任的产生有两个来源:一是由国家通过立法规定雇主对雇用的员工在受雇期间从事与职业相关工作中因发生意外事故或职业病而引起人身伤残或死亡时应承担的经济赔偿责任;二是依据雇主与雇员之间签订的劳动合同而产生的雇主对雇员的经济赔偿责任。雇主所承担的对雇员的责任,包括雇主自身的故意行为、过失行为以及无过失所致的雇员人身伤害赔偿责任。被保险人的故意行为通常都列为除外责任。雇主过失或疏忽责任的情况包括:第一,雇主提供危险的工作地点、机器工具或工作程序;第二,雇主提供不称职的管理人员;第三,雇主本人直接的疏忽或过失行为,如对有害工种未提供相应合格的劳动保护用品等。

(2)雇主责任保险。是指以雇主的雇主责任为承保风险的责任保险。它保障雇主对雇员在受雇过程中的伤亡、疾病的赔偿责任。对非因工作或非工作时间内雇员的人身伤亡和疾病,雇主责任保险不予负责,此外,对雇员的财产损失也不负责赔偿。我国目前开办的雇主责任保险,主要是承保雇主根据有关法律或雇佣合同对雇员人身伤害的损害赔偿责任。

1)注意区分雇主责任保险与劳动保险。① 前者是基于雇主未能尽其法律义务,即因过失或疏忽而产生的法律赔偿责任的保险,它与劳动保险(又称劳工补偿保险)不同;后者虽然也是保障雇员遭受人身伤亡或疾病时的雇主赔偿责任,但不考虑雇主有无过失。② 前者由雇主交付保险费,后者常常由政府、雇主、雇员共同交付保险费。③ 前者的赔偿金交给雇主;后者的赔偿金不交给雇主,直接交给受伤害雇员(或由法院交给雇员)。④ 前者属于责任保险;后者属于社会保险。

2)雇主责任保险的投保人和被保险人均为雇主,但保证的是雇员的利益。保险人与雇主之间存在保险合同关系,与雇员之间不存在保险合同关系(除非法律另有规定或雇佣合同另有约定)。

2. 雇主责任保险的内容

（1）责任范围。雇主责任保险的保险责任是雇主根据劳工赔偿法等法令对雇员应负的赔偿责任。在我国，雇主责任保险多以雇佣合同中约定的雇主赔偿责任为保险责任。下面从保险责任、除外责任、附加责任和责任期限四方面来了解。

1）保险责任。基本责任包括两方面的内容：一是被保险人雇用的人员在受雇过程中且在保险期间、在保单列明的地点、从事保单列明的被保险人的业务活动时，遭受意外而受伤、致残、死亡或患与业务有关的职业性疾病所致伤残或死亡的经济赔偿责任；二是被保险人的有关诉讼费用。要注意几点内容：受雇过程是指雇员的受雇用期间（包括假日和加班）；保单载明的业务工作是指在保单中列明的每一名雇员所从事的工种，雇员从事的工种必须是列明的或与列明有关的，因为"业务工作"是保险人制定雇主责任保险费率重点考虑的因素；职业性疾病是指经过医院确诊的与职业有关的疾病；雇主自身（包括企业董事会成员）在工作地点和工作期间的人身伤亡不属于保险责任范围。

2）除外责任。包括下列内容：战争、类似战争行为、叛乱、罢工、暴动或由于核子辐射所致的雇员伤残、死亡或疾病；雇员由于疾病、传染病、分娩、流产以及因这些疾病而施行内、外科治疗手术所致的伤残或死亡；由于雇员自加伤害、自杀、犯罪行为、酗酒及无证驾驶各种机动车辆所致的伤残或死亡；被保险人的故意行为或重大过失；被保险人对其承包商雇员的责任。

3）附加责任。我国雇主责任保险经保险双方当事人约定后，可以扩展承保以下两项保险责任：附加医疗费保险和附加第三者责任保险。这种第三者责任保险，也可以采用单独的公众责任保险保单承保。

4）责任期限。一般是一年期，以保险双方当事人约定的时间为始终点，也有的合同以承包工程期为保险期间。国外多以"期内索赔式"承保雇主责任保险。

（2）赔偿限额。我国的雇主责任保险没有法律规定的赔偿标准，由被保险人根据雇佣合同的要求，以雇员若干个月的工资额制定赔偿限额。雇主责任保险保单按照死亡和伤残两种情况下的赔偿限额分别赔付。其中伤残赔付规定如下：永久性完全残废，按每一名雇员的最高赔偿限额赔付；永久性局部残废，按赔偿金额表中规定的百分比赔付；雇员在工作中受伤称为伤害，暂时丧失工作能力超过5天，经医生证明，按雇员的工资给予赔偿。在保险期限内，不论发生一次或多次赔偿，保险单对每位雇员的赔偿累计不得超过保单规定的赔偿限额。附加医疗费用保险，对每名雇员规定累计赔偿限额；附加第三者责任保险，规定每次事故赔偿限额。

（3）保费。根据被保险人的工资总额（包括奖金、伙食补助等各种津贴、加班费等）、工作地址、职业性质以及被保险人选定的赔偿限额来确定。一般来说，从事危险工作的雇员，费率最高；从事一般工作的雇员，费率中等；办公室职员和做秘书工作的雇员，费率较低。保费计算公式为：

预收保费=A 工种估计年工资总额×适用费率+B 工种估计年工资总额×适用费率+…

附加医疗费保费=每人累计赔偿限额×人数×适用费率

附加第三者责任保费=每次事故赔偿限额×适用费率

7.1.4 公众责任保险

案例分析

某洗浴中心于开业初期向某保险公司购买了公众责任保险，保险期限为一年，自 2007 年 11 月 20 日至 2008 年 11 月 19 日，每次事故赔偿限额为 20 万元，累计赔偿限额为 200 万元。后顾客童某来此消费，在从蒸浴间出来时，未注意到门前的窨井正在维修且未加盖窨井盖，右脚不慎踩入井内，被井中阀门螺杆扎中右脚掌心，深入脚骨，并因身体失衡摔倒在地。后经诊断，童某的右足外伤并感染，同时因为摔跤导致轻微脑震荡和骨盆破裂，住院治疗 131 天后出院，期间共支付医疗费、交通费、护理费等 30 万元。出院后，童某与浴池经营者没有达成赔偿协议，童某即向人民法院提起诉讼。经法院判决，该浴池在管理上存在疏忽、过失，导致意外事故发生，使消费者受到人身意外伤害，洗浴中心应该承担赔偿责任。后洗浴中心向保险公司提出索赔，经保险公司进行查勘后确认，最终赔偿洗浴中心 18 万元。但该洗浴中心认为，他向客户支付了 30 万元，所以要求保险公司在 200 万元保险金额以内进行全额赔偿。因未能达成协议，该洗浴中心将保险公司告上了法庭。你认为法院会怎么判决？为什么？

1. 公众责任保险的概念

（1）公众责任。又称第三者责任、公共责任或综合责任，是指公民、企事业单位、机关、团体因自身的疏忽或过失等侵权行为，致使他人的人身或财产受到损害而依法承担的经济赔偿责任。

（2）公众责任保险。又称普通责任保险或综合责任保险，是指以损害公众利益的民事赔偿责任为保险标的的责任保险。公众责任保险承保的民事赔偿责任可以是侵权责任，也可以是合同（契约）责任。公众责任保险适用范围极其广泛，既可以承保不同行业的企业和团体在生产、经营活动中因意外事故造成他人身伤害和财产保险损失应承担的赔偿责任，也可以承保家庭或个人在日常生活中因意外事故造成他人人身伤害和财产损失应承担的赔偿责任（这种责任保险又称为个人责任保险）。公众责任保险的投保人可以是被保险人，但被保险人不仅可以是投保人，还可以是其他人，可以包括：被保险人死亡后，须负赔偿责任的被保险人的个人代表；经被保险人的要求，被保险人的董事、合伙人、雇员或被保险人经营机构的工作人员等均可以成为被保险人；工程的承包人和委托人（业主）可以同时成为被保险人。

2. 公众责任保险的种类

我国开办的公众责任保险主要包括下列几类，但每一类又包括若干保险险种，它们共同构成公众责任保险的业务体系：

（1）场所责任保险。它承保固定场所因存在着结构上的缺陷或管理不善，或被保险人在被保险场所进行生产经营活动时因疏忽发生意外事故，造成他人人身伤害或财产损失且依法应由被保险人承担的经济赔偿责任。场所责任保险是公众责任保险中业务量最大的险种。固定场所，如宾馆、展览馆、电梯、车库、机场、公众体育场所、娱乐活动场所等。

（2）承包人责任保险。它承保承包人的损害赔偿责任，主要适用于承包各种建筑工程、安装工程、修理工程施工任务的承包人。适用的行业有：建筑工程行业、装卸作业及修理行业。

（3）承运人责任保险。它承保承担各种客、货运输任务的部门或个人在运输过程中可能发生的损害赔偿责任，主要包括旅客责任保险、货物运输责任保险等险种。

（4）个人责任保险。它承保城乡居民家庭或个人的法律风险，包括住宅责任保险、运动责任保险等。

（5）综合共同责任保险。该保险承保被保险人在任何地点因非故意行为或活动所造成的他人人身伤害或财产损失依法应负的经济赔偿责任。该险种除承担一般公众责任外，还承担包括合同责任、产品责任、业主及工程承包人责任、完工责任及个人伤害责任等风险。

3．公众责任保险的内容

（1）责任范围。

1）保险责任。公众责任保单的基本责任是保障被保险人在保险期限内从事所保业务活动因意外事故对第三者造成的人身伤害（包括疾病、残疾、死亡）和财产的损害或灭失引起的法律赔偿责任。另外，还负责被保险人因发生损害事故而支出的有关诉讼费用。

2）除外责任。列举如下：可以用其他专业保单承保的责任，如航空保险、海上保险和机动车辆保险等；由于核燃料、核废料或核爆炸引起的责任；战争、暴乱等后果责任；由被保险人照顾、监护或控制的财产的损失责任；包括在产品质量保证范围内的有缺陷产品的回收、修理或置换费用责任等。在我国，公众责任保险主要用于场所责任，除外责任规定如下：被保险人的合同责任，除非该合同责任同时构成法律责任；被保险人的雇员所遭受的人身伤害；被保险人或其雇员或其代理人照管、控制的财产的损失；被保险人或其雇员因经营活动一直使用的任何物品、土地、房屋和建筑物的损失；下列原因造成的损失或伤害责任，即保险单未列明的属于被保险人的或其名义使用的任何牲畜、脚踏车、机动车、火车、船只、飞机、电梯、自动电梯、起重机或其他升降装置，火灾、地震、爆炸、洪水、烟熏和水污，任何类型的中毒或不洁的食物或饮料，大气、土地、水污染及其他污染，由被保险人做出的或认可的医疗措施或医疗建议；由于震动、移动或减弱支撑引起的土地或财产损失的责任；战争、内战等行为引起的后果责任；罢工等行为直接或间接引起的后果责任；被保险人及其代表的故意行为或重大过失；核风险所引起的责任；罚款或惩罚性赔款；被保险人自行负担的免赔额。以上所列除外责任可以概括为三类：一是不能承保的风险，即绝对除外责任，如战争、核风险等；二是不能在公众责任保险中承保，但可以在其他保险中承保的风险，如被保险人的雇员所遭受的人身伤害；三是一般责任险保单不予承保，但经过特别约定并加收保费的风险。

3）责任期限。按保险双方当事人约定时间为始终点，多以"期内发生式"为承保基础。

（2）赔偿限额。赔偿限额由保险双方当事人根据可能发生的赔偿责任风险的大小协商确定。通常，对每次责任事故或年责任事故的累计赔偿金额的限制性规定是：① 每次责任事故（或事件）的赔偿限额，即在一个保险期限内内，保单对所有的保险事故（或事件）都负责赔偿，每次所赔付金额不超过合同赔偿限额，无累计最多赔偿金额限制。② 保单的累计赔偿限额。有的公众责任保险保单除了规定每次事故（或事件）的保单赔偿限额外，同时规定保单的累计赔偿限额，即保单在保险期限（通常为一年）内能够负责的最高赔偿限额，如果保险期间发生了多次保险事故，当累计赔偿责任超过保单的累计赔偿限额时，保险人对其超过部分不予负责。③ 免赔额。公众责任保险一般有免赔额的规定。免赔额的确定以承保业务的风险大小为依据，并在保单上注明。按保障内容划分，免赔额可以分为人身伤害免赔额和财产损失免赔额，有的也将人身伤害和财产损失合并为一个免赔额。按损失情况划分，免赔额分为一次事故免赔额和累计免赔额。

（3）保费。厘定公众责任保险的保险费率需要考虑被保险人的具体风险因素，一般不采用固定的费率表。按照国际公众责任保险惯例，保险人一般按照每次事故的赔偿限额和免赔额分别制定人身伤害和财产损失两项费率。保险人厘定保险费率时，还要重点考虑的因素包括被保险人的业务产生损害赔偿责任可能性的大小、被保险人的风险类型、被保险人的管理水平与管理效果和被保险人以往损失赔偿的记录等。计算公众责任保险保费的全部基础是：被保险人经营活动的规模、承保的工作人员（包括被保险人的雇员等）的总数、正常的工作量（业务量）、雇员的工资总额等。

7.1.5 职业责任保险

案例分析

2005年10月，李某、王某和郝某共同出资筹办A公司。当时除李某外，其余股东均未按公司章程规定足额交纳股金，而是以A公司名义存入某农业银行房地产信贷部10万元，该信贷部却为A公司出具了50万元的存款证明。在此基础上，某会计师事务所为A公司出具了注册资金为50万元的验资报告。随后，A公司领取了企业法人营业执照，经营范围为商品零售服务。2008年10月，A公司因未按规定参加工商年检而被工商行政管理机关吊销营业执照。在经营期间，A公司与宋某签订了商品买卖协议，协议期满后A公司未履行协议，A公司实际欠款30万元。宋某以A公司设立瑕疵、出资不实、拒不履行协议及虚假验资为由，将A公司股东、某会计事务所诉至法院，要求偿还原告本息。在法庭审理过程中，当事人达成了调解协议，A公司股东同意偿还所欠款项，某会计师事务所愿意在 5 万元的范围内承担补充赔偿责任。此前，某会计师事务所投保了注册会计师职业责任保险。某会计师事务所向保险公司请求赔偿。你认为保险公司是否应该承担赔偿责任？

1. 职业责任保险的概念
（1）职业责任。是指各种专业技术人员因工作上疏忽或过失造成他人的人身伤害或财产损失，依法应当由提供服务的专业技术人员承担的经济赔偿责任。职业责任实际上是由失职行为引起。

（2）职业责任保险。是指以各种专业技术人员的职业责任为承保风险的责任保险。国外办理较为普遍的有医生、药剂师、会计师、律师、设计师、工程师等的职业责任保险。

2. 职业责任保险的分类
目前国际上开办的职业责任保险主要有下列几种：

（1）内科医生、外科医生及牙科医生职业责任保险。该职业责任保险承保医生在履行职责时，因作为或不作为致使他人遭受伤害，应当承担的赔偿责任。

（2）药剂师职业责任保险。该职业责任保险承保药剂师在配方或出卖成药时，发生错误而致使他人遭受损害应承担的赔偿责任。

（3）会计师职业责任保险。该职业责任保险承保会计师因履行职责时作为或不作为而使他人遭受损失依法应承担的赔偿责任。这里的损害必须是被保险人以会计身份为他人服务时所导致的财务损失，不包括他人的身体伤残、死亡以及实物财产的损毁。

（4）律师职业责任保险。该职业责任保险承保律师因执行业务时的作为或不作为而使他人遭受损害依法应承担的赔偿责任。

（5）保险代理人及经纪人职业责任保险。该职业责任保险承保保险代理人及经纪人由于业务上的错误、遗漏或其他过失行为，所致他人财物损失依法应承担的赔偿责任。此种保单又可扩大承保代理人由于未能按照授权或指示所引起的对其保险人的赔偿责任。

3. 职业责任保险的内容
（1）责任范围。

1）保险责任。职业责任险保单只负责专业人员由于职业上的疏忽行为、错误或失职造成的损失。职业责任险保单负责的被保险人的职业疏忽行为，除被保险人自己外，还包括被保险人从事该业务的前任、被保险人的雇员及从事该业务的雇员的前任的职业疏忽行为。职业责任险承担的赔偿责任包括两方面，即赔偿金和诉讼费用。职业责任险通常采取"期内索赔式"为承保基础。保险公司仅对在保险期限内提出的索赔负责，而不管导致该索赔的事故是否发生在该保单有效期内。也有一些业务采取"期内发生式"为基础的承保方式。在该承保方式下，保险人仅对在保险期限内发生的责任事故引起的法律赔偿责任负责，而不论受害方是否在保险期限内提出索赔。

2）除外责任。一般有下列几条：战争和罢工造成的损失；核风险造成的损失；被保险人的故意行为造成的损失；被保险人的家属、雇员的人身伤害或财物损失；被保险人的契约责任（没有该契约被保险人依法所应负责者除外）；被保险人所有或由其照管、控制的财产损失；因被保险人或者从事该业务的前任或其任何雇员或从事该业务的雇员的前任的不诚实、欺骗、犯罪或恶意行为所引起的任何索赔；因文件的灭失或损失引起的任何索赔（但也可加费后扩展承保）；因被保险人隐瞒或欺诈行为，以及被保险人在投保或保险期限内不如实向保险人报告应报告的情况而引起的任何责任；被保险人被指控有对他人诽谤或恶意中伤行为而引起的索赔。但对某些特定的职业责任险，也可承保这种赔偿责任。

3）责任期限。职业责任保险的保险期限通常为一年。由于职业责任事故的产生到受害方提出索赔，有可能间隔一个相当长的期限。保险人为了能确切地把握保单项下应支付的赔款，对应承担的风险作出比较切合实际的估测，通常在一定的保险期限之外均规定责任追溯日期，保险人仅对该追溯日期开始后发生的疏忽行为并在保险期限内提出的索赔负责。

（2）赔偿限额。职业责任保险的保单的赔偿限额一般为累计的赔偿限额，而不规定每次事故的赔偿限额，但也有些承保人采用每次索赔或每次事故赔偿限额而不规定累计赔偿限额。诉讼法费用在赔偿限额以外赔付。

（3）保费。保费的计算方法同其他险种的相近。

7.2 信用保险

案例分析

2008年5月，大连某出口贸易公司向越南买方出运一批工业材料，货值近12万美元，双方约定货物发运后90天内付款。应付款日到了，越南公司表示资金紧张，需要宽限期限。经海外核实，越南公司自2008年9月中旬开始陆续支付了11万多美元的货款，但是大连公司方面一直没有收到该笔货款。由于金融危机的影响，越南盾大幅度贬值，越南政府已经介入外汇管控，控制国内资金的外流。直到9月底，大连公司才收到一笔回款，但仅仅是1万多美元，其余9万多美元仍然在越南银行的管制下。大连某出口贸易公司面临的风险由谁承担？结合所学内容谈谈该公司事前应如何进行风险转移。

7.2.1 信用保险的概念及信用保险的分类

1. 信用保险的概念

信用保险是指权利人向保险人投保债务人的信用风险的一种保险。信用保险的一个特点是投保人都是权利人。欧洲是信用保险产生较早的地区，开始是由一些银行和商人来承担信用风险。1919年英国政府被迫出面对同东方和中欧诸国进行贸易的本国公司实行担保，为此专门成立了出口信用担保局，创立了一套完整的信用保险制度，成为以后各国效仿的样板。第一次世界大战后，欧美的许多国家都出现了商业信用保险公司，1934年，英国、法国、意大利和西班牙的私营和国营信用保险机构成立了"国际信用和投资保险人联合会"，简称"伯尔尼联盟"。如今世界许多国家都形成了完善的信用保险制度和一定数量的信用保险机构。我国的信用保险产生于 20 世纪 80 年代初期。1994 年成立的中国进出口银行的主要业务之一是经营我国的出口信用保险业务。2001 年 12 月正式成立专门经营我国出口信用保险业务的中国出口信用保险公司。

2．信用保险的分类

主要是一般商业信用保险的分类。一般商业信用保险，又叫国内信用保险。它是指在商业活动中，作为权利人的一方当事人要求保险人将另一方当事人作为被保证人，并承担由于被保证人的信用风险而使权利人遭受商业利益损失的保险。商业信用保险承保的标的是被保证人的商业信用，这种商业信用的实际内容通过列明的方式在保险合同中予以明确，其保险金额根据当事人之间的商业合同的标的价值来确定。

国内信用保险一般承保批发业务，不承保零售业务；承保 3~6 个月的短期商业信用风险，不承保长期商业信用风险。其险种主要有赊销信用保险、贷款信用保险和个人贷款信用保险。

（1）赊销信用保险。赊销信用保险是为国内商业贸易的延期付款或分期付款行为提供信用担保的一种信用保险业务。在这种业务中，投保人是制造商或供应商，保险人承保的是买方（义务人）的信用风险，目的在于保证被保险人（权利人）能按期收回赊销货款，保障商业贸易的顺利进行。

（2）贷款信用保险。贷款信用保险是保险人对银行或其他金融机构与企业之间的借贷合同进行担保并承保其信用风险的保险。贷款信用保险的保险责任一般包括借款人决策失误、政府部门干预和市场竞争风险，贷款信用保险的保险费率厘定应与银行利率相联系，并着重考虑的因素包括企业的资信情况、企业的经营管理水平、企业的市场竞争力、贷款的期限、贷款的用途和借款人所属经济区域等。

（3）个人贷款信用保险。当金融机构对自然人进行贷款时，可能发生债务人不履行贷款合同致使金融机构遭受经济损失的情况。个人贷款信用保险就是承保这种情况下的债务人信用的信用保险。

7.2.2　投资保险（政治风险保险）

1．投资保险的概念

投资保险，又称政治风险保险，是承保被保险人因投资所在国政府局势动荡或政府法令变动所引起的投资损失的风险。一国开展投资保险业务的主要目的是鼓励资本输出。美国于 1948 年 4 月开始实施马歇尔计划，同时设立了经济合作署，专门管理外援及海外投资事务，并开始实行投资风险保险制度。投资保险作为一项独立的新型保险业务，它是于 20 世纪 60 年代在欧美国家形成的。此后，投资保险成了向海外投资的前提条件。投资保险承担的是特殊的政治风险，责任重大，因此通常由政府设立的保险机构办理。

2. 投资保险的内容

（1）保险责任。投资保险的保险责任主要包括以下三个方面的风险：① 战争风险，又称战争、革命、暴乱风险，包括战争、类似战争行为、叛乱、罢工及暴动所造成有形财产直接损失的风险，现金、证券等不属于保险财产。② 征用风险，又称国有化风险，是投资者在国外的投资资产被东道国政府有关部门征用或没收的风险。③ 汇兑风险，即外汇风险，是投资者因东道国的突发事变而导致其在投资国与投资有关的款项无法兑换货币转移的风险。

（2）除外责任。我国投资保险条款规定下列风险造成的损失保险人不予赔偿：由于原子弹、氢弹等核武器造成的损失；被保险人投资项目受损后造成被保险人的一切商业损失；被保险人及其代表违背或不履行投资合同或故意违法行为导致政府有关部门征用或没收造成的损失；被保险人没有按照政府有关部门所规定的汇款期限汇出款项所造成的损失；投资合同范围之外的任何其他财产的征用、没收所造成的损失。

（3）保险期间。投资保险的保险期间有短期和长期两种。短期为一年；长期的最短为3年，最长的为15年。保险人不能中途修改保险合同，除非被保险人违约。

（4）保险金额与保险费率。投资保险的保险金额以被保险人在海外的投资金额为依据确定，一般是投资金额与双方约定比例的乘积。投资保险费率的确定，一般考虑保险期间的长短、投资接受国的政治形势、投资者的能力、工程项目以及地区条件等因素。一般分为长期费率和短期费率。投资保险的保险费通常按年收取，且在当年开始时预收，年末结算。

（5）理赔。① 赔偿期限的规定如下：战争、类似战争行为、叛乱、罢工及暴动造成投资项目的损失，在提出财产损失证明后或被保险人投资项目终止6个月后赔偿；政府有关部门的征用或没收引起的投资损失，在征用、没收发生满6个月后赔偿；政府有关部门汇兑限制造成的投资损失，自被保险人提出申请汇款3个月后赔偿。② 赔偿金额规定如下：当被保险人在保单所列投资合同项下的投资发生保险责任范围内的损失时，保险人根据损失金额按保险金额与投资金额的比例赔付；被保险人所受损失若将来追回，应由被保险人和保险人按各自承担损失的比例分享。

7.2.3 出口信用保险

1. 出口信用保险的概念

出口信用保险是承保出口商在经营出口业务的过程中因进口商的商业风险或进口国的政治风险而遭受的损失的一种信用风险。出口信用保险大多数是靠政府支持来经营的。出口信用保险是国际公认的贸易促销手段；是出口商获得银行贷款的前提条件；它是出口商采取灵活支付方式，开拓国际市场，增加出口安全的保证。我国于1983年试办出口信用保险，在支持国家出口创汇以及为出口企业提供外汇贷款保障方面起到了十分重要的作用。

2. 出口信用保险的经营特点

(1) 离不开政府的参与。根据政府支持程度的不同，出口信用保险的经营形式可以分为以下四种方式：政府直接经营方式、政府间接经营方式、政府委托经营方式、混合经营方式。第一种方式是政府设置机构直接承保出口信用保险业务，英国、日本、丹麦、瑞典和瑞士等发达国家采用这一方式。第二种方式是政府投资设立独立的机构，制定相应的法律、法规确定其性质、地位，政府只管方针政策，不直接经营，但政府提供最后担保。采取这种方式的国家和地区有加拿大、澳大利亚、印度和中国香港等。第三种方式是政府委托商业保险公司来承保。实行这种方式的国家有美国和德国等。第四种方式是指信用保险机构自己承保了部分信用保险业务，采取这种方式的国家有法国等。

(2) 出口信用保险必须全额投保。全额投保是指出口商必须向信用保险公司投保其所有合格的出口业务。全额投保要求主要是约束出口商的，对于保险人来说，并不要求全额承保。

(3) 出口信用保险必须实行风险评估。风险评估包括对买方风险和国家风险的评估。买方风险的评估是出口信用保险的关键。买方国家风险的评估是出口信用保险公司制定买方信用限额、厘定保险费率等必不可少的环节。

3. 出口信用保险的分类

(1) 按保险责任的起讫的时间分类，分为出运前的保险和出运后的保险。出运前的保险从出口合同生效之日开始至货物出运时终止。出运前的保险通常作为短期出口信用保险的附加险。出运后的保险，货物一交付承运人，保险合同即开始生效，一旦出口商安全收汇，保险责任即告结束。

(2) 按出口合同的信用期分类，分为短期出口信用保险和中长期出口信用保险。短期出口信用保险的信用期，一般是在180天以内，经扩展也可延长，但最长不超过两年；中期出口信用保险的信用期为2～5年；长期出口信用保险的信用期为5年以上。短期出口信用保险适用于一般性商品的出口，包括所有消费性制成品、初级产品及工业用原材料的出口，汽车、农用机械、机床工具等半资本性货物出口也可适用；中长期出口信用保险适用于资本性货物的出口，如电站、大型生产线等成套设备项目，飞机、船舱等大型运输工具等。短期出口信用保险一般采取统保的承保方式；而中长期出口信用保险一般采取逐个出口合同协商承保的办法。

1) 短期出口信用保险。
- 适用范围。投保短期出口信用保险的出口合同必须同时具备以下三个条件：付款条件为商业信用方式，主要是指付款交单（D/P）、承兑交单（D/A）和赊账（O/A）方式；信用期不超过180天；出口产品全部或部分在中国生产或制造。不适用短期出口信用保险的业务有：包括预收全部货款后发货的出口贸易、不通过货币结算的易货贸易、付款金额和付款期限不确定的寄售贸易、通过政府协定设立的清算账户结算的贸易、中长期资本性货物的出口贸易和进口贸易等。
- 保险责任和除外责任。短期出口信用保险承保被保险人发运货物后由于商业风险和政治风险引起的货物损失。商业风险包括：买方被宣告破产或实际已资不抵债；买方拖欠货款达 6 个月（或 4 个月）以上；买方违约拒收货物，致使货物被运回，降价转卖或放弃。政治风险包括：买方国限制汇兑；买方国禁止贸易；买方国吊销有关的进口许可；买方国颁布延期付款令；买方国发生战争、动乱等；买方国发生非常事件。除外责任主要有：货物运输项下的损失；汇率变动损失；被保险人违约或违法所致的损失；买方违约在先的情况下被保险人坚持发货所致的损失；由于买方违反本国法令未获进口许可证所致的损失；被保险人的代理人或买方的代理人所致的损失；被保险人未按时办妥投保手续的出口业务发生的损失等；被保险人向未经信用保险公司批准买方信用限额，或不适用被保险人自行掌握的信用限额的买方出口所发生的损失；在损失发生之日两年内，被保险人仍未向信用保险公司索赔的损失。
- 承保。承保工作分为保单的承保、国家的承保、买方的承保和出运的承保。保单的承保：保单开始生效的时间可根据投保人意愿填写，不需要规定保单终止时间；被保险人自行掌握的每一买家的信用限额；赔偿百分比通常规定为 80%~90%；保单赔偿限额是保险公司在一年内在此保单项下承担的最高赔偿金额；保险费率水平的高低由预计年投保额、市场结构、客户结构、出口商品种类、信用风险控制经验和以往收汇情况等因素决定；在需要时，保险人可以利用批注修改保单条款中的某些规定。国家的承保：高于买方的承保，评估国家风险主要考察各国的政治、经济和社会状况，如果某一国家的风险不可接受，就没有必要考虑是否承保该国的某一买方。买方的承保是通过逐一审批买方信用限额来实现的。出运的承保：要求被保险人于每批货物出运后，及时向信用保险公司申报其每批出口货物的国别、买方、商品、出运时间、交付条件、发票号和发票总值等，以便信用保险公司计算和收取保费。
- 保费。短期出口信用保险的保险费的计算公式为：

$$保费=申报发票总值\times保险费率$$

确定短期出口信用险保险费应考虑的因素包括买方所在国家或地区所属类别、支付方式、赊账期的长短。
- 赔偿处理。赔偿过程主要包括以下几个环节：索赔时效；施救措施；索赔文件（包括证明被保险人已按贸易合同出口的文件；证明有关出口货物已经投保出口信用保险的文件；证明损失确实已经发生及损失原因、损失金额的文件；证明被保险人已经履行保单条款规定的义务，并采取了一切可以采取的减少损失的措施的文件）；赔偿等待期（如果造成损失的原因是买方破产，保险公司通常在证实买方确已破产或确定不具备偿付能力之后，即可定损核赔；如果损失原因为买方拖欠贷款，则赔偿等待期为 4 个月；买方拒收货物或拒付货款的损失，赔偿等待期为该货物重新出售或处理完毕后 1 个月；由于政治风险造成的损失，赔偿等待期为该政治风险事件发生后 4 个月）；赔款计算；赔款转让；追偿。

2）中长期信用保险。
- 适用范围。中长期出口信用保险适用于信用期在 180 天以上的资本性或半资本性货物的出口项目。中长期出口信用保险的承保条件和承保对象不同于短期出口信用保险，具体包括：使用银行买方信贷、卖方信贷或其他方式签订的，收汇期在 1 年至 10 年之间、贸易金额在 100 万美元至 1 亿美元之间的出口合同；出口的大型成套设备和机电产品等资本性或半资本性货物国产化率在 70%以上，车辆、船舶和飞机等国产化率在 50%以上；出口企业所经营的出口产品应获得国家有关部门的批准，出口企业经营状况良好；进口商或招标人应为依法注册并获得所在国家政府进口许可证的有良好的履约能力的法人；信用保险公司视具体合同、具体时间、具体国别而定的其他条件。
- 保险责任。保险人承担下列赔偿责任：买方、借款人或其还款担保人倒闭、破产、被接管或清盘，或丧失偿付能力；买方、借款人或其还款担保人从商务合同或贷款协议规定的还款日起逾期 6 个月仍未履行还款义务；买方因故单方面停止或终止执行贸易合同；买方所在国，或借款人所在国，或任何与履行商务合同或贷款协议有关的第三国政府颁布政令、法令，实行外汇管制，限制汇兑；买方所在国，或借款人所在国与中国，或与任何第三国发生战争、革命、暴乱等事件，或发生不可抗力的特别事件造成进口商不能履行商务合同或借款人不能履行贷款协议项下的还款义务。
- 投保。投保包括下列内容：递交投保申请和相关文件；审查投保资料并做出承保与否的决定；提出承保方案，签订保险合同；缴纳保险费；损失通知，支付赔款；向买方追偿。
- 承保。承保时必须注意下列两点：第一，参照国际惯例，保险公司承保中长期出口信用保险比例一般为贸易合同总金额的 85%。其余 15%的贸易合同金额应在贸易合同签字后，自买卖双方规定的时间内，由买方现汇支付出口商；第二，保险公司对中长期出口信用保险项下银行买方信贷和卖方信贷的本金和利息提供 100%无条件担保。
- 赔偿处理。基本上与短期出口信用保险的赔偿处理相同。

（3）按出口信用保险的承保风险分类，分为商业风险的出口信用保险和政治风险的出口信用保险。商业风险又包括进口商资信或信誉方面的风险。商业风险和政治风险都承保的出口信用保险称为综合出口信用保险。

（4）按出口合同的性质分类，分为货物出口的出口信用保险、劳务输出的出口信用保险和建筑工程承包的出口信用保险等。

7.3 保证保险

7.3.1 保证保险的概念和分类

1. 保证保险的概念

（1）保证保险。是指被保证人（债务人）根据权利人（债权人）的要求，请求保险人担保自己信用的保险。

（2）保证保险与信用保险的区别。① 保证保险是通过出立保证书来承保的，该保证书同财产保险单有着本质区别，只规定担保事宜；而信用保险是通过保险单来承保的，其保险单同其他财产保险保险单并无大的区别，同样规定责任范围、责任免除、保险金额或责任限额、保费、损失赔偿、被保险人的权利与义务等条款。② 保证保险是义务人应权利人的要求投保自己的信用风险，义务人是被保证人，保险公司是保证人，除保险公司外，保证保险中还涉及义务人、反担保人和权利人三方；信用保险的被保险人是权利人，承保的人被保证人（义务人）的信用风险，除保险人外，保险合同中只涉及权利人和义务人两方。③ 在保证保险中，义务人缴纳保费是为了获得向权利人保证履行义务的凭证。风险仍由义务人承担，在信用保险中，被保险人缴纳保费是为了把可能因义务人不履行义务而使自己受到的损失风险转嫁给保险人，保险人承担着风险。

2. 保证保险的分类

保证保险可以分为确实保证保险和诚实保证保险两大类。确实保证保险的保险标的是被保证人的违约责任，保证的是权利人的权利。确实保证保险的险种很多，可以概括为五类，即合同保证保险、贷款保证保险、存款保证保险、司法保证保险和许可证保证保险。

7.3.2 合同保证保险

1. 合同保证保险的概念

合同保证保险又称为契约保证保险，是指因被保证人不履行合同义务而造成权利人经济损失时，由保险人代被保证人进行赔偿的一种保险。合同保证保险主要用于建筑工程的承包合同。根据建筑工程的不同阶段划分，合同保证保险可以分为供应保证保险、投标保证保险、履约保证保险、预付款保证保险、维修保证保险。

2. 合同保证保险的内容

（1）保险责任。合同保证保险承保被保证人因违约行为所造成的经济损失。

（2）除外责任。除外责任主要包括：第一，因人力不可抗拒的自然灾害造成的权利人的损失；第二，工程所有人提供的设备、材料不能如期运抵工地，延误工期而造成的损失。

（3）保险金额。一般不超过工程总造价的 90%。合同保证保险所收取的保险费，实际上是一种劳务费或手续费。

（4）赔偿处理。在合同保证保险中，保险人的赔偿责任仅以工程合同约定的承包人对工程所有人承担的经济责任为限。

7.3.3 产品质量保证保险

1．产品质量保证保险的概念

产品质量保证保险又称为产品保证保险，是指因被保险人制造或销售丧失或不能达到合同约定效能的产品给使用者造成经济损失时，由被保险人对有缺陷的产品本身以及由此引起的有关损失和费用承担赔偿责任的一种保险。

2．产品质量保证保险的内容

（1）保险责任。包括：使用者更换或修理有质量缺陷的产品所蒙受的损失和费用；使用者因产品质量不符合使用标准而丧失使用价值的损失和由此引起的额外费用；被保险人根据法院的判决或有关政府当局的命令，收回、更换或修理已投放市场的存有质量缺陷的产品所承受的损失和费用。

（2）除外责任。第一，产品购买者故意行为或过失引起的损失；第二，不按产品说明书安装、调试和使用引起的损失；第三，产品在运输途中因外来原因造成的损失或费用等。

（3）保险金额。一般按投保产品的购货发票金额或修理费用收据金额来确定。

（4）保险费率。应考虑的因素有产品制造者、销售者的技术水平和质量管理情况；产品的性能和用途；产品的数量和价格；产品的销售区域；保险人的承保的该类产品以往的损失记录。

（5）赔偿处理。对保险产品因内在质量缺陷，在使用过程中发生产品本身损失时，保险人在保单规定的保险金额内按实际损失赔付；对属于可修理范围内的产品，保险人按更换的零配件材料费和人工费予以赔偿；由于产品质量风险不易估算和控制，保险人通常在保险合同中订有共保条款，要求被保险人共同承担损失，分担赔偿责任。

3．产品质量保证保险与产品责任保险的区别

（1）标的不同。前者是产品质量违约责任；后者是产品责任。

（2）性质不同。前者是保险人针对产品质量违约责任提供的带有担保性质的保证保险；后者是保险人针对产品责任提供的替责任方承担因产品事故造成对受害方经济赔偿责任的责任保险。

（3）责任范围不同。前者承保投保人因其制造或销售的产品质量有缺陷而产生的对产品本身的赔偿责任；后者承保的是因产品质量问题导致用户财产损失或人身伤亡依法应负的经济赔偿责任。

7.3.4 忠诚保证保险

1. 忠诚保证保险的概念

忠诚保证保险又称为雇员忠诚保险，是指因雇员的不法行为，如盗窃、贪污、伪造单据和挪用款项等，而使雇主遭受经济损失时，由保险人承担赔偿责任的一种保证保险。它以雇员的品德为承保对象，雇主是权利人，雇员是被保证人。

2. 忠诚保证保险的内容

（1）保险责任。包括：被保险人（雇主）的货币和有价证券损失；被保险人拥有的财产损失；被保险人有权拥有的财产或对其负责任的财产损失；保单指定区域的可移动财产损失。

（2）除外责任。包括：因雇主擅自减少雇员工资待遇或加重工作任务致使雇员不诚实行为所带来的损失；雇主没有按照安全预防措施和尽职督促检查而造成的经济损失；雇主及其代理人和雇员勾结而造成的损失；超过了索赔期限仍未索赔的损失；因核裂变、核聚变、核辐射等引起的损失；由于武装力量、暴乱造成的损失；因地震、火山爆发、风暴等自然灾害引起的损失。

（3）分类与保险金额。按照承保方式分类，忠诚保证保险的种类包括指名保证、职位保证和总括保证。指名保证是指以特定个人为被保证人的忠诚保证保险，又可以分为个人保证和表定保证两种。职位保证是指被保险人承担某一职位上的若干被保证人，但可不列明被保证人的姓名，并按职位确定保证金额，凡担任该职位职务的人，都按约定的保证金额自动承保。也可以分为单一职位保证和职位表定保证两种。总括保证是指在一个保险合同内承保雇主所有的正式雇员。用这种方式承保，所有雇员的担保金额相等。

无论指名保证保险，还是职位保证保险或总括保证保险，对每个人或职位均由雇主与保险人商定一个固定的保险金额。

（4）保险费率。影响忠诚保证保险保险费率的因素主要是职业和岗位。有较大机会实施不法行为的岗位和雇员，保险人将确定较高的费率；反之，则实行较低的费率。

（5）保险期限。一般为一年，期满可以续保。通常规定如下：忠诚保证保险必须规定发现期，发现期不是从损失发生时开始，而是从合同终止时开始；任何不诚实行为必须是发生在雇员连续无中断的工作期间；任何不诚实行为引起的损失必须是在雇员被辞退或退休或死亡之后6个月内或忠诚保证保险合同期满3个月内发现。

（6）赔偿处理。① 雇主及其代理人在发现雇员有不诚实行为，并造成钱财损失时，应及时通知保险人。自发现之日起，应在3个月内提交完整的索赔单证。② 雇主对雇员只能提出一次索赔请求，保险保证金额不累计计算。③ 雇主向保险人索赔时，应协助保险人向有不诚实行为的雇员进行追偿。④ 自发现雇员有不诚实行为之日起，若雇主还有应付给雇员的薪金或佣金或其他钱财时，应当在保险赔偿金额中扣除。⑤ 忠诚保证保险可规定免赔额。

本章关键要点

责任保险　　信用保险　　保证保险　　期内发生式　　期内索赔式　　产品责任
雇主责任　　公众责任　　场所责任　　职业责任　　投资保险　　出口信用保险
产品质量保证保险　　忠诚保证保险

第8章 其他财产保险

本章学习目标
- 掌握工程保险的定义及主要特征。
- 掌握建筑工程保险的特征及适用范围。
- 了解安装工程保险的保险责任与保险金额。
- 掌握科技工作保险的特征及分类。
- 了解我国农业保险的现状及分类。

引导案例

全球超级工程之一的三峡工程

长江三峡水利枢纽工程简称"三峡工程",是当今世界上最大的水利枢纽工程。三峡工程位于长江三峡之一的西陵峡的中段,坝址在三峡之珠——湖北省宜昌市的三斗坪,三峡工程建筑由大坝、水电站厂房和通航建筑物三大部分组成。工程预计总投资1 800亿元人民币。

大坝为混凝土重力坝,大坝坝顶总长3 035米,坝高185米,设计正常蓄水水位枯水期为175米(丰水期为145米),总库容393亿立方米,其中防洪库容221.5亿立方米。

三峡工程分三期,从1994年开工,到2009年竣工,总工期为15年。

三峡工程被列为全球超级工程之一,有世界"十大之最":

(1)世界防洪效益最为显著的水利工程。三峡水库总库容393亿立方米,防洪库容221.5亿立方米,水库调洪可消减洪峰流量达2.7万立方米每秒至3.3万立方米每秒,能有效控制长江上游洪水,增强长江中下游抗洪能力。

(2)世界最大的电站。三峡水电站总装机1 820万千瓦,年发电量846.8亿千瓦时。

(3)世界建筑规模最大的水利工程。三峡大坝坝轴线全长2 309.47米,泄流坝段长483米,水电站机组70万千瓦×26台,双线5级船闸和升船机,无论单项、总体都是世界建筑规模最大的水利工程。

(4)世界工程量最大的水利工程。三峡工程主体建筑土石方挖填量约1.34亿立方米,混凝土浇筑量2 794万立方米,钢筋46.30万吨。

（5）世界施工难度最大的水利工程。三峡工程2000年混凝土浇筑量为548.17万立方米，月浇筑量最高达55万立方米，创造了混凝土浇筑的世界纪录。

（6）施工期流量最大的水利工程。三峡工程截流流量为9 010立方米每秒，施工导流最大洪峰流量为79 000立方米每秒。

（7）世界泄洪能力最大的泄洪闸。三峡工程泄洪闸最大泄洪能力为10.25万立方米每秒。

（8）世界级数最多、总水头最高的内河船闸。三峡工程的双线五级船闸，总水头113米。

（9）世界规模最大、难度最大的升船机。三峡工程升船机有效尺寸为120米×18米×3.5米，最大升程113米，船箱带水重量达11 800吨，过船吨位3 000吨。

（10）世界水库移民最多、工作最为艰巨的移民建设工程。三峡工程水库动态移民最终可达113万人。

这样的超级工程如何有效转移其施工风险呢？

8.1 工程保险

工程保险作为一个相对独立的险种起源于20世纪初，第一张工程保险保单是1929年在英国签发的承保泰晤士河上的拉姆贝斯大桥建筑工程的。所以，工程保险的历史相对于财产保险中的火灾保险来讲要短得多，可以说是财产保险家族中的新成员。但是，由于工程保险针对的是具有规模宏大、技术复杂、造价昂贵和风险期限较长特点的现代工程，其风险从根本上有别于普通财产保险标的的风险。所以，工程保险是在传统财产保险的基础上有针对性地设计风险保障方案，并逐步发展形成自己独立的体系。

工程保险的发展是在第二次世界大战之后，首先，当时的欧洲几乎是一片废墟，战后各国为重建国家而大兴土木。客观上形成了一种对工程保险的需求，因而促使工程保险得以迅速发展。其次，工程市场本身的规范化，主要表现工程中大量采用公开招标的方式，在工程招标中大量使用完善和标准的工程承包合同，大大提高了工程合同的规范程度，进一步明确了合同双方的风险和义务，从而，为工程保险的发展创造了良好的条件。

在我国，尽管保险业的历史可以追溯20世纪初叶，但是，工程保险是伴随着改革开放的形势而出现和发展的。究其原因：一是随着我国的对外开放，大量的国外投资者到中国投资，兴建大量的工程项目，而这些国外的投资者从自身风险分散的角度出发需要工程保险的保障；二是在对外开放的形势下我国的一些工程企业开始涉足海外工程市场，而这些工程企业在海外工程的投标过程中作为履约的条件需要办理工程保险；三是国内的一些建设项目由于业主单位的企业化和承包单位推行项目经理制，客观上需要对于风险进行有效的控制和管理，也为工程保险的发展提供了机会。从1979年中国人民保险公司开办工程保险至今，我国的工程保险已经发展成为财产保险领域中的一个主要的险种，发挥着巨大的风险保障作用。

8.1.1 工程保险的定义

工程保险是指以各种工程项目为主要承保对象的财产保险。一般而言，传统的工程保险仅指建筑、安装工程以及船舶工程项目的保险，进入20世纪以后，许多科技工程活动获得了迅速的发展，又逐渐形成了科技工程保险。

8.1.2 工程保险的特征

1. 风险广泛而集中

工程保险的许多险种都冠以"一切险"，即除条款列明的责任免除外，保险人对保险期间工程项目因一切突然和不可预料的外来原因所造成的财产损失、费用和责任，均予赔偿；而船舶工程保险则综合了一般建筑和安装工程保险、船舶保险、保赔保险的主要责任范围，可见，其责任十分广泛。同时，现代工程项目集中了先进的工艺、精密的设计和科学的施工方法，使工程造价猛增，造成工程项目本身就是高价值、高技术的集合体，从而使工程保险承保的风险基本上是巨额风险。

2. 涉及较多的利害关系人

在工程保险中，由于同一个工程项目涉及多个具有经济利害关系的人，如工程所有人、工程承包人、各种技术顾问及其他有关利益方（如贷款银行等），均对该工程项目承担不同程度的风险，所以，凡对于工程保险标的具有保险利益者，均具备对该工程项目进行投保的投保人资格，并且均能成为该工程保险中的被保险人，受保险合同及交叉责任条款的规范和制约。

3. 工程保险的内容相互交叉

在建筑工程保险中，通常包含着安装项目，如房屋建筑中的供电、供水设备安装等，而在安装工程保险中一般又包含着建筑工程项目，如安装大型机器设备就需要进行土木建筑打好座基等；在船舶建造保险中，本身就是建筑、安装工程的高度融合。因此，这类业务虽有险种差异，相互独立，但内容多有交叉，经营上也有相通性。

4. 工程保险承保的是技术风险

现代工程项目的技术含量很高，专业性极强，而且可能涉及多种专业学科或尖端科学技术，如兴建核电站、大规模的水利工程和现代化工厂等，因此，从承保的角度分析，工程保险对于保险的承保技术、承保手段和承保能力比其他财产保险提出了更高的要求。

随堂讨论

根据所列举材料，到网上搜集有关三峡工程的"工程保险"险种及保险事项并进行归类分析。

8.2 建筑工程保险

8.2.1 建筑工程保险的定义

建筑工程保险是承保以土木建筑为主体的民用、工业用和公共事业用的工程在整个建筑期间因自然灾害和意外事故造成的物质损失,以及被保险人对第三者依法应承担的赔偿责任为保险标的的险种,简称为"建工险"。

建筑工程保险发端于 200 年前的法国。如今不仅作为保险产品存在,而且已成为国际通行的建筑工程风险管理方式。

8.2.2 建筑工程保险的特征

建筑工程保险是随着现代工业和现代科学技术的发展在火灾保险、意外伤害保险及责任保险的基础上逐步演变而成的一种综合性保险。其主要特征如下:

(1)承保风险的特殊性。建筑工程保险承保的保险标的大部分都裸露于风险中,同时,在建工程在施工过程中始终处于动态过程,各种风险因素错综复杂,风险程度增加。

(2)风险保障的综合性。建筑工程保险既承保被保险人财产损失的风险,又承保被保险人的责任风险,还可以针对工程项目风险的具体情况提供运输过程中、工地外储存过程中、保证期间等各类风险。

(3)被保险人的广泛性。包括业主、承包人、分承包人、技术顾问、设备供应商等其他关系方。

(4)费率的特殊性。建筑工程保险采用的是工期费率,而不是年度费率。

8.2.3 建筑工程保险的适用范围

建筑工程保险承保的是各类建筑工程。在财产保险经营中,建筑工程保险适用于各为民用、工业用和公共事业用的建筑工程,如房屋、道路、水库、桥梁、码头、娱乐场所、管道以及各种市政工程项目的建筑。这些工程在建筑过程中的各种意外风险,均可通过投保建筑工程保险而得到保险保障。

建筑工程保险的被保险人大致包括以下几方面:① 工程所有人,即建筑工程的最后所有者;② 工程承包人,即负责承建该项工程的施工单位,可分为主承包人和分承包人,分承包人是向主承包人承包部分工程的施工单位;③ 技术顾问,即由所有人聘请的建筑师、设计师、工程师和其他专业顾问,代表所有人监督工程合同执行的单位或个人;④ 其他关系方,如贷款银行或债权人等。当存在多个被保险人时,一般由一方出面投保,并负责支付保费,申报保险期间风险变动情况,提出原始索赔等。

在实务中,由于建筑工程的承包方式不同,所以其投保人也就各异。主要有以下四种情况:

（1）全部承包方式。所有人将工程全部承包给某一施工单位，该施工单位作为承包人（或主承包人）负责设计、供料、施工等全部工程环节，最后以钥匙交货方式将完工的建筑物交给所有人。在此方式中，由于承包人承担了工程的主要风险责任，故而一般由承包人作为投保人。

（2）部分承包方式。所有人负责设计并提供部分建筑材料，施工单位负责施工并提供部分建筑材料，双方各承担部分风险责任，此时可由双方协商，推举一方为投保人，并在合同中写明。

（3）分段承包方式。所有人将一项工程分成几个阶段或几部分分别向外发包，承包人之间是相互独立的，没有契约关系。此时，为避免分别投保造成的时间差和责任差，应由所有人出面投保建筑工程险。

（4）施工单位只提供服务的承包方式。所有人负责设计、供料和工程技术指导；施工单位只提供劳务，进行施工，不承担工程的风险责任。此时应由工程所有人投保。

由于建筑工程保险的被保险人有时不止一个，而且每个被保险人各有其本身的权益和责任需要向保险人投保，为避免有关各方相互之间的追偿责任，大部分建筑工程保单附加交叉责任条款，其基本内容就是：各个被保险人之间发生的相互责任事故造成的损失，均可由保险人负责赔偿，无须根据各自的责任相互进行追偿。

8.2.4 建筑工程保险的保障对象

1. 物质损失部分

（1）建筑工程，包括永久性和临时性工程及工地上的物料。这是建筑工程保险的主要保险项目，包括建筑工程合同内规定建筑的建筑物主体，建筑物内的装修设备，配套的道路、桥梁、水电设施、供暖取暖等土木建筑项目，存放在工地上的建筑材料、设备和为完成主体工程的建设而必须修建的、主体工程完工后即拆除或废弃不用的临时工程，如脚手架、工棚、围堰等。

（2）业主提供的物料及项目。它是指未包括在建筑工程合同金额之中的业主提供的物料及负责建筑的项目。

（3）施工机具设备。它是指配置在施工场地，作为施工用的机具设备。如吊车、叉车、挖掘机、压路机、搅拌机等。建筑工程的施工机具一般为承包人所有，不包括在承包工程合同价格之内，应列入施工机具设备项目下投保。有时，业主会提供一部分施工机器设备，此时，可在业主提供的物料及项目一项中投保。承包合同价或工程概算中包括有购置工程施工所必需的施工机具的费用时，可在建筑工程项目中投保。无论是上述哪一种情形，都需要在施工机具设备一栏中予以说明，并附清单。

（4）安装工程项目。它是指未包括在承包工程合同金额内的机器设备的安装工程项目。如饭店、办公楼的供电、供水、空调等机器设备的安装项目。这些设备安装工程已包括在承包工程合同内，无须另行投保，但应该在投保单中予以说明。

（5）工地内现成的建筑物。指不在承保工程范围内的，归工程所有人或承包人所有的或其保管的工地内已有的建筑物。

（6）场地清理费用。它是指发生保险事故并造成损失后，为拆除受损标的、清理灾害现场和运走废弃物等，以便进行修复工程所发生的费用。此项费用未包括在工程造价之中。国际上的通行做法是将此项费用单独列出，须在投保人与保险人商定的保险金额投保并交付相应的保险费后，保险人才予以负责。

（7）所有人或承包人在工地上的其他财产。是指不能包括在以上六项范围之内的其他可保财产。如需投保，应列明名称或附清单于投保单上。

2. 第三者责任部分

建筑工程保险的第三者责任是指被保险人在工程保险期限内因意外事故造成工地以及工地附近的第三者人身伤亡或财产损失，依法应负的赔偿责任。

8.2.5 建筑工程保险的保险责任与除外责任

1. 保险责任

建筑工程保险的保险责任是指保险人承保的风险损失补偿限额，它包括在建筑工程中以财产物资为保险标的而确定的保险金额、以第三者责任风险为保险标的的赔偿限额以及根据保险双方协商确定的免赔额。

建筑工程保险承保的保险责任相当广泛。概括起来，保险人承保的保险责任主要有以下几类：列明的自然灾害，主要有雷电、水灾、暴雨、地陷、冰雹等，对于地震与洪水，由于其危险性大，一旦发生，往往造成重大损失，国际保险界一般将其列入特约可保责任另行协议加保；列明的意外事故，主要有火灾、爆炸、空中运行物体坠落、原材料缺陷等引起的意外事故，以及工作人员在施工中的过失造成的间接损失；盗窃及清理保险事故现场所需费用，也有保险人将此类风险另行承保的情况；第三者责任；在建筑工程一切险中，未列入责任免除且不在上述风险责任范围的其他风险责任。

2. 除外责任

在建筑工程保险中，除了财产保险中的例行责任免除，如被保险人的故意行为、战争、罢工、核污染外，一般还有下列责任免除：错误设计引起的损失、费用或责任，其责任者在设计方，应由直接责任者负责，但如投保人有要求，亦可扩展承保该项风险责任；原材料缺陷如换置、修理或矫正所支付的费用以及工艺不善造成的本身损失；保险标的的自然磨损和消耗。各种违约后果如罚金、耽误损失等；其他除外责任，如文件、账簿、票据、货币及有价证券、图表资料等的损失。如果是一般建筑工程保险，除外责任还包括保险责任项上未列明而又不在上述除外责任范围内的其他风险责任。

3. 总除外责任

总除外责任既适用于物质损失部分又适用于第三者责任部分。总除外责任主要有以下几个方面：战争、类似战争行为、敌对行为、武装冲突、恐怖活动、谋反、政变引起的任何损失、费用和责任；政府命令或任何公共当局的没收、征用、销毁或毁坏；罢工、暴动、民众骚乱引起的任何损失、费用和责任；被保险人及其代表的故意行为或重大过失引起任何损失、费用和责任；核裂变、核聚变、核武器、核材料、核辐射及放射性污染引起的任何损失、费用和责任；大气、土地、水污染及其他各种污染引起的任何损失、费用和责任；工程部分停工或全部停工引起的任何损失、费用和责任；罚金、延误、丧失合同及其他后果损失；保单明细表或有关条款中规定的应由被保险人自行负担的免赔额，建筑工程保险第三者责任部分只对财产损失规定了每次事故的免赔额，而对人身伤亡无免赔额的规定。

8.2.6 建筑工程保险的保险期限

建筑工程的保险期限包括从开工到完工全过程，由投保人根据需要确定。

1. 保险责任的开始时间

建筑工程保险的保险期限开始有两种情况：自保险工程在工地动工或用于保险工程的材料、设备运抵工地之时起始，两者以先发生者为准。

2. 保险责任的终止时间

建筑工程保险的保险期限终止有三种情况：保单规定的终止日期，建筑工程完成移交给所有人时，所有人开始使用时，三者以先发生者为准。

3. 保证期

工程完成后，一般还有一个保证期。在保证期间如发生工程质量有缺陷甚至造成损失，根据建设工程施工合同承包人须负赔偿责任，这是保证期责任。保证期责任是否加保，由投保人自行决定，但加保则要加交相应的保费。

8.2.7 建筑工程保险的保险金额与费率

建筑工程保险的保险金额为保险建筑工程完工时的总价值，包括原材料费用、设备费用、建造费、安装费、运输费、保险费、关税、其他税项和费用，以及由工程所有人提供的原材料和设备的费用。考虑到施工期间各种因素的变化，保险人一般让投保人根据计划价投保，待工程完毕后再按实际造价对保险金额予以调整。其他承保项目的保险金额则以投保标的的实际价值或重置价值为依据由保险双方协调确定。对因地震、洪水等灾害造成损失的，保险人一般还另行规定赔偿限额，按保险金额的一定比例计算。

建筑工程保险的费率，应以投保人填写的投保单内容和保险人对投保标的的风险调查为依据，在对风险及其可能产生的损害后果作为评估的基础上，科学、合理地进行厘定。保险人厘定费率时，应着重考虑下列因素：保险责任的大小；保险标的本身的危险程度，包括承保项目的种类、性质、建筑结构、施工场所等；承包人的技术水平和管理水平；承包人及工程其他关系方的资信情况；保险金额、赔偿限额及免赔额的高低。在综合考虑上述因素的基础上，再结合以往承保同类业务的赔付情况，保险人就可以制定出比较合理的费率标准。但是，由于保险金额要在工程完毕后才能真正确定，保险费的计收应在签订合同时预收，期满时多退少补。

案例分析　上海一在建楼房倒塌事故

2009年6月27日5时30分许，上海市闵行区莲花南路罗阳路口，一在建楼盘工地发生楼体倒塌事故，造成一名工人死亡。事故发生在淀浦河南岸的"莲花河畔景苑"，倒塌的是一栋13层的在建住宅楼。由于此楼尚未竣工交付使用，所以未酿成居民伤亡事故。记者在现场看到，倒塌的住宅楼横"躺"于地，所幸周边数栋在建楼房未受损。据工地人员透露，工人们近日正在倒塌住宅楼附近进行地下车库施工。其实早在26日，邻近的淀浦河防汛墙出现了70余米塌方险情，有关方面连夜组织抢险工作，但并没有引起建筑方的重视。警方透露，在事故中丧身的工人为安徽籍民工，姓肖，28岁。事发时，他正在楼里取工具，楼房倒塌前他未来得及逃出，不幸丧生。

"莲花河畔景苑"发生楼体倒塌事故后，上海保险业对该楼盘的保险情况进行了排查。结果发现，上海市28家经营财产险业务的保险公司均未承保该项目的建筑工程险，仅安信农业保险公司承保了两单房屋贷款保险，保险金额分别为96.5万元及153万元。关于楼体倒塌引起的损失赔偿及后续处理问题，政府部门已介入开展协调工作，但开发商与业主至今未能达成一致的意见。在这起公共事件的处理中，本应发挥风险控制和保障功能的保险却尴尬缺席。

8.3　安装工程保险

案例分析　上海世博会已有36个展馆投保建筑和安装工程险

到2009年9月16日，上海世博会已有36个国家馆和企业馆投保了建筑和安装工程险。36个展馆的保单由中国人民财产保险股份有限责任公司牵头的"世博共保体"签署，组成"世博共保体"的12家公司以国内保险公司为主，也有在华的外资保险公司参与。

上海世博会保险包括四类法定保险、四类规定保险以及可选择的商业保险三个层面。四类法定保险包括机动车交通事故责任强制保险、工伤保险、医疗保险以及上海市外来从业人员综合保险；四类规定保险包括综合责任保险、建筑和安装工程保险、财产保险以及展品和艺术品保险。规定保险是上海世博会保险最为重要的内容，为世博会组织者、参展者及其他世博会参与者面临的大部分风险提供了较为完善的风险保障，构成了上海世博会保险的主体部分。

8.3.1 安装工程保险的定义

安装工程保险简称安工险,是建筑工程保险的姐妹险种。它专门承保新建、扩建和改建的工矿企业的机器设备或钢结构建筑物在整个安装、调试期间,由于责任免除以外的一切危险造成保险财产的物质损失,以及上述损失所产生的有关费用及安装期间造成的第三者财产损失或人身伤亡而依法应被保险人承担的经济责任。

安装工程保险由地铁安装工程保险、建筑安装工程保险等险种组成。

8.3.2 安装工程保险的特点

安装工程保险与建筑工程险同属综合性的工程保险业务,但又有其明显的特点。

1. 以安装项目为主要承保对象

安装工程保险以安装项目为主体的工程项目为承保对象。虽然大型机器设备的安装需要进行一定范围及一定程度的土木建筑,但安装工程保险承保的安装项目始终在投保工程建设中占主体地位,其价值不仅大大超过与之配套的建筑工程,而且建筑工程的本身亦仅仅是为安装工程服务的。

2. 安装工程在试车、考核和保证阶段风险最大

在建筑工程保险中,保险风险责任一般贯穿于施工过程中的每一环节;而在安装工程保险中,机器设备只要未正式运转,许多风险就不易发生。虽然风险事故的发生与整个安装过程有关,但只有到安装完毕后的试车、考核和保证阶段,各种问题及施工中的缺陷才会充分暴露出来。

3. 承保风险主要是人为风险

各种机器设备本身是技术产物,承包人对其进行安装和试车更是专业技术性很强的工作,在安装工程施工过程中,机器设备本身的质量如何,安装者的技术状况,责任心,安装中的电、水、气供应以及施工设备、施工方式和方法等均是导致风险发生的主要因素。因此,安装工程虽然也承保着多项自然风险,但与人的因素有关的风险却是该险种中的主要风险。

8.3.3 安装工程保险的适用范围

安装工程保险的承保项目主要是指安装的机器设备及其安装费,凡属安装工程合同内要安装的机器、设备、装置、物料、基础工程(如地基、座基等)以及为安装工程所需的各种临时设施(如临时供水、供电、通信设备等)均包括在内。此外,为完成安装工程而使用的机器、设备等,以及工程服务的土木建筑工程、工地上的其他财物、保险事故后的场地清理费等,均可作为附加项目予以承保。安装工程保险的第三者责任保险与建筑工程保险的第三者责任保险相似,既可以作为基本保险责任,亦可作为附加或扩展保险责任。

同建筑工程险一样,所有对安装工程保险标的具有保险利益的人均可成为被保险人,均可投保安装工程险。

8.3.4 保险标的和保险金额

安装工程保险的标的范围很广，但与建筑工程险一样，也可分为物质财产本身和第三者责任两类。其中，物质财产本身包括安装项目、土木建筑工程项目、场地清理费、所有人或承包人在工地上的其他财产；第三者责任则是指在保险有效期内，因在工地发生意外事故造成工地及邻近地区的第三者人身伤亡或财产损失，依法应由被保险人承担的赔偿责任和因此而支付的诉讼费及经保险人书面同意的其他费用。为了确定保险金额的方便，安装工程险保单明细表中列出的保险项目通常也包括物质损失、特种风险赔偿、第三者责任三个部分，其中，后两项的内容和赔偿限额的规定均与建筑工程险相同。安装工程险的物质损失部分包括以下几项。

1．安装项目

安装项目是安装工程险的主要保险标的，包括被安装的机器设备、装置、物料、基础工程（地基，机座）以及安装工程所需的各种临时设施，如水、电、照明、通信等设施。安装项目保险金额的确定与承包方式有关，若采用完全承包方式，则为该项目的承包合同价；若由所有人投保引进设备，保险金额应包括设备的购货合同价加上国外运费和保费（FOB 价格合同）、国内运费和保费（CIF 价格合同）以及关税和安装费（包括人工费、材料费）。安装项目的保险金额，一般按安装合同总金额确定，待工程完毕后再根据完毕时的实际价值调整。

2．土木建筑工程项目

土木建筑工程项目是指新建、扩建厂矿必须有的工程项目，如厂房、仓库、道路、水塔、办公楼、宿舍、码头、桥梁等。土木建筑工程项目的保险金额应为该项工程项目建成的价格。这些项目一般不在安装工程内，但可在安装工程内附带投保。其保险金额不得超过整个安装工程保额的 20%；超过 20%时，则按建筑工程险费率收保费，超过 50%，则需单独投保建筑工程险。

3．场地清理费

保险金额由投保人自定，并在安装工程合同价外单独投保。对于大工程，一般不得超过工程总价值的 5%；对于小工程，一般不得超过工程总价值的 10%。

4．为安装工程施工用的承包人的机器设备

对于为安装工程施工用的承包人的机器设备，其保险金额按重置价值计算。

5．所有人或承包人在工地上的其他财产

所有人或承包人在工地上的其他财产指上述四项以外的保险标的，大致包括安装施工用的机具设备、工地内的现成财产等，保额按重置价值计算。

上述五项保险金额之和即构成物质损失部分的总保险金额。

8.3.5 安装工程保险的费率

安装工程保险的费率主要由以下各项组成：① 安装项目，在土木建筑工程项目中，所有人或承包人在工地上的其他财产及清理费为一个总的费率，整个工期实行一次性费率。② 试车，为一个单独费率，是一次性费率。③ 保证期费率，实行整个保证期一次性费率。④ 各种附加保障增收费率，实行整个工期一次性费率。⑤ 安装、建筑用机器、装置及设备为单独的年费率。⑥ 第三者责任险，实行整个工期一次性费率。

8.3.6 保险责任与除外责任

安装工程保险的保险责任主要是承保上述工程项目在安装期间因自然灾害和意外事故造成的物质损失，以及被保险人对第三者依法应承担的赔偿责任的保险。安装工程保险的保险责任主要如下：

（1）因设计错误、铸造或原材料缺陷或工艺不善引起的被保险财产本身的损失，以及为换置、修理或矫正这些缺点、错误所支付的费用。这类风险可能造成的损失有三种情况：

1）存在设计错误、铸造或原材料缺陷或工艺不善的被保险机器设备本身的损失，应由机器设备的生产厂家根据购货合同进行赔偿，安装工程保险不予承担。

2）为了换置、修理或矫正这些存在着设计错误、铸造或原材料缺陷或工艺不善的被保险机器设备本身的缺点、错误所支付的费用，也应由生产厂家根据购货合同进行赔偿，而不应由安装工程保险承保。

3）由于这些设计错误、铸造或原材料缺陷或工艺不善的被保险机器设备造成其他被保险财产的损失，安装工程保险可以赔偿，但在赔偿之后有权向设备制造厂商追偿。而建筑工程保险既不承保因设计错误等原因引起的保险财产本身的损失及费用，也不承保因此而造成的其他保险财产的损失和费用。

（2）由于超负荷、超电压、碰线、电弧、漏电、短路、大气放电及其他电气原因造成电气设备或电气用具本身的损失。由于安装工程将面对大量的电气设备或电气用具的安装和调试，常常会发生超负荷、超电压等电气原因造成的事故，而这类事故往往是由于电气设备本身存在质量问题的原因造成的。因此，安装工程保险将这类风险损失作为除外责任。

8.4 科技工程保险

案例分析 神舟七号升天与航天保险

2008年9月28日18时23分许，随着神舟七号航天飞船返回舱舱门的打开，三位航天员刘伯明、翟志刚、景海鹏顺利地从返回舱中走出，标志着此次我国神舟七号载人航天任务顺利完成。此次神舟七号载人航天飞行载负了太多中国人民的热切期望，不但首次让我们中国人的足迹留在了茫茫的宇宙太空中，而且也为我国百年航天梦想又添加上了浓墨重彩的一笔。难怪很多国外记者都不禁感叹：北京奥运会上中国人民将惊喜带给了全世界人民，而神舟七号的顺利发射更是让中国人民将惊喜带到了宇宙外太空。

在为我国航天事业取得如此重大突破感到骄傲的同时，我们也看到了各方面的配套和保障措施在这次神舟七号发射中做出的重大贡献。保险作为飞船发射最后一道安全防护屏障，起到了"保护伞"和"护卫舰"的作用。2008年6月30日，中国人寿保险股份有限公司为神舟七号航天员及航天员中心的所有航天科技人员提供了一份完整的保险保障。据相关人士介绍，仅就中国航天员中心的工作人员提供的团体保险一项，保障金额就超过了10亿元人民币。而这仅仅是整个神舟七号航天过程中保险保障很小的一部分。正是这样一个神秘而又陌生的航天保险，为我们神舟七号航天的胜利加上了最后一道安全阀门。

8.4.1 科技工程保险的定义

科技工程保险是以各种重大科技工程或科技产业为保险标的的综合性财产保险，它是随着现代高科技、新技术的发展和广泛应用而逐渐发展起来的一种特殊工程保险业务。

8.4.2 科技工程保险的特征

1. 保险标的的特征

保险标的不仅具有危险集中、价值高昂的特点，而且包含着极高的科技因素在内，是一个包括财产、利益和法律责任等的集合体。

2. 承保风险的特征

（1）各种科技工程保险承保的风险都具有一切险的性质。

（2）科技工程保险在客观上更多的是承保人为性风险，即由于技术原因、过失原因、产品原因等导致的财产和利益损失，从而与人的技术水平、认识能力和工作责任心等不可分割。

（3）保险人在承保科技工程业务时，很难根据经验判断或根据以往的事故损失来准确把握其承保风险，从而使该类保险业务亦面临未知的巨大风险。

3. 承保环节的特征

在承保环节方面具有显著的阶段性。

4. 风险管理的特征

一方面，国家对科技工程保险会给予高度的关注，采取政策性手段来直接干预科技工程的保险事务。

另一方面，保险人在经营中会特别注意采用多种手段来管理风险。

8.4.3 科技工程保险的分类

科技工程保险主要分为海洋石油开发保险、航天工程保险、核能工程保险和其他科技工程保险四大类。

1. 海洋石油开发保险

海洋石油开发保险是以海洋石油工业从勘探到建成、生产等整个开发过程中的风险为保险责任，以工程所有人或承保人为被保险人的一种科技工程保险。由于海洋石油工业是分阶段进行的，只有前一阶段的成果得到充分肯定后，才可能继续下一阶段，因此，海洋石油开发保险必然要与之相适应，分阶段进行。保险人的承保一般分为以下四个阶段：

（1）普查勘探阶段的保险。

（2）钻探阶段的保险。

（3）建设阶段的保险。

（4）生产阶段的保险。

根据国际惯例，海洋石油开发保险的投保事宜，是由海洋石油开发的承包或租赁合同规定的，即海洋石油开发保险是上述合同的基本条款之一。

在承保经营中，保险人可以为投保人设计并提供多种保险服务，并根据海洋石油开发的阶段进程开展相应的保险业务。此外，海洋石油开发保险还必须以再保险为前提条件，以避免保险人的财务危机。

2. 航天工程保险

航天工程保险是以航天工业为标的的一种保险。航天工业是指研制、安装、发射包括卫星、运载火箭、航天飞机等各种航天产品在内的新兴、高科技产业。在我国，中国人民财产保险股份有限责任公司最早涉足航天保险市场。20 世纪 80 年代初期，该公司曾多次接受过外国卫星发射保险业务的分保业务。

航天保险可分为发射前保险、发射保险、寿命保险、第三者责任保险和服务中断损险等。

航天保险的承保步骤如下：

（1）顾问业务。

（2）承保准备工作。

（3）宣传工作。

（4）谈判阶段。

（5）保险安排。

（6）承保确认。

一般而言，保险人在承保时，比较注重航天产品的质量，并将再保险作为承保后风险管理的重要环节。

航天保险的保险金额一般分阶段确定。其中，发射前的航天保险以航天产品的制装总成本为依据来确定保险金额；发射后的保险则以工作效能为依据确定保险金额。

航天保险的费率厘定主要考虑航天产品的质量与信誉，以航天保险市场上的损失率为主要依据。

3. 核能工程保险

核能工业是以核电站为主体的新兴能源工业，它是随着核能技术的进步及其由军用转向民用方向发展而出现的新兴科技产业，是各国为了解决本国能源不足问题所采取的重要举措。所谓核能保险，是以核能工程项目为保险标的，以核能工程中的各种核事故和核责任风险为保险责任的科技工程保险。凡是建立有核电站的国家或地区，就必定有核能保险，核能保险是核能技术民用化的必要的配套措施，也是财产保险承保人重视的高科技保险业务。

核能保险的种类如下：

（1）核电站建筑安装工程险。
（2）核电站运输险。
（3）核电站机器损坏险。
（4）核电站物质损失险。
（5）核电站核责任险。
（6）核电站利润损失险（机损险项下）。机损险项下的利润损失险主要是在保险期限内由于在机损险单中保障的损失造成的利润损失。这种损失主要由固定费用和未实现利润组成。

在经营实践中通常需要有政府的直接支持，各国政府有关核损害事故赔偿的法律、法规等亦规定了核事故中应按绝对责任来承担损害赔偿责任，并对保险人在责任险项下的超赔给予财政补贴。因此，在整个财产保险中，核能保险更要求有政府的配合并需要政府的直接支持，从而明显地具有政策性保险的特点。

4. 船舶工程保险

船舶工程保险是以被保险人建造或拆除的船舶及各种海上装置在建造、拆除过程中所造成的船舶和设备损失及第三者责任为保险标的的工程保险。主要有船舶建造保险和拆船保险。船舶工程保险主要承保各类船舶及海上装置，如石油钻井平台在整个建造和拆除期间陆上、海上的各种风险。

随堂讨论

结合引导案例与案例分析，到网上分别查找石油开发保险、航天工程保险、核能工程保险和船舶工程保险的详细资料及实例，并进行讨论。

8.5 农业保险

案例分析 农业保险为湖南冰灾当"保护伞"

被称为农民"保护伞"的农业保险，在 2008 年初遭受的严重冰冻灾害发挥了抗灾减灾的作用。湖南因冰冻天气的影响，能繁母猪死亡总数上万头，有保险的农户均获得了保险理赔，共计 2 500 多万元，有效地降低了农民的损失。

2007年，中央财政首次对农业保险给予财政性的保费补贴，选择了吉林、四川、湖南等六省区的五个主要农作物品种开展保费补贴试点，这对农业保险的发展产生了重要的推动作用。

湖南作为中国发展农业保险首批试点地区之一，在2007年实现保费收入7.48亿元，累计支付保险赔款4.25亿元。2008年湖南省迎来了农业保险新一轮的"扩张"及发展高峰期，实现保费收入9.61亿元。农业保险费补贴的品种在去年的水稻、棉花、能繁母猪的基础上增加了油菜和奶牛保险，同时提高了保险金额、保费补贴，优化了保险条款，简化了理赔流程，使保险条款更具操作性。

8.5.1 农业保险概述

农业保险是指专为农业生产者在从事种植业和养殖业生产过程中，对遭受自然灾害和意外事故所造成的经济损失提供保障的一种保险。农业保险的保险标的包括农作物栽培（农业）、营造森林（林业）、畜禽饲养（畜牧业）、水产养殖、捕捞（渔业）等农村中附属于农业生产活动的副业。

农业保险与农村保险是两个不同的概念，农村保险是以地域命名，是指在农村范围内举办的各种保险的总称，除含农业保险外，还包括乡镇企业、农业生产者的其他各种财产、人身保险。

8.5.2 农业保险的分类

农业保险按农业种类不同分为种植业保险、养殖业保险；按危险性质不同分为自然灾害损失保险、病虫害损失保险、疾病死亡保险、意外事故损失保险；按保险责任范围不同，可分为基本责任险、综合责任险和一切险；按赔付办法不同可分为种植业损失险和收获险。

我国开办的农业保险主要险种有：① 养殖业，如生猪保险、养鸡保险、养鸭保险、牲畜保险、奶牛保险、耕牛保险、山羊保险、淡水养殖保险、养鹿保险、蚌珍珠保险等；② 种植业，如水稻保险、蔬菜保险、林木保险、水果收获保险、西瓜收获保险、小麦保险、油菜保险、棉花保险、烤烟保险等。

本章关键要点

工程保险	建筑工程保险	安装工程保险	科技工程保险	农业保险
农村保险	石油开发保险	航天工程保险	核能工程保险	船舶工程保险

第 9 章 人寿保险

本章学习目标
- 掌握人寿保险的概念与特点，并能进行险种分类。
- 掌握传统型人寿保险的险种特点及种类。
- 掌握特种人寿保险的险种特点和主要承保方式。
- 掌握投资型人寿保险的险种特点和主要条款内容。

引导案例

中国寿险业个人最高理赔纪录将被刷新
——法航空难一名受难人员可能获赔 960 万元人民币

据 2009 年 6 月 5 日最新媒体报道，法国航空公司证实，6 月 1 日大西洋上空失事的 A330 客机乘客已无生还可能。人保寿险表示，机上九名中国公民中，有一名是其客户。

按照保险条款规定，该受难人员或将得到 960 万元人民币的保险赔付，这意味着由泰康人寿保持 6 年的 820 万元中国寿险业最高理赔纪录将被刷新。

2003 年 11 月 20 日，泰康人寿董事长兼首席执行官陈东升将理赔款交到年轻企业家张先生的妻子手中，泰康人寿前后为该客户理赔共计 820 万元，成为当时国内最大一桩寿险理赔案。这一纪录自 2003 年一直保持至 2009 年法航客机失事前，达 6 年之久。

泰康人寿认为，保险是对生命的尊重，是从摇篮到天堂持续一生的安排，体现的是珍惜现在、安排未来、规避风险的生活方式。当意外发生时，一份保险计划不仅留下一份爱心，也是一份责任，让家人能够保持与以往相差不大的生活水平。

资料来源：搜狐理财，http://jr.dahe.cn/html/baoxian/lipeianli/200906/05-24517.html.

9.1 人寿保险的含义、特征与种类

9.1.1 人寿保险的含义

人寿保险是以人的生命作为保险标的，以人的生死作为保险事件，当发生保险事故时，保险人履行给付保险金责任的一种人身保险业务。由于人的生命状态可以分为生存

和死亡两种类型,因此,人寿保险的保障项目包括死亡和期满生存,即如果被保险人在保险有效期内死亡或按照合同约定到期仍存活时,保险人按照约定支付死亡保险金或生存保险金。人寿保险可以承保单项的生命风险,如死亡保险;也可承保双项的生命风险,如两全保险。

1. 生命风险是客观存在的,具有可保风险的一切特征

(1) 生命风险是纯粹风险。生存意味着更大的经济支出,而死亡不但意味着经济收入的中断,同时还意味着要支出一笔死亡丧葬费用。

(2) 生命风险具有不确定性。在未来的某一时间或时间段,人的生命状态处于一种不确定状态,何时死亡对个人来说通常难以预料。

(3) 生命风险是人人需要面对的风险。作为生命个体,无法回避。

(4) 除非发生战争或大规模的瘟疫、自然灾害等事件,否则出现大量被保险人同时死亡的可能性较低。而且随着寿险公司经营的持续进行,所承保的被保险人不断增加,其承保的生命风险将不断得到有效分散。

(5) 生命风险根据经验数据和概率统计学的相关知识,可以有效地进行预测统计。通过统计计算得出不同年龄的生存或死亡概率,并可将之制成生命表。

由上可知,生命风险具备可保风险的一切特征。

2. 自然保费与均衡保费

人寿保险费率计算的三要素为预定死亡率、预定利率和预定费用率,其中预定死亡率是计算各年龄的被保险人应交纯保费的主要依据,根据生命表所示,人的死亡率除幼年外,通常是随着人的年龄增大而不断增高的,尤其60岁以后。因此如果按照自然保费,也就是根据被保险人在各年龄的死亡率计算出的逐年更新的死亡危险保费,则对于年龄大的被保险人来说,在其老年应负担的自然保费将不断增加而且数额巨大,这样就出现了一种矛盾,当被保险人年轻能赚钱时却只需缴纳很少的自然保费,而当其年老丧失了工作能力并且极需保障时却要缴纳数额很大的自然保费,这就会导致一些年龄较大的被保险人因为保费负担不断加重而丧失投保能力而失去保障,也不利于寿险公司的持续、稳定经营。

为了解决上述矛盾,人寿保险实务中多采用均衡保费,所谓均衡保费,是指投保人在保险缴费期间的每一年所缴纳的保费都是一样的,即相对于自然保费来说,在年轻时多缴纳一点,在年老时少缴纳一点,将年轻时多交的保费用来弥补年老时少交的保费,从而实现在不同的生命周期中进行保费再分配,减轻年龄较大时的保费负担,减少老年被保险人因为无法承担高额保费而丧失保障的概率。自然保费和均衡保费的关系如图9-1所示。

3. 生命风险的同质性

所谓风险的同质性,是指的每个风险单位发生损失的机会是均等的。在人寿保险实务中,对不同的个体,根据其年龄、性别、健康状况、职业特点、居住环境、生活习惯、个人爱好、家庭遗传病史、个人既往病史、身体体格等不同状况,采取不同的费率进行承保,这样既保证了承保的公平性，又在一定程度上减少了逆选择，从而很好地将生命风险的同质性原理与实务操作有机地结合，促进寿险公司公平、持续运营。

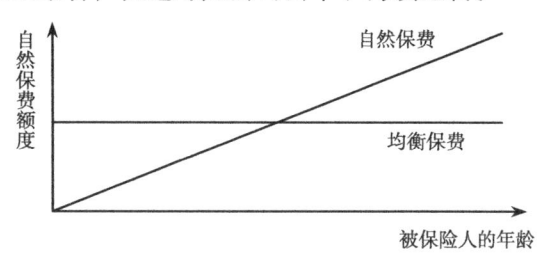

图 9-1　自然保费与均衡保费示意

9.1.2　人寿保险的特征

1. 生命风险的特殊性

其他保险所承保的损失事件可能会发生，也可能不会发生，而人寿保险的损失事件（死亡）在某一年内发生与否是不确定的，但死亡概率会逐年递增，最后变成一个确定事件，而且相比其他险种的损失概率而言，死亡率在一定时期内是相对稳定的，很少出现大规模的波动。因此，只要承保的个体足够多，生命风险就可以得到很好的分散，也正因为如此，在人寿保险中，除了巨额保单和次标准体保险以外，很少有再保险。而生命风险的这种特殊性，也使得人寿保险费率精算的公平性尤为必要，公平原则要求保费按照保单出立时被保险人的年龄来分类，年龄大的被保险人应交付高的保费；在死亡保险中，不同年龄、不同身体状况及职业的人，死亡概率也不相同，被保险人应交付的保费也应体现其差异。

2. 保险标的的特殊性

人寿保险是以人的生命作为保险标的，而人的生命无法用货币来衡量，因此，人寿保险的保险金额有特殊的确定方法。理论上，一般可以采取生命价值法、收入置换法和需要法 3 种方式。所谓生命价值法，按照美国人寿保险大师休伯纳的解释，人的生命价值就是一个人扣除自己生活费用后的将来净收入的资本化价值。由于个人面临着未老身故、丧失工作能力的风险，所以人的生命价值有可能遭受损失。人的生命价值的估计可作为保险金额确定的基础，估计一个人的生命价值需要预测其工作收入项目，这些项目取决于职业、年龄、教育等因素。所谓收入置换法，是根据家庭需求、收入确定保险金额，同时考虑到社会保险和通货膨胀因素，将保险金额按家庭年收入的倍数来表示。所谓需要法，是根据假如被保险人死亡后家庭的各种需要来确定保险金额，家庭需要包括子女的生活费用和教育费用、偿还债务、医疗费和丧葬费等。在实务中，人寿保险金额主要是根据投保人的实际需要和缴纳保费的能力来确定的。

3. 保险利益的特殊性

由于人寿保险的标的和生命利益确定的特殊性，使得人寿保险的保险利益不同于财产保险，主要表现在两个方面：一是财产保险的保险利益在数量上可以确定，一般可用其保险标的的货币价值来衡量，而生命的无价，决定了人寿保险中的保险利益无法用标的的货币价值来确定，只能通过双方约定具体的保险金额来进行；二是保险利益的时效性问题，在财产保险中，除货运险外，在订立合同时和在保险期间，保险利益自始至终均须存在，这是保险合同有效和获得保险赔偿的前提条件，而在人寿保险中，保险利益只需在订立合同时存在，在保险期间和保险事故发生时是否存在并不影响保险合同的履行和效力。

4. 保险金额确定与给付的特殊性

人寿保险中，因为生命无价，其合同都是定额给付保险合同，所以人寿保险不适用损失补偿原则及其派生出来代位追偿原则和分摊原则。根据《保险法》第46条的规定，被保险人因第三者的行为而发生死亡、伤残或者疾病等保险事故的，保险人向被保险人或者受益人给付保险金后，不享有向第三者追偿的权利，但被保险人或者受益人仍有权向第三者请求赔偿。

由于人寿保险保险标的的特殊性，保险人为了避免道德风险的发生，在承包此类保险时，对于保险金额是有一定限定的。根据《保险法》第33条的规定，投保人不得为无民事行为能力人投保以死亡为给付保险金条件的人身保险，保险人也不得承保。父母为其未成年子女投保的人身保险，不受前款规定限制。但是，因被保险人死亡给付的保险金总和不得超过国务院保险监督管理机构规定的限额。

5. 保险期限的特殊性

在人寿保险中，投保人的主要目的是在自己过早死亡后，为家庭提供经济保障，或为自己年老后提供经济保障，这种保障的需要是长期的，因此，人寿保险合同以长期为主。在成熟的保险市场中，人寿保险90%以上的业务都是超过1年期的长期险种，所以国外通常把人寿保险称为长期性保险。正因为人寿保险合同通常是长期性合同，在保险条款中往往规定保单所有人享有增减保险金额、保单贷款、恢复失效保单的效力等权利。而且，由于保险期限的长期性，人寿保险在厘定费率时要充分考虑下列因素：一是利率因素，预定利率的高低，会对未来的保险金给付额度产生重大影响；二是通货膨胀因素，它严重影响货币未来的实际购买能力，也是投保人投保长期寿险险种时的一种主要顾虑因素，为了较好地解决通货膨胀带来的不利影响，通常保险人采取投资型险种设计和保额递增型险种设计来应对；三是预测因素的偏差，人寿保险的长期性特征使得市场利率、投资收益水平、死亡率、费用率、保单失效率等相关风险因素将对保险人的未来经营成果产生难以预料的影响。因此，保险人只好采取相对保守的估计方法，尽可能地保证自身具备足够的偿付能力。

9.1.3 人寿保险的种类

按照不同的分类标准，人寿保险可以分为不同的类别。

（1）按照设计类型的不同，人寿保险可以分为传统型（或普通型）人寿保险与投资型（或新型）人寿保险。传统型人寿保险主要提供纯粹的保障功能，同时有些长期性险种也具备储蓄功能，而投资型人寿保险除提供保障功能外，还偏重于提供投资功能，偏重于保单资金的投资营运。

（2）按照保险责任的不同，人寿保险可以分为定期寿险、终身寿险、两全保险和年金保险。定期寿险主要提供一定时期内的生存或死亡保障，但纯粹的定期生存险较难遇见；终身寿险主要提供终身死亡保障；两全保险既提供一定时期后的生存保障，又提供相应期间的死亡保障；年金保险主要是为老年人提供未来的生存保障。

（3）按照承保风险和承保方式的不同，人寿保险可以分为普通人寿保险和特种人寿保险。普通人寿保险主要是指按标准费率承保的一般性寿险险种，特种人寿保险有简易人身保险、次标准体保险和团体保险等，一般需要采取特种方法或特种费率来承保。

人寿保险还可以按照保险期限分为长期性寿险业务和一年期寿险业务，按年龄可以分为成年人寿险和未成年人寿险等。

9.2 传统型人寿保险

9.2.1 定期寿险

定期寿险又称死亡保险，是保险人在一定期限内提供死亡保障的一种人寿保险。所有的定期寿险产品都有一个确定的保障期限，这个期限叫做保险期间，如 1 年、5 年、10 年，或者到被保险人达到某个年龄为止，如 60 岁。定期寿险只是对在保险期限内死亡的被保险人承担给付保险的期责任。保险金的给付必须同时满足下列两个条件：①被保险人在保险期间内死亡；②被保险人死亡时保单仍然有效。如果保险期满后被保险人仍然存活，投保人可以续保；如果不再续保，则保单期满时，公司的保险责任即告终止。

除了长期性定期寿险，定期寿险保单通常没有现金价值，即属于非储蓄性保单。定期保险的特点在于：

（1）可以更新或展期。许多 1 年、5 年和 10 年的定期寿险保单规定，保单所有人具有可以更新或展期的选择权，即在保险期满时可以延长保险期限，不必提供可保性证据，但通常续保的期限有一定的限制，被保险人续保时的年龄也有一定的限制。

（2）可转换性。很多定期寿险都可以进行转换，即允许保单持有人将定期寿险转换成为终身保险或其他等额的寿险而无须提供可保性证明。通常，定期寿险的可转换期较保单有效期要短。

（3）生命表的选择性。寿险公司使用的经验生命表通常有 3 种，即选择生命表、终极生命表和综合生命表，许多寿险公司通过生命表的可选择性，开发出更具竞争性的定期寿险，这种寿险的竞争性主要表现在费率上。

定期寿险的种类有以下几种：

（1）普通定期寿险。普通定期寿险指一般的、没有特别规定的定期寿险。

（2）可转换定期寿险。此种保险的保险期限多以被保险人不超过 60 周岁为限，投保此险得到定期寿险保障外，还可以得到保证可保的权利，被保险人在可转换期内不会因健康状况的变坏等而失去按标准风险投保的资格。

（3）可转换及自动续期的定期寿险。这种保单的保险期限一般都是 5 年，保险人每 5 年将自动给保单续期，直到被保险人 75 周岁为止。每次续保无须被保险人出示任何健康证明，但保险费率将根据被保险人当时的年龄重新调整。另外，保单持有人在保单有效期间有权要求保险人将此保单转换成终身寿险或两全保险，且无须出示任何关于被保险人的健康证明，但通常规定此转换权必须在被保险人年满 65 周岁前行使。

（4）家庭收入保险。这种定期寿险可单独投保也可作为终身寿险或两全保险的附加险投保，它保障被保险人在一定年龄前（如 60 周岁）给家庭带来的经济收入，因为被保险人对家庭提供的未来经济收入随年龄的增长而减少，所以这种定期寿险的保额是逐年减少的，当被保险人 60 岁时保额变为零，保单终止。

（5）递减型定期寿险。递减型定期寿险是为分期偿还的贷款合同和分期付款的购货合同而设置的险种，一般可单独投保，保险期以合同期限为限，保险费率是均衡费率，保险金额随债务的偿还而减少，在保险有效期内，如果被保险人死亡，债权人就向保险人索取被保险人未还的款项。

定期寿险以其费率低、保障大等优点越来越受到人们的重视，许多国家定期寿险保单销售都呈上升趋势。定期寿险在下列几方面的作用是其他险种所无法取代的：

（1）定期寿险适用于低收入而急需较高保险金额的人购买。例如，刚结婚并有了孩子的年轻夫妇。

（2）保证被保险人将来的可保资格。这可以通过购买自动续期的保单来实现。

（3）作为终身寿险或两全保险的补充。缴付同样的保费可以购得比终身寿险和两全保险的保险金额高许多倍的定期寿险，因而，定期寿险可以用来补充终身寿险或两全保险的保险金额不足。

（4）作为信用的保证手段之一。许多债权人愿意接受债务人的定期寿险单为附加的担保品。

定期寿险的局限性主要体现在：

（1）保险期限届满时，被保险人可能因为其身体状况或经济原因以致无法购买新的保单，从而不能继续获得保险的保障。

(2)除了长期性定期寿险,通常定期寿险保单不具有现金价值,没有储蓄功能。

9.2.2 终身寿险

终身寿险是保险期间不确定,保险人向被保险人提供终身死亡保险保障的一种保险。终身寿险保额通常保持不变,除非保单有特约条款允许在一定情况下进行调整,如按物价指数调整,分红型的终身寿险可通过分红使整个给付额会不断增长。大多数终身寿险的保费采取均衡形式,但如果保单另有规定也可以采取非均衡形式。

终身寿险的基本形式有以下几种:

(1)普通型终身寿险。它是商业人寿保险公司提供的最普通的保险,采取均衡费率,提供终身保障,并在保单失效时退还现金价值。

(2)限期缴费的终身寿险。缴付保费的期限可以用年数或被保险人所达到的年龄来表示,其两种极端的形式即趸缴终身保险和终身缴费的普通型终身寿险。

(3)保费可以调整的终身寿险。它是普通终身寿险的一个变种,在起初的几年内,年保费低于普通终身寿险单的年均衡保费,此后高于年均衡保费,也可以使用其他保费调整方式。

(4)利率敏感型终身寿险。传统的终身寿险通过分红将利率风险及死亡率风险的一部分转嫁给保单持有人,这种终身寿险根据当前的投资收益以及死亡率状况,通过保单现金价值的调整将利率风险及死亡率风险的一部分转嫁给保单持有人,使得实际经营结果与保单预计结果的差异得到补偿。

(5)联合型的终身人寿保险。虽然绝大多数人寿保单只承保一个人的生命,但在理论上一份人寿保单可以承保任何人数的生命,当一份人寿保单承保2个或2个以上人的生命时,就称之为联合人寿保单,联合人寿保单可以使用终身寿险、两全保险或定期寿险方式承保,但经常使用终身寿险方式。

此外,终身寿险还有费率优惠的大额终身寿险、可以调整的终身寿险、万能寿险、变额寿险等创新型品种。

9.2.3 两全保险

两全保险又叫生死合险,是既提供死亡保障,又提供生存保障的一种人寿保险。两全保险中的死亡给付对象是受益人,而期满生存给付的对象是被保险人。因此,两全保险是死亡保险和生存保险的综合,与终身寿险的区别是保险有一定期限,其年均衡保费要高于终身寿险。从数学的概念上看,两全保险的保险人提供两种承诺:一是若在保险有效期内被保险人死亡,则向其受益人支付保单规定数额的死亡保险金;二是若被保险人生存至保险期满,则给付生存保险金。因此,两全险中的两个要素即均衡的定期寿险与生存保险合在一起,构成了两全保险的保障。从经济学的角度看,两全险可以分为两个部分:保额递减的定期寿险及保额递增的储蓄性保险。对于储蓄部分的价值,保单持有人可以通过退保及保单贷款获得，递增的储蓄部分与递减的定期寿险部分相结合，恰好等于保单规定的保额。

两全保险一般按保险期限分类，期限可以是10年、15年、20年、25年、30年或更长时期，或者把期限安排到某一年龄为止，如60岁、70岁。保费通常在整个保险期内按年、半年、季或月缴付，也可以限期缴清。除了标准的两全保单外，还有其他一些种类的两全保单，如"退休收入"保单，即对被保险人生存的给付金额大于保单面额，而对被保险人死亡的给付金额是保单面额或现金价值，以金额高的为准；"半两全保险"即对被保险人生存给付金额只有死亡给付金额的一半；"子女两全保险"等。

两全保险的作用主要体现在下列方面：

（1）作为一种储蓄手段。期满生存给付金实际上是通过现金价值的积累来完成的。

（2）作为提供养老保障的一种手段。这也是通过生存给付来实现的。

（3）作为为特殊目的积累一笔资金的手段。例如，两全保险可以为子女教育目的积累一笔资金。

9.2.4 年金保险

年金保险是指保险人承诺在一个约定时期或所指定人的生存期做一系列的定期支付，该定期支付可以按年、半年、季度、月支付，分期给付期限间隔一般不超过一年（含一年）。如果支付是取决于人的生存，就称之为生存年金，生存年金可以是定期的（支付一个固定时期或者支付到年金受领者死亡时为止，以两者先发生的为准），也可以是终身的（支付到年金受领者死亡时为止）；反之就是确定年金，即在约定时期内支付年金。如果年金受领者在未满期前死亡，则把剩余年金支付给其受益人。

与死亡保险不同，参加年金保险的被保险人，通常是身体健康、预期寿命长的人，因此，无论团体投保还是个人投保，一般不需要进行体检，凡年龄在65周岁以下的居民，均可作为年金保险的被保险人。

目前较为常见的年金保险有以下几种。

1．按被保险人的人数分类

（1）个人年金。是以一个被保险人生存作为支付年金条件的年金保险。

（2）联合年金。是以两个或更多的被保险人均生存作为支付年金条件的年金保险，即支付至数个被保险人中出现第一个死亡时止。

（3）最后生存者年金。是以两个或两个以上的被保险人中至少尚有一个生存作为年金支付条件的年金保险，即支付至所有被保险人均死亡时止，同时支付金额不变。

（4）联合及生存者年金。是以两个或两个以上的被保险人中至少尚有一个生存作为年金支付条件，同时支付金额随着被保险人的生存人数减少而调整的年金保险，即年金支付至所有被保险人均死亡时为止，但生存支付金额根据被保险人生存人数而调整。

2. 按保费缴付方式分类

（1）趸缴年金保险。也就是一次性缴清所有保险费的方式购买年金保险。

（2）期缴年金。也就是用分期缴费的方式购买年金保险，缴费截止日在给付日之前。

3. 按年金开始给付的日期分类

（1）即期年金。它必须用趸缴保费方式购买，保险人在合同生效后即行给付第一期年金。

（2）延期年金。是在隔了一定时期后才开始给付年金，这个一定时期必须比一个给付间隔期长，延期年金可以用趸缴保费方式购买，也可以用分期缴费方式购买。

4. 按给付方式分类

（1）终身年金。年金受领人自年金给付日起一直领至死亡时为止。

（2）最低保证年金。分为两种：一种是确定给付年金，即规定一个最低保证给付年数，在规定期间内，无论被保险人生存与否均可得到年金给付。若被保险人在领满固定年金后仍生存，可继续领取年金直至身故。另一种为退还年金，即当年金受领人死亡而其年金领取总额低于年金购买价格时，保险人以现金方式一次或分期退还差额。

（3）定期生存年金。是指年金的支付以一定的年数为限，如被保险人一直生存，则给付到给付期满；若被保险人在规定的期限内死亡，则年金给付立即停止，即年金给付停止以生存期满或死亡谁先发生为止。

5. 按年金给付金额是否变动分类

（1）定额年金。给付金额是固定的，如果是即期年金，保单中列明定期给付的年金金额，如果是延期年金，保单中则列明按年龄和给付期分类的每千元积累价值保证给付的年金金额。

（2）变额年金。在变额年金保险中，保险人支付的年金金额与保险人资金运用状况紧密联系，其特点在于保费交付方式的灵活性和投资选择的多样性，具体表现为有多种基金可供选择，通常包括一个独立账户选择权，投资风险由投保人承担。

由于年金保险较好地解决了社会生活中高龄者生活安定的问题，世界各国对年金保险都十分重视。具体来说，年金保险在以下一些方面发挥着积极的作用：

（1）提供晚年生活保障。用年金保险的方式提供老年生活保障至少有两大优点：一是可以降低保费，提高老年生活水平。因为年金收入中不仅包括了投保人交付的本金及其利息，而且还包括了生存者的利益。二是用于养老所需的年金保险一般支付周期为月，每月支付一定年金额，保证生活需要，可避免老人的浪费或使用不当，造成最后年月中生活无保障的局面。

（2）建立子女教育基金。这种类型的年金保险一般支付周期为年，给付期为子女教育期间，并且一般都附加了意外伤害或死亡保险。

（3）具有现金价值。因此有人也把年金保险作为一种安全投资的方式，而且还可获得税法上的优惠。

> **案例分析**
>
> 李某，30 岁，男性，2006 年 5 月 10 日投保 20 万元太平洋太平盛世长安定期寿险（A 款），保单生效。保险期限到 60 岁，分 30 年交，年交保费 1 060 元。
> 太平洋太平盛世长安定期寿险（A 款）保险责任：
> （1）被保险人于本合同生效或最后一次复效（以较迟者为准）之日起 180 日之内因疾病身故或全残，保险人将给付保险金，数额等于已缴保费之和，不计利息，本合同终止。
> （2）被保险人因意外伤害所致身故或全残，或在本合同生效或最后一次复效（以较迟者为准）之日起 180 日后因疾病所致身故或全残，保险人给付合同约定保险金额全数，本合同终止。
> 请问：
> （1）2006 年 10 月 5 日，李某因恶性肿瘤去世能获得多少赔付？
> （2）2006 年 10 月 5 日，李某因意外车祸去世能获得多少赔付？
> （3）2009 年 6 月 8 日，李某因恶性肿瘤去世能获得多少赔付？

9.3 特种人寿保险

9.3.1 简易人寿保险

简易人寿保险是一种以低收入的劳动者或薪金者为承保对象、按月（或按周）收取保险费、免体检、低保额的人寿保险。简易人寿保险又称为上门服务的寿险单，通常情况下是由保险代理人或保险人委托邮政人员每周或每月上门收取保险费，绝大部分简易人寿保险保险期限较长，保单具有现金价值。在大多数情况下，简易人寿保险是按保费单位出售，而不是按保险金额单位出售，如以 5 美元保险费单位出售一份简易人寿保险。

简易人寿保险起源于英国。20 世纪三四十年代是高峰时期，曾成为美国人寿保险的第二大险种，其有效人寿保险金额一度占到总寿险保额的 18% 左右；但时至今天，简易人寿保险的风光已不在，仅占有效人寿保险金额的 15%，这主要归因于团体人寿保险的迅速发展，以及大多数美国工人购买大额人寿保险的经济能力增强。在我国，简易人寿保险在 20 世纪 80 年代后期与 90 年代早期也曾一度得到迅速发展。

简易人寿保险的基本内容与普通人寿保险大同小异，其特殊性在于：

（1）保险品种。通常是以限期交费的终身寿险或定期的两全险为主力品种，简易人寿保险一般均属不分红保险。

（2）保险金额。对每一保单或每一被保险人的保险金额有最高额限制。例如，在美国通常为每张保单或每位被保险人最高保险金额为 5 000 美元，而我国则限制为最高保额人民币1万元。

（3）保险费率。由于以下几种原因使得简易人寿保险的保费率相对高于普通终身寿险：一是被保险人一般是低收入阶层，又未经过体检，因而死亡率相对要高；二是上门收取保费增加了销售和管理费用；三是保单失效率高。

（4）保费的缴纳。考虑到低收入者的负担能力，简易人寿保险的保费一般是采取按月或按周缴纳。

（5）免体检。由于保险金额较低，故在承保时，无须体检，只是根据投保书的陈述及保险代理人的说明作为核保的依据。但为了防止逆选择，保险公司通常会在不可抗辩条款内附带规定，被保险人在投保前一定时期内（通常为2年）患有重大疾病而不如实告知，保险人在抗辩期内可终止保险合同。

9.3.2 次标准体保险

次标准体保险，又称弱体保险、次健体保险，即与一般的人相比较，身体有缺陷的人，或者从事危险职业的人。由于这部分人群死亡率较高，为保证公平性，不能按照标准的人寿保险费率来承保，必须采取特定方法或特殊技术来承保的人寿保险。

次标准体保险的概念从1762年英国的标准人寿保险公司开办现代化人寿保险业务的时候就有了，但在当时仅采取加征特别保险费一种办法来办理相关业务，并没有现代化的科学精算基础与风险处理技术。近代的次标准体保险是在以1896年美国纽约人寿的基于缺陷体死亡率调查的基础上，并采用评分制方法来承保的次标准体保险为起始，目前大多数寿险公司都承保次标准体保险。一般而言，寿险公司要对被保险人进行体检，并就职业、居住环境、道德危险、既往病史等加以审查，当评定其死亡指数超过临界线时（如果以标准死亡指数为100%时，则订为125%或130%为标准体承保的最高界限，而弱体保险是指该被保险人的审查点数高于125%或130%），如果寿险公司认为在某一条件下尚可以承保，则将该被保险人称为弱体或次标准体；如果寿险公司认为根本无法承保，则称为拒保体或谢绝体。

鉴于次标准体保险的危险性较标准体保险高，为了充分分散风险，弱体保险的自留额以及最高保险金额都订得比标准体保险要低。对于次标准体保险，寿险公司多采用特别承保同意书，载明增加若干岁，或加征特别保险费，或采用削减保险金等方式来承保。这个同意书也是整个保险合同的重要组成部分，对于投保时已经一目失明或一肢残疾的被保险人也可采用除外责任作同意书，约定将来再失一目或再失一肢时放弃残废保险金，然后才予以承保。

对于次标准体保险，通常采取下列方法来承保以降低风险，保证公平性：

（1）保险金削减给付法。允许次标准体仍按标准风险的正常费率缴纳保险费，但在保险期限的一定期间内按比例减少保险金的给付。这种方式通常仅在保单生效开始的若干年内予以按比例削减，之后逐渐趋于正常，但在削减期内，对遇意外事故死亡或得法定传染病死亡的被保险人，通常仍全额给付。这种承保方法通常适用于递减性危险的被保险人。例如，刚进行过手术处于恢复或愈合期的被保险人。

（2）年龄增加法。一般而言，除幼年外，死亡率是随着人们的年龄增加而递增的，所以提高投保年龄可以相对地提高保险费率，用这种方法来计算次标准体的保费称为增加年龄以提高费率法，简称年龄增加法。这种方法通常适用于那些具有递增性的额外风险的被保险人，如患有糖尿病、显著的肥胖症等。

（3）特别保费（额外保费）征收法。对于次标准体的被保险人，按照其实际额外死亡率的高低，征收一定额度的额外保费。这种方法通常适用于固定性的额外危险。例如，我国一些保险公司对吸烟的被保险人加收 50 元的额外保险费即是一个范例；又如，对职业性危险、酗酒、肺结核等被保险人也可采取该法承保。

9.3.3 团体人寿保险

1. 团体保险的含义

团体保险是指使用一份总的保单承保同一团体中全部或部分符合投保资格的成员的一种保险形式。

通常情况下，该保险是由一个组织（如一个雇主或一个机构）来投保的。在此保单下，被保险人通常被称为一个整体而不是个人。

团体保险起源于 20 世纪初，虽然历史不长，但发展异常迅速。自第二次世界大战以后，在西方发达资本主义国家，为了改善企业雇主与雇员的关系，迎合工会的要求，以及用较低的保费获得保险保障等方面的原因，团体保险日益发达，现已取代普通人寿保险及简易人身保险而居于主导地位的趋势。以美国为例，截至 1984 年的 10 年间，团体人寿保险的有效保额增长了近 3 倍，占全部寿险有效保额的近 44%。

（1）团体保险的定义。在我国，根据中国保监发〔2005〕62 号文件《关于规范团体保险经营行为有关问题的通知》（下简称《通知》）的解释，团体保险是指投保人为其 5 人以上特定团体成员（可包括成员配偶、子女和父母）投保，由保险人用一份保险合同提供保险保障的一种人身保险；它包括团体定期寿险、团体终身寿险、团体年金保险、团体健康保险和团体意外伤害保险等。因此，团体保险的最低人数限制为 5 人。在西方国家，团体保险在很大程度上等同于员工福利计划，它指由雇主与雇员共同参加，可以为雇员提供社会保障以外的补充性福利计划。目前，团体人身保险已成为西方发达国家社会保障体系的重要组成部分。

团体保险用一张总的保单（Master Contract）为成百上千甚至更多的人提供保险保障，保单中说细规定了每一被保险人的姓名、受益人的姓名、年龄、性别、保险金额等。投保团体是保单持有人，而每个被保险人则仅持有一张保险凭证，保险凭证上并不包括全部的保险条款，仅有被保险人姓名、受益人姓名、投保险种、保费、保险金额、生日、领取保险金的开始日期等内容。

（2）团体的界定。团体保险在承保时进行风险选择控制的方法与个人投保的风险选择控制的方法不同。为了控制保险责任、规范团体风险、保证团体保险的承保质量以及保险公司的财务稳定性，保险人通常都要对所要承保的团体的相关属性进行严格的界定。我国保监会就在《通知》中针对团体保险的相应概念和团体属性进行了界定和规范。

1）团体组成的规定。并非所有的团体都可以投保，《通知》中指出："二、保险公司不得为以购买保险为目的组织起来的团体承保团体保险。"一般情况下，投保团体必须是一正式的法人团体，有其特定的业务活动，独立核算。这一投保条件就决定了专为保险目的而集结的团体不可能获得团体保险的保障。

2）参保人数的规定。为了防止团体投保时，发生逆选择的情况，通常对团体中投保的成员数目有相应要求，一是规定投保人数的绝对数要求，二是规定参保成员的相对比例要求。我国规定，投保团体的人数等于或少于8人时，所有成员必须全部投保，投保人数多于8人时，投保成员应占到团体成员总数的75%以上（含75%），当被保险人数在保险期限内减少到团体成员总数的75%以下时，保险公司可在条款或合同协议中约定，有权在提前30日书面通知投保人的前提下解除该份团体保险合同。

3）团体参保成员资格的认定。为避免投保团体进行逆选择，控制承保风险，通常还对参保成员的工作、年龄和身体条件提出要求。主要分为以下几类：一是对全职或专职工作的规定。大部分的团体保险通常只针对全职或专职成员承保；此外，由于团体中能够参加正常工作的在职人员存在新老人员的自然更替，使得大多数团体的平均年龄趋于稳定，从而也保证了死亡率、疾病率的稳定。二是对正常在职工作的规定。通常要求团体保险的被保险人员，必须是能参加正常工作的在职人员，按照这一条件，退休人员、长期因病全休及半休人员就不能成为团体保险的被保险人。三是试用期间的规定。该规定是指新加入成员要求必须工作一段时间后才能参加团体保险，其试用期长短根据团体的流动性高低而不同。

4）投保保额的规定。一般来说，团体保险对每个被保险人的保险金额按照统一的规定计算。具体做法有：或者整个团体的所有被保险人的保险金额相同，或者按照被保险人的工资水平、职位、服务年限等标准，分别制定每类被保险人的保险金额。此外，对单个被保险人的投保金额设有上限，一般是以平均保险金额的数倍为上限（大多以3.5倍为上限），这种做法是依据统一的标准制定每个人的保险金额，雇主或雇员均无权自由增减保险金额，其目的主要在于消除逆选择的行为。在实践中，计算保险金额的具体方法可由投保团体和保险人具体协商来确定。

2. 团体保险的特征

鉴于团体保险的承保对象与承保方式的特殊性，相对于个人保险而言，团体保险呈现出下列特征：

（1）团体保险的对象为团体。团体保险中风险选择的对象是基于团体而不是基于个人，用对团体的选择代替对个人的选择，是团体保险中最为显著的特点。在实务中，团体保险不需体检或提供其他可保证明，就可以对某团体加以承保。重点考虑的对象是团体的性质、规模、稳定性及组成，当然，保险公司在进行团体保险核保时往往对其中的异常人群进行体检或调查。

团体的风险选择与个人的风险选择不同，承保的保险公司关心的是整个团体的可保性，而不计较团体中单个成员是否可保。

（2）一张保单保障同一团体内被保险人。在个人保险中，保险合同的当事人是保险人和保单持有者个人，该保单持有人可能是被保险人，也可能不是被保险人。

团体保险契约是保险人和投保人（企业团体）之间的契约，而非保险人和被保险人之间的契约。企业团体是保单持有人，被保险人仅持有保险证明。大多数的团体保单持有人是企事业单位或雇主，保险公司向每一被保险人发一份保险证，保险证上只有被保险人的姓名、受益人姓名、保险金额、领取保险金的开始时期等内容。我们不能将被保险人持有的保险证明视为保险人和被保险人之间的契约，被保团体的成员与保险人之间没有直接关系。

（3）企业团体保险的受益人不能为企业自身。《保险法》第39条第2款明确规定，投保人为与其有劳动关系的劳动者投保人身保险的，不得指定被保险人及其近亲属以外的人为受益人。

（4）团体保险经营成本的低廉性。团体保险由于采取集体作业的方法，具有规模经济效益的特点，使得在团体保险中可以较低的保费获得较高的保险保障。团体保险费率低的原因如下：

1）手续简化，单证印制和单证管理成本低于个人寿险。

2）团体保险免体检，节约了体检费，使得核保成本降低。

3）团体保险的附加佣金所占的比例要低于个人寿险。

4）减少了逆选择的消极影响，使平均死亡率、疾病率相对下降。

（5）定价简单。团体保险的定价不像个人保单那样需要许多保险"精算理论"，保险费率通常以经验费率为主，而个别团体的实际经验对保费的调整可能有决定性的影响。所谓经验费率法，是指在团体保险中，根据上几个年度的理赔纪录来确定下一年度的保险费率。团体保险费率的厘定，主要考虑投保团体所属的行业、职业特点、以往的理赔纪录等，其中理赔纪录是决定费率高低的主要因素。

（6）被保险人增减灵活。团体保险的被保险人具有流动性，其效力不因个人脱离团体而削减，同时对于新进人员只要其符合投保规定，亦可加入团体保险。

（7）团体保险服务管理的专业性。因为团体保险中的承保对象是团体，相对于个人来说，团体尤其大型团体的讨价还价能力要高于个人投保者，且市场竞争激烈。因此，这样要求保险人要具有专业化、科学化的优质服务和管理水平，能针对投保团体的具体情况制定出合理、科学、高质的保险理财建议，能为团体提供包括保障、福利、税收、财务、法律等全方位的服务，并能建立起良好的沟通机制。

（8）团体保险中的保费分担。团体保险中的保费负担情况因团体性质而异，通常情况下，由雇员个人全部承担的情况比较少见，绝大部分情况下要么是由雇主和雇员共同分担，要么是由雇主单独承担，因此大量情况下团体保险具有一定的福利性质。有些国家规定，保费负担要与投保比例相挂钩，如规定保费是由雇主、雇员各负担一部分，即保费是贡献性的，则至少有全部合格职工人数的75%参加，合同方能生效；如果保费全部由雇主负担，即保费是非贡献的，则全部职工必须100%参加。

3．团体人寿保险的主要险种

（1）团体定期寿险。团体定期寿险是团体保险的主要险种，绝大部分的团体定期寿险是以每年更新式的定期保单方式承保的，无须体检，每年续保时也是如此。这种保单没有现金价值，而且保险人有权根据投保团体的年龄结构、性别等方面的变化，在每年更新时调整费率。因此，团体定期寿险实际上是以团体方式投保的1年定期死亡保险。

（2）团体信用人寿保险。团体信用人寿保险是基于债权人与债务人之间的债权、债务关系所签订的合同。通常情况下是指为保全住宅贷款定期付款销售等分期偿还债权，由贷款提供机构或信用保证机构作为投保人（受益人），以与其发生借贷关系的众多分期付款债务人作为被保险人，同保险人签订的一种团体保险合同。

（3）团体养老保险。出于考虑团体成员退休后的养老需要，团体可以为其成员向保险人购买一份"生存保险"合同，员工退休后，由保险人一次性按保险金额向退休员工支付一笔款项，供其养老生活所用，这种团体保险称为团体养老保险。

（4）团体终身保险。团体终身保险是指以团体或雇主为投保人，团体员工为被保险人向保险公司投保，当被保险人死亡时，由保险人负责给付死亡保险金的一种团体寿险产品。因此，团体终身保险能为员工提供终身死亡保障，解决其退休后因为死亡而给遗属带来的经济损失。

（5）缴清退休后终身保险。这是一种以企业年金方式设立的团体终身保险，员工自行负担保费，逐年约定缴清，每年保障的差额由团体雇主以购买定期保险的方式来补足。

（6）团体遗属收入给付保险。在这种团体保险中，以团体或其雇主作为投保人，团体所属员工为被保险人，员工的遗属作为受益人，团体或其雇主与保险人签订保险合同，约定在员工死亡时，由保险人向死亡员工的遗属给付死亡保险金。

（7）团体万能寿险。雇主一般不为团体万能寿险缴付任何保费，所以团体万能寿险并不是严格意义上的团体保险产品。如果团体的规模大，可以根据该团体的经验数据收取死亡率费用，而且收取的管理费用较个人保单低。此外，如果雇员离开该团体，其保险可以在该团体继续保留。

🧩 **随堂讨论**

企业团体如何规避员工在经营过程中所产生的人身风险？如何确定受益人？

9.4 投资型人寿保险

9.4.1 分红寿险

1. 分红寿险的内涵

分红寿险是指保险公司将其实际经营成果优于定价假设的盈余，按照一定比例向保单持有人分配的保险产品。在对分红寿险险种进行经营的过程中，保险人将其实际经营成果优于定价假设的盈余，按一定比例向保单持有人进行盈余分配。因此，分红寿险是一种准投资型保险。分红寿险的投资策略是以追求长期稳定的投资收益为目标，兼顾短期市场机会，在风险可控的前提下，采取稳健、灵活的投资策略，力争实现较高的投资回报。投资组合以债券、协议存款等固定收益类资产为主；在法规允许的范围内，适度配置基金、股票等权益类资产；谨慎操作、稳步投资新增投资品种。

寿险公司经营时，必须将分红寿险与非分红寿险分设账户，独立核算。在这个过程中，如果分红寿险采用的是固定费用率，则其相应的附加保费收入和佣金、管理费用支出等不得列入分红寿险账户；如果是采用固定死亡率方法，则其相应的死亡保费收入和风险保额给付等不得列入分红寿险账户。

2. 分红寿险的特征

（1）与不分红寿险相比较，分红保单的持有人能享受到保险人的经营成果，参与其利益分配。在获得保单提供的风险保障的同时，保单持有人每年均可从保险人那里得到当年度的红利分配，我国保监会规定保险人应至少将分红业务当年度可分配盈余的70%分配给客户，因此，可将分红寿险视成一种附带投资功能的保障险种，同时也促进了保险合同双方当事人在合同履行过程中的公平性。

（2）分红寿险的保单持有人在多交保费，享有投资功能的同时也承担了一定的投资风险。保险公司每年的红利是根据当年度的保险人的资金运用和业务经营情况来进行核算的。因此，当保险人经营理想时红利就高些，当经营状况不好时红利就低些，甚至没有。

（3）保险人对分红寿险的定价精算假设要比不分红寿险更加保守。寿险产品的定价主要是依据预定死亡率、预定费用率和预定利率来进行的。对于分红寿险，考虑到保单红利的分配，保险人在对这三者进行预估时比不分红寿险更趋保守，所以分红寿险的费率要高于不分红寿险。

（4）分红寿险的保险金给付与退保金中含有相应的保单红利。分红寿险的受益人在领取保险金时，除双方约定部分的保额外，还包括保单未领取的累积红利及利息；当分红寿险保单持有人退保时，其领取的退保金中同样含有相应的保单红利与利息。

3. 分红寿险保单红利的利源分析

（1）死差益。实际死亡率小于预定死亡率所产生的盈余。其计算公式为：

$$死差益 = (预定死亡率 - 实际死亡率) \times 风险保额$$

（2）利差益。实际投资回报率大于预定利率所产生的盈余。其计算公式为：

$$利差益 = (实际投资收益率 - 预定利率) \times 责任准备金$$

（3）费差益。实际费用率小于预定费用率所产生的盈余。其计算公式为：

$$费差益 = (预定费用率 - 实际费用率) \times 保险金额$$

除上述三益外，还有下列盈余来源可作为红利分配的利源：失效收益，投资收益及资产增值，残废给付、意外加倍给付、年金预计给付额等与实际给付额的差额，预期利润等。

4. 分红寿险保单红利的分配方式

保险公司红利分配遵循公平、灵活、长期稳定及可操作原则。在保险合同的保险期间内，在符合保险监管机构规定的前提下，保险公司每年根据上一会计年度分红保险业务的实际经营状况确定红利分配方案。

（1）红利分配的基本原则。

1）公平性。指每一位保户所获取的红利应与其对盈余的贡献程度成正比，当然实务中无法做到绝对公平，只能在考虑其他因素的基础上做到相对公平。

2）弹性。指对于盈余影响较大的各因素，应以合理的分配计算以求适应，从而有利于公平性的实现。

3）简单性。红利分配的方式应越简单越好，简单则易于向保户进行解释说明，但简单又会带来不公平。

（2）红利的计算办法。

1）百分比例法。以每位保户所支付的保费为基础采取同一比例分配红利，方法简单但有失公平。

2）三元素分红法。又称利源分红法或贡献法。理论认为可分配盈余源于三元素，即利差益、死差益和费差益，根据保单对这三者所做的贡献来进行分红，计算复杂而比较公平，但保户不易理解。

3）经验保费分红法。分两步来进行计算。首先按全部保单种类及所有年龄计算经验保费，经验保费通常低于实际所收保费，二者之差额即为该年度可分配盈余的一部分，另一部分则来自于利息差，两部分相加即当年可分配的盈利。

此外，还有资产额分红法、增额保险金分红法、责任准备金式分红法和展延分红法等其他分红方式。

（3）红利的处理方式。

1）现金领取。指直接以现金的形式将盈余分配给保单持有人，保险人可提供多种红利领取方式，如现金支付、累积生息、抵交保费、购买交清保额、提前满期等方式。采取累积生息的红利领取方式的，红利累积利率有效期至少为6个月。

2）累积生息。红利保留在本公司以年复利方式累积生息，红利累积的年利率每年由保险公司公布。

3）购买交清增额保险。依据被保险人当时的年龄，以红利作为一次交清保费，购买交清增额保险。被保险人身故，保险公司按交清增额保险累计增加的保险金额，增加被保险人的身故保险金。

若投保人在投保时没有选定红利处理方式，保险公司则按累积生息方式办理。

表9-1为几个分红寿险险种的示例。

表9-1　几种分红寿险

险种名称	投保范围	保险期间	保险责任
国寿美满一生年金保险分红型	凡出生30日以上、60周岁以下，身体健康者均可作为被保险人，由本人或对其具有保险利益的人作为投保人向本公司投保本保险	保险期间为本合同生效之日起至被保险人年满75周岁的年生效对应日止	1. 关爱年金 　自本合同生效之日起至被保险人年满74周岁的年生效对应日止，若被保险人生存，本公司每年在本合同的年生效对应日，按下列规定给付关爱年金： 关爱年金=基本保险金额×交费期间（年数）×1% 2. 满期保险金 　被保险人生存至年满75周岁的年生效对应日，本公司按下列规定给付满期保险金，本合同终止： 满期保险金=基本保险金额×交费期间（年数） 3. 身故保险金 　被保险人于本合同生效（或复效）之日起两年内因疾病身故，本公司按所交保费（不计利息）给付身故保险金，本合同终止；被保险人因意外伤害身故或于本合同生效（或复效）之日起两年后因疾病身故，本公司按下列规定给付身故保险金，本合同终止： 身故保险金=基本保险金额×身故时的交费年度数×110%

续表

险种名称	投保范围	保险期间	保险责任
国寿安享一生两全保险	凡出生30日以上、55周岁以下，身体健康者均可作为被保险人，由本人或对其具有保险利益的人作为投保人向本公司投保本保险	本合同的保险期间为本合同生效之日起至被保险人年满70周岁的年生效对应日止	1. 被保险人生存至第十、第十五个年生效对应日，本公司分别按所交保费（不计利息）的40%、60%给付生存保险金 2. 被保险人因疾病身故，本合同终止，本公司按下列规定给付疾病身故保险金： 疾病身故保险金=年交保费×身故时的交费年度数×105% 3. 被保险人因意外伤害身故，本合同终止，本公司按下列规定给付意外身故保险金： 意外身故保险金=年交保险费×身故时的交费年度数×200% 4. 被保险人因本合同所列明的六种重大自然灾害而遭受意外伤害身故，本合同终止，本公司除按本条第3款规定给付意外身故保险金外，还按下列规定给付重大自然灾害意外身故保险金： 重大自然灾害意外身故保险金=年交保费×身故时的交费年度数×100%
小康之家·鸿运年年两全保险	本合同接受的被保险人的投保年龄范围为出生满30天至60周岁	1. 本合同自本公司收到首期保费并同意承保后开始生效，本公司签发保单作为保险凭证。本合同生效日同保险期间开始日期。除本合同另有约定外，本合同保险责任自本合同生效时开始 2. 本合同的保险期间为被保险人	1. 生存给付 （1）若被保险人生存，自本合同第2个合同生效对应日起，至第20个合同生效对应日或被保险人年满60周岁后的首个合同生效对应日（以较早到来者为准）止，本公司每2周年于合同生效日对应日按基本保险金额的8%给付一次生存保险金。首期生存保险金于本合同第2个合同生效日对应日给付 （2）若被保险人生存，自本合同第21个合同生效对应日或被保险人年满61周岁后的首个合同生效对应日（以较早到来者为准）起，本公司于每个合同生效日对应日按基本保险金额的5%给付一次生存保险金，直至被保险人身故 2. 身故保障 （1）被保险人在未满18周岁时身故，本公司向投保人返还已缴保费（不计利息，且不含核保后加费部分），本合同终止 （2）被保险人在年满18周岁以后因遭受意外伤害导致身故，本公司按基本保险金额的2倍或已缴保险费（不计利息，且不含核保后加费部分）中数额较大者给付身故保险金，本合同终止。被保险人在年满18周岁以后因意外伤害以外的原因导致身故，本公司按下列约定承担保险责任：

续表

险种名称	投保范围	保险期间	保险责任
		终身。以保单所载为准	1）若被保险人身故时间在本合同生效或最后一次复效（以较迟者为准）之日起180日内，本公司向投保人返还已缴保费（不计利息，且不含核保后加费部分），本合同终止 2）若被保险人身故时间在本合同生效或最后一次复效（以较迟者为准）之日起180日后。本公司按基本保险金额或已缴保费（不计利息，且不含核保后加费部分）中数额较大者给付身故保险金，本合同终止

9.4.2 投资连结保险

1. 投资连结保险的概念及运作原理

投资连结保险是指包含保险保障功能并至少在一个投资账户拥有一定资产价值的人身保险产品。投资连结险的经营高度透明化，各项费用的收取金额及收取时间在合同中载明。保费扣除初始费用后的剩余部分，按投保人确定的各投资账户之间的投资比例分配至各投资账户，用以购买相应投资账户的投资单位。

投资账户的资产单独管理，并划分为等额单位，单位价格由投资账户中单位数量及资产或资产组合的市场价值决定。投资连结保险的个人账户中各投资账户内的投资单位数将随保费的交付、费用的收取、投资账户资产转换、投保人部分领取个人账户价值等情形而发生相应的变动。

个人账户价值等于所连结的各投资账户的投资单位按评估日对应的投资单位卖出价计算的价值总和，与投资账户资产投资的业绩直接相关，一般没有最低保证，投资风险完全由投保人承担。投资账户的资产免受公司其余负债的影响，资本利得或损失一旦发生，无论是否实现都会直接反映到个人账户价值上。

投资连结保险一般提供一项或多项保障责任，保险金额一般也可以根据投保人需求灵活调整。

投保人可以通过部分领取或解除合同取得个人账户价值，但一般要收取相应的费用。由于投资连结保险的投资收益具有不确定性，因此，投保人需要承担相应的投资风险。

2. 投资连结保险的相关特征

（1）投资账户的设置。投资账户是保险公司为了履行合同的保险责任，依照国家有关法律法规设立、资产单独管理的资金账户，可以设立一个或多个投资账户，并根据各投资账户的投资策略决定相应的投资组合。

投资账户资产由客户所投保的保险公司独立运作。在符合相关法律、法规的情况下，保险公司可以将投资账户资产的全部或部分委托给本公司以外的金融机构代为管理和运用。

（2）保险责任与保险金额的设计。投资连结作为寿险的一种，同样可以有死亡残疾给付、生存领取等基本的保障责任，另外有些投连产品还附带有豁免保费、失能保险金、重大疾病等相关条款或保险责任。在死亡保险金额的设计上，存在两种方法：

第一种方法是给付金额与投资账户价值两者较大者。因此，该种方式的死亡给付金额在保单年度前期是不变的，当投资账户价值超过保险金额后，随投资账户价值变动而变动。

第二种方法是给付保险金额和投资账户价值之和。因此，该种方式的死亡给付金额随投资账户价值不断变动，但风险保额（死亡给付金额与投资账户价值之差）保持不变。

（3）保费的收取。目前投资连结保险均采取比较灵活的缴费方式，但在具体设计上依然有所不同：一种方式是在固定交费的基础上增加保费假期，允许投保人不必按约定的日期交费，而保单照样有效，从而避免了超过60天宽限期而导致的保单失效。另外，还允许投保人在缴纳约定保费外，可以随时增交额外的保费以增加产品的灵活性。另一种方式是取消了交费期间、交费频率、交费数额的限制，投保人可以随时缴纳任意数额（但有最低数额限制）的保费，并按约定的计算方法进入到投资账户中，这种方式对保户的灵活性最高，但对保险人的保费现金流产生了一定的影响。

（4）费用的收取方式。投资连结产品的费用收取相当透明，保险公司应详细列明各项费用数额及其使用。中国保监会规定，保险人可收取下列费用：

1）初始费用。也就是保险费进入个人投资账户前所扣除的费用。初始费用不超过所交保费及利息的5%，并在保单上载明。

2）买入卖出差价。即投保人买入和卖出投资单位的价格之间的差价。一般而言，买入卖出差价不超过2%，具体数值在保险单上载明。保险公司有权调整买入卖出差价，但买入卖出差价最高一般不会不超过2%，且应符合国家有关法律法规、并提前30日通知投保人。

3）风险保费。也就是保单风险保额的保障成本，风险保费的收取应通过扣除投资账户单位数的方式来收取，其计算方法为风险保额乘以预定风险发生率的一定百分比，该百分比不得大于100%，其中，预定死亡率应采取中国人寿保险业经验生命表所提供的数据。

4）保单管理费。也就是为维持保险合同有效向投保人收取的服务管理费用，该项费用在首年度可以高于续年度。

5）资产管理费。按账户资产净值的一定比例收取，比例每年不得超过2%。

6）手续费。保险公司可以在提供部分领取和账户转换等服务时收取一定的费用，用以弥补相关的行政费用。

7）退保费用。也就是在保单中途退保或部分领取时收取的费用，用以弥补尚未摊销的保单获取成本，退保费用的收取不得高于投保人持有单位价值或者部分领取部分对应的单位价值的一定比例，具体的年度比例为第一年至第五年分别是10%、8%、6%、5%和2%，第六年及以后则为0。

表 9-2 为几种投资连结保险的示例。

表 9-2　几种投资连结保险

险种名称	投保范围	保险期间	保险责任
国寿裕丰投资连结保险	凡出生 30 日以上、65 周岁以下,身体健康者均可作为被保险人	保险期间为本合同生效之日起至被保险人年满 75 周岁的年生效对应日止	1. 被保险人生存至本合同保险期间届满日,本公司按本合同保险期间届满日的下一个评估日的个人账户价值给付满期保险金,本合同终止 2. 被保险人身故时,若本公司收到申请人的保险金给付申请书及相关证明和资料时个人账户尚未设立,本公司按所交保费及利息给付身故保险金;若本公司收到申请人的保险金给付申请书及相关证明和资料时个人账户已经设立,本公司按收到申请人的保险金给付申请书及相关证明和资料之日与本合同保险期间届满日两者中较早者的下一个评估日的个人账户价值的 105%给付身故保险金 3. 被保险人因意外伤害身故,若本公司收到申请人的保险金给付申请书及相关证明和资料时个人账户尚未设立,本公司除按本条第 2 款第一项给付身故保险金以外,还按所交保费及利息给付额外身故保险金;若本公司收到申请人的保险金给付申请书及相关证明和资料时个人账户已经设立,本公司除按本条第 2 款第一项给付身故保险金以外,还按收到申请人的保险金给付申请书及相关证明和资料之日与本合同保险期间届满日两者中较早者的下一个评估日的个人账户价值给付额外身故保险金
平安寿险公司世纪理财投资连结保险	凡出生 30 日以上、65 周岁以下,身体健康者均可作为被保险人	本合同的保险期间分 10 年、15 年、20 年和 25 年四种。投保人投保时可按被保险人当时年龄选择相应的保险期间。保险期间确定后,除本合同另有	1. 身故保险金。被保险人在保险期间内身故,本公司根据本合同项下的投资单位价值总额或者保险金额,取二者中金额较大者,给付身故保险金,本合同终止 本合同项下的投资单位价值总额根据本公司收到被保险人死亡证明书后的下一个资产评估日的投资单位卖出价和本合同项下的投资单位数计算 2. 全残保险金。被保险人在保险期间内且于 60 周岁的保单周年日之前发生全残,本公司根据本合同项下的投资单位价值总额或者保险金额,取二者中金额较大者,给付全残保险金,本合同终止 3. 豁免保险费。被保险人在保险期间内且于 60 周岁的保单周年日之前因疾病或意外伤害事故导致失能,投保人免缴豁免期间

续表

险种名称	投保范围	保险期间	保险责任
		约定外,中途不能变更 本公司所承担的保险责任自本公司收取首期保费并签发保单的次日零时开始,至本合同约定终止时止	内的保险费,本合同继续有效 4. 满期保险金。被保险人在保险期满时仍生存,则自保险期满后的五年内,受益人可随时申请给付满期保险金,本公司按照本合同项下投资单位价值总额给付,本合同终止 5. 满期特别给付金。被保险人在保险期满时仍生存,受益人可在保险期满后的30日内,申请给付满期特别给付金。每份本保险的满期特别给付金为人民币1880元;如逾期不申请领取,满期特别给付金将自动转入投资账产,本公司按照保险期满30日后的下一个资产评估日的投资单位买入价计算相应的投资单位数。投保人在保险期满之前解除合同的,本公司不负给付满期特别给付金责任。投保人在保险期满之前部分领取投资账户现金价值的,满期特别给付金将按照领取比例相应减少

9.4.3 万能寿险

1. 万能寿险的含义

万能保险是指保险公司为每一保单设立个人账户,单独确定个人账户的结算利率、风险保障费和各项费用支出,定期结算个人账户价值,保险利益直接与个人账户价值相关的人身保险产品。万能寿险的最大特点是具有灵活性,保单所有人能定期改变保费金额,可以暂时停止缴付保费,还可以改变保险金额。这种保单适合于需要长期保障和投资相对安全的人购买。

万能寿险的投保人在缴纳首期保费后,可以按自己的意愿选择在任何时候缴纳任何数目的保费,只要保单的现金价值足以支付保单的相关费用,甚至可以不再缴费。首期保费有一个最低限额,首期的各项费用支出首先要从保费中扣除。其次是根据被保险人的年龄,保险金额计算的相应死亡给付分摊额以及一些附加优惠条件等费用,要从保费中扣除;其中的死亡给付分摊是不确定的,而且常常低于保单预计的最高水平。扣除上述费用后,余下部分就是保单的最初现金价值,这部分价值通常是按新的投资利率计算累积到期末,成为期末的保单现金价值。因此,许多万能寿险收取较高的首期保费以避免保单的过早终止。

在保险期间,保单持有人可以根据自己的情况来缴纳保费,如在保单的第二个周期(通常一个月为一周期),保单现金价值即上一周期期末的现金价值额足以支付第二个周期的费用及死亡分摊额,则第二个周期中投保人就不必缴纳保费,但若不足以支付则保单会失效。本期的死亡给付分摊及费用分摊也要从上期期末现金价值余额及本期保费中扣除,余额就是下期期初的现金价值。以此类推,一旦该期的现金价值不足以支付该期的死亡分摊费用和其他费用，而保单持有人又不缴纳保费，保单就会因保费缴纳不足而失效。

万能寿险保单的透明度很高，保险人应定期将保单的相关情况告知保险持有人，从而保单持有人可以了解保单资金的支配情况。还有一个重要因素是因为万能寿险保单的现金价值与纯保险金额是分别计算的，具有非约束性，保单现金价值每年随保费缴纳情况、费用估计、死亡率及利息率的变化而变化，纯风险保额与现金价值之和就是全部的死亡给付额，因此保单持有人有权了解保单的相关情况。

2. 万能寿险的相关特征

（1）死亡给付模式。在投保时，有两种死亡保险金给付方式可供选择，当然，给付方式也可以随时进行更改：一种是均衡给付，通常称为 A 方式，死亡给付金额等于保险金额，即给付金额始终保持不变，净风险保额每期根据保单现金价值进行调整，等于均衡死亡给付额与现金价值之差；另一种是递增给付，通常称为 B 方式，死亡给付金额等于保险金额加上现金价值，风险净额是保险金额，增加给付的金额取决于今后非保证的现金价值的变动情况。

在《个人万能保险精算规定》中规定，万能寿险保单的有效期内，若被保险人身故，保险公司可按照身故时该保险年度的保险金额给予保险金，也可以以保险金额与当时个人账户价值之和作为身故给付；在保险合同有效期内，其风险保额应大于零。

（2）保费。保费分为期交保费和额外保费。期交保费以分期方式交付。在本合同保险期间内，投保人应按保单载明的交费方式、交费金额向本公司交付期交保费。交费方式分为年交、半年交、季交和月交四种，由投保人在投保时选择。交费金额由投保人在投保时确定，但必须符合投保当时保险公司的规定。

期交保费交费期间与保险合同的保险期间相同。投保人交付首期期交保费后，以后各期期交保费应于期交保费到期日或其后的 60 日内交付。到期未交付的，若个人账户价值足以支付保险合同费用，投保人可暂缓交付期交保费，保险合同继续有效。

投保人暂缓交付期交保费的，以后每次交付期交保费时，须按顺序依次交付以前各期缓交的应交期交保费，最后交付当期的应交期交保费。所交期交保费分别归属相应的期次。

额外保费是指在保险合同保险期间内，投保人可向保险公司申请交付额外保费，但必须符合保险公司当时的规定。保险合同有到期期交保费未交付的，投保人申请交付的额外保费应首先用于交付到期的期交保费，剩余部分再作为额外保费。

（3）利率的结算。在保险公司为万能保单设立的单独账户中，不得出现资产小于负债的情况，一旦资产小于负债，保险公司应当立即补足资金，同时，因结算利率低于实际投资收益率而产生的公司收益也应被转出单独账户，通常万能保险提供一个最低的保证利率从而保证投保人的投资收益水平。万能保险的结算利率不得高于单独账户的实际投资利率，两者之差不得高于 2%。当单独账户的实际收益率低于最低保证利率时，万能寿险的结算利率应当是最低保证利率，保险公司可以自行决定结算利率的频率。

（4）费用的收取。万能寿险保单只可以收取下列规定的费用：初始费用，风险保费，保单管理费，手续费，退保费用。

案例分析

张某为某企业的白领，月薪过万元，由于工作的原因，没有过多的时间打理自己的财产，他不仅仅想通过保险获得人身的保障，同时还希望能够通过保险获得更多的收益，他该如何选择呢？

本章关键要点

人寿保险　　传统型人寿保险　　投资型人寿保险　　定期寿险　　终身寿险　　两全保险　　年金保险　　普通人寿保险　　特种人寿保险　　简易人寿保险　　次标准体保险　　团体人寿保险　　投资型人寿保险　　分红寿险　　投资连结保险　　万能寿险

第 10 章　意外伤害保险

本章学习目标
- 掌握意外伤害的定义、特征；掌握意外伤害保险的保险责任和给付方式。
- 熟悉意外伤害保险的可保风险。
- 了解个人意外伤害保险和团体意外伤害保险的内容。

引导案例

汶川地震留给人们的深思

截至 2008 年 6 月 10 日，保险业共接到汶川地震相关保险报案 24.9 万件，赔款达到 2.95 亿元。其中人身保险方面，寿险接报案 2 036 件，被保险人死亡 1 723 人，伤残 85 人，已付赔款 3 638 万元；健康险接报案 617 件，被保险人死亡 58 人，伤残 117 人，已付赔款 100.8 万元；意外险接报案 2.58 万件，被保险人死亡 1.39 万人，伤残 1 841 人，已付赔款 1.28 亿元。财产保险方面，企财险接报案 2 591 件，已付赔款 5 888.3 万元；家财险接报案 14.9 万件，已付赔款 3 847.7 万元；货物运输险接报案 14 件，已付赔款 1 100 万元；农险接报案 6.37 万件，已付赔款 1 415.8 万元。可以看出，以上各类保险业务中，意外伤害保险的赔款金额相比而言是最高的。

这次地震充分暴露出民众的风险意识还非常薄弱，面对频发的灾害缺乏相应的防范和风险管理手段，这也是人们面临的最大风险。所幸汶川地震的惨痛教训唤醒了很多市民的投保意识，特别是意外伤害保险的投保热情高涨，还有不少购买了长期人身险的市民也纷纷前往保险公司申请加保意外险。据报道，在震后，江苏等许多地区的各家保险公司人身意外伤害保险业务较去年同期均上升了四成以上。

资料来源：根据中国经济时报、保险教育网等资料整理.

10.1　意外伤害保险概述

10.1.1　意外伤害的含义和意外伤害保险的定义

1. 意外伤害的含义

在意外伤害保险中，"意外伤害"具有特定的含义，它包含意外和伤害两层含义，两者缺一不可。意外是就被保险人的主观状态而言的，指伤害事件的发生是被保险人事先没有预见到的，或者违背被保险人主观意愿的。伤害则是指人的身体受到侵害的客观事实。意外伤害保险中所称的意外伤害是指，在被保险人没有预见到或违背被保险人主观意愿的情况下，突然发生的外来致害物对被保险人的身体明显、剧烈的侵害的客观事实。

（1）伤害。也称损伤，是指被保险人的身体受到侵害的客观事实。伤害由致害物、侵害对象和侵害事实三个要素共同构成，三者缺一不可。

致害物是指直接造成伤害的物体或物质。没有致害物，就不可能构成伤害。根据致害物的不同，伤害可以分为器械伤害、自然伤害、化学伤害、生物伤害和精神伤害。在意外伤害保险中，只有致害物是外来的，才被认为是伤害。

侵害对象是致害物侵害的客体。在意外伤害保险中，只讨论对被保险人的身体或生命的侵害情况，而不讨论有关权益上的侵害。

侵害事实是指被保险人的身体与致害物以一定的方式破坏性地接触并作用于被保险人身体的客观事实。如果致害物没有接触或作用于被保险人的身体，就不能形成侵害事实，也就不构成伤害。法医学将侵害的方式分为碰撞、撞击、坠落、跌倒、坍塌、淹溺、灼烫、火灾、辐射、爆炸、中毒、触电、接触、掩埋和倾覆这15种。

（2）意外。意外伤害保险中所称的意外并非人们在日常生活中通常所理解的意外，是特指伤害事件的发生是被保险人事先没有预见到的或者违背被保险人的主观意愿的，这是就被保险人的主观状态而言的。

被保险人事先没有预见到伤害事件的发生，是指被保险人事先不能预见或无法预见伤害事件的发生，或者被保险人虽然能够事先预见到伤害事件的发生，但由于疏忽而实际没有预见到。例如，游客在游乐场乘坐过山车时，因为机械故障而发生坠落，这并非游客所能预见到的。被保险人不能预见的伤害，或被保险人能够预见但由于疏忽而没有预见到的伤害，应该是偶然发生的事件或突然发生的事件。偶然是相对于必然发生的事件而言的，是指在正常状态下不会发生的事件。突然则是指事件的发生对被保险人而言来不及预防，即指事件发生的原因与结果之间具有直接瞬间的关系，例如，飞机失事、爆炸等引起的人身伤亡均属意外。

伤害事件的发生违背被保险人的主观意愿，可以理解为被保险人预见到伤害事件即将发生时，在技术上已无法采取措施避免，或者被保险人已预见到伤害事件即将发生，也可以采取防范措施加以避免，但基于法律或职责上的规定而不能躲避。例如，银行工作人员面对持枪抢劫的歹徒，为保护国家财产、恪尽职守而与歹徒搏斗受伤，仍属意外事件所致的伤害。

最后还应明确的是，凡是被保险人的故意行为导致其身体遭受伤害的，均不属于意外。

（3）意外伤害的构成。意外伤害保险中，意外伤害的构成包括意外和伤害两个必要条件。仅有主观上的意外而无伤害的客观事实，或者仅有伤害的客观事实而无意外事件的发生，均不能构成意外伤害。只有同时具备意外和伤害两个条件，即在意外的条件下发生伤害的客观事实，才构成意外伤害。意外伤害是指在被保险人没有预见到或违背被保险人主观意愿的情况下，突然发生的外来致害物明显、剧烈地侵害被保险人身体的客观事实。

2. 意外伤害保险的定义

意外伤害保险是指当被保险人因遭受意外伤害而致死亡或残疾时，保险人依照合同规定给付保险金的人身保险。

保险人与投保人协商订立意外伤害保险合同，以被保险人的生命及身体为保险标的，投保人向保险人缴纳一定的保费，双方约定，如果被保险人在保险期限内遭受意外伤害并以此为直接原因或近因，在自遭受此意外伤害之日起的一定时期内造成被保险人死亡或残疾等结果，则保险人给付约定数量的保险金。

可见，意外伤害保险包含以下三层含义：第一，意外事故的发生是首要条件；第二，被保险人遭受意外事故导致死亡或残疾的结果；第三，意外事故的发生与被保险人死亡或残疾的结果之间存在内在的必然联系，即前者是后者的直接原因或近因。

意外伤害保险主要提供死亡给付和残疾给付这两项基本的保障，即当被保险人遭受意外伤害造成死亡时，保险人给付死亡保险金；当被保险人遭受意外伤害造成残疾时，保险人给付残疾保险金。除此之外，有些意外伤害保险的保险责任中还可能包括医疗费补偿、误工给付、丧葬费给付和遗嘱生活费给付等派生责任。

10.1.2 意外伤害保险的特征

1. 保险期限通常较短

人寿保险的保险期限一般长达十几年、几十年，甚至终身，而意外伤害保险的期限通常较短，且保险期限的确定也很灵活。意外伤害保险的保险期限大多为一年，根据不同险种的特点，还有的意外伤害保险的保险期限可定为几天、几小时，甚至可能是几分钟，期限长的通常也不超过三五年。例如，航空意外伤害保险的保险期限自被保险人踏入保单指定的航班班机舱门开始至飞抵目的港离开舱门时止，通常只有几小时，而索道游客意外伤害保险的保险期限仅包括游客乘坐索道的几分钟。

2. 保险金的给付方式较特殊

当意外伤害事故发生时，意外伤害保险金的给付主要有两种情况，即死亡保险金给付和残疾保险金给付。死亡保险金按照合同中约定的金额（通常是保险金额，有时也规定为保险金额的一定比例）给付，残疾保险金则是按照保险金额与残疾程度百分率的乘积来给付的。如果意外伤害保险合同中包含有意外医疗责任，则保险人将按照合同的约定，对被保险人因意外伤害事故造成的医疗费用支出进行补偿。11.2节还将对此进行阐述。

3. 纯保险费以保额损失率为基础计算

与人寿保险根据生命表和利息率计算纯保费的方法不同，意外伤害保险是根据保险金额损失率计算出其纯保费的，这与财产保险费率厘定的原理相同。被保险人遭受意外伤害的概率主要取决于职业及其所从事的活动,与被保险人的年龄及性别关系不大。因此职业是确定意外伤害保险费率的关键因素,在其他条件相同时,被保险人的职业或其所从事活动的危险程度越高,费率就越高,其年龄和性别则一般不予考虑。

在意外伤害保险经营实务中,各保险公司都制定了非常详细的职业分类表,一般把人们从事的职业分为 21 大类,每一大类下又有若干中分类和小分类,从事不同职业类别的人们面临的意外伤害风险不同,投保意外伤害保险时适用的费率也就不同。而且,属于同一职业大类的被保险人,如果从事的具体岗位工作不同(属于不同职业小分类),也可能因风险的差异而适用不同的意外伤害保险费率。

4. 责任准备金类似财产保险

人寿保险大多为长期业务,一般采取均衡保费制度来计收保费。均衡保险费通常可划分为危险保费和储蓄保费,储蓄保费及其利息构成人寿保险的责任准备金,以保证保险人将来履行其保险责任。与人寿保险不同的是,意外伤害保险的保险期限一般为一年,属于短期保险业务,保费为自然保费,保单没有现金价值,是纯保障性险种。因此,意外伤害保险的责任准备金主要是未到期责任准备金,年末未到期责任准备金是按其当年自留保费的 50%来计提的,这与财产保险责任准备金的性质和计算方法相同。

我国《保险法》规定,意外伤害保险属于人身保险范畴,同时,它在经营上又与财产保险存在很多相同之处,因此意外伤害保险业务具有明显的骑墙性。寿险公司可以经营意外伤害保险业务,财险公司经国务院保险监督管理机构批准也可以经营。

10.1.3 意外伤害保险的可保风险

意外伤害保险中,保险人承担着被保险人遭受意外伤害的风险,但是并非一切意外伤害都是意外伤害保险所能承保的。根据意外伤害是否可被承保划分,可将其分为不可保意外伤害、特约保意外伤害和一般可保意外伤害三种。

1. 不可保意外伤害

不可保意外伤害即意外伤害保险的除外责任。基于法律的规定或社会公共利益的要求,保险人不应该承保此类意外伤害。不可保意外伤害一般包括以下四种情况:

(1)被保险人在犯罪活动中所受的意外伤害。意外伤害保险不承保被保险人在犯罪活动中所受的意外伤害,是因为:首先,保险只能为合法的行为提供经济保障,只有这样,保险合同才是合法的,才具有法律效力,因此,被保险人在犯罪活动中所受的意外伤害不予承保;其次,犯罪活动具有社会危害性,如果承保被保险人在犯罪活动中所受意外伤害,即使该意外伤害非由犯罪行为直接造成,也违反社会公共利益。

(2)被保险人在寻衅斗殴中所受的意外伤害。寻衅斗殴指被保险人故意制造事端挑起的斗殴。寻衅斗殴不一定构成犯罪,但具有社会危害性,属于违法行为,因此保险人不能承保。

（3）被保险人在酒醉、吸食（或注射）毒品（如海洛因、鸦片、大麻、吗啡等麻醉剂、兴奋剂、致幻剂）后发生的意外伤害。酒醉或吸食毒品对被保险人身体的损害，是被保险人的故意行为所致，当然不属于意外伤害。

（4）由于被保险人的自杀行为造成的伤害。

对于不可保意外伤害，在意外伤害保险条款中应明确列为除外责任。

2. 特约保意外伤害

特约保意外伤害是指那些保险人考虑到保险责任不易区分或限于承保能力，一般不予承保，只有经过投保人与保险人特别约定，有时还要加收保费后才能承保的意外伤害。特约保意外伤害一般包括以下四种情况：

（1）战争使被保险人遭受的意外伤害。由于战争使被保险人遭受意外伤害的风险过大，保险公司一般无力承保。战争是否爆发、何时爆发、会造成多大范围的人身伤害，往往难以预计，保险公司一般难以厘定保险费率。因此，战争使被保险人遭受的意外伤害一般不予承保，只有经过特别约定并加收保险费后方能承保。

（2）被保险人在从事登山、跳伞、滑雪、江河漂流、赛车、拳击、摔跤等剧烈的体育活动或比赛中遭受的意外伤害。当从事上述高危险性的活动或比赛时，被保险人遭受意外伤害的概率大大增加，所以保险公司一般不予承保，只有经过特别约定并加收保险费后方能承保。

（3）核辐射造成的意外伤害。核辐射造成人身意外伤害的后果，往往在短期内无法确定，而且当发生大的核爆炸时，通常造成较大范围内的人身伤害。从技术及承保能力上考虑，保险公司一般不承保核辐射造成的意外伤害。

（4）医疗事故造成的意外伤害（如医生误诊、药剂师发错药品、检查时造成的损伤、手术切错部位等）。意外伤害保险的保险费率是根据大多数被保险人的情况厘定的，而大多数被保险人身体是健康的，只有少数患病的被保险人才存在因医疗事故遭受意外伤害的危险。为使保费的负担公平合理，保险公司一般不承保医疗事故造成的意外伤害。

对于上述特约保意外伤害，在保险条款中一般列为除外责任，经投保人与保险人特别约定承保后，由保险人在保单上签注特别约定或出具批单，对该项除外责任予以删除。

3. 一般可保意外伤害

一般可保意外伤害，即在一般情况下可以承保的意外伤害。除上述不可保意外伤害、特约保意外伤害以外，均属一般可保意外伤害。

案例分析

赵某为自己投保了人身意外伤害保险，并附加意外伤害医疗保险，指定其子为受益人。在保险期间，赵某因呼吸道疾病去医院求治。医院按照医疗规程操作，先为被保险人进行青霉素皮试，结果呈阴性，然后按医生规定的药物剂量为赵某注射青霉素。治疗两天后，被保险人发生过敏反应,经抢救无效死亡。医院出具的死亡证明是:因迟发性青霉素过敏而死亡。之后,赵某之子持保险合同及医院证明等资料向保险公司提出索赔申请。而保险公司认为被保险人因青霉素过敏死亡不属于意外伤害保险的保险责任,拒绝给付保险金。请问保险公司的理由成立吗?

10.2 意外伤害保险的内容

10.2.1 意外伤害保险的保险责任

意外伤害保险的保险责任是指由保险人承担的被保险人因意外伤害所致的死亡和残疾,对被保险人因疾病所导致的死亡及残疾则不负责任。意外伤害保险的保险责任由三个必要条件构成,三者缺一不可。

1. 被保险人在保险期限内遭受了意外伤害

被保险人在保险期限内遭受意外伤害是构成意外伤害保险责任的首要条件,它又包括两方面的要求。首先,被保险人遭受意外伤害必须是客观发生的事实,而非推测或臆想的;其次,被保险人遭受意外伤害的客观事实必须发生在保险期限之内。如果被保险人在保险期限开始以前遭受意外伤害导致其在保险期限内死亡或残疾,则不构成保险责任。

2. 被保险人在责任期限内死亡或残疾

被保险人在责任期限内死亡或残疾,是构成意外伤害保险责任的必要条件之一,它包括以下两方面的要求:

(1)被保险人死亡或残疾。意外伤害保险中所称的死亡或残疾,遵循有关的法律规定。死亡是指机体生命活动和新陈代谢的终止。在法律上发生效力的死亡包括两种情况,即生理死亡和宣告死亡。生理死亡是指被医生证实的死亡,宣告死亡是指按照法律程序推定的死亡。《中华人民共和国民法通则》第 23 条规定,公民下落不明满四年的,或因意外事故下落不明而从事故发生之日起满两年的,其利害关系人可以向人民法院申请宣告他死亡。

残疾包括两种情况,一种是人体组织的永久性残缺(或称缺损),如肢体断离等;另一种是人体器官正常机能的永久丧失,如视觉、听觉、嗅觉、语言机能、运动机能的丧失或障碍等。

(2)被保险人的死亡或残疾发生在责任期限之内。与人寿保险和财产保险不同的是,意外伤害保险和健康保险中规定有责任期限的概念。在意外伤害保险中,只要被保险人遭受意外伤害的事件发生在保险期内,而且自遭受意外伤害之日起的一定时期内造成死亡或残疾的后果,保险人就要承担保险责任。自遭受意外伤害之日起的一定时期即为责任期限,通常规定为 90 天、180 天或 360 天等。只要意外伤害发生在保险期限内,即使被保险人在死亡或确定残疾时保险期限已经结束,只要未超过责任期限,保险人就要负责。反之,如果被保险人在保险期限内遭受意外伤害,并导致其在责任期限以后死亡或残疾,即使这时仍处在保险期限内，保险人也不再承担保险责任。

3. 被保险人遭受的意外伤害是其死亡或残疾的直接原因或近因

在意外伤害保险中，当满足了前两个条件，即被保险人在保险期限内遭受了意外伤害并于责任期限内死亡或残疾时，并不必然构成保险责任。只有当意外伤害与死亡、残疾之间存在因果关系，即意外伤害是死亡或残疾的直接原因或近因时，才构成保险责任。意外伤害与死亡、残疾之间的因果关系包括以下三种情况：

（1）意外伤害是死亡、残疾的直接原因。当意外伤害是死亡、残疾的直接原因时，即意外伤害事故直接造成了被保险人死亡或残疾，构成保险责任，保险人应该按照约定的金额给付死亡保险金或根据保险金额和残疾程度给付残疾保险金。

（2）意外伤害是死亡或残疾的近因。当意外伤害是死亡或残疾的近因时，即意外伤害是引起直接造成被保险人死亡、残疾的事件或一连串事件的最初原因，也构成保险责任，保险人应该按照约定的金额给付死亡保险金或根据保险金额和残疾程度给付残疾保险金。

（3）意外伤害是死亡或残疾的诱因。意外伤害是被保险人死亡或残疾的诱因，是指意外伤害使被保险人原有的疾病发作，从而加重后果，造成被保险人死亡或残疾。这时同样构成保险责任，但保险人不是按照保险金额和被保险人的最终后果给付保险金，而是参照身体健康的人遭受这种意外伤害会造成的后果进行给付。

10.2.2 意外伤害保险的给付方式

经营意外伤害保险的保险人主要承担着被保险人因遭受意外伤害而致死亡或残疾的风险。当意外伤害事故发生时，意外伤害保险金的给付主要有两种情况，即死亡保险金给付和残疾保险金给付。

1. 死亡保险金的给付

死亡保险金的给付通常简单明确。意外伤害保险条款中均明确规定了死亡保险金的数额，一般是按照保险金额给付死亡保险金，或者规定为保险金额的一定比例（如保险金额的80%、50%）或倍数等。

2. 残疾保险金的给付

残疾保险金的给付相对比较复杂。残疾是指人体组织的永久性残缺或人体器官正常机能的永久性丧失。可见，意外伤害保险中，残疾的确定是基于被保险人的永久的稳定的状态而言的。如果被保险人因为遭受意外伤害而导致眼睛一时丧失视力，但其失明有可能通过治疗得以恢复或改善，因此必须在治疗结束后经伤残鉴定委员会的鉴定，方能确定是否残疾及其残疾程度。倘若在责任期限终了时仍未能结束治疗，则按这一天的身体情况进行残疾鉴定，并据此给付残疾保险金。

残疾保险金的给付金额由保险金额和残疾程度（一般以百分率表示）两个因素确定，其计算公式为：

$$残疾保险金 = 保险金额 \times 残疾程度百分率$$

保险双方在订立意外伤害保险合同时已约定好保险金额，因此，当意外伤害发生后，被保险人的残疾程度越高，保险人给付的残疾保险金数额也就越高。关于被保险人怎样的残疾状况应该对应怎样的残疾程度百分率，在意外伤害保险合同中应明确规定，以免将来发生争执。实务中，各保险公司通常采用由中国保监会颁布的《人身保险残疾程度与保险金给付比例表》（见表10-1）来列举残疾程度百分率。该表将残疾按程度不同共分为七级三十四项，分别对应由100%~10%的给付比例。对于未能列举穷尽的情况，则由保险双方遵循公平合理的原则，参照已列举的残疾程度百分率来协商处理，协商不一致时可提请有关机关仲裁或由人民法院审判。

表10-1 人身保险残疾程度与保险金给付比例

等级	项目	残疾程度	最高给付比例
第一级	一	双目永久完全失明的（注1）	100%
	二	两上肢腕关节以上或两下肢踝关节以上缺失的	
	三	一上肢腕关节以上及一下肢踝关节以上缺失的	
	四	一目永久完全失明及一上肢腕关节以上缺失的	
	五	一目永久完全失明及一下肢踝关节以上缺失的	
	六	四肢关节机能永久完全丧失的（注2）	
	七	咀嚼、吞咽机能永久完全丧失的（注3）	
	八	中枢神经系统机能或胸、腹部脏器机能极度障碍，终身不能从事任何工作，为维持生命必要的日常生活活动，全需他人扶助的（注4）	
第二级	九	两上肢，或两下肢，或一上肢及一下肢，各有三大关节中的两个关节以上机能永久完全丧失的（注5）	75%
	十	十手指缺失的（注6）	
第三级	十一	一上肢腕关节以上缺失或一上肢的三大关节全部机能永久完全丧失的	50%
	十二	一下肢踝关节以上缺失或一下肢的三大关节全部机能永久完全丧失的	
	十三	双耳听觉机能永久完全丧失的（注7）	
	十四	十手指机能永久完全丧失的（注8）	
	十五	十足趾缺失的（注9）	

续表

等级	项目	残疾程度	最高给付比例
第四级	十六	一目永久完全失明的	30%
	十七	一上肢三大关节中，有二关节之机能永久完全丧失的	
	十八	一下肢三大关节中，有二关节之机能永久完全丧失的	
	十九	一手含拇指及食指，有四手指以上缺失的	
	二十	一下肢永久缩短5厘米以上的	
	二十一	语言机能永久完全丧失的（注10）	
	二十二	十足趾机能永久完全丧失的	
第五级	二十三	一上肢三大关节中，有一关节之机能永久完全丧失的	20%
	二十四	一下肢三大关节中，有一关节之机能永久完全丧失的	
	二十五	两手拇指缺失的	
	二十六	一足五趾缺失的	
	二十七	两眼眼睑显著缺损的（注11）	
	二十八	一耳听觉机能永久完全丧失的	
	二十九	鼻部缺损且嗅觉机能遗存显著障碍的（注12）	
第六级	三十	一手拇指及食指缺失的，或含拇指或食指有三个或三个以上手指缺失的	15%
	三十一	一手含拇指或食指有三个或三个以上手指机能永久完全丧失的	
	三十二	一足五趾机能永久完全丧失	
第七级	三十三	一手拇指或食指缺失，或中指、无名指和小指中有二个或二个以上手指缺失的	10%
	三十四	一手拇指及食指机能永久完全（注13）丧失的	

注：

1. 失明包括眼球缺失或摘除、或不能辨别明暗、或仅能辨别眼前手动者，最佳矫正视力低于国际标准视力表0.02，或视野半径小于5度，并由保险公司指定有资格的眼科医师出具医疗诊断证明。

2. 关节机能的丧失是指关节永久完全僵硬，或麻痹，或关节不能随意识活动。

3. 咀嚼、吞咽机能的丧失是指由于牙齿以外的原因引起器质障碍或机能障碍，以致不能作咀嚼、吞咽运动，除流质食物外不能摄取或吞咽的状态。

4. 为维持生命必要之日常生活活动，全需他人扶助是指食物摄取、大小便始末、穿脱衣服、起居、步行、入浴等，皆不能自己为之，需要他人帮助。

5. 上肢三大关节是指肩关节、肘关节和腕关节；下肢三大关节是指髋关节、膝关节和踝关节。

6. 手指缺失是指近位指节间关节（拇指则为指节间关节）以上完全切断。

7. 听觉机能的丧失是指语言频率平均听力损失大于90dB，语言频率为500Hz、1 000Hz、2 000Hz。

8. 手指机能的丧失是指自远位指节间关节切断，或自近位指节间关节僵硬或关节不能随意识活动。

9. 足趾缺失是指自趾关节以上完全切断。

10. 语言机能的丧失是指构成语言的口唇音、齿舌音、口盖音和喉头音的四种语言机能中，有三种以上不能构声，或声带全部切除，或因大脑语言中枢受伤害而患失语症，并须有资格的五官科（耳、鼻、喉）医师出具医疗诊断证明，但不包括任何心理障碍引致的失语。

11. 两眼眼睑显著缺损是指闭眼时眼睑不能完全覆盖角膜。

12. 鼻部缺损且嗅觉机能遗存显著障碍是指鼻软骨全部或1/2缺损及两侧鼻孔闭塞，鼻呼吸困难，不能矫治或两侧嗅觉丧失。

13. 所谓永久完全是指自意外伤害之日起经过180天的治疗，机能仍然完全丧失，但眼球摘除等明显无法复原之情况，不在此限。

3. 保险金额通常还是给付限额

一般地，在意外伤害保险合同中，保险金额不仅是确定死亡保险金、残疾保险金的依据，也是保险人给付保险金的最高限额。

如果一次意外伤害造成被保险人身体多处部位残疾，保险人按保险金额与被保险人身体各部位残疾程度百分率之和的乘积计算残疾保险金，但如果身体各部位的残疾程度百分率之和超过100%，则按保险金额给付残疾保险金。如果不同残疾项目属于同一手或同一足时，保险人仅给付其中一项残疾保险金，若不同残疾项目所对应的给付比例不同时，仅给付其中比例较高一项的残疾保险金。

如果被保险人在保险期限内先后多次遭受意外伤害，保险人对每次意外伤害造成的残疾或死亡均按保险合同中的规定给付保险金，但累计给付金额以不超过保险金额为限。

综上所述，在意外伤害保险中，只要被保险人发生了合同约定的意外死亡或残疾，不论一次或多次，保险人均应按照合同规定给付保险金，但累计给付金额以不超过保险金额为限。当给付金额等于保险金额时，该意外伤害保险合同效力即告终止。

4. 意外医疗保险金的给付

某些意外伤害保险除承担死亡给付和残疾给付外，还提供包括意外医疗给付等其他保障。在这样的意外伤害保险合同中，除约定有意外伤害保险金额（用于确定死亡保险金和残疾保险金的依据）外，还规定有意外医疗保险金额，意外医疗保险金额通常是保险人给付医疗保险金的限额。

案例分析

蔡某于2008年2月23日投保了一年期人身意外伤害保险，保险金额为15万元。6月28日他在外地出差时遭受意外，导致右下肢三大关节永久完全丧失机能，右足五趾缺失，同时左眼永久完全失明，试问此时保险人应给付蔡某多少残疾保险金？后蔡某于2009年1月17日不幸遭遇车祸死亡，则保险人应给付多少死亡保险金？

10.3 意外伤害保险的种类

除寿险公司可以经营意外伤害保险业务外，财险公司经国务院保险监督管理机构批准，也可以经营意外伤害保险业务以及短期健康保险业务。

意外伤害保险的分类标准很多，依据不同的分类标准可将意外伤害保险分为不同的种类。本节是根据投保方式的不同将意外伤害保险分为个人意外伤害保险和团体意外伤害保险，再分述之。

10.3.1 个人意外伤害保险

个人意外伤害保险是指由一个自然人（投保人）投保，被保险人通常为一人的意外伤害保险。个人意外伤害保险还可以进一步细分如下：

（1）以保险期限为标准，个人意外伤害保险可以分为一年期意外伤害保险、极短期意外伤害保险和多年期意外伤害保险。

一年期意外伤害保险的保险期限为一年，在实务中，这样的产品占大部分，如个人人身意外伤害保险、人身意外伤害综合保险和附加意外伤害保险等。极短期意外伤害保险是保险期限不足一年，往往只有几天、几小时甚至更短的意外伤害保险。航空意外伤害保险、公路旅客意外伤害保险、旅游保险、游泳池人身意外伤害保险、索道游客意外伤害保险等均属此类产品。多年期意外伤害保险的保险期限超过一年，太平洋寿险公司开办的太平盛世·长顺安全保险就是一款多年期意外伤害保险，但这类产品一般不多。

（2）以保险危险为标准，个人意外伤害保险可以分为普通意外伤害保险和特定意外伤害保险。

普通意外伤害保险承保在保险期限内发生的各种可保意外伤害，而不是特别限定的某些意外伤害。实务中大多数意外伤害保险属于此类，如个人人身意外伤害保险、团体人身意外伤害保险、学生团体平安保险等。特定意外伤害保险是承保特定时间、特定地点或特定原因发生的意外伤害的一类业务。例如，驾驶员意外伤害保险所承保的危险只限于在驾驶机动车辆中发生的意外伤害。

（3）以投保动因为标准，个人意外伤害保险可以分为自愿意外伤害保险和强制意外伤害保险。

自愿意外伤害保险的双方当事人在自愿的基础上通过平等协商订立合同，投保人可以选择是否投保以及向哪家保险公司投保，保险人也可以选择是否承保及承保条件。强制意外伤害保险又称法定意外伤害保险，是指由国家机关通过颁布法律、法规强制施行的意外伤害保险。凡属法律、法规所规定的强制施行范围内的人，必须投保，无选择余地。有的强制意外伤害保险还规定必须由哪家保险公司承保，则该保险公司也必须承保。

（4）以险种结构为标准，个人意外伤害保险可以分为单纯意外伤害保险和附加意外伤害保险。

单纯意外伤害保险是指一张保单所承保的保险责任仅限于意外伤害保险。保险公司目前开办的个人人身意外伤害保险、公路旅客意外伤害保险、驾驶员意外伤害保险等，均属单纯意外伤害保险。附加意外伤害保险包括两种情况，一种是其他保险附加意外伤害保险，另一种是意外伤害保险附加其他保险责任。

目前，我国个人意外伤害保险产品种类日益丰富，产品形式和销售渠道也多有创新。其中卡折式意外险产品就属于一类较新颖的产品，它的保险金额、保险费及主要保险责任等内容固定，而且销售方式灵活、形式多样，其中许多卡折式产品的保险责任较广，客户能轻松便利地获得较为全面的意外保险保障，因而受到市场的好评，业务发展较快。

10.3.2 团体意外伤害保险

团体保险是指使用一份总保单向一个团体的多个成员提供人身保险保障的一类保险业务。团体意外伤害保险是以各种社会团体为投保人，以该团体的全部或大部分成员为被保险人，对被保险人因意外事故导致死亡、残疾或产生医疗费用的，保险人按合同约定给付保险金的意外伤害保险。

因为意外伤害保险的保险费率通常取决于被保险人的职业及其从事的活动，与被保险人的年龄、性别和健康状况关系不大，所以对于从事风险性质相同的工作的团体内众多成员而言，可以采用相同的保险费率。因此，相比保险费率主要依被保险人的年龄、性别和健康状况而定的人寿保险和健康保险而言，意外伤害保险最适合采用团体方式投保。在实务中，团体意外伤害保险业务确实占有相当大的比例。

团体意外伤害保险的保险期限一般为一年，期满可申请续保，保险费率根据投保单位的行业或工作性质来确定。由于是团体投保，能够有效降低逆选择和经营成本，通常团体意外伤害保险的费率要比个人意外伤害保险的费率低。

团体意外伤害保险的保险责任和给付方式等均与个人意外伤害保险相同，但保单效力方面有所不同。团体意外伤害保险中，被保险人一旦脱离投保的团体，保单效力对该被保险人即行终止，投保团体可以为该被保险人办理退保手续，而保单对其他被保险人仍然有效。

按照给付责任为标准，团体意外伤害保险主要可分为普通团体意外伤害保险和团体意外伤害综合保险。普通团体意外伤害保险的基本责任为意外死亡给付及意外残废给付。例如，国寿绿洲团体意外伤害保险（A款）、美国友邦团体意外伤害保险、新华团体意外伤害保险、泰康团体意外伤害保险、阳光团体意外伤害保险等。团体意外伤害综合保险，除基本责任之外还包括派生责任，如医疗给付、误工给付、丧葬费给付和遗属生活费给付等责任，如中国人保团体意外伤害综合保险。

市场上常见的团体意外伤害保险还有学生平安保险、旅游保险、建筑施工人员团体意外伤害保险等许多产品。目前团体意外伤害保险销售方式较以往更为灵活，市场上涌现出不少团意险套餐或组合计划，因其保障齐全，覆盖意外死亡、意外残疾、意外医疗等多项保障，且性价比优良，已经逐步获得客户的认可和欢迎。

本章关键要点

意外　　伤害　　意外伤害　　意外伤害保险　　意外伤害保险的特征
责任期限　　残疾　　意外伤害保险的可保风险　　意外残疾保险的保险责任
意外伤害保险的给付方式　　意外伤害保险的种类

第 11 章　健康保险

本章学习目标

- 了解健康保险的定义。
- 掌握健康保险的特征和作用。
- 掌握健康保险产品的分类方法。
- 熟悉健康保险的主要险种。
- 掌握医疗费用保险的保障内容。
- 熟悉个人健康保险常用条款的内容和使用条件。
- 掌握团体健康保险常用条款的内容。
- 掌握健康保险常用条款的使用范围和要求。

引导案例

英国伦敦烟雾事件

1952年12月5—8日，一场灾难降临了英国伦敦。地处泰晤士河河谷地带的伦敦城市上空处于高压中心，一连几日无风，风速表读数为零。大雾笼罩着伦敦城，又值城市冬季大量燃煤，排放的煤烟粉尘在无风状态下蓄积不散，烟和湿气积聚在大气层中，致使城市上空连续四五天烟雾弥漫，能见度极低。在这种气候条件下，飞机被迫取消航班，汽车即便白天行驶也须打开车灯，行人走路都极为困难，只能沿着人行道摸索前行。由于大气中的污染物不断积蓄，不能扩散，许多人都感到呼吸困难，眼睛刺痛，流泪不止。伦敦医院由于呼吸道疾病患者剧增而一时爆满，伦敦城内到处都可以听到咳嗽声。仅仅4天时间，死亡人数达4 000多人。就连当时举办的一场盛大的得奖牛展览中的350头牛也惨遭劫难。一头牛当场死亡，52头严重中毒，其中14头奄奄待毙。2个月后，又有8 000多人陆续丧生。这就是骇人听闻的"伦敦烟雾事件"。酿成伦敦烟雾事件主要的凶手有两个，冬季取暖燃煤和工业排放的烟雾是元凶，逆温层现象是帮凶。伦敦工业燃料及居民冬季取暖使用煤炭，煤炭在燃烧时，会生成水、二氧化碳、一氧化碳、二氧化硫、二氧化氮和碳氢化合物等物质。这些物质排放到大气中后，会附着在飘尘上，凝聚在雾气上，进入人的呼吸系统后会诱发支气管炎、肺炎和心脏病。当时持续几天的"逆温"现象，加上不断排放的烟雾，使伦敦上空大气中烟尘浓度比平时高10倍,二氧化硫的浓度是以往的6倍,整个伦敦城犹如一个令人窒息的毒气室一样。可悲的是,烟雾事件在伦敦出现并不是独此一次,相隔10年后又发生了一次类似的烟雾事件,造成1 200人的非正常死亡。直到20世纪70年代后,伦敦市内改用煤气和电力,并把火电站迁出城外,使城市大气污染程度降低了80%,骇人的烟雾事件才没有在伦敦再度发生。伦敦烟雾事件,说明环境污染是引起疾病的罪魁。实际上,现代生活中,环境致病因素有物理、化学、生物、电子等多方面内容,由环境污染引起的疾病正在日益增多。人类健康面临的风险也越来越大,从而对健康保险的发展提出了更高的要求。

11.1 健康保险概述

11.1.1 健康保险的定义

健康保险是以被保险人的身体健康为标的,对被保险人因疾病或意外伤害所发生的医疗费用,或因疾病或意外伤害而失能导致收入损失以及因年老、疾病或伤残需要长期或短期护理而产生的护理支出提供保障的保险。健康保险定义包含了三个基本要素:第一,补偿被保险人因治疗疾病和伤害所发生的费用;第二,补偿因疾病或伤害带来的财务损失;第三补偿因年老、疾病或伤残导致日常生活能力障碍需支出的护理费用。我国由国家保监会颁布于2006年9月1日起施行的《健康保险管理办法》按照保险责任,将健康保险分为疾病保险、医疗保险、失能收入损失保险、护理保险等。疾病保险是指以保险合同约定的疾病的发生为给付保险金条件的保险;医疗保险是指以保险合同约定的医疗行为的发生为给付保险金条件,为被保险人接受诊疗期间的医疗费用提供保障的保险;失能收入损失保险是指以因保险合同约定的疾病或意外伤害导致工作能力丧失为给付保险金条件,为被保险人在一定时期内收入减少或者中断提供保障的保险;护理保险是指以因保险合同约定的日常生活能力障碍引发护理需要为给付保险金条件,为被保险人的护理支出提供保障的保险。

11.1.2 构成健康保险可保疾病的条件

因致病因素的繁杂,侵蚀人体健康的疾病很多,但并非所有疾病都属商业健康保险的可保疾病。构成健康保险可保疾病须符合以下要求:

1. 必为明显非外来原因所致

健康保险的可保疾病的条件与意外伤害保险的条件即必须是外来的、突发的、不可预料的原因导致的伤害不同,必为身体内在的生理原因所致。虽然许多疾病是因饮食不洁、外感病菌、病毒而产生,但不能简单理解为外来因素。因为外来的病菌与病毒往往要在人体内部感染并逐渐酝酿方可形成疾病,表现为一个损伤与抗损伤的过程。因此,是否有明显的外来原因,是划分疾病和意外伤害的界限。

2. 必为非先天性原因所致

健康保险仅对被保险人在保险合同效力存续期间由健康状态转入病态承担责任。由于先天原因（一般为遗传基因变异）所致身体发生的缺陷或形态的不正常，不能成为健康保险的承保范围。值得注意的是，健康保险只对投保后在保险合同效力存续期限内发生的疾病承担保险责任。因为保险转移的是具有不确定性、偶然性特点的风险。

3. 必为非长存的自然常态原因所致

人的一生必然经历从生长、成年、衰老的过程，这一过程是与时间相关生理上长存的原因所致。机体进入衰老过程时显示一些病态，这是必然要经历的生理现象。不属于健康保险的保障范围。但是，在衰老的同时，诱发出其他疾病却是偶然的，需要健康保险来提供保障。

11.1.3 健康保险的特征

1. 保险期限

健康保险的期限与人寿保险比较，除重大疾病保险外，绝大多数为一年期的短期合同。主要原因如下：一是医疗服务成本呈递增趋势；二是疾病发生率每年变动较大，保险人很难计算出一个长期适用的保险费率，而人寿保险的合同期限多为长期合同，在整个缴费期间可以采用均衡的保险费率。

2. 精算技术

健康保险与其他人身保险，特别是人寿保险相比较，在产品的定价基础和准备金计算方面有较大的不同。人寿保险在制定费率时是依据人的生死概率、费用率、利息率来计算的，而健康保险计算费率是依据发病率、伤残率和疾病（伤残）持续时间等因素，并以保险金额损失率为基础，同时结合药品价格和医疗费用水平对费率进行调整。年末到期责任准备金一般按当年保费收入的一定比例提存。此外，健康保险合同中规定的等待期、免责期、免赔额、共保比例和给付方式、给付限额也会影响最终的费率。

3. 健康保险的给付

健康保险的给付依据保险合同中承保责任的不同，而分为补偿性给付和定额给付。费用型健康保险即对被保险人因伤病所致的医疗花费或收入损失提供保险保障，属于补偿性给付，类似于财产保险。定额给付型健康保险则与人寿和意外伤害保险在发生事故时依据保险合同事先约定的保险金额予以给付相同。因为健康保险的特性，一些国家把健康保险和意外伤害保险列为第三领域，允许财产保险公司承保，我国也遵从国际惯例，放开短期健康保险和意外伤害保险的经营限制。财产保险公司也可以提供短期健康保险和意外伤害保险。

4. 经营风险的特殊性

健康保险经营的是伤病发生的风险与人寿和意外伤害保险相比较易发生逆选择和道德

风险。因为，一方面，健康保险各环节中的技术问题其结论往往不是唯一的。例如，被保险人的疾病可选择的合理的诊疗方法有多种，但其花费是不同的，有的相差甚远。另一方面，健康保险的构成环节较多，包括被保险人门诊、住院治疗、医生开药方出具有关证明和被保险人持单索赔，其中任一环节都可能发生道德风险，如小病大治、冒名顶替他人就诊、带病投保等。因此，为降低逆选择和道德风险，健康保险的核保要严格得多，对理赔工作的要求也高得多，同时也要求精算人员在进行风险评估及做好计算保费时，不仅依据统计资料，还要获得医学知识方面的支持。此外，在医疗服务的数量和价格的决定方面保险人难以控制，也是健康保险的风险之一。

5. 成本分摊

在健康保险中，保险人对所承担的医疗保险金的给付责任往往带有很多限制或制约性条款，以此来分摊成本和降低经营风险。例如，住院医疗费用采取分级累进制的报销方法；用药必须属于医保中心颁布的药品目录中的药品，并分等级按比例报销；医用材料与器械使用以国产标准价格报销等。

6. 合同条款的特殊性

健康保险除带有死亡给付责任的终身医疗保险之外，都是为被保险人提供医疗费用和残疾收入损失补偿，基本以被保险人的存在为条件，受益人与被保险人为同一人，所以无须指定受益人。健康保险条款中，除适用一般寿险的不可抗辩条款、宽限期条款、不丧失价值条款等外，还采用一些特有条款，如体检条款、免赔额条款、等待期条款、既存状况条款、转换条款、协调给付条款等。此外，健康保险合同中有较多的医学方面的术语和名词定义，有关保险责任部分的条款也显得比较复杂。

7. 健康保险的除外责任

健康保险的除外责任主要有两方面：一方面，因为战争和军事行动造成的损失程度较高，且难以预测。在制定正常的健康保险费率时，不可能将战争和军事行动的伤害因素和医疗费用因素计算在内，故将其作为除外责任。另一方面，健康保险只承担偶然发生事故的风险，对故意自杀或企图自杀造成的疾病、死亡、残疾，不属健康保险的责任。

11.1.4　健康保险的作用

（1）对个人和家庭的作用。疾病风险对于个人和家庭是客观存在的，大多数人在自己或家人身患重病或遭遇严重身体伤害时，都无法独立承担全部医疗费用，也可能会因为疾病导致暂时或永久失能，减少或失去经济收入能力而面临严重经济困难。防止因疾病造成贫困的风险，健康保险就是转移这种风险最常用的方法。

（2）对企业和单位的作用。健康保险作为员工福利体系中的重要组成部分，其在维护企业和单位的正常生产，抵御疾病造成的减员给生产带来的影响中发挥日益重要的作用。特别是对于运用商业医疗保险来管控疾病风险的企业和单位，可以把不可控制的疾病风险转变为固定的保费支出，不仅便于成本核算，也减轻了企业的负担。此外，为企业重要员工提供健康保险对于增强企业凝聚力，留住人才，促进企业持续稳定发展具有重要意义。

（3）对国家和社会的作用。健康保险在不同医疗保障制度模式的国家中所起的作用是不同的。在以国家税收模式和社会医疗保险模式中，商业健康保险起到的是重要的补充作用。在以商业性健康保险作为国家的健康保险模式中，商业健康保险发挥的是主要作用。在我国，商业健康保险和社会医疗保险同为社会保障体系的重要组成部分，为全社会成员提供健康保障。

随堂讨论

你是如何理解商业健康保险定义的？为什么"先天性疾病"不属于商业健康保险承保的范围？

11.2 健康保险产品的类别

11.2.1 按保障范围分类

根据保障范围的不同，健康保险产品可以分为疾病保险、医疗保险、失能收入损失保险和长期护理保险。

疾病保险是指以保险合同约定的疾病的发生为给付保险金条件的保险。

医疗保险是指以保险合同约定的医疗行为的发生为给付保险金条件，为被保险人接受诊疗期间的医疗费用支出提供保障的保险，医疗费用一般包括门诊费用、医药费、住院费用、护理费用、医院杂费、手术费用和各种检查费用。

失能收入损失保险是指以因保险合同约定的疾病或意外伤害导致工作能力丧失为给付保险金条件，为被保险人在一定时期内收入减少或者中断提供保障的保险，该保险的保险金通常采用按月支付固定津贴的方式给付。

长期护理保险是指以因保险合同约定的日常生活能力障碍引发护理需要为给付保险金条件，为被保险人的护理支出提供保障的保险。日常生活能力障碍产生的原因，一般是疾病、意外或者年老等。

11.2.2 按承保对象分类

健康保险产品按承保对象的不同，可以分为个人健康保险和团体健康保险。个人健康保险是指以单个自然人为投保人的健康保险，团体健康保险是以团体或雇主为投保人、团体成员为被保险人的健康保险。个人健康保险保单的投保人与被保险人通常为同一人，投保人对健康保险保单中包含的一些条款，如保险金额水平和续保规定有一定的选择权，保险人根据投保人的选择计算或调整保费。个人健康保险一般需要借助大量的个人业务代理人员进行销售，承保时在订立可保标准、核保理赔和保费等方面都比团体健康保险要复杂。

团体健康保险是对一个主合同下的一群人提供保障，投保人可以是各类企业、政府机关、事业单位、各种社团以及雇主等。但不能是专为购买团体健康保险而组成的团体，团体健康保险中保障的对象是该投保团体的所属员工，有的产品还可以包括团体成员的家属和子女。团体健康保险的保费，既可以约定由各类团体或雇主独自缴纳，也可以由各类团体或雇主与团体员工共同缴纳。由于团体健康保险的销售和管理都较个人健康保险简单，因此，在同样的保障内容下，团体健康保险的管理成本要比个人健康保险的管理成本低。

11.2.3 按给付方式分类

根据保险金给付方式可以将健康保险产品分为费用补偿型、津贴给付型、定额给付型和提供服务型。费用补偿型是指被保险人因意外伤害或疾病导致医疗行为发生而产生的医疗费用支出，保险人按合同约定的方式和限额给予经济补偿的健康保险，是一种最为普遍的医疗保险给付方式。津贴给付型和定额给付型是指不考虑被保险人因意外伤害或疾病所发生的实际医疗费用，当被保险人被诊断患有保险合同约定疾病或因意外伤害和疾病导致医疗行为的发生，保险人按合同约定的金额或标准向被保险人一次或分期支付的健康保险。这种保险方式一般不需要提供医疗费用单据，而且与其他社会医疗保险的给付并不发生矛盾，对保险人来说也较好控制经营风险。提供服务型是指由合作健康保险组织的医院向被保险人提供医疗服务，由保险人向提供服务的医院或者医生支付费用和报酬的形式。

11.2.4 按合同形式分类

健康保险按照合同形式可分为主险合同和附加险合同。主险合同是指可以独立出单，为因意外伤害或疾病造成的相关损失或产生的医疗费用提供保障的保险合同。附加险合同是指不能单独出单只能附属于主险合同的基础上，附加险可以扩展主险合同的保险责任但合同效力随主险合同的消失而消失。

11.2.5 按保险合同期限的长短分类

根据保险合同期限的长短可将健康保险分为短期健康险、长期健康险和终身健康险。短期健康险是指保险期限在一年以内（含一年）的保险产品，长期健康险是指保险合同期限在一年以上的保险产品，终身健康险是指保险期限以被保险人的生存期限为标准的保险产品。

健康保险的分类方法较多，尚无统一标准。这里只是介绍了几种较为常用的方法。在健康保险的实务中，大多采取的是以承保对象为分类方式，即以个人和团体划分为个人健康保险和团体健康保险为纲，以保险责任方式划分的健康保险类型为目，来分析和掌握各种不同类型的健康保险，即在个人健康保险范围或团体健康保险范围来划分个人健康保险的产品类型和团体健康保险产品类型。

11.3 健康保险的主要险种

11.3.1 个人健康保险

个人健康保险主要包括医疗保险、疾病保险、失能收入损失保险和长期护理保险。

1. 医疗保险

医疗保险是医疗费用保险的简称,医疗费用是被保险人因意外伤害或疾病发生医疗行为而产生的费用支出,一般依照其医疗服务的特性来区分,主要包含门诊费用、药费、住院费用、护理费用、医院杂费、手术费用、各种检查费用等。不同险种所包含的费用保障一般是其中的一项或若干项的组合。根据具体产品的不同,保障范围可以是限定为某一特定医疗服务方式的基本给付,也可以是包含各种意外伤害和各类重大疾病的所有医疗费用的综合给付,医疗费用保险通常为一年期或一年期以内的短期险。

医疗保险的主要类型有以下几种:

(1)普通医疗保险。普通医疗保险给被保险人提供治疗疾病时所相关的一般性医疗用,其主要包括门诊费用、医药费用、检查费用等。这种保险的保费成本较低,比较适合一般社会公众。由于保险人对医药费用和检查费用的支出控制较为困难,为了防范经营风险,这种保单一般制定了免赔额以及最高给付限额和比例给付条款。保险人支付免赔额以上部分的一定百分比,保费则每年规定一次;每次疾病所发生的费用累计超过保险金额时,保险人不再负保险责任。

(2)住院医疗保险。住院医疗保险提供被保险人因疾病或意外伤害住院而支出的医疗费用。这种保单在目前市场上较为多见。住院医疗保险的费用项目主要是每天住院房间费用、住院期间治疗费用、利用医院设备费用、医药费用、手术费用等。为了防范道德风险,保险人在此类保险产品中规定每天住院费用的额度和最长住院的天数。并且分项规定给付比例和最高给付额。例如,人寿附加住院医疗保险条款规定:① 住院费按实际支出的85%给付保险金,最高给付为合同金额的30%;② 药品费按实际支出的75%给付,最高给付为合同金额的45%;③ 治疗费按实际支出的80%给付,最高给付为合同金额的30%;④ 检查费按实际支出的75%给付,最高给付额为合同金额的14%;⑤ 材料费按实际支出的75%给付,最高给付限额为合同金额的5%。

(3)手术保险。这种保险提供因被保险人需做必要的手术而发生的费用。这种保单通常约定保险人承保的各项手术以及每项手术的最高给付金额。被保险人经医院诊断属于必须住院施行非器官移植手术者,保险人按合同约定给付手术医疗保险金。

(4)综合医疗保险。综合医疗保险是保险人为被保险人提供的一种全面的医疗费用保险,其费用包括医疗、住院、手术等一切费用。这种保单的保费较高,一般确定一个较低的免赔额连同适当的分担比例。

在健康保险中最常用的条款有免赔额条款、比例给付条款和给付限额条款。

（1）免赔额条款。在健康保险中对一些金额较低的医疗费用，采用免赔额的规定，保险人按照合同条款只负责超过免赔额的部分医疗费用的报销。免赔额的计算方法有三种：一是针对每次赔款发生时采取单一固定的免赔额；二是全年免赔额按全年赔款总计，超过一定数额后才赔付；三是集体免赔额。针对团体投保而言，规定了免赔额之后，小额的医疗费用由被保险人自负，大额的医疗费用由保险人承担。免赔额的规定可以促使被保险人加强对医疗费用的自我控制，避免不必要的浪费，同时也可减轻保险人在这些险种中防范道德风险的压力和工作量。

（2）比例给付条款（或称共保比例条款）。是指保险人和被保险人共同按比例承担被保险人发生的医疗费用的保险条款。健康保险是以人的身体为保险标的，不存在是否足额投保问题。而且健康保险的风险不易被控制，具有经营风险较大的特点：为了控制医疗费用不合理增长，保险人在大多数健康保险合同中，对于医疗保险金的支出制定有按比例给付的条款，即对超过免赔额以上的医疗费用部分采用保险人和被保险人共同分摊的比例给付办法。比例给付既可按某一固定比例（如保险人承担70%，被保险人自负30%）给付，也可按分级累进比例给付，即将实际医疗费用支出由低到高分为若干等级，保险人承担的比例随级别的升高而递增。被保险人自负的比例则随级别的升高而递减。例如，人寿学生平安保险中住院医疗费用报销方式就是如此。该条款规定，住院医疗发生的实际费用在扣除100元以下免赔之后按下列方法给付：101～1 000元给付50%，1 001～5 000元给付60%，5 001～10 000元给付70%，10 001～30 000元给付80%。30 001元至最高给付限额给付90%，这样既有利于保障被保人的经济利益，解除后顾之忧，也利于保险人对医疗费用的控制。

（3）给付限额条款。指确定每次保险事故的给付金额条款。由于健康的危险大小差异很大，医疗费用支出的高低也相差很大，为了保障保险人和被保险人的利益，加强对健康保险的管理，保险人在制定医疗保险产品时，对保险金的支付订立最高给付限额条款，以控制总支出水平。此外，某些健康保险产品中，还制定有给付限期条款，确定每一次保险金给付的最长期限。

2．疾病保险

疾病保险是指以保险合同约定的疾病为给付条件的保险。某些特殊的疾病往往给被保险人带来灾难性的费用支付。例如，恶性肿瘤、肾功能衰竭等。这些疾病的治疗会产生巨额医疗费用支出，要有效地转移这种风险通常要求这种疾病保险保单的保险金额比较大以满足其支付高额费用的需求。疾病保险的给付方式一般要求在确认为保险合同约定范围的疾病后，立即一次性支付合同约定的保险金额。

（1）疾病保险的特点。

1）疾病保险是一种独立的险种，即主险，保险人可以作为单一产品来推销，投保人可任意选择该产品。

2）疾病保险提供保障的疾病多为可能给被保险人的生命或生活带来重大影响的病种，如脑中风、尿毒症等。而且保障水平较高，以求达到切实为被保险人提供保障的目的。

3）疾病保险条款一般都规定了一个等待期或观察期，等待期或观察期一般为180天（不同的国家规定可能不同），被保险人在等待期或观察期内因疾病而支出的医疗费用及收入损失，保险人概不承担保险责任，观察期或等待期期满后保单才正式生效。

4）保险期限较长，疾病保险一般都是终身保险，被保险人一旦投保并按期缴纳保费将获得终身保险保障。

5）疾病保险的保费交付方式灵活多样，可以按年、半年、季、月分期交付，也可以一次交清，为了保证保单的效力，通常设有宽限期条款。

（2）重大疾病保险。是指当被保险人患保单指定的重大疾病确诊后，保险人按合同约定定额支付保险金的保险；该险种保障的疾病有心肌梗塞、冠状动脉绕道术、癌症、脑中风、尿毒症、严重烧伤、突发性肝炎、瘫痪和主要器官移植手术、主动脉手术等，对于这些疾病的具体内容在保险合同中有详细的释义。因该险种保障程度高、需求量大，在我国较为流行，所覆盖的病种呈现增多的趋势。

1）重大疾病保险按保险期限划分，可以分为定期和终身两类。定期重大疾病保险为被保险人在固定的期间内提供保障，固定期间可以按被保险人的年龄（如保障75岁）确定或按年数（如20年）确定，定期重大疾病保险近年来发展较快，新的险种不断出现。例如，"两全"形态的重大疾病保险，即被保险人在保险期间内未患重大疾病且生存至保险期末也可获得保险金。另有扩大保障范围、增加高残和身故保险责任的重疾保险。终身重大疾病保险为被保险人提供终身的保障，终身保障有两种形式，一种是为被保险人提供的重大疾病保障，直到被保险人身故；另一种是当被保险人生存至合同约定的极限年龄（如100周岁）时，保险人给付与重大疾病保险金额相等的保险金。保险合同终止。一般终身重大疾病保险产品都会含有身故保险责任，因风险较大费率相对比较高。

2）重大疾病保险按给付形态划分。重大疾病保险按给付形态可划分为提前给付型、附加给付型、独立给付主险型、按比例给付型、回购式选择型五种。① 提前给付型重大疾病保险产品保险责任包含重大疾病死亡、高度残疾，保险总金额为死亡保额，其中包含重大疾病和死亡或高残保额两部分，如果被保险人患保单所列重大疾病，被保险人可以将一定死亡保额比例的重大疾病保险金提前领取，用于医疗或手术费用等开支，剩余部分在被保险人身故时由受益人领取。如果被保险人没有发生重大疾病，则全部作为身故保险金，由受益人领取。② 附加给付型重大疾病保险产品通常是以寿险为主险的附加给，保险责任也包含有重大疾病和高残两类。该型产品有确定的生存期间。生存期间是指被保险人身患合同约定范围内的重大疾病开始（正式确诊）至保险人确定的某一时刻止的一段时间，通常有30天、60天、90天、120天不等。如果被保险人患重大疾病且在生存期内死亡，保险人给付死亡保险金。如果被保险人患重大疾病且存活超过生存期间，保险人给付重大疾病保险金，被保险人身故时再给付死亡保险金。该产品的优势在于死亡保障不仅始终存在而且不因重大疾病保障给付而减少死亡保险金。③ 独立给付主险型重大疾病保险包含死亡和重大疾病的保险责任,而且其责任是完全独立的,并且二者有独立的保额。如果被保险人身患重大疾病,保险人给付重大疾病保险金,死亡保险金为零,保险合同终止,如果被保险人未患重大疾病,则给付死亡保险金。此型产品较易定价,只需考虑重大疾病的发生率和死亡率。但对重大疾病的描述要求严格。④ 按比例给付型重大疾病保险是针对重大疾病的种类而设计,主要是考虑某一种重大疾病的发生率、死亡率、治疗费用等因素,来确定在重大疾病保险总金额中的给付比例。当被保险人患有某一种重大疾病时按合同约定的比例给付,其死亡保障不变,该型保险也可以用于以上诸型产品之中。⑤ 回购式选择型重大疾病保险产品,目前在我国尚属空白。该型产品是针对提前给付型产品存在的因领取重大疾病保险金而导致死亡保障降低的不足而设计的,其规定保险人给付重大疾病保险金后,若被保险人在某一特定时间仍存活,可以按照某些固定费率买回原保险额的一定比例(如25%)使死亡保障有所增加,如果被保险人再经过一定时期仍存活,可再次买回原保险总额的一定比例,最终使死亡保障达到购买之初的保险额。回购式选择带来的逆选择是显而易见的,作为曾经患过重大疾病的被保险人要按照原有的费率购买死亡保险也有失公平。因此对于"回购"的前提或条件的设计至关重要,是防范经营风险的关键。

3. 失能收入损失保险

失能收入损失保险又称收入保障保险,是指当被保险人由于意外伤害或疾病导致残疾,丧失劳动能力不能工作以致失去收入或减少收入时,由保险人在一定期限内分期给付保险金的一种健康保险。其主要目的是为被保险人因丧失工作能力,导致收入减少或丧失提供经济上的保障,但不承担被保险人因疾病或意外伤害所发生的医疗费用。

(1)失能是指丧失劳动能力或参加工作能力。保险人将失能分为两类,一类是完全失能,是指不能从事任何报酬性工作;另一类是部分失能,是以被保险人员原来从事的职业作为衡量标准;被保险人不能从事与其教育、训练及经验相关的职业,但可以从事其他职业以获取报酬。例如,外科医生由于手部受伤,不能灵活运动,不能再做外科手术,但也可以做一般的医疗服务则被视为部分失能。如果一个人因残疾或意外伤害事故所致而不能参加工作,那么他就会失去原来的工资收入。这种收入的损失数额可能是全部的,也可能是部分的,其时间可能较长,也可能较短。但不管怎样,都会给当事人造成经济上的困难。健康保险化解这一困难的就是失能收入损失保险。失能收入损失保险一般可分为两种:一种是补偿因疾病造成残废而导致的收入损失;另一种是补偿因意外伤害而致残的收入损失。保险实际工作中,因疾病致残的更为多见。

1)失能收入损失保险给付方式。给付方式应该考虑两个因素,一是给付金额,要能达到保障被保险人失能后能保持正常生活的目的;二是要有利于提高被保险人残疾后重返工作岗位获取报酬的积极性,有利于防止故意延长残疾失能期间和为骗保而自残的行为。因此,保险人在确定最高保险金限额时,要准确了解被保险人的收入状况,例如,税前的正常劳动收入；非劳动收入，如股利与利息，被保险人残疾期间后续获取的收入；残疾期间的其他收入来源，如团体残疾收入保险和政府残疾收入计划所提供的保险金；目前适用的所得税率。因被保险人的正常收入属于应税收入，而个人保单所提供的残疾收入保险金不属于应税收入。一般来说，保险人在了解被保险人的收入状况的基础上，对低收入者每月所偿付的保险金一般不得高于原收入的85%，此比例随原收入的升高而降低，可能为65%或更少。这样做既可以满足被保险人的正常生活需要，又可以促进被保险人重返工作岗位。收入损失保险在保险金给付的具体操作时，一般是按月或按周进行，主要是根据被保险人的选择而定。一旦确定，被保险人就能如期获得保险人给付的额度一致的保险金。

2）失能收入损失保险的给付期限。给付期限是指收入损失保险保单支付保险金的最长时间。根据给付期限的长短，有长期失能和短期失能两种形态。短期失能收入损失保险是为了补偿在身体恢复前不能工作的收入损失；而长期失能收入损失保险则是规定较长的给付期限，补偿全部残废而不能恢复工作的被保险人的收入。失能收入损失保险的给付期限，不论生病致残还是意外伤害致残都是相同的。一般给付期限有：从13周、26周、52周，到2年、5年或给付至65岁，如果全残始于55岁、60岁或65岁，可提供终身给付。多数失能为短期失能，约98%的失能者在一年里或6个月内可恢复；若恢复期超过12个月，恢复工作能力的概率锐减，尤其年老者，对此更宜于选择较长的保险给付期间。

3）失能收入损失保险的免责期。又称等待期或推迟期，它是指在残疾失能后无保险金可领取的一段时间，在此期间内保险人依据合同约定不承担保险金给付责任。其与医疗费用保险中的免责期相类似。免责期的设定目的在于排除一些不连续的疾病或受伤导致的短暂的失能，也可以通过对免责期内短期残废的给付的取消而减少保险成本。同时，被保险人在短时间的失能之后，还可以维持一段正常的生活，因此，不会给被保险人造成过重的经济负担。各家保险公司推出的失能收入损失保险产品规定的免责期并不相同，有30天、60天、90天、180天或者一年等，越长的免责期保费越便宜。此外，免责期间允许中断，如被保险人在短暂恢复后（一般定为6个月以内）再度失能，可将两段失能期间合并计为免费期。

（2）残疾是指由于疾病或伤害等原因在人体上遗留下影响正常生活和工作能力的固定症状。通常导致残疾的原因有先天性的残障、后天疾病遗留和意外伤害遗留。失能收入损失保险对先天性的残疾不给付保险金并规定只有满足保单载明的全残定义时，才可以给付保险金。在失能收入损失保险中，各公司的保单关于残疾的定义有很多方式，这里只讨论完全残疾和部分残疾的定义。

1）完全残废。亦可称完全失能，是指永久丧失全部劳动能力，不能从事任何职业的工作（原职业的工作或新职业的工作）以获得工资收入。关于永久丧失劳动能力的定义，不同的行业，不同的学科领域，解释有许多不同，商业保险中关于全残定义常见的有以下几种：

第 1 种，全残，亦称通用完全失能。大多数失能收入损失保险保单对全残（完全失能）的规定都有一定的弹性，一般分为两个阶段；完全致残初期和完全致残（失能）2～5 年后（我国通常规定为 2 年）。在致残初期（失能初期），如果被保险人不能完成其惯常职业的基本任务，则可以认定为全残或完全丧失工作能力，被保险人可以按规定获取保险金；在致残（失能）2～5 年后，被保险人仍不能完成任何与之受教育、训练或经验相当的职业任务。才可认定为全残（完全失能），并继续领取残疾收入直至保单规定的给付期。这种定义可能导致被保险人自愿重返任何一种有收入的职业后就不能再领取全残保险金。

第 2 种，绝对全残，亦称完全失能，是指该残疾（失能）使得被保险人不能从事任何职业。在过去的失能保单中全残被定义为绝对全残。现在大多数保险公司不再采用这种苛刻的定义。

第 3 种，原职业全残，亦称原职业完全失能。在我国称为专门职业能力丧失。这类保险保单规定，如果被保险人因伤残不能完成原职业的基本任务时，就可以认为完全失能或全残，即可以领取约定的保险金，无须考虑他是否还可以从事其他有收入的职业。保险公司在签发这类保单时进一步放宽了对从事某些特殊职业者（如钢琴师、医师、律师等）全残（完全失能）的限制，扩大了保险范围。

第 4 种，收入损失全残，亦称收入损失失能。1972 年美国和加拿大开发一种特殊失能收入保险，称为收入保障保险。这种保险对完全失能（全残）的定义为：如果被保险人由于失能而遭到收入损失，那么它就可以认定为收入损失失能（收入损失全残）。这种保单在两种情况下提供失能（残疾）收入：一是被保险人因全残而丧失工作能力；二是被保险人尚能工作，但因为伤残而致使其收入降低。一般这种保单规定了被保险人完全丧失工作能力时所能领取的最高限额和因残疾失能而遭受收入损失的确定方法。

第 5 种，推定全残，亦称推定完全失能。在某些情况下，被保险人患病或遭受意外伤害，最终是否完全失能在短期内难以判定，为此，保险公司往往在保险条款中规定一个定残期限，如 180 天。如果某被保险人发生了保单规定的伤残情况，而且在定残期限届满时尚无明显的好转征兆，将自动认定为完全失能。例如，某被保险人遭车祸入院，诊断为双目失明，180 天后双眼视力没有好转，则可推定为全残完全失能，受益人（被保险人）可以一次性领取全额全残失能收入保险金，即使该被保险人眼睛复明，恢复了原职业也不例外。

第 6 种，列举式全残，亦称列举式完全失能。有的保险公司在保单中列举出被保险人可以被认定为"全残"的情况，只要被保险人因疾病或意外伤害导致出现与列举"全残"情况中某项相同的伤残时，就可以被认定为"全残"或"完全失能"。列举"全残"的情况有：双目永久完全失明；两上肢腕关节以上或两下肢踝关节以上缺失的；一上肢腕关节以上及一下肢踝关节以上缺失的；一目永久失明及一下肢踝关节以上缺失的；四肢关节机能永久完全丧失的；中枢神经系统机能或胸、腹腰部脏器机能极度障碍，终身不能从事任何工作，为维持生命必要的日常生活活动，全需他人扶助的。

2）部分残废。是指部分丧失劳动能力，即被保险人不能完成其原有职业的某些工作或全日从事其职业的伤残。这意味着被保险人还能进行一些有收入的，但比原来职业收入要低的职业。针对这种情况，许多保险公司提供部分失能收入损失保险，该保单中规定，当被保险人部分伤残时，可在约定期间内领取失能收入保险金。通常该保险金是一个约定金额，是完全失能收入损失保险的一个固定比例，也可以应用保单中所规定的公式。按被保险人部分伤残导致收入损失的程度，确定给付保险金。计算公式如下：

$$部分死亡给付 = 全残给付 \times (残疾前的收入 - 残疾后收入) / 残疾前的收入$$

（3）其他给付类型。失能收入损失保险是对被保险人的收入损失进行有效补偿，通常因条件不同而具有不同类型。例如，通货膨胀条款或生活费用调整给付。对于一个永久失能者来说，保险金的支付是长期性的，在一个比较长的时期内，通货膨胀发生的概率较大，为防止被保险人因物价上涨带来生活困难，许多保险公司的保单中含有通货膨胀条款，即规定保险金额可随通货膨胀率和物价指数的变化而进行调整。也有的保单规定，被保险人在住院期间由于医疗费用高，引发生活困难，保险人可以支付一笔较大数额的补偿。此外，许多条款还规定如果被保险人通过其他渠道得到一定的收入补偿，保险人在支付保险金时，将扣除被保险人这部分已获得的收入只负责支付其余部分。因此，收入损失保险是一种损失补偿保险。

4．长期护理保险

长期护理保险是为因年老、疾病或伤残而需要长期照顾的被保险人提供护理服务费用补偿的健康保险，该保险在我国还属于刚上市不久的产品，但在国外是比较流行的成熟健康保险产品。

（1）长期护理保险的保障范围。长期护理保险提供的保障分为四个等级，即医护人员护理、中度安养护理、照顾式的护理和家中护理，但在早期的长期护理保险产品不包括家中护理。

1）医护人员护理。属于在安养中的最高程度者，是在医师嘱咐下的24小时护理，由有执照的护士或护理人员担任，或由治疗医师提供康复治疗。与住院相比，选择医护人员看护较为便宜。

2）中度安养护理。其护理程度与医护人员护理相似，不同点在于被保险人不需要接受24小时的护理，也不需要专业医务人员全日看护，即为一种非连续性的医护人员看护。

3）照顾式的护理。为最基本的安养护理，通常不含医疗性质，只是给被保险人在日常生活起居上予以照顾，护理人员不需要经过专业训练。是否需要照顾式护理由医生决定，护士来监督执行。

4）家中护理。是指护士或治疗师到病人家中做医疗照顾或治疗，提供家政服务或外出看病购药等服务。越来越多的长期护理保单提供了家中护理的保障。因为家中护理比在看护机构价格要便宜，生活要方便，所以深受老年人欢迎。此类保单每天的最大限额为看护机构护理最大限额的50%。

（2）长期护理保险给付条件标准。典型长期护理保单对保险金的支付条件都制定了相关标准，一般如下：

1）日常活动能力失败。日常活动指人们日常生活所必须从事的活动，包括吃、沐浴、穿衣、如厕、移动五项。被保险人不能完成此五项中两项活动，即可获得长期护理保险的保险金。

2）认知能力障碍。在生活中我们经常见到，有些因认知能力障碍常常需要长期护理的人，却能执行某些日常活动，如果按日常活动能力失败的标准要求，这些人不能获得护理保险金。为了解决这一矛盾，更客观地确定保险金给付条件，保险公司增加了认知能力障碍作为保险金给付标准，如果被保险人被诊断为某些方面有认知能力障碍，如患老年痴呆症、阿基米德病及其他精神疾患等，他就可以得到保险金。

（3）长期护理保险条款的特点。

1）给付时间限制。长期护理保单一般都规定有保险金给付时间限制，给付期限有一年、数年和终身等几种不同的选择。同时规定有20天、30天、60天、90天、100天等多种免责期。例如，选择了60天免责期，即被保险人从开始接受承保范围内的护理之日起，前60天不属于保障范围，保险人不负责给付保险金。如果被保险人因为前次相同原因重新需要长期护理时，一般保险人不再适用免责条款。实际执行中，查清导致被保险人重新需要长期护理的原因是关键问题。

2）给付水平限制。保险公司一般在保险条款中列出日常活动表，如饮食、如厕、沐浴、穿衣等，采用梯结构计算给付数额。例如，所有日常活动失败者给付100%的保险金，3~5项日常活动失败者给付50%的保险金等。

3）既往症限制。既往症是在保单生效以前就已存在的伤病。大多数长期护理保单对既往症有所限制，常见的限制期有6个月，也有1年或2年的。也存在不设既往症限制的保单。

4）豁免保费保障。保险人开始履行保险金给付责任的60天、90天或180天起免除投保人（被保险人）缴纳保险费责任。

5）保证续保。所有长期护理保险保单都有保证续保条款，有的保证续保到一定年龄，如79岁，有的甚至保证续保到终身，即直到死亡。保险人在续保或更新保单时可以调整或提高保险费率，但不得针对具体的某个人，必须一视同仁地对待同样风险情况下的所有被保险人。

6）现金价值条款。长期护理保险制定有现金价值条款，当被保险人撤销已缴纳多年保费的现存保单时，保险人会将保单积累的现金价值退还给投保人。

11.3.2 团体健康保险

团体健康保险的保险产品较多，是各家保险公司重点经营的项目，其中主要产品有团体（基本）医疗费用保险、团体补充医疗保险、团体特种医疗费用保险、团体丧失工作能力收入损失保险。

1. 团体（基本）医疗费用保险

团体（基本）医疗费用保险的保险责任是，在保险责任期内被保险人因疾病而住院治疗时发生的住院费用、治疗费用、医生出诊费用以及透视费用和化验费用等，由保险人按合同约定支付保险金。其中，住院费用的给付是以住院天数乘以每日住院给付金额进行计算，保单对每日住院给付金额和每次住院天数都做出了规定。超出规定标准的住院费用由被保险人承担。每日住院给付金额和每次住院天数也可以由保险人与投保团体或雇主在条款的基础上协商通过合同（协议）方式签订。治疗费用的给付一般采用两种确定方法。一是列表法，即在合同附件中详细列明各项治疗费用限额，如药品费、注射费、手术费、医用材料费等，并确定每项的保险金限额。在保险实务中，保险人可根据合同团体的需要或员工所能承担的范围，将此费用金额乘上某一系数，以调整其限额。保险人按此确定的限额给付保险金或代为支付治疗费用。二是根据合理习惯（通常考虑该团体人群或该地区人群的主要病种及发病率、平均费用额度、年龄结构和性别等因素）确定每次住院治疗的费用，无须分项列明：被保险人因疾病发生医疗费用时，保险人在规定额度内给付保险金；医生出诊费用以及透视费用和化验费用，则通常在保险合同中予以明确规定。值得注意的是，团体医疗费用通常不承担门诊医疗费用。在各项医疗费用报销中，通常要求按照国家基本医疗保险的相关文件规定执行。例如，要求按当地省级社会统筹医疗保险基金管理中心颁布的医疗费用报销标准以及用药目录确定给付金额。超出报销标准或不在用药目录中的用药保险人不予报销或减额报销。

2. 团体补充医疗保险

团体补充医疗保险是针对企业团体员工患重病、大病，医疗费用负担沉重的情况，专门开发的高额医疗保险，因此，亦称团体高额医疗保险。由于基本医疗保险在药品、器材、假肢、假牙、血或血浆、诊断服务、预防性药物、门诊治疗、护理及其他很多费用的承保和费用报销方面有许多的限制，如最高给付金额、最高给付比例、最高住院时间、每次住院报销金额等，这些限制给员工造成了较大的经济负担，特别是患重病、大病的高额医疗费用的负担，这就给团体补充医疗保险这种以排除基本医疗保险的诸多限制为主要目的的团体健康保险有较大的施展空间。团体补充医疗保险通常由团体或雇主与保险人共同协商医疗费用的限额，保险人在协商过程中通常是根据各地基本医疗保险的支付限额以及医疗消费的整体水平来确定不同的支付线和保险金额，并根据各地医疗数据，科学测算相应的缴费标准。保险人为了规避费用过高的风险，在签订团体补充医疗保险合同中，还常常附加有免责条款及共保条款。

3. 团体特种医疗费用保险

团体特种医疗费用保险主要包括团体长期护理保险、团体牙科保险、团体眼科保健保险等。

团体长期护理保险是以团体或雇主为投保人，以团体下属员工（包括退休员工）及其眷属、年长的家庭成员为被保险人，承担被保险人的长期护理服务费用，保障他们退休后的财产或生活的一种团体保险。该保险的保险责任保障范围及保险金给付方式和个人长期护理保险的基本相同。

团体牙科保险是以团体或团体雇主为投保人，以团体下属员工为被保险人，为员工所需要的一些牙科服务（包括预防性护理、定期口腔检查、清洗和早期诊断）和治疗提供保障的一种团体健康保险。在很多国家，因牙病的医疗费用要比其他疾病更高，而且牙病的发病率较高，所以牙科保险得到了较快的发展，在我国尚属新鲜事，还不多见，一般在基本医疗费用保险中有所涉及，但补牙、嵌牙、洗牙等属免除责任。

4. 团体丧失工作能力收入损失保险

团体丧失工作能力收入损失保险，是以团体或雇主为投保人，以团体下属员工为被保险人，由保险人承担补偿被保险人遭遇意外伤害或疾病而丧失工作能力并因此而造成收入损失的责任的团体保险。该保险保单在给付金额给付期限、给付方式方面都有明确规定。一般情况下给付金额的高低与被保险人的正常收入呈一定比例，最高给付金额不会超过被保险人的正常收入；给付期限是从保险合同约定的缺职期之后开始，到合同的最高期间或被保险人的极限年龄；给付方式以合同约定可按月给付保险金。

在实务经营中，根据最高给付期限将团体丧失工作能力收入损失保险分为长期和短期两类。一年期以上的为长期团体丧失工作能力收入损失保险。六个月以内或一年以内的为短期团体丧失工作能力收入损失保险。大多数的团体丧失工作能力收入损失保险为不超过六个月的最高给付期间的短期保险合同。

随堂讨论

如何区分疾病保险与医疗保险之间的异同？

比较收入损失保险和长期护理保险在保险金的给付条件上有何不同。

11.4 健康保险的常用条款

所谓常用条款，就是在各种类型的健康保险合同中使用频率较高且较为重要的条款，是健康保险实务中常要用到的重要内容。

11.4.1 个人健康保险的常用条款

1. 续保条款

续保是保险合同约定的期限已到期，保险人和投保人就原合同进行协商确定是否继续承保或不承保以及有条件承保的过程。一般情况下，保险人在制定保险条款时将续保与否的条件写进了保险条款之中，即续保条款。个人健康保险续保条款描述了两个方面的内容：一是保险人有权拒绝续保或者有权解除健康保单的环境因素或条件；二是保险人增加健康保单的保费的权利。这说明保险人可以根据被保险人的危险程度或某些导致危险增加的因素和条件出现，在保单到期后有采取拒保或加费承保的权利。当然对于原保单有保证续保条款规定的一般应该允许投保人继续投保。根据保单所包含的续保条款内容，可将个人医疗费用保险和个人收入保障保险分为保证续保个人健康保险保单、不可撤销个人健康保险保单以及有条件续保个人健康保险单等。

2. 宽限期条款

个人健康保险的宽限期条款是指缴付首期保费以后允许保单所有人有一个宽限期（如30天、60天）缴付逾期保费，并不计收利息。在宽限期内，保险合同仍然有效，如果发生健康保险事故，保险人仍需承担合同约定的保险责任，但保险人可以从应支付的保险金中扣除逾期保费及利息。超过宽限期，仍未缴纳保费，保险合同即告失效。规定宽限期条款的目的是避免保险合同非故意失效，以保全保险人的业务。

3. 复效条款

复效条款是指投保人在由于未缴纳保费停效以后一段时间，通常为两年内，有权申请并与保险人达成复效协议，保险人恢复保单效力的一种条款。投保人要使得保险人恢复合同效力，一般须符合以下条件：① 投保人必须提出复效申请，并提出使保险人感到满意的可保性证据；② 必须补缴拖欠的保费及利息；③ 必须归还保单所质押贷款；④ 不曾退保或把保单换为定期寿险。健康保单的复效是对合同法律效力的恢复，不改变合同的各项权利和义务。

一般来说，保单所有人申请复效比重新购买一份新的保单更为有利，因为：① 被保险人年龄增大，新保单的费率一般比旧保单高；② 新保单要两年后才能有现金价值；③ 购买新保单的各项手续较为复杂。因此，投保人或被保险人在保险保障相同的情况下，都会选择复效来重新获得保险保障。值得注意的是，健康保单的复效是以保险人接受欠缴保费为标准。如果保险人在收到复效申请一段时间后，没有完成对复效申请的评价或者投保人没有提出复效申请，但保险人接受了该保单投保人欠缴的保费，则该保单仍可被认为自动复效。

4. 等待期或观察期或事先存在条件条款

等待期或观察期条款是健康保单签发后一段时期后，即保险人对被保险人提供健康保险保障一段时间后，保险人才对被保险人事先存在的条件履行保险赔付责任。保险合同生效到履行赔付责任这段时间为等待期或观察期。事先存在的条件在个人健康保险中通常被定义为发生的伤残，或者第一次出现的疾病，或者保单签约前且并未在保单中给予披露的事件等，如果保险人对被保险人已经披露的条件（如实告知的情况）不予排除（免责处理），那么这个条件将得到保险人的保障。健康保险设置等待期或观察期的目的是防止被保险人可能发生的逆选择。健康保险的等待期或观察期，在不同的国家、不同的保险产品中的规定是不同的，等待期或观察期内保险人是否有权否定或排除保险责任，取决于事先存在的条件的保障。

5. 不可抗辩条款

不可抗辩条款又称不可争议条款。其含义是指从保单生效之日起满两年后，保险人不能以投保人或被保险人在投保时的故意隐瞒、过失、遗漏或不实说明为由来否定合同的有效性。不可抗辩条款是为了保护受益人、被保险人的权益而做出的规定。如果被保险人已经死亡，受益人很难对保险人提出的争议进行解释。如果没有不可抗辩条款的规定，受益人很难得到保险人给付的保险金。不可抗辩条款在世界上被绝大多数国家所采用，在我国的《保险法》中对此也有明确的规定。《保险法》第 16 条规定："投保人故意或者因重大过失未履行前款规定的如实告知义务，足以影响保险人决定是否同意承保或者提高保险费率的，保险人有权解除合同。"同时指出："前款规定的合同解除权，自保险人知道有解除事由之日起，超过 30 日不行使而消灭。自合同成立之日起超过二年的，保险人不得解除合同；发生保险事故的，保险人应当承担赔偿或者给付保险金的责任。"

6. 索赔条款

个人健康保险中的索赔条款是对保险人和被保险人分别对赔付支出的时间限制和对保险人通知损失与提出索赔时间限制的规定。例如，被保险人的损失发生后，必须在规定的时间内，如 30 天，用书面的形式向承保保险公司报告损失的发生和索赔要求；在规定的时间限制内，如 60 天，向保险公司提供损失证明（如疾病诊断证明、医疗费用清单）等。保险公司在收到损失证明后，也必须在规定的时间内，对被保险人进行损失赔付。

11.4.2 团体健康保险的常用条款

1. 转化条款

转化条款是指当团体中的被保险人不再成为这个团体的成员或被保险人时，保险人将给予这个或这些被保险人一定的权利，购买个人医疗费用保险而不要求被保险人的可保性证明。该条款主要在医疗费用型保险中使用。保险人在运用这一条款时，即团体的被保险人将团体健康保险转化为个人健康保险时，给予被保险人的权利是有限的，当被保险人得到的个人医疗费用保险，加上在团体医疗费用保险中得到的保险保障之和过多时，保险人可以拒签个人医疗费用保险。一般来说，个人健康保险的保费要高于团体健康保险的保费。个人健康保险的核保理赔比团体健康保险的核保理赔的限制更多。医疗费用保险中是否规定转化条款，视不同国家或法律规定而定。

2. 等待期或观察期或事先存在条件条款

团体健康保险的等待期或事先存在条件条款的定义与个人健康保险的等待期或事先存在条件条款的定义是相同的，目的也是防止被保险人的逆选择或道德风险。但在对事先存在的条件的规定上两者不完全相同。有的国家规定团体健康保险中事先存在条件，是指被保险人的健康保险生效前3个月内接受医生治疗的条件。

3. 调整保险金条款

调整保险金条款是指被保险人当受到不止一个团体健康保单保障时，通过调整被保险人获得的保险金，使得被保险人获得的保险金不超过其实际发生损失的有关规定。这个条款多在医疗费用保险中应用。具体的调整保险金的方法在不同的国家和不同的医疗费用保险中有所不同。美国通常使用顺序赔付方式，即规定保险金的第一赔付人、第二赔付人等。例如，被保险人G分别受到了A和B两个团体健康保险的保障，A的保险金额为5万元，B的保险金额为6万元。这两个团体健康保险条款中都包含有调整保险金额的条款。当被保险G发生了保险责任事故产生医疗费用8万元，若A团体保单为第一赔付人，则是按规定应当全额给付5万元保险金给被保险人G，剩余3万元由第二赔付人B按规定赔付。很显然，调整保险金条款的主要目的就是防止被保险人从多个健康保单中获得超过他实际遭受损失的额外利益。在我国，一般采取的是按比例分割赔付的方法，即对被保险人发生的实际医疗费用，在剔除不合理费用之后的费用额乘上多个团体健康保险保单保险金之和与其中一个团体健康保险保单金额之比，来划分各团体保单应给付的保险金额。以上例说明，A和B两个团体保单各自应支付的保险金计算如下：

$$A 支付金额 = 8 \times A/(A+B) = 8 \times 5/11 = 3.64（万元）$$
$$B 支付金额 = 8 \times B/(A+B) = 8 \times 6/11 = 4.36（万元）$$

在不考虑剔除不合理医疗费用的前提下，A团体保单应支付3.64万元的保险金，B团体保单应支付4.36万元的保险金。

案例分析

2007年5月5日，广州市某染料公司为所属员工30人投保重大疾病保险，人均保额为1万元。投保时单位经办人在被保险人罗某的投保书健康告知栏上写道：曾患口腔肿瘤，经手术治疗，已治愈。经保险公司审核后以标准件承保。2009年3月27日，被保险人罗某的家属就罗某口腔舌根癌向保险公司申请给付重大疾病保险金1万元。

保险公司经查实，被保险人罗某于2005年10月11日因舌根癌在医院接受手术治疗，术后在门诊进行治疗，2006年1月30日回单位上班。保险公司以罗某投保前已确诊患"口腔舌根癌"，并未如实告知为由不予给付保险金。

投保人不服，称投保时已告知保险公司罗某曾患口腔肿瘤，经手术治疗后，罗某能正常上班，认为是已治愈。保险公司须给付重大疾病保险金，于是起诉保险公司。

如果你是法官，该如何判决？

案例分析

2008年2月，某保险公司理赔人员接到某工业学校学生刘某（女，18岁）因患先天性心脏病、房间隔缺损住院治疗的理赔申请案。保险公司经审核后认为，被保险人刘某因投保前已患有的疾病而住院治疗，不属于学生幼儿团体住院医疗保险条款及住院安心保险条款的保险责任范围（学生幼儿团体住院医疗保险条款第3条第6款明确规定，被保险人因投保前已患有的疾病治疗所发生的费用，不属于保险责任范围；住院安心保险条款第9条第7款亦明确规定，本合同生效时或生效后30天内因所患疾病而致住院或手术，本公司不承担给付保险金的责任），发出了拒赔通知书。被保险人父母接到拒赔通知书后，表示强烈不满，认为其女刘某虽因先天性心脏病住院治疗，但却是投保后才初次发现的，不应认定为投保前已患的疾病，遂诉诸法庭，要求保险公司给付4万元人民币的保险金。

你认为该案应如何处理？

本章关键要点

健康保险　　健康保险特征　　可保疾病条件　　健康保险的作用

健康保险产品的分类　　健康保险的主要险种　　健康保险的常用条款

第 12 章　再保险

本章学习目标

- 掌握再保险的概念。
- 掌握比例再保险和非比例再保险。
- 掌握临时分保、预约分保和合同分保。
- 能够灵活应用再保险方式进行分保。
- 能够更好地备战保险代理人、保险经纪人和保险公估人资格认证考试。

引导案例

9·11 袭击使美国保险赔偿高达几百亿美元

根据"兰德公民司法协会"的研究报告显示，9·11 恐怖袭击事件中的受害者共获得 381 亿美元的赔偿，这一数目相当于此前最大灾难保险赔偿额的 30 倍，其中保险公司支付了赔款总额的 51%。

保险公司、政府及慈善机构等共同支付了上述理赔款项，其中保险公司担付了 51%，共计约 196 亿美元；政府担付了 42%，共计约 158 亿美元；而其余的 7%，约 27 亿美元由各种慈善团体支付。

2004 年，美国一家法院裁定，恐怖分子对世界贸易中心的袭击是两起事件，西尔弗斯坦最高可获得 46 亿美元的保险赔款。而自 9·11 事件以来，相关保险公司已经总共向西尔弗斯坦赔付了 25.5 亿美元。由瑞士再保险等 7 家保险公司共同赔付 20 亿美元。

业内人士指出，尽管此次损失不至于使一些巨型公司破产，但其"后遗症"将十分明显，日后的经营、资产质量、偿付能力都将受到影响。

12.1　再保险概述

12.1.1　再保险的基本概念

所谓再保险，是指保险人将自己所承保的部分或全部风险责任向其他保险人进行保险的行为。对于前者是分出保险业务，对于后者是分入保险业务。因此，再保险也称分保。

对于再保险的定义，可以从不同的角度考虑。从法律角度来看，《保险法》第二章第28条规定："保险人将其承担的保险业务，以分保形式，部分转移给其他保险人的，为再保险。"从业务角度来看，再保险是指保险人为了分散风险而将原承保的部分风险和责任向其他保险人进行保险的行为。

在再保险中，转移风险责任的一方或分出保险业务的公司叫原保险人或分出公司，承受风险责任的一方或接受分保业务的公司叫再保险人或分入公司；分出公司自己负责的那部分风险责任叫自留额，转移出去的那部分风险责任叫分出额。分出公司所接受的风险责任还可以通过签订合同再分摊给其他保险人，称为转分保。分出公司在分出风险责任的同时，把保费的一部分交给分入公司，称为分保费；分入公司根据分保费付给分出公司一定费用以支付分出公司为展业及管理等所产生的费用开支，叫做分保佣金或再保险手续费。当再保险合同有盈余时，分入公司根据分保费付给分出公司的费用称为盈余佣金，也叫纯益手续费。

12.1.2 再保险和原保险

1. 再保险和原保险的关系

（1）原保险是再保险的基础，再保险是由原保险派生的。再保险的产生和发展，是基于原保险人分散风险的需要。再保险是以原保险人承保的风险责任为保险标的，以原保险人的实际赔款和给付为摊赔条件的。所以没有原保险就没有再保险。

（2）再保险是对原保险的保险，再保险支持和促进原保险的发展。保险人将自己所承保的一部分风险责任向再保险人分保，从而也将一部分风险责任转移给再保险人。当原保险人承保的保险标的产生损失时，再保险人必须按保险合同的规定分担相应的赔款。

2. 再保险和原保险的区别

（1）合同当事人不同。原保险合同的双方当事人是投保人和保险人；再保险合同的双方当事人都是保险人，即分出人与分入人，与原投保人无关。

（2）保险标的不同。原保险合同的保险标的是被保险人的财产或人身，即被保险人的财产及有关利益或者人的寿命和身体；而再保险合同的保险标的是原保险人分出的责任，分出人将原保险的保险业务部分地转移给分入人。

（3）保险合同的性质不同。原保险合同具有经济补偿性或者保险金给付性；而再保险合同具有责任分摊性或补充性。其直接目的是要对原保险人的承保责任进行分摊。

（4）保费支付不同。在原保险合同中，除了补偿或给付性支付外，是单项付费的，即投保人向保险人支付保费；而在再保险合同中，保险人须向再保险人支付分保费，再保险人须向原保险人支付分保佣金。

12.1.3 再保险的作用

1. 再保险的微观作用

（1）分散风险，避免巨额损失。随着现代化生产和科学技术的高度发展，财产的价值越来越昂贵，保险人承担了前所未有的巨额风险。如果一个保险公司将它所承担的大额业务全部由自己负责，那么一定会在财务上感觉不安全，而通过再保险，将巨额的保险责任转分给几个再保险人，而再保险人再通过转分保，实现风险在全球范围内的分散。

（2）扩大承保能力，增加业务量。保险公司的承保能力受其资本和准备金等自身财政状况的限制，如果保险人承保量过大，超过自己实际承保能力，就会造成经营的不稳定，因而会影响到保险人的生存，对被保险人来说可能得不到补偿。因此，各国保险法都规定有业务量与资本额的比例。例如，《保险法》第四章第102条规定："经营财产保险业务的保险公司当年自留保费，不得超过其实有资本金加公积金总和的四倍。"因此，尤其中小保险公司，因受资本和财力的限制，无法承办保险金额较大的保险标的，从而失去承保大额业务的机会。但有了再保险的支持，保险公司则可大胆承担超过自身财力的大额业务，从而扩大了业务量。

（3）降低营业成本，提高经济效益。从经济效益的角度来看，再保险可使分出公司降低经营成本，提高经济效益。在发生损失时，分出公司向再保险人摊回赔款，因而可以降低赔付率。分出公司将业务分给再保险公司，再保险公司要给予分保佣金。

2. 再保险的宏观作用

（1）提高保险企业的经营管理水平。办理再保险业务涉及面十分广泛，需要丰富的知识。尤其在对风险的评估、自留额的确定、费率的厘定等方面，要求保险人有较高的数学精算水平和业务管理水平，以最小的成本获得最大的收益。

（2）国际经济合作的手段。作为国际经济活动的组成部分，再保险已成为国际合作的重要手段之一。事实证明，发展国际再保险业务有利于涉外经济活动的发展。现在，世界各国都十分重视再保险的分出、分入业务，以此推动和开展国际间的经济合作。

（3）再保险为国民经济的发展积聚资金。由于自然灾害、意外事故的发生有不确定性，因而保险赔偿也具有不确定性。再保险人为扩展业务，必须积累充分的准备金，这种巨额准备金再加上再保险人的自有资金，均可适当地运用到国民经济建设中去。

（4）促进科学技术的发展。随着科学技术的发展，创造的价值越来越大，使得巨额风险不断增加，如一颗人造卫星、一座核电站、一架航天飞机价值都是数亿或数十亿美元，其损失的风险都不是一家保险公司或一国保险市场所能承担得了的，必须通过再保险分散风险，促进科学技术的发展。

随堂讨论

再保险和原保险的区别与联系分别是什么？再保险有哪些作用？

12.2 再保险合同

12.2.1 再保险合同的概念

再保险合同又称分保合同。它是分出公司和接受公司为实现一定经济目的而订立的一种在法律上具有约束力的协议。再保险合同是保险合同形式的一种。再保险合同约定再保险关系双方的权利和义务，即分出公司必须按照合同的规定将其承担的保险责任风险的一部分或全部分给接受公司，并支付相应的再保费；接受公司向分出公司承诺对在其保险合同项下所发生的对被保险人的赔付，将按照再保险合同的条款和应由其负责的金额给予经济补偿。

再保险合同是以原保险合同为基础的合同，同时又是脱离原保险合同的独立合同。首先，再保险合同以原保险合同的存在为前提。因为，再保险合同的责任、保险金额和期限都以原保险合同为限。当原保险合同的责任解除、失效或终止时，再保险合同的责任也随之解除、失效或终止。其次，在法律上再保险合同和原保险合同是各自独立的合同。因此，再保险人不得因原保险人不支付再保费，而要求原保险的投保人支付保费；原保险人不得以再保险接受人未履行再保险责任为由，拒绝或延迟履行对被保险人的赔偿或给付责任；原保险的被保险人也不得向再保险接受人直接提出保险赔偿请求。

12.2.2 再保险合同的种类

1. 按再保险的方式分类

按再保险的方式分为比例再保险合同和非比例再保险合同。比例再保险合同以保险金额为基础，规定再保险双方承担责任的比例；非比例再保险合同以赔款金额为基础来确定原保险人责任和分保责任。

2. 按不同的分保安排分类

再保险安排方式基本上有三种，即临时分保、合同分保和预约分保。因此，按不同的分保安排可以分为临时再保险合同、合同再保险合同和预约再保险合同。

（1）临时再保险合同。是根据业务需要临时选择分保接受人，经协商达成协议，逐笔成交的分保合同。对于临时再保险的业务，分保接受人没有义务一定接受。临时再保险合同的优点包括业务条件清楚、掌握业务情况、收费快、有利于资金运用。但是也存在一定的局限，如手续较烦琐，分出人必须将分保条件及时通知对方，对方是否接受事先无法掌握，容易影响原保险业务的承保。

（2）合同再保险合同。是由分出人和分入人以预先签订合同的方式确定双方的权利、义务关系，在一定时期内对一宗或一类业务进行约定。凡是合同规定的业务，分出人有义务分出，再保险人有义务接受，对双方均产生约束，无权选择，即分出人必须分出，接受人必须接受。

（3）预约再保险合同。是介于合同再保险合同和临时再保险合同之间的一种再保险合同。对于合同中规定的业务，分出人有权选择是否分出，但一旦分出，分入人必须接受。即预约再保险对分出人有临时再保险合同性质，对分入人有合同再保险合同性质。预约再保险合同往往作为合同再保险合同的一种补充。就分出人来说，预约再保险合同具有临时再保险的可选择性；就再保险人来说，预约再保险合同具有合同再保险人的强制性。

12.2.3 再保险合同的特点

（1）再保险合同是射幸合同。在合同有效期内，倘若再保险标的发生损失，原保险人可从再保险人处得到再保险责任赔偿金，其金额会远远超过其所付出的再保费；若无损失发生，则原保险人只付出再保费而没有得到再保险赔付金额。此时，再保险人收取了保费，而无须支付再保险赔偿金。

（2）再保险合同是双务合同。双务合同是指当事人双方均须承担有对价关系的债务合同。表现在再保险合同中是原保险人负有支付再保费的义务，再保险人负有赔偿损失的义务。

（3）再保险合同是补偿性合同。不论原保险合同是财产保险还是人身保险，一旦它们分保构成再保险合同，都是以补偿责任为目的，即再保险人对原保险人直接支付赔款的补偿，不再具有给付性质，均体现为补偿性质。

（4）再保险合同是诚信合同。再保险合同作为保险合同的一种，它的订立和履行都以合同当事人双方的诚信为基础，而且再保险合同较原保险合同要求更高的诚信。

随堂讨论

再保险合同的种类与特点有哪些？

案例分析　10·2 撞机事故

1990年10月2日上午，广州白云机场发生飞机失事的空难事故。当时，一架从厦门飞往广州的客机途中被歹徒劫持，在广州白云机场着陆滑行时，出现不正常情况，偏出主跑道，撞上了停机坪上的两架飞机。被撞的两架飞机，一架有乘客待起飞的被撞毁，一架无乘客的严重受伤。造成127人死亡、53人受伤、总共保险赔偿损失8 000多万美元保险赔付的重大事故。

当时，接受中国人民保险公司再保险业务的主要是英国劳合社，英国劳合社赔付了其中60%的赔款，有效地发挥了风险转移的作用，大大减轻了国内保险公司的压力。

12.3 再保险的形式

12.3.1 比例再保险

比例再保险是指分出人与分入人相互订立合同，按照保险金额比例分担原保险责任的一种分保方式。

1. 成数再保险

成数再保险是最简单的一种再保险方式。原保险人将每一风险单位的保险金额，按双方商定的固定比例即成数确定原保险人的自留额和再保险人的分保额，再保费、赔款的分摊均按同一比例计算。

▶ **例 12.1** 假设一成数再保险合同，每一危险单位的最高限额规定为 1 000 万元，自留部分 20%，分出部分 80%（80%的成数再保险合同），则通过表 12-1 来说明成数再保险责任、保费和赔款的计算。

表 12-1　成数分保计算表　　　　　　　　　　　单位：万元

名称	总额 100%			自留 20%			分出 80%		
	保险金额	保费	赔款	自留额	保费	自负赔款	分出额	分保费	摊回赔款
A	200	2	0	40	0.4	0	160	1.6	0
B	400	4	10	80	0.8	2	320	3.2	8
C	600	6	20	120	1.2	4	480	4.8	16
D	800	8	0	160	1.6	0	640	6.4	0
E	1 000	10	0	200	2	0	800	8	0
合计	3 000	30	30	600	6	6	2 400	24	24

通过本例可以发现，成数再保险的责任、保费和可能承担的赔款与对应的总责任、总保费和总赔款的比例，三者完全一致，从而其计算简便、管理成本低。

2. 溢额再保险

溢额再保险是以保额为基础，由分出人确定自己承担的自留额，以自留额的一定倍数为分出额，并按照自留额和分出额对保额的比例对保费和赔款进行分摊的一种分保方式。

与成数再保险不同，在溢额再保险合同项下分出公司是否分出业务，取决于实际业务的保险金额是否超过分出公司的自留额。只有实际业务的保险金额超过分出公司的自留额，超过的部分才分给分入公司。但分入公司分入的保险金额，并非无限制，而且以自留额的一定倍数为限。这种自留额的一定倍数，称为线数。自留额与线数的乘积为分入公司的最高分入限额。

▶ **例 12.2** 有一溢额分保合同，每一风险单位的自留额为 200 万元，分保额为 4 线，即 800 万元，总承保能力 1 000 万元，超过的另外办理分保或分出公司自留。则有三笔业务分保情况如表 12-2 所示。

表 12-2 溢额分保计算表　　　　　　　　单位：万元

名称	总额			自留额			分保额		
	保额	保费	赔款	保额	保费	赔款	保额	保费	赔款
A	200	2	4	200	2	4	0	0	0
B	600	6	0	200	2	0	400	4	0
C	1 500	15	100	200	2	13.33	800	8	53.33
合计	2 300	23	104	600	6	17.33	1 200	12	53.33

其中，根据合同要求，自留额为 200 万元，所以 A 公司不需要分保，全部由自己承担保险责任。B 和 C 公司的总保额超过 200 万元，所以需要分保。合同规定分保 4 线，则 B 公司分保额为 400 万元，C 公司分保额为 800 万元。C 公司剩余的 500 万元由自己负责或另外安排临时分保。

3. 成数和溢额混合再保险

成数和溢额混合再保险属于比例再保险，是将成数再保险和溢额再保险组织在一个合同里，它既有成数再保险的优点，又包括溢额再保险的长处，从而弥补了成数和溢额各自安排方式的不足。在安排上有先有后，既可以先安排成数分保，也可以先安排溢额分保。以先安排溢额分保为例，某分出公司安排 6 000 万元承保能力的溢额分保，自留额为 2 000 万元，分保 2 线；针对自留额 2 000 万元再安排成数分保：40%自留，即 800 万元，60%分保，即 1 200 万元。

12.3.2 非比例再保险

非比例再保险是指分出人和分入人相互订立保险合同，以赔款金额作为基础分担原保险责任的一种再保险方式，故又称之为损失再保险，一般称之为超过损失再保险。

超额赔款也可以是非比例再保险的通称，但这里指的是以赔款额度作为自留和分保界限的一种分保方式。

1. 险位超赔再保险

险位超赔再保险是指以每一风险单位或每一保单在一次事故中所发生的赔款金额来计算自留额和分保额。合同双方约定，对每一危险单位所发生的赔款，分出公司自负一定的金额，接受公司负责超过部分的一定金额。对于险位超赔的赔款计算也是有一定方式：一是按危险单位分别计算，没有限制；二是有事故限制，即对每次事故的总的赔款有限制，一般为险位限额的 2~3 倍，即每次事故接受公司只赔付 2~3 个单位的损失。

▶ **例 12.3** 现有一个超过 200 万元以后的 1 000 万元的火险险位超赔再保险合同。在一次事故中有三个危险单位遭受损失，每个危险单位损失 300 万元。

如果每次事故对危险单位没有限制，则赔款分摊如表 12-3 所示。

表 12-3　险位超赔的赔款分摊表（没限制）　　　　　　　　单位：万元

危险单位	发生赔款	分出公司承担赔款	接受公司承担赔款
Ⅰ	300	200	100
Ⅱ	300	200	100
Ⅲ	300	200	100
共　计	900	600	300

但如果每次事故有危险单位限制，譬如为险位限额的 2 倍，则赔款分摊如表 12-4 所示。

表 12-4　险位超赔的赔款分摊表（有限制）　　　　　　　　单位：万元

危险单位	发生赔款	分出公司承担赔款	接受公司承担赔款
Ⅰ	300	200	100
Ⅱ	300	200	100
Ⅲ	300	300	0
共　计	900	700	200

在这种情况下，由于接受公司已经承担了两个危险单位的赔款，所以第三个危险单位的损失全部由分出公司自己负责。

2. 事故超赔再保险

事故超赔再保险是以一次事故所发生的赔款总和计算自留额和分保额，即一次事故中许多风险单位同时发生损失，责任累积额超过自留额，由接受公司负责。在这种再保险的方式下，不论每次事故中涉及的风险单位有多少、保险金额有多大，只要总赔款是在分出公司的自负责任额内，就由分出公司自己负责赔款，而分入公司只对超过的部分负责。

事故超赔再保险的责任计算最关键的是一次事故的划分。例如，有的规定台风、飓风、暴风连续 48 小时内为一次事故，地震、洪水连续 72 小时内为一次事故，其他的巨灾事故连续 168 小时内为一次事故。假设有一超过 100 万元以后的 200 万元的巨灾超赔再保险合同，一次台风持续了 6 天，该事故共损失 500 万元。若按一次事故计算，500 万元赔款，原保险人先自负 100 万元，再保险人承担 200 万元赔款，剩下的 200 万元赔款仍由原保险人负责，原保险人共承担了 300 万元赔款。若按两次事故计算，第一个 72 小时为一次事故，损失 200 万元，原保险人和再保险人各自承担 100 万元。第一次 72 小时为一次事故，300 万元赔款，原保险人承担 100 万元，再保险人承担 200 万元，那么原保险人共承担 200 万元，再保险人共承担 300 万元赔款。

3. 赔付率超赔再保险

赔付率超赔再保险是按年度赔款累计总额或按年度赔款与保费的比率来计算自留额和分保额，即在约定的某一年度内，对于赔付率超过一定标准时，由再保险人对超过部分责任至某一赔付率或金额负责的再保险方式。这也是在一定期间内控制风险的一种方式。

通常，在营业费用率为30%时，再保险的起点赔付率规定为70%，最高责任一般规定为营业费用率的2倍，即60%。也就是说，再保险责任是负责赔付率在70%~130%部分的赔款。

例 12.4 有一赔付率超赔再保险合同规定，赔付率在70%以下由分出公司负责，超过70%~120%部分，即超过70%的50%部分由接受公司负责，并规定赔付金额60万元的责任限制，两者以较小者为准。假设净保费收入为100万元，已发生赔款为80万元，则赔付率为80%，分出公司负责70%，计70万元；接受公司负责70%以后的部分，即10%，计10万元。

随堂讨论

比例再保险与非比例再保险的区别是什么？

案例分析 巨灾债券

巨灾债券是资本介入再保险市场的重要工具。典型的交易是一家特殊目的公司（SPV）与分保公司签订再保险合同，同时向投资者发行巨灾债券。如果没有发生损失事件，投资者可以收回本金和利息；如果事先确定的巨灾事件确有发生，投资者将损失部分或者全部本金和利息，这些资金将转给分保公司来兑现再保险合同。巨灾债券作为联结资本市场和再保险市场的工具，既扩大了保险市场的资金来源，又为投资者增加了新的投资品种。

巨灾债券在2006年大幅发展。全年共有20宗巨灾债券交易，有46.9亿美元的风险资本被转移到了资本市场。而在2005年则只有10宗巨灾债券交易，额度也只有19.9亿美元。对巨灾债券的巨大需求来自2006年再保险市场的脱节，这种情况继续持续到2007年，仅在上半年就完成了15宗巨灾债券交易，涉及32亿美元的风险资本。而根据怡安9月份发布的年度再保险报告，2007年1—7月，巨灾债券的发行额度已经超过了2006年全年的发行额度。

2007年年初，安联在瑞士再保险的协助下发行了一个1.5亿美元的巨灾债券。该债券用来转移英国的洪水风险以及加拿大和美国（不包括加利福尼亚州）的地震风险，成为第一个保障洪水风险的巨灾债券。该债券提供高于伦敦银行同业拆借利率3.15%的收益率，得到标准普尔BB[+]的评级。对冲基金、资产管理等方面的投资者对该债券表达了极大的兴趣，在很短的时间内，该债券就被抢购一空。

据瑞士再保险公司统计，2005年以来，巨灾债券的年收益率平均达11%。该公司预计，巨灾债券的市场价值将在5年内从目前的140亿美元增至500亿美元。

据怡安的估计，目前全球资本市场为巨灾再保险市场提供10%~25%的承保能力，并且这个比例还将进一步上升。

本章关键要点

再保险　　比例再保险　　成数再保险　　溢额再保险　　非比例再保险
险位超赔再保险　　事故超赔再保险　　赔付率超赔再保险

第 13 章 保险公司经营管理

本章学习目标

- 了解保险公司经营管理的主要内容。
- 掌握投保服务和投保选择。
- 了解保险公司承保工作的程序、内容和续保工作。
- 掌握保险防灾的概念、内容和方法。
- 掌握保险理赔的含义和原则；了解保险理赔的程序。
- 掌握保险公司的资金构成及运用。

引导案例

中国平安：投资富通巨亏 200 亿还损失了什么

2008 年 10 月 18 日，中国平安公布了 2008 年第三季度业绩预亏公告，亏损主要来自对投资富通集团股票的巨额浮亏进行计提减值。

从 2007 年年底，中国平安以每股 19.05 欧元的价格购买了富通集团 4.99% 的股份，并为此付出了 18.1 亿欧元。随后，中国平安再度斥资 8.1 亿元人民币增持富通股份。截至 10 月 17 日，富通的股价已狂泻至 1.16 欧元，依此计算，中国平安的亏损已超过 200 亿元人民币。而 8 月公布的 2008 年中期业绩显示：中国平安上半年的净利润达到 73.1 亿元——因投资富通集团而"蒸发"的价值，已经足以抵消其全年的净利润。

2008 年 10 月 6 日，富通集团正式瓦解当日，中国平安董事长马明哲发表了《给全体员工的一封信》，称"中国是未来平安业务发展的主市场，公司近期不会有境外投资的计划，并将集中精力在内地经营主业"。

资料来源：第一财经周刊.

13.1 保险公司的投保业务管理

13.1.1 保险公司的投保服务

保险公司的经营管理是从投保人的投保管理开始的。投保也称购买保险，投保人通过购买保险与保险公司建立保险合同关系。保险公司通过提供保险服务使投保人的保障需求得到满足。保险公司提供的服务有以下几种。

1．分析风险和确定保险需求

不同的风险需要有不同的保险计划。保险人要指导投保人分析自身所面临的风险，进而，投保人可以确定自己的保险需求，应购买哪些合适的险种来应对这些风险。

对生产经营和个人健康将会产生严重威胁的风险，属于必保风险。一般来说，投保人确定保险需求的首要原则是"高额损失原则"，即对发生频率虽然不高，但造成的损失严重的风险，应优先投保。

2．估算投保费用

对于投保人来说，确定保险需求后，还需要考虑自己究竟能拿出多少资金来投保。资金充裕的投保人，可以投保保额较高、保障较全的险种；资金不足的投保人，可以先为必须保险的风险投保；资金紧张的投保人，可购买保险金额可以修订的险种。

3．制定具体的保险计划

保险人替投保人安排保险计划时，确定的内容应包括保险标的情况、投保风险责任的范围、保险金额的多寡、保险费率的高低、保险期限的长短等。在制定保险计划时，应处理好以下几个问题：

（1）综合投保与单项投保。综合保单的费率比各个单项保单费率的总和要优惠很多，有利于投保人用较少的资金获得最佳的保障。同时，综合保单可以避免各个单项保单之间可能出现的遗漏，使保障更全面。如果投保人需要保障的项目较多，且资金也充裕，保险人应当尽量为其安排综合性保单。

（2）保障与收益。对于偏重收益的投保人，保险人要提醒投保人，买保险不是为了赚钱，而是为了获得保障。如果投保人一味追求高收益，就会削弱保险的保障功能，使自己在一些关键方面失去必要的保障。

（3）保额与免赔额。在财产保险中，为了加强投保人对所投保财产的管理，保险人通常都规定有免赔额。保险人与投保人协商确定保险金额时，应提醒他在尽可能的范围内，根据财产的实际价值选择保险金额的额度。如果保险金额过低，投保人在出险时就得不到充分的赔偿；如果保险金额过高，投保人要承担过多的保险费。投保人可以通过接受免赔额的规定来减少保险费的支出。

13.1.2 投保人的投保选择

1．选择保险中介人

保险中介人包括保险代理人和保险经纪人。投保人在选择保险中介人时，必须了解他们的工作种类、工作性质以及资格限定等信息。一个好的保险中介人应该具有丰富的专业知识和较高的道德标准；把委托人的利益放在首位；能够清楚、准确地传递信息，从而帮助投保人理解自己所需要的保险合同的含义。

2. 选择保险公司

投保人在投保之后，在整个保险期间都与该保险公司有着密切的关系。因此，投保人在选择保险公司时，应注意以下标准：

（1）保险公司提供的险种与价格。投保人选择保险价格时要注意选择公正的价格而不是最低的价格。选择公正价格的方法之一，就是对各家公司相同险种的费率进行比较，在比较费率时应注意两种情况：一是费率较高的保险公司，其保单具有特殊优点，或有着不同于其他公司的优越之处；二是费率较低的保险公司，可能免责规定过多，或在续保时加上一些限制性保险条款，等等。

（2）保险公司的偿付能力和经营状况。考察保险公司偿付能力的方法有两种：一是保险监管部门或评级机构对保险公司的评定结果；二是保险公司的年终报表。

保险公司的经营状况与公司的利润率有着密切的联系。保险公司的利润来源于两个部分：一是承保利润，二是投资利润。一般来说，利润高的保险公司，其经营的稳定性较好。对于投保人来说，向利润高的保险公司投保，可能获得更优惠或更宽松的保险条件。

（3）保险公司提供的服务。各家保险公司所推出的保单是极其相似的，但提供的服务却不尽相同。保险公司服务最重要的方面，就是发生保险事故时，能否对保险索赔做出尽快地处理或赔偿。因此，投保人在选择时要充分考虑这一因素。

随堂讨论

投保的程序和内容是什么？投保时要注意什么问题？

案例分析　买保险注意关键时间点

2007年7月，张先生在一次交通事故中不幸去世。不久前，其妻子刘女士在整理书柜时意外发现两份保单，原来张先生多年前在某保险公司投保了10万元的寿险以及30万元的意外险。刘女士在震惊之余不禁担心这两份保险是否还能理赔。请问刘女士能够得到索赔吗？

13.2　保险公司的承保业务管理

13.2.1　承保工作的基本程序

承保指保险人接受投保人的申请并与之签订保险合同的全过程。严格意义上讲，从一项保险业务的接洽、协商、投保、审核、配证、收费、建卡都属于承保工作。保险公司的承保程序包括制定承保方案，获取和评价承保信息，审核验险，做出承保决策，缮制保单等步骤。

1．制定承保方案

保险公司设有专职的承保部门，制定与公司目标相一致的承保方案和编制承保手册。承保手册具体规定承保的险种，展业的地区，所使用的保单和费率厘定计划，以及可以接受的、难以确定的和拒保的业务，保险金额，需要上一级承保人批准的业务等。承保手册能帮助承保人做出最优承保决策。

2．审核验险

（1）审核。是指保险人收到投保单后，对其进行的审定和核实。审核投保单的内容包括保险标的、存放地址、运输工具行驶区域、保险期限、投保明细表、对特殊要求的申请等。

（2）验险。是对保险标的的风险进行查验，以达到对风险进行分类的目的。

1）财产保险的验险内容。

第一，查验投保财产的性能或构造。例如，保险财产是否是易燃、易爆品或易受损物品，对温度、湿度的灵敏度如何，建筑物的结构状况等。火灾保险通常将建筑物按其构造分为三类，即木结构、钢筋水泥结构和防火建筑，这三类建筑保险人均可承保。在具体承保某一建筑物时，必须考虑其位置、用途等因素，而且采用不同的费率承保。

第二，查验投保财产的用途。例如，木结构房屋用做办公或民用住宅，保险公司可以承保，如果用做加工场所，保险人会拒绝承保或加收附加保费承保。同样，对汽车保险，保险人也要考虑汽车的用途再决定是否承保或承保费率的高低。例如，出租汽车或商用汽车，单位用的货车与出租货车的费率均不同。

第三，查验投保财产所处的环境。例如，房屋投保火灾保险，保险人要考虑投保房屋所处的是工业区、商业区还是居民区；附近有无易燃易爆的危险源，一旦发生火灾，有无蔓延的可能；附近救火水源如何，消防设施或消防条件如何等。

第四，查验有无正在危险状态中的财产。如果保险人承保必然或确定发生的风险，就会造成不合理的损失分摊，这对其他被保险人不公平。

第五，查验各种安全管理制度的制定和执行情况。若发现问题，保险人应督促投保人及时改正。对投保人屡不整改或整改无效的，保险人可以增加特别条款，调高费率或拒绝承保。

2）人身保险的验险内容。人身保险的验险包括医务检验和事务检验。

医务检验的内容包括：第一，被保险人的健康状况。如体格、身体的神经系统、消化系统、循环系统、呼吸系统、排泄系统等。第二，个人病史。如果某人曾患过严重疾病或遭受过意外事故，很可能存在较高的风险，应对其进行必要的调查，以确定其可保性。第三，家族病史。有些疾病是容易遗传的，特别是当家族病中某些特征在被保险人身上有所反应时，更应引起承保人的注意。

事务检验的内容包括：第一，年龄。保险人对不同年龄的投保人规定不同的保险费率，对于年龄较大者限制或拒绝参加某些种类的寿险。第二，性别。相同年龄的女性死亡率小于男性死亡率。第三，职业。不同职业的危险性不同，且不同的危险职业的死亡率也不同。第四，习惯和嗜好。主要了解被保险人是否吸烟、酗酒和吸毒，以及是否爱好赛车、跳伞、登山等危险运动。第五，财务状况。财务状况主要包括：一是可保利益。承保人必须将投保申请人和受益人的利益与合理的需要及可能的财务损失相联系，以确定投保的目的。二是承受能力。考虑投保人财务状况的另一个目的是看其能否承担他应支付的保费，如果投保人在保险的有效期内不能按期缴纳规定的保费，则会导致合同失效，从而影响投保人的利益。

3. 做出承保决策

保险人按照规定的业务范围和承保权限，在审核验险之后，有权做出承保的决定。

（1）正常承保。保险公司按标准费率承保保险标的的风险，出具保单。

（2）条件承保。保险公司通过增加限制性条件或加收附加保费的方式予以承保，出具保单。例如，在财产保险中，保险人要求投保人安装自动报警系统等安全设施才予以承保；如果保险标的低于承保标准，保险人采用减低保险金额，或者使用较高的免赔额或较高的保险费率的方法承保。在人身保险中，条件承保有年龄增加法、保险金削减法、附加费率法。年龄增加法适用于递增型风险的人，将被保险人的年龄增加一个固定年数加以承保。保险金削减法适用于递减型风险的人，承保时按正常费率承保，但是在一定期间内按比例减少保险金给付。附加费率法适用于固定型额外风险的人，在承保时保险人征收一定金额的额外保费。

（3）拒绝承保。如果投保人的投保条件明显低于保险人的承保标准，保险人就会拒绝承保。

4. 缮制单证

缮制单证是在接受投保业务后填制保单或保险凭证等手续的过程。填写保单的要求有以下几点：

（1）单证相符。投保单、保单、批单、财产清单、人身保险的体检报告及其他单证都要符合制单要求，其重要内容（如保险标的的名称、数量、地址等）都应相符。

（2）保险合同要素明确。保险合同要素是指保险合同的主体、客体和内容。主体包括当事人和关系人，即保险人、投保人、被保险人和受益人等。保险合同的客体是保险合同中权利义务所指向的对象，即保险利益。保险合同的内容包括保险责任、保险金额、保险期限、保费以及其他特约事项等。明确保险合同要素是保证保单质量的依据，否则将影响保险合同的法律效力。

（3）复核签章，手续齐备。保险单证是保险合同的重要组成部分。每一种单证都要求复核签章，如投保单上必须有投保人的签章；验险报告上必须有具体承保业务员的签章；保单上必须有承保人、保险公司及负责人的签章；保险费收据上必须有财务部门及负责人的签章；批单上必须有制单人与复核人的签章等。

13.2.2 承保管理的内容

1. 审核投保申请

审核投保申请包括投保人资格的审核、保险标的的审核、保险费率的审核等内容。

（1）审核投保人的资格。根据《保险法》的规定，投保人必须具备两个条件：一是具有相应的民事权利能力和民事行为能力；二是投保人对保险标的应具有保险利益。一般来说，在财产保险合同中，投保人对保险标的的保险利益来源于所有权、管理权、使用权、抵押权、保管权等合法权益；在人身保险合同中，保险利益的确定限制在家庭成员范围内，并结合被保险同意的方式。

（2）审核保险标的。一方面，对照投保单或其他资料核查保险标的的使用性质、结构性能、所处环境、安全管理等情况；另一方面，保险人通过选择保险标的，承保不同类型和地区的保险标的将风险分散。

（3）审核保险费率。一般可以按照不同标准对风险进行分类，制定不同的费率等级，在一定范围内使用，保险人承保时只需按风险程度将保险标的划分为不同的等级，套用不同的费率即可。但是，有些保险业务的风险情况不固定，如海上保险，因航程、运输工具等不同，风险也不同，承保的每一笔业务都需要保险人根据以往的经验，制定单独的费率，以保证保险费率的合理性。

2. 控制保险责任

控制保险责任就是保险人在承保时，依据自身的承保能力进行承保控制，并尽量防止和避免逆选择。控制保险责任包括：

（1）控制承保能力。保险人的承保能力通常用承保保费除以偿付能力额度。保险人的承保能力限制了保险公司签发新保单的能力。因为卖出的新保单会增加保险人的费用，从短期来看，会降低保险公司的偿付能力；但从长期来看，如果新保单所产生的保费超过了损失和费用的支付，新保单会增加保险公司的偿付能力。因此，有计划地增长新保单的销售，能够保障保险公司承保能力的稳定和有序增长。

保险人保证承保能力的有效途径有：一是保持风险分散。通过风险分析与评估，确定承保责任范围，明确对所承保的风险应负的赔偿责任。二是用特殊的承保技术和经验满足某些险种的承保要求。一般来说，对于常规风险，保险人按基本条款予以承保；对于具有特殊风险的保险标的，保险人需要与投保人充分协商保险条件、免赔额、责任免除和附加条款等内容后特约承保。即根据保险合同当事人的特殊要求，在保险合同中增加一些特别约定，满足被保险人的特殊需要，并以加收保费为条件适当扩展保险责任；或者在基本条款上附加限制条款，限制保险责任。三是安排再保险。通过再保险，保险公司可以将风险转移给再保险人来增加承保新保单的数量。

（2）控制逆选择。逆选择指那些有较大风险的投保人试图以平均的保险费率购买保险。或者说，最容易遭受损失的风险就是最可能投保的风险，从保险人的角度来看就是逆选择。

保险人控制逆选择的方法是对不符合承保条件者不予承保，或者有条件承保。例如，投保人对自己易遭受火灾的房屋投保财产保险时，保险人就会提高保险费率承保；对患有超出正常危险的疾病，不允许投保定期死亡保险，改投两全保险。

3. 分析风险因素

（1）实质风险。在评估保单时，保险人要考虑保险标的存在的各种实质风险。如建筑物的结构、使用性质、放火措施、外部环境等。

（2）道德风险。是指与人的品德有关的无形的因素，即是指由于个人不诚实、不正直或不轨企图，促使风险事故发生，以致引起社会财富损毁和人身伤亡的原因和条件。如有人对社会或他人心怀不满，故而蓄意进行破坏活动，比如，纵火、抢劫、欺诈，造成社会财产或他人财产及生命蒙受损失。

（3）心理风险。是指投保人或被保险人在参加保险后产生的松懈心理，不再小心防范所面临的自然风险和社会风险，或在保险事故发生时，不积极采取施救措施，任凭损失扩大。例如，投保了汽车保险后，驾驶员不遵守交通规则，不谨慎驾驶；农业保险中农民对恶劣气候变化不采取防护措施；投保了盗窃险，就不再谨慎防盗等。

（4）法律风险。法律风险是指影响保险人收取与损失风险相称的保费的法律或监管环境。如主管当局强制保险人使用一种过低的保费承保，要求保险人提供责任范围广的保险，法院可能做出有利于被保险人的判决等。

13.2.3 续保

续保是在原有的保险合同即将期满时，投保人在原有保险合同的基础上向保险人提出续保申请，保险人根据投保人的实际情况，对原合同条件稍加修改而继续签约承保的行为。

对于投保人来说，通过及时续保，不仅可以得到连续不断的、可靠的保险保障和服务，而且作为公司的老顾客，也可以在体检、服务项目及保险费率等方面得到通融和优惠。对于保险人来说，续保的优越性不仅可以稳定公司的业务量，而且还能减少许多展业工作量与费用。因此续保对保险双方均有利。保险人在续保时应注意以下几个问题：

（1）及时对保险标的进行再次审核，以避免保险期间中断。

（2）如果保险标的的危险程度有增加或减少时，应对保险费率做出相应的调整。

（3）保险人应根据实际情况对承保条件进行适当调整。

（4）保险人应考虑通货膨胀因素的影响，随着生活费用指数的变化而调整保险金额。

案例分析　保险公司违反内部规定承保，保单是否有效

2008年11月2日，孙某夫妇每人投保了100万元的人寿保险并缴纳了保费，11月3日，保险公司同意承保并签发了正式保单，保单上约定承担保险责任的时间为11月3日零时。11月4日，孙某夫妇在外出途中发生车祸，当场死亡，保单受益人孙某夫妇的父母向

保险公司索赔。保险公司认为，根据该公司投保规定，人身保险合同金额巨大的，应当报总公司批准并且必须经过体检后方可承保，孙某夫妇违反了保险公司关于投保方面的规定，因此，该保单并没有发生法律效力。保险公司据此做出了拒赔决定。孙某夫妇的父母不服，向法院起诉，要求保险公司承担给付保险金的责任。

试分析，保险公司应该承担责任吗？

13.3 保险公司的防灾业务管理

保险防灾是指保险人与被保险人对保险标的采取措施，减少或消除风险发生的因素，减少灾害事故所造成的损失，从而降低保险成本、增加经济效益的一种经营活动。同时，保险企业应向被保险人提出防灾建议，促使其采取措施进行风险防范。

13.3.1 保险防灾的内容

1. 加强同各防灾部门的合作，进行防灾宣传和检查

保险人一方面要注意保持和加强与各专业防灾部门的联系，并积极派人参加各种专业防灾部门的活动，如公安消防部门对危险建筑的防灾检查、防汛指挥部对防汛措施落实的检查、商检部门对进出口货物的商品检验等；另一方面要充分利用保险企业的信息和技术优势，向社会提供各种防灾、防损服务和宣传，如防灾技术咨询服务、风险评估服务、社会协调服务、事故调查服务、灾情信息服务和安全技术成果推广服务等。

2. 及时处理不安全因素和事故隐患

通过防灾防损检查发现不安全和事故隐患时，保险人要及时向被保险人提出整改意见，并在技术上予以指导和帮助，将事故隐患消灭在萌芽状态。同时，保险人在接到重大保险事故通知时，应立即赶赴事故现场，直接参与抢险救灾，防止灾害扩大并妥善处理好残余物质。

3. 提取防灾费用，建立防灾基金

保险企业每年要从保险费中提取一定比例的费用做防灾专项费用，建立防灾基金，主要用于增强社会防灾设施和保险公司应付突发性的重大灾害。

4. 积累灾情资料，提供防灾技术服务

保险人除了做好防灾工作以外，还要经常对各种灾情进行调查研究，并积累丰富的灾情资料，掌握灾害发生的规律性，提高防灾工作的效果。此外，保险人还应开展防灾技术服务活动，帮助事故发生频繁、损失额度大的投保人开展防灾技术研究。

13.3.2 保险防灾的方法

1. 法律方法

通过国家颁布有关的法律来实施保险防灾管理。例如，有些国家的法律规定，如果投保人不加强防灾措施，保险人不仅不承担赔偿责任，而且还要追究其法律责任。《保险法》

第37条规定:"投保人、被保险人必须按约定履行其对保险标的的安全应尽的责任,否则,保险人有权增加保险费或解除合同。"

2. 经济方法

保险人通过调整保险费来促进投保人重视防灾活动。对于防灾措施完备的投保人采用优惠费率,以资鼓励;反之,对懈怠防灾,缺乏必要防灾措施的投保人则采用较高的费率,促进其加强防灾。

3. 技术方法

保险防灾的技术方法从两个角度来理解:一是通过制定保险条款和保险责任等技术来体现保险的防灾精神。首先,在设计保险条款时,要明确被保险人防灾防损的义务。例如,在设计保险条款时规定被保险人必须保证保险财产的安全。其次,在保险责任的制定上,也要有防止道德风险的规定。例如,在现行的保险条款中,都规定凡属被保险人的故意行为所造成的损失,保险人不负赔偿责任。再次,在保险理赔上提出了抢救和保护受灾财产的要求。例如,财产保险合同中规定,如果灾害发生在保险责任范围内,被保险人应尽可能采取必要的措施进行抢救,防止灾害蔓延,对未被损害和破坏的财产进行保护和妥善处理。二是运用科学技术成果从事保险防灾活动。保险企业的防灾部门运用有关的技术和设备对承保风险进行预测,对保险标的进行监测,研制各种防灾技术和设备以及制定有关的安全技术标准。

案例分析　　为防灾转移保险财产,费用该由谁承担

兴旺食品公司位于长江中下游地区一个叫桔树滩的镇上。2008年3月28日,该食品公司将其固定资产、原料及存货等财产向某保险公司足额投保财产保险综合险,保险期限为一年。保险公司签发了保单,食品公司按约定交纳了保费。同年7月29日,食品厂所在地的县防汛指挥部下达了桔树滩进入防汛紧急状态的通告,通告称:预计8月1日桔树滩水位将达到或超过28.67米,超过历史最高水位,经上级政府批准,实施《桔树滩镇应急转移方案》。该方案要求所有非防汛人员转移,其财产也一律就近转移到安全地区。第二天,保险公司根据上述方案,对桔树滩镇上的所有保户发出了《隐患整改通知书》,该通知书规定了各保户应尽快转移财产,并强调如果不按整改意见办理,保险公司将依《保险法》的规定解除保险合同,并对合同解除前发生的保险事故不承担赔偿责任。保险公司在将整改通知书送达食品公司的当天,就派人对食品公司需要转移的原料及存货进行了清点、登记,食品公司立即雇车将这些物品运送到安全地区。后来,由于当地政府组织及时,食品公司并未遭受洪水。食品公司认为,其开支的11万元财产转移费用应由保险公司承担,要求保险公司赔偿。汛期过后,食品公司即向保险公司索赔。保险公司则认为这笔财产转移费用不属于保险责任范围内的损失,其向食品公司下达的《隐患整改通知书》是协助食品公司转移财产,这既是保险公司行使保护国家财产安全的权利,也是食品公司尽保护国家财产安全的义务,故对该转移费用不予赔偿。双方协商未果,食品公司于是向人民法院提起诉

讼，要求保险公司赔偿其为转移保险标的所支出的费用。

请问食品公司为防灾转移保险财产，费用该由谁承担？

13.4 保险公司的理赔业务管理

13.4.1 保险理赔的含义

保险理赔，即处理赔案，是指保险标的发生保险责任范围内的事故造成损失时，保险公司根据保险合同的规定，对被保险人提出的索赔请求进行处理的行为。被保险人发生的经济损失有的属于保险风险引起的，有的则是非保险风险引起的，即使被保险人的损失是由于保险风险引起的，因多种因素和条件的制约，被保险人的损失不一定等于保险人的赔偿额或给付额。保险理赔涉及保险合同当事人各方的利益，是保险公司经营管理中的一项重要内容。

13.4.2 保险理赔的原则

1. 重合同、守信用

保险人与被保险人之间的权利、义务关系是通过保险合同来实现的，保险合同双方当事人都必须恪守合同的规定，保证合同的顺利履行。保险理赔是保险人对保险合同履行义务的具体体现，对保险人来说，在处理各种赔案时，应严格按照保险合同中条款的规定，受理赔案、审核责任、确定损失、及时赔付。既不能任意扩大保险责任范围乱赔，也不能缩小保险责任范围惜赔。

2. 实事求是

保险合同条款对赔偿责任做了原则性规定，但实际情况错综复杂，这就要求保险公司必须以实事求是的精神，运用保险条款的规定，并结合具体情况合情合理地处理赔案，既要有原则性，又要有一定的灵活性。

此外，实事求是的原则还体现在保险人的通融赔付方面。所谓通融赔付，是指按照保险合同条款的规定，本不应由保险人赔付的经济损失，由于其他特殊原因的影响，保险人给予全部或部分补偿或给付。当然，通融赔付不是无原则的随意赔付，而是对保险损失补偿原则的灵活运用，应从严掌握。对有利于保险公司业务的稳定和发展、有利于维护保险公司的信誉和提高市场竞争能力、有利于社会的安定团结的案例才考虑融通赔付。

3. 主动、迅速、准确、合理

《保险法》第24条和第26条规定："保险人与被保险人或受益人达成赔偿协议或给付保险金额协议的情况下，应在达成协议后十日内履行赔偿或给付义务。""如果保险人在收到被保险人或受益人的索赔请求和证明资料60日内，对赔偿或给付数额不能确定的，应当根据已有的证明和资料确定的最低数额先予支付；保险人最终确定赔偿或给付保险金额后，支付相应的差额。"《保险法》的上述规定指出了保险人应当在法律规定和保险合同约定的期限内及时履行赔偿或给付保险金的义务,即在理赔中应坚持主动、迅速、准确、合理的"八字"方针。所谓主动、迅速,要求理赔人员在处理赔案时要积极主动,及时深入现场,主动了解受损情况,迅速赔偿损失。所谓准确、合理,要求理赔人员在审核赔案时要分清责任,合理定损,准确地核定赔偿金额,做到不惜赔,不乱赔。

13.4.3 保险理赔的程序

1. 受理和立案

(1)出险登记。保险人收到出险通知后,首先应做好出险登记工作。根据保险法的有关规定,保险事故发生后,投保人、被保险人或者受益人应及时通知保险人。及时通知可以使保险公司立即开展损失调查,避免因延误造成调查的困难。

保险人收到出险通知后,应当及时、认真、准确、详细填写出险登记簿或者出险通知书。理赔机构工作人员受理出险通知后,应当及时要求被保险人或受益人填写保险赔偿或者保险金给付申请书。

(2)立案。在保险理赔活动中,立案是指保险公司同意受理申请人的保险赔付申请的行为。理赔机构工作人员在收到出险通知或索赔申请书后,对有关材料进行初步审查,如果认为属于保险公司的责任范围,就应当予以立案;如果不属于保险公司的责任范围,不予立案。

(3)立案审查。是指保险公司立案后,根据合同约定或者法律规定,对申请人提供的有关材料进行初步判断,以决定理赔程序是否继续进行的行为。立案审查主要包括以下事项:

1)保单是否仍有效力。例如,我国财产保险基本险条款规定,被保险人应当履行如实告知义务,否则保险人有权拒绝赔偿,或从解约通知书送达15日后终止保险合同。在人身保险合同中,投保人在规定的时期(包括宽限期)内未缴纳保险费,保险合同的效力将中止,除非投保人在两年内补交保险费及利息,否则保险合同将永久失去效力。保险人在处理赔偿问题时,应考虑这些条款的规定。

2)损失是否由所承保的风险引起。被保险人提出的索赔,不一定都是由保险风险所引起的。保险人在收到损失通知书后,应查明损失是否由保险风险引起,否则,保险公司不承担赔偿责任。

3)损失的财产是否为保险财产。保险合同所承保的财产并非被保险人的一切财产,即使综合险种,也会有某些财产列为不予承保之列。例如,我国财产保险综合险条款规定:土地、矿藏、水产资源、货币、有价证券等就不属于保险标的范围之内;金银、珠宝、堤堰、铁路等应通过特别约定,并在保单上载明,否则也不属于保险标的范围。保险人对于被保险人的索赔财产,应依据保单仔细审核。

4)损失是否发生在保单所载明的地点。例如,我国的家庭财产保险条款规定,只对在保单载明地点以内的保险财产所遭受的损失,保险人才负责赔偿。

5）损失是否发生在保单的有效期内。损失必须发生在保单上载明的有效期内，保险人才能予以赔偿。例如，我国海洋货物保险的保险期限通常是以仓至仓条款来限制的。责任保险中常规定"期内发生式"或"期内索赔式"的承保方式，前者是指只要保险事故发生在保险期内，而无论索赔何时提出，保险人均负责赔偿；后者是指不管保险事故发生在何时，只要被保险人在保险期内提出索赔，保险人即负赔偿责任。

6）请求赔偿的人是否有权提出索赔。要求赔偿的人一般都是保单载明的被保险人，就人寿保险合同而言，应是保单指定的受益人。保险人在赔偿时，要查明被保险人或受益人的身份，以决定其有无领取保险金的资格。在财产保险中，要查明被保险人在损失发生时，对于保险标的是否具有保险利益。对保险标的无保险利益的人，其索赔无效。

7）索赔是否有欺诈。保险人在理赔时应注意：索赔单证的真实性，投保人是否有重复保险的行为，受益人是否故意谋害被保险人，投保时期是否先于保险事故发生的日期等。

2. 现场勘察

保险公司的理赔人员经过立案审查后，认为保险公司应当对申请人予以赔付的，接下来的工作就是现场勘察。在人身保险的理赔工作中，现场勘察主要是到保险公司指定的医院核实被保险人的病历，以确定被保险人的病因、用药等。同人身保险相比，财产保险的现场勘察具有更重要的意义。财产保险的现场勘察包括事故原因调查、出险时间调查、出险地点调查等。由于财产保险的保险人具有代位求偿权，所以明确事故发生的原因对保险人来说显得尤为重要。此外，通过现场勘察，也有助于保险人确定对保险事故所承担的责任。

3. 估算赔偿金额

损失的估价是处理保险理赔的重要步骤，保险人应考虑保险财产如何估价，损失财产的价值是多少。通常在财产保险条款中都有损失发生时如何确定保险财产价值的规定，最常见的估价方法是实际价值、重置价值和约定价值三种。在理赔时保险人应根据保险条款规定的估价方法来确定保险财产的价值。一旦保险人确定了保险财产的估价方法，就可以对损失金额进行估算了。一般在使用实际价值估算方法时，保险人必须对折旧做出估价。

4. 支付保险金

保险理赔工作的主要目的是向被保险人或受益人支付保险金。保险金一般都是一次性支付的，但是，有时也有多次支付的可能：一种情况是保险人在未最终计算出赔付金额之前先予赔付；另一种情况是被保险人在保险期间内保险事故处于持续状态（如患病），保险人分期给付保险金。保险人的赔偿方式通常以货币为主，在财产保险中，保险人也可与被保险人约定其他方式，如恢复原状、修理、重置等。保险公司应当根据合同约定或者法律规定，及时、准确地支付保险金。

在实践中，有的保险公司故意每次只通知补充提供一部分资料，并以证明和资料仍不完整为由多次要求投保人、被保险人或者受益人补充提供，借此拖延赔付时间。《保险法》

规定，上述情形下，保险人应当及时一次性通知投保人、被保险人或者受益人补充提供：① 保险人收到被保险人或者受益人赔偿或者给付保险金的请求后，应当及时做出核定；情形复杂的，应当在30日内做出核定。② 对不属于保险责任的，保险人应当自做出核定之日起三日内向被保险人或者受益人发出拒绝赔偿或者拒绝给付保险金通知书；此外，还必须说明拒绝赔付的理由。

5. 损余处理

损余处理是指在财产保险中，保险人处理残余保险标的的行为。在财产保险中，受损的财产一般都有一定的残值。如果保险人按照全部损失赔偿，其残值应归保险人所有，或从保险金额中扣除残值部分；如果按部分损失赔偿，保险人可将损余财产折价给被保险人充抵赔偿金额。对保险标的进行损余处理的目的是避免被保险人获得额外的经济利益。

6. 代位追偿

如果保险事故是由第三者的过失或非法行为引起的，第三者对被保险人的损失须负赔偿责任。保险人可按保险合同的约定或法律的规定，先行赔付被保险人，然后，被保险人应将追偿权转让给保险人，并协助保险人向第三者责任方追偿。

保险人在行使代位追偿权时有几点值得注意：

（1）代位追偿只适用于财产保险与人身保险中的医疗费用险，不适用于死亡保险金、残废保险金的赔付。

（2）保险人只能在赔偿责任范围内行使代位追偿权，保险人代位追偿所取得的金额不得超过向被保险人支付的赔偿额，如果保险人向第三者追偿金额大于向被保险人支付的赔偿金额时，多余部分归被保险人所有。

（3）保险人行使代位追偿权时，不得影响被保险人对未取得赔偿的部分向第三者请求赔偿的权利。

（4）保险人赔偿前，被保险人放弃对第三者请求赔偿的权利，保险人不承担赔偿责任。

（5）除被保险人的家庭成员故意制造保险事故外，保险人不得对他们行使代位追偿权。

（6）保险人向被保险人赔偿保险金后，被保险人未经保险人同意放弃对第三者请求赔偿的权利的行为无效。

（7）保险人赔偿保险金时，可以相应扣减被保险人已从第三者取得的赔偿金额。

（8）由于被保险人的过错导致保险人不能行使代位追偿权，保险人可以相应扣减保险赔偿金。

（9）被保险人有义务协助保险人共同向第三者追偿，为保险人提供必要的文件单证和资料。

案例分析 被盗车辆又回来了，保险公司是否理赔

2008年10月某日，潘某停放在某路口的一辆五菱面包车被盗，事发后潘某立即报了

警,同时也向车辆的承保方某财产保险公司报了案,警方赶到现场,保险公司的工作人员也对此事做了详细的记录。2009 年 1 月中下旬,潘某拿着公安机关出具的尚未找到车辆的证明,前往保险公司理赔。经过保险公司内部层层审批,2009 年 5 月某日,保险公司给潘某出具了《赔款通知书》,但却一直未支付赔款。在出具了《赔款通知书》5 个月后,保险公司又突然通知潘某被盗的车辆已经在异地找到了,让潘某自行前往取车,并告知潘某,不再支付赔款。请问保险公司应该怎样做出理赔的规定?

13.5 保险公司的资金管理

由于保险公司经营资产中有相当一部分是保险企业对被保险人未来赔付的负债,保险公司要妥善管理好保险资金,使保险企业有足够的资金应付这些负债。此外,保险公司还要做好保险资金的投资工作,确保保险资金的保值和增值。

13.5.1 保险资金的构成

保险资金是社会总资金的一部分,专门用于应付自然灾害和意外事故可能对人们生产和生活造成的不利后果。保险资金一般由以下几部分构成。

1. 资本金

资本金是保险公司成立时,由股东认缴的股金。拥有一定数额的法定资本金是保险公司成立的必要条件,以保证保险公司最基本的偿付能力。世界各国均对设立保险公司规定了最低限额的资本金。我国规定保险公司注册资金的最低限额为 2 亿元,其中,注册资本的 20%要缴存保证金。保证金要存入保险监督管理部门指定的银行,除保险公司清算时用于清偿债务外,不得动用。

2. 责任准备金

责任准备金是保险公司为保障被保险人的利益,从收取的保费中按期和按一定比例提留的资金。与资本金不同,责任准备金一般是公司的负债,是保险公司将向被保险人偿付的资金。责任准备金是保险投资的重要来源。

责任准备金分为未到期责任准备金和未决赔款准备金。未到期责任准备金,又称未了责任准备金、未满期责任准备金,是经营保险业务的保险人在每一财务年度决算时,将还没有到期的保险责任应当属于下一年度的部分保费提取出来的准备金。它通常是当年出具的保单在下一财务年度仍然有效保单的保费之和。由于保险费一般都是在初期预交的,而保险赔偿或保险金给付却是后来发生的,为了避免保险公司滥用保险资金,保障被保险人的利益,我国《保险法》规定,经营人寿保险业务的保险公司,应当按照人寿保险单的全部净值提取未到期责任准备金。经营寿险业务以外的保险业务,应以当年自留保费的 50%提取未到期责任准备金。未决赔款准备金是指损失已经发生,但由于某种原因尚未向被保险人或受益人赔付,在这种情况下,保险公司就要提取未决赔款准备金。

3. 公积金

《保险法》第 96 条规定："保险公司在提取责任准备金和未决赔款准备金外,应当依据有关法律、行政法规及国家财务会计制度的规定提取公积金。"公积金是保险公司从经营利润中提取的自有资金。根据《公司法》、《保险法》的有关规定,保险公司必须从税后利润中提取 10%的法定公积金。当法定公积金累计达到注册资本的 50%以上时,可以不再计提。保险公司还可以按公司章程或股东大会的决议在提取法定公积金的基础上提取任意公积金。保险公司的公积金用于弥补公司亏损,或者转为增加公司资本金,从而增强保险公司的偿付能力或承保能力。

4. 保险保障基金

保险保障基金是指保险组织为了有足够的能力应付可能发生的巨额赔款,从年终结余中专门提存的后备基金。保险保障基金与公积金都是公司的自有资金,但这些基金的使用往往要受到限制。未到期责任准备金和未决赔款准备金是保险公司的负债,用于正常情况下的赔款,而保险保障基金则属于保险公司的资本,主要用于应付巨大灾害事故的特大赔款,只有在当年业务收入和其他准备金不足以赔付时才能运用。为了保护被保险人的利益,世界各国均要求保险公司提存保险保障基金。

保险保障基金的提存主要有两种不同方式:一是事先提存,即在尚未出现赔付不能时要求各保险组织先提存出来,并逐渐积累,如美国各州就是由各保险组织按照一定比例筹集的。二是事后提取,即在出现赔付不能时,再由各保险组织按比例提交。我国采用事先提存的做法,《保险法》第 97 条规定:"为了保障被保险人的利益,支持保险公司稳健经营,保险公司应当按照保险监督管理部门的规定提存保险保障基金。保险保障基金应当集中管理,统筹使用。

13.5.2 保险资金的运用

保险资金的运用即保险投资,是保险公司运用保险资金进行各种形式的投融资以增加盈利的行为。保险资金是保险公司偿付能力的基本保证,只有加强保险资金的监督管理,正确使用保险资金,才能最大限度地保证被保险人的利益。如果对保险资金管理和运用不当,就可能导致保险资金的减少,降低保险公司的偿付能力。

1. 保险资金运用的原则

(1) 安全性原则。该原则是实现保险资金数额完整、回流可靠、保证偿付的条件。《保险法》第 105 条规定:"保险公司的资金运用必须稳健,遵循安全性原则,并保证资产的保值增值。"但是任何投资都具有风险,安全性原则要求保险公司投资应按照风险管理的程序和要求,认真识别和衡量风险以避免高风险投资,运用分散投资策略以避免风险过于集中,从而达到控制风险的目的。

(2) 收益性原则。投资收益是保险公司运用保险资金的动机和目的。但收益性与安全性并不是一致的，往往表现为收益高、风险大、安全性差。这就要求保险公司应以安全为条件寻求尽可能高的投资收益，而不是以风险为代价，牺牲安全性换取高收益。保险企业必须处理好安全性原则与收益性原则之间的关系。

（3）流动性原则。该原则要求保险公司的资金具有在不损失价值的前提下的即时变现能力。流动性对保险公司关系重大，保险事故具有极强的偶然性、突发性、破坏性，有可能在一夜之间要求保险人提供巨额赔款。如果保险企业仅在账面资产上具有相应的偿付能力，而不能及时转化为现金赔款，那么，它所担负的社会责任就难以及时兑现，无法起到稳定社会经济生活的应有作用，甚至保险公司也可能因缺乏流动性而倒闭。

上述原则是相互联系、相互制约的。保险公司经营的特殊性决定了其资金的运用首先要保证安全性和流动性，在此基础上追求收益，增加利润。

2. 保险资金运用的形式

1995 年的《保险法》和 2000 年的《保险公司管理规定》都明确规定，除经中国保监会批准，保险公司的资本金、公积金、各项保险责任准备金，应当在中国境内运用。保险公司的资金运用，限于在银行存款，买卖政府债券、金融债券和国务院规定的其他资金运用方式。2002 年新修订的《保险法》对保险资金运用方式没有改变，但近年来保险监督管理机关陆续出台的，对保险公司资金的投资渠道的新规定，一定程度上放宽了保险资金的运用渠道。2009 年 2 月 28 日修订的《保险法》规定目前我国保险公司的资金运用限于下列形式：① 银行存款；② 买卖债券、股票、证券投资基金份额等有价证券；③ 投资不动产；④ 国务院规定的其他资金运用形式。保险公司资金运用的具体管理办法，由国务院保险监督管理机构依照前两款的规定制定。

（1）银行存款。保险保险公司将保险资金存入银行，可以确保资金的安全性和流动性，但对比其他投资，收益率则较低，且不能避免因货币贬值或通货膨胀引起的资金损失。所以，存款主要用做保险公司正常的赔付或寿险保单满期给付的支付准备金，一般不作为追求收益的投资对象。

（2）买卖债券、股票、证券投资基金份额等有价证券。债券是依据法定程序发行，约定在一定期限内还本付息的有价证券。债券的发行人通常是政府、与政府有关的公用事业单位、银行及信用较高的公司。保险资金一般有一定比例用于购买国库券、地方政府债券、金融债券和公司债券等可在二级市场流通的债券。这类投资债券具有安全性好、变现能力强、收益相对稳定的优点。国库券和地方政府债券基本上不存在不确定性风险，但收益却不如金融债券和公司债券。由于债券一般采取息票的形式发行，尽管债券对通货膨胀和市场利率变动很敏感，但对通货膨胀和利率变动损失的避险能力较差。

为进一步加强债券投资管理，改善资产配置，优化资产结构，分散投资风险，根据《保险机构投资者债券投资管理暂行办法》（以下简称《暂行办法》）和《关于增加保险机构债券投资品种的通知》（以下简称《通知》），保监会决定调整保险机构债券投资的有关政策，就有关事宜通知如下：

1）保险机构投资的企业（公司）债券，发行人最近三个会计年度连续盈利的要求，调整为最近三个会计年度实现的年均可分配利润（净利润）不少于所有债券一年的利息。

2）保险机构投资企业（公司）债券的比例，由不超过该保险机构上季末总资产的30%，调整为不超过该保险机构上季末总资产的40%。其中，投资香港市场债券的比例，统一按《通知》第二条第（四）项执行。其他投资比例，仍按《暂行办法》和《通知》的有关规定执行。

3）保险机构投资大型国有企业、香港联交所公告的H股和红筹股公司在香港市场发行的债券和可转换债券，应当具有国际公认评级机构评定的BBB级或者相当于BBB级以上的长期信用级别。

4）保险机构应当坚持资产负债匹配管理原则，在分析宏观经济与金融市场的基础上，按照资产战略配置计划和年度投资策略，统筹安排债券资产的期限结构、品种配置、信用分布和流动性要求，进一步改善债券资产配置，防范错配风险。

5）保险机构应当加强债券投资风险管理能力，配备2名具有2年以上信用分析经验的专职评估人员，运用内部信用评级检验外部评级结果，投资无担保债券的，内部信用风险评估能力还应达到监管规定标准。保险机构必须关注偿债资金来源的充分性，明确第一还款来源，重点关注担保的有效性，防范以小保大、互相担保、连环担保造成的风险。

股票是股份公司发给股东作为入股权凭证并借以获得股息收入的一种有价证券。股票投资的特点是收益高、流动性好、风险大。股票收益来自股息收入和资本利得，股息收入完全取决于公司的经营状况，资本利得则取决于未来股票价格的走向。股票分为优先股和普通股。优先股股息固定，派息后于公司债券，而先于普通股。当公司破产清算时，对公司剩余财产的请求权也后于公司债券而先于普通股。因此，优先股的投资风险比债券大，比普通股小，优先股的预期收益比债券高，比普通股低。普通股是收益高而风险最大的股票，因此，为了保证保险投资的安全，各国对股票投资均有严格的比例限制。

证券投资基金（以下简称"基金"）是一种长期投资工具，其主要功能是分散投资，降低投资单一证券所带来的个别风险。基金不同于银行储蓄和债券等能够提供固定收益预期的金融工具，投资人购买基金，既可能按其持有份额分享基金投资所产生的收益，也可能承担基金投资所带来的损失。

（3）投资不动产。不动产投资是指保险资金用于购买土地、建筑物或修建住宅、商业建筑等的投资。不动产投资具有安全性好、收益高、项目投资金额大、期限长、流动性差等特点。因此，各国保险法对不动产投资的比例也做了严格的规定。

保险资金除上述运用形式外，还可用来投资各类基金、同业拆借、黄金、外汇等。我国《保险法》第106条规定：保险公司的资金运用方式有银行存款、买卖债券、股票、证券投资基金份额等有价证券、投资不动产和国务院规定的其他资金运用形式。1998年10月，保险公司获准加入全国银行同业拆借市场，从事债券买卖业务。1999年7月，保险公司获准通过一、二级市场购买信用评级在 AA⁺以上的中央公司债券。自 1999 年 8 月 12 日起，保险公司可以在全国银行间同业市场办理债券回购业务。1999 年 10 月，国务院批准保险公司可以通过证券投资基金间接进入证券市场，资金投资方式有了历史性的突破。

13.5.3 保险公司偿付能力的维持

保险公司的偿付能力是指保险公司对其承担的保险责任所具有的经济补偿或支付能力，即保险公司有足够的或充分的现金、流动资产或可以变现的其他资产，当负债到期时如期清偿债务的能力。对保险公司来说，不仅要求资产能够完全清偿债务，而且资产必须超过负债达到一定额度，即具有最低偿付能力。保险公司的偿付能力与其经营规模是相对应的。

1. 偿付能力的标准

由于保险公司经营范围的不同，确定和衡量保险公司偿付能力的标准和要求也不同。为了保护被保险人的利益，中国保监会规定了保险公司最低的偿付能力标准。

（1）财产保险、短期人寿保险。根据中国保监会的规定，经营财产保险、短期人寿保险业务的保险公司，其最低偿付能力额度为下述两项中较大的一项：

第一，本会计年度自留保费减保费税后 1 亿元以下部分的 18%和 1 亿元以上部分的 16%。

第二，最近 3 年年平均赔付金额 7 000 万元以下部分的 26%和 7 000 万元以上部分的 16%。

对于经营期间不满 3 年的保险公司，采取第一项规定的标准。

例如，某财产保险公司，税后自留保费余额为 3.6 亿元，按第一项标准计算，保险公司的最低偿付能力为：1×18%+ (3.6 −1) ×16%=0.596（亿元）。

（2）长期人寿保险。长期人身保险业务的最低偿付能力额度为下述两项之和：

第一，一般寿险业务，会计年度末寿险责任准备金的 4%和投资连结类业务会计年度末寿险责任准备金的 1%。

第二，保险期间小于 3 年的定期死亡保险风险保额的 0.1%，保险期间为 3～5 年的定期死亡保险风险保额的 0.15%，保险期间超过 5 年的定期死亡保险和其他险种风险保额的 0.3%。在统计中，未对定期死亡保险区分保险期间的，统一按风险保额的 0.3%计算。

确定最低偿付能力额度，其目的是保障被保险人最基本的保险利益，也是保险组织自身稳健经营的需要。

2. 影响保险公司偿付能力的因素

（1）保险公司的承保能力和承保数量。保险公司经营保险业务，应当考虑自己的承保能力。《保险法》规定，保险公司对每一危险单位可能造成的最大损失范围所承担的责任，不得超过其实有资本金加公积金总和的 10%，超过部分应当办理再保险。保险公司的承保能力与保险公司的注册资本和公积金有关,资本金越多,抗风险的能力越强。如果保险公司的承保能力相当,承保数量多的保险公司就要承担较大的保险责任。

(2)保险公司提取公积金的规模。根据《公司法》《保险法》和《保险公司管理规定》,为弥补公司可能出现的亏损,保险公司在每个财务年度,均应依法提取法定公积金。保险公司也可以按一定比例提取任意公积金,以不断提高公司的偿付能力。当发生重大或特大灾害性保险事故时,保险公司可以动用资本金、公积金等自有资金用于保险赔付。

(3)赔付率。保险公司的赔付率是指其赔款支出与保费收入的比率,这是衡量保险公司经营状况好坏的重要标准。如果保险公司的赔付率相对较低,那么这一年的利润就会增加,即以资本金、公积金、未分配盈余构成的赔付准备金也将增加,偿付能力就会增强。在其他因素不变的情况下,赔付率的高低直接影响保险公司偿付能力的大小。对保险公司来说,不同险种的保险业务,由于承保的风险责任的性质、特点不同,赔款波动的趋势也不同。随着保险市场竞争的加剧,保险公司承保范围越来越广,承保风险变化也越来越大,赔款的波动也就更大。如果保险公司直接承保一些巨灾风险,如洪水、台风、地震等,一旦发生承保风险,造成赔款的波动肯定是剧烈的,这不仅影响保险公司的偿付能力,严重的还会导致保险公司的破产。

(4)投资收益。投资收益的高低直接影响保险公司的经营成果,从而影响偿付准备金的提存数额和偿付能力的大小。保险公司的利润来源于承保利润和投资收益,由于保险业竞争不断加剧,保险承保范围和承保责任也不断扩大,而保险费率往往在成本线以下,导致了保险公司承保业务盈利甚少,甚至出现业务亏损,投资收益成了保险公司的主要利润来源。高投资收益还可以扩大保险公司的利润,增加保险公司的偿付能力和经营的稳定性。因此,科学、合理的投资组合有利于减少投资风险,增加投资收益,壮大保险公司的偿付能力。

(5)费用水平。费用是控制业务流量和盈利水平的重要杠杆。保险公司费用水平的高低,直接影响保险公司利润的高低,从而影响保险公司偿付能力的大小和经营的稳定。

我国保险公司实行的是一条"数量扩张型"的发展战略,比较重视展业而相对忽视管理,经营方式粗放,从而造成保险公司的管理成本高,经营效益差。

3. 保险公司偿付能力的维持与提高

维持和提高保险公司的偿付能力,不仅是保险监督管理部门的重要职能,也是保险公司日常管理的重要任务。要维持和提高保险公司的偿付能力,主要应做好以下几方面的工作:

(1)保证保险公司具有法律规定的最低偿付能力。最低偿付能力是指保险公司实际资产减去实际负债后的差额,不得低于法律、行政法规规定的金额。根据《保险公司管理规定》的有关规定,保险公司实际偿付能力低于法定标准的,保险公司应当采取有效措施,使其偿付能力达到最低偿付能力标准,并向中国保监会做出说明。如果实际偿付能力额度低于最低偿付能力额度的 50%的，或实际偿付能力额度连续 3 年低于最低偿付能力额度的，中国保监会可将该公司列为重点监督检查对象。保险公司被列为重点监督检查对象期间，不得申请设立分支机构或支付红利、分红，中国保监会可以责令其采取办理再保险、业务转让、停止接受新业务、增资扩股、调整资产结构等方式改善其偿付能力状况。实际偿付能力额度低于最低偿付能力额度的 30%的，或被列为重点监督检查对象的保险公司财务状况继续恶化，可能或已经危及被保险人和社会公众利益的，中国保监会可以对该保险公司实行接管。

（2）财产保险公司自留保费的限制。保险公司以收取保费为条件，为被保险人的保险标的承担保险责任，保险人收取的保费越多，其承担的保险责任也越大。根据《保险法》的规定，经营人寿保险业务的保险公司，应当按照有效的人寿保单的全部净值提取未到期责任准备金。除人寿保险业务外，经营其他保险业务，应从当年自留保费中提取未到期责任准备金，提取和结转的数额应当相当于当年自留保费的 50%。这就意味着，对财产性保险公司来说，当年自留保费的多少，实际反映了保险公司承担保险责任的大小。为了控制保险公司的风险责任范围，使保险公司具有足够的偿付能力，国家限制了经营财产业务的保险公司自留保费的数额。经营财产业务的保险公司，当年自留保费不得超过其实有资本金加公积金总额的 4 倍。

（3）保险责任的限制。主要表现在两个方面，一是对单一保险单位保险金额的限制；二是对所有保险单位保险责任的限制。

前者主要指保险公司承担的每一危险单位的责任，即对一次保险事故可能造成的最大损失范畴所承担的责任，不得超过其实有资本金加公积金总和的 10%。例如，某一保险公司的资本金加公积金的总和是 5 亿元，那么其承保的单一保险单位的最大保险责任是 5 000 万元。如果该公司承保卫星发射保险，卫星的造价是 2 亿元，那么该保险公司实际承担的保险责任最多是 5 000 万元，剩下的 1.5 亿元则要办理再保险。如果对每一风险单位不加以限制，一旦发生保险事故，保险公司将要支付巨额赔款，这难免会影响保险公司正常的经营，影响公司的偿付能力。

后者指保险公司应当依法将其承保的每一份保险，向其他保险公司分保。《保险法》规定，除人寿保险业务外，保险公司应当将承保的每笔保险业务的 20%按照有关规定办理再保险。

（4）保险资金的投资。除保费外，保险公司的资本金和公积金是衡量保险公司偿付能力的重要指标，资本金雄厚、公积金多的保险公司，其偿付能力就高。因此，从根本和长远的观点来看，增加公司资本金和公积金是提高保险公司偿付能力的主要途径，而要实现这一目标，关键的是使保险公司有一个理想的收益。从各国保险业的发展来看，通过保险资金的投资而获得的收益，日益成为保险公司利润的主要来源。一旦保险公司有了可观的盈利，不仅可以直接用利润支付巨额赔偿，而且可以用利润转化为公积金和资本金，从而扩大了企业的实力，提高了保险公司抗风险的能力。

案例分析　一保险公司营销员挪用诈骗资金 48.5 万元获刑 16 年

今年 36 岁的袁某是山东省莒南县一保险公司的营销员。自 2005 年 10 月至 2007 年 5 月，不甘平淡的袁某，为了过上有钱人的生活，利用担任中国人寿保险股份有限公司莒南县分公司营销员的便利，采取虚构公司内部存在高息存款、做生意急需资金等方法，先后多次骗取公私财物 387 350 元；采用收取保户上交保费不上缴手段挪用保费 98 446 元，用于购买彩票等个人消费。2007 年 8 月 8 日，袁某因涉嫌诈骗罪被刑事拘留，同年 9 月 11 日被逮捕。2007 年 12 月 7 日，被检察机关提起公诉。法院审理认为，被告人袁某以非法占有为目的，以虚构事实或隐瞒事实真相的方法，诈骗公私财物，数额特别巨大；利用职务上的便利，挪用本单位资金归个人使用，进行营利活动，数额较大不退还，其行为构成诈骗罪、挪用资金罪。1 月 21 日，这位财迷心窍女青年袁某因犯诈骗罪和犯挪用资金罪被山东省莒南县人民法院判处有期徒刑 16 年，并处罚金 15 万元。

本章关键要点

投保　　承保　　理赔　　防灾　　保险资金　　偿付能力　　理赔的程序

第14章　保险市场和保险监管

本章学习目标

- 掌握保险市场的含义和特征，了解保险市场的模式和机制，分析保险市场的供给和需求。
- 掌握保险代理市场、保险经纪市场、保险巩固市场的相关概念和特征。
- 掌握再保险市场的相关概念和特征，了解中国在保险市场和国际再保险市场的发展。
- 掌握保险监督管理的概念，了解保险监督管理的必要性和目的、保险监督管理的原则、保险监督管理的方式与监督管理目标模式。
- 了解偿付能力监督管理、市场行为监督管理和治理结构监督管理。
- 掌握现场检查和非现场检查等保险监督管理方法。

引导案例

保险业现在已经站在一个新的发展起点上

第一，保险市场体系看，2007年我们保险公司已经达到了110家，其中包括102家保险公司和8家集团公司。102家公司中，产险公司达到42家。此外，保险资产管理公司9家，专业的中介公司2 331家。2008年，又有一批新的公司开业，整个保险公司的数量已经达到120家。

第二，保险市场的规模迈向了新的台阶。2007年时全国的保费收入达到7 036亿元，2002年的保费只有3 048亿元，用了5年时间翻了一番还多，大概是2.3倍。

第三，保险业的整体实力显著增强。我们可以用一个保险业总资产的变化情况看一下这个数据。2002年保险总资产是6 319亿元，2007年是2.9万亿。虽然2.9万亿元绝对数不是很大，特别是跟银行50万亿元的资产相比是非常小的，但这个数字已经是一个非常了不起的成绩了。保险业总资产在2004年3月份时首次达到了1万亿元。应该说，保险业资产从无到有，到第一个1万亿元资产，用了24年时间。总资产达到2万亿元是2006年年底时，用了将近3年时间积累了第二个万亿资产。第三个万亿资产只用了1年时间。保险业总资产的规模绝对数量虽然小，但快速发展的势头非常好。

第四，保险公司的竞争力在不断地提升。这几年保险公司的改革步伐在不断加快，从保险业来说，第一家在境外上市的金融保险机构就是PICC，2003年的11月6日在香港上市。在香港、纽约同时上市的金融保险机构是中国人寿。第一家以集团形式上市的金融保险机构，是平安。这是比较有代表性的三家上市公司。除了这三家上市公司之外，中国还有一批的保险公司通过引进境外的战略投资者、通过重组改制等方面，大大提升了竞争力。

第五，保险市场实现了全面的对外开放。应该说，保险市场的对外开放有鲜明的特点，第一是金融业中开放时间最早，这有两个方面的含义。最先实现了开放，1992年美国友邦进入中国以来，中国保险业对外开放是最早的。第二是入市过渡期最短，而且保险业的开放力度最大，我国保险市场对外开放的承诺，就是除了外资公司不能经营法定业务，寿险公司必须采取合资形式以外，基本上实现了全面的开放。

14.1 保险市场

14.1.1 保险市场概述

1. 保险市场的含义与特征

（1）保险市场的含义。保险市场是保险商品交换关系的总和，或保险商品供给与需求关系的总和。它既可以指固定的交易场所，如保险交易所，也可以是所有实现保险商品让渡的交换关系的总和。在保险市场上，交易的对象是保险人为保险消费者所面临的风险提供的各种保险保障及其他保险服务。

（2）保险市场的特征。保险市场的特征是由保险商品的特殊性决定的。保险市场交易的对象是一种特殊形态的产品——保险保障，因此保险市场表现出自己的特征。

1）保险市场是直接的风险市场。这里所说的直接风险市场，是就交易对象与风险的关系而言。尽管任何市场都存在风险，交易双方都可能因市场风险的存在而遭受经济上的损失，但是，一般商品市场所交易的对象，其本身并不与风险联系，而保险市场所交易的对象是保险保障，即对投保人转嫁于保险人的各类风险提供保险保障，所以本身就直接与风险相关联。保险商品的交易过程，本质上就是保障人聚集与分散风险的过程。风险的客观存在和发展是保险市场形成和发展的基础和前提。"无风险，无保险"，也就是说，没有风险，投保人或者被保险人就没有通过保险市场购买保险保障的必要。所以，保险市场是一个直接的风险市场。

2）保险市场是非即时清结市场。所谓即时清结的市场，是指市场交易一旦结束，供需双方立刻就能够确切地知道交易结果的市场。无论是一般的商品市场，还是金融市场，都是能够即时清结的市场。而保险交易活动，风险的不确定性和风险的射幸性使交易双方都不可能确切地知道交易结果。因此，保险交易不能立刻结清。相反，在保险交易中还必须通过订立保险合同，来确定双方当事人的保险关系，并且依据保险合同履行各自的权利和义务。因此，保单的签发，看似保险交易的完成，实质是保险保障的开始，最终的交易结果还要看双方约定的保险事故是否发生。所以，保险市场是非即时清结市场。

3）保险市场是特殊的"期货"交易市场。由于保险的射幸性，保险市场所成交的任何一笔交易，都是保险人对未来风险事件发生所致经济损失进行补偿的承诺。而保险人是否履约，即是否对某一特定的对象进行经济补偿，则取决于保险合同约定的时间内是否发生约定的风险事故，以及这种风险事故造成的损失是否达到保险合同约定的补偿条件。只有在保险合同所约定的未来时间内发生保险事件，保险人才可能对被保险人进行经济补偿，这实际上交易的是一种"灾难期货"。因此，保险市场是一种特殊的"期货"市场。

2. 保险市场的模式与机制

（1）保险市场的模式。也叫市场结构，它所反映的是竞争程度不同的市场状态。在当今世界保险市场上，主要存在完全竞争、完全垄断、垄断竞争和寡头垄断等保险市场模式。

1）完全竞争模式。是指在一个保险市场上有数量众多的保险公司，任何保险公司都可以自由地进出市场。在这种模式下，保险市场处于不受任何阻碍和干扰的状态中，同时，由于存在大量的保险公司，且每个保险公司在保险市场上所占的份额都很小，因而任何一个保险公司都不能单独左右市场，而由保险市场自发地调节保险商品的价格。保险资本可以自由流动，价值规律和供求关系充分发挥作用。政府保险监管机构对保险企业管理相对宽松，保险行业协会在市场管理中发挥重要作用。

一般认为完全竞争模式是一种理想的市场模式，它能充分、适度、有效地利用生产资源。因此，保险业发展较早的西方发达国家在早期多为该种模式。但是，自由竞争发展的结果，必然导致垄断。

2）完全垄断模式。是指保险市场完全由一家保险公司操纵，这家保险公司的性质既可以是国营的，也可以是私营的。在完全垄断的市场上，价值规律、供求规律和竞争规律受到极大的限制，市场上没有竞争，没有替代品，没有可供选择的保险人。因此，保险公司可凭借其垄断地位获得超额利润。

完全垄断模式分为两种形式，一种是专业型完全垄断模式，即在一个保险市场上同时存在两家或两家以上的保险公司，各自垄断某类保险业务，相互之间业务也不交叉，从而保持完全垄断模式的基本性质。另一种是地区型完全垄断模式，指在一个国家中同时存在两家或两家以上的保险公司，各垄断某一地区的保险业务，相互之间的业务没有交叉。

3）垄断竞争模式。在垄断竞争型的保险市场中，大小保险公司并存，少数大公司在市场上取得垄断地位。竞争的特点表现为：同业竞争在大垄断公司之间、垄断公司与非垄断公司之间激烈展开。

4）寡头垄断模式。是指在一个保险市场上，只存在少数相互竞争的保险公司。在这种模式的市场中，保险业经营依然以市场为基础，但保险市场具有较高的垄断程度，保险市场上的竞争是保险垄断企业之间的竞争，形成相对封闭的保险市场。存在寡头垄断模式市场的国家既有发展中国家，也有发达国家。

（2）保险市场的机制。所谓市场机制，是指机制规律、供求关系和竞争规律三者之间相互制约、相互作用的关系。由于保险市场具有不同于一般市场的独有特征，市场机制在保险市场上表现出特殊的作用。

1）价值规律在保险市场中的作用。保险商品是一种特殊的产品，其价值一方面体现为保险人提供的保险保障所对应的等价劳动的价值，另一方面体现为保险从业人员社会必要劳动时间的凝结。保险费率即保险商品的价格，投保人据此所缴纳的保费是为了换取保险人的保险保障而付出的代价，从总体的角度表现为等价交换。但是，由于保险费率的主要成分是依据过去的、历史的经验测算出来的未来损失发生的概率，所以，价值规律对于保险费率的自发调节只限于凝结在费率中的附加费率部分的社会必要劳动时间。因此，对于保险商品的价值形成方面具有一定的局限性，只能通过要求保险企业改进经营技术，提高服务效率，来降低附加费率成本。

2）供求规律在保险市场中的作用。供求规律通过对供求双方力量的调节达到市场均衡，从而决定市场的均衡价格，即供求状况决定商品的价格。就一般商品市场而言，其价格形成直接取决于市场的供求状况，但在保险市场上，保险商品的价格，即保险费率不是完全由市场供求状况决定的，即保险费率并不完全取决于保险市场供求的力量对比。保险市场上保险费率的形成，一方面取决于风险发生的概率，另一方面取决于保险商品的供求状况。如人寿保险的市场费率，是保险人根据预定死亡率、预定利率和预定营业费用率三要素事先确定的，而不能完全依据市场供求的情况由市场确定。尽管保险费率的确定需要考虑市场供求状况，但是，保险市场供求状况本身并不是确定保险费率的主要因素。

3）竞争规律在保险市场中的作用。价格竞争是商品市场竞争最有力的手段。然而在保险市场上，由于交易的对象与风险直接相关，使保险商品费率的形成并不完全取决于供求力量的对比，风险发生的频率和损失程度等是决定费率的主要因素，供求关系仅仅是费率形成的一个次要因素。因此，一般商品市场价格竞争机制在保险市场上必然受到某种程度的限制。

14.1.2 保险市场的供给与需求

1. 保险市场的供给

保险市场供给是指在一定的费率水平上，保险市场上的各家保险企业愿意并且能够提供的保险商品的数量。影响保险供给的因素主要如下：

（1）保险费率。在市场经济条件，保险供给的主要影响因素是保险费率。一般来说，保险费率越高，保险供给越大；反之，越小。

（2）保险技术水平。保险业是一个专业性和技术性都很强的行业，有些险种很难设计，因此要有专业性很强的保险市场来适应。如国内保险市场上至今没有提供给残疾给付保险和老年护理保险的专业保险公司。

（3）保险市场规范。竞争无序的市场会抑制保险需求，从而减少保险供给。反之会提高保险市场需求。

（4）互补品和替代品价格。互补品价格和保险供给呈正相关关系。替代品价格和保险供给呈负相关关系。

（5）保险偿付能力。各国法律对保险企业都有最低偿付能力标准的规范，也会制约保险供给。

（6）政府监管。目前，各国对保险业都有严格的监管制度。因此，即使保险费率上升，由于政府的严格管制，保险供给也会受控制。

2. 保险市场的需求

保险需求是全社会在一定时期内购买保险商品的货币支付能力，它包括保险商品的总量需求和结构需求。保险商品的结构需求是各类保险商品占保险商品需求总量的比重，如财产保险保费收入占全部保费收入的比率，财产保险和人身保险各自内部的结构。影响保险需求的因素较多，主要如下：

（1）风险因素。"无风险，无保险"，风险是保险产生、存在和发展的前提条件和客观依据，从而也就成为产生保险需求的条件。风险程度越大，保险需求越强烈。

（2）保险费率。保险费率对保险市场需求有一定的约束力。两者一般呈反方向变化，从总体上来讲，费率上升带来保险需求的减少；反之增加，但是，费率对保险需求的影响会因保险品种的不同而不同。

（3）消费者收入。消费者收入直接关系到保险购买力的大小。当国民收入增加时，作为保险商品的消费者、企业的利润也会随之增多，会有更强的缴费能力，保险的需求随之扩大。因此，消费者收入是影响保险需求的主要原因之一。

（4）保险互补品和替代品价格。财产保险的险种是与财产相关的互补商品。例如，汽车保险与汽车，当汽车的价格下降时，会引起汽车需求量增加，从而导致汽车保险商品需求量的扩大；反之，则会引起汽车保险商品需求量的减少。另外，一些保险商品，特别是人寿保险商品是储蓄的替代商品，当银行利率上升时，人寿保险商品的需求量就会减少；反之，则会增加。

（5）文化传统。保险需求在一定程度上受人们风险意识和保险意识的影响，而这些意识又受到特定文化环境的影响和控制。在我国，由于长期封建迷信的影响，对有一些风险，人们有时宁愿求助于神灵的保佑，也不接受保险的保障，从而抑制了保险的需求。

（6）经济制度。市场经济条件下，个人和企业会面临更多的风险，而这一切不再由国家包揽解决，保险就成为一条最佳的解决途径，因而经济制度的变化会影响保险的需求。

3. 保险市场均衡价格的决定

保险市场供求平衡，是在一定的保险价格条件下，保险供给恰好等于保险需求，即保险供给与保险需求达到均衡点，或当 P 不变时，$S=D$。

保险市场供求平衡包括供求的总量平衡与结构平衡两个方面，而且还是相对的平衡。保险供求的总量平衡是指保险供给规模与需求规模的平衡。保险供求的结构平衡是指保险供给的结构与保险需求的结构相匹配，包括保险供给的险种与消费者需求险种的适应性，费率与消费者缴费能力的适应性，以及保险产业与国民经济产业结构的适应性等。

保险供给与保险需求之间的均衡问题，存在三种情况：第一种情况达到了保险供给与保险需求之间的均衡；第二种情况即保险供给大于保险需求时，要采取措施，激发社会公众对保险的需求量增大，同时加强对保险供给方的管理，使两者逐步趋于均衡，即刺激需求，调整供给，尤其发挥保险价格的作用，适当降低保险价格；第三种情况保险需求大于保险供给时，只能从增加供给方的保险供给入手，新增保险业务，扩大范围，最大限度地满足投保者的要求，必要时适当提高保险价格，从而，使保险需求与供给达到均衡。

保险市场供求平衡受市场竞争程度的制约。市场竞争程度决定了保险市场费率水平的高低，因此，市场竞争程度不同，保险供求平衡的水平各异。而在不同的费率水平下，保险供给与需求的均衡状态也是不同的。如果市场达到均衡状态后，市场价格高于均衡价格，则保险需求缩小，迫使供给缩小以维系市场均衡；如果市场价格低于均衡价格，则保险供给缩小而迫使需求下降，实现新的市场均衡。所以，保险市场有自动实现供求平衡的内在机制。

案例分析

美国次贷危机引发国际金融动荡，国内宏观经济金融环境受到严重影响，金融危机将中国经济市场搅和一通，中国保险市场发展的环境也发生了巨大的变化。但就是在环境发生巨大变化的背景下，中国人身保险市场以危机为契机，完善市场调控机制，加快结构调整和发展方式转变，较好地防范了国际金融风险向保险业的跨境传递，保持了市场的稳定、健康运行。

试回答在这场危机与反危机的较量中，人身保险市场中保险需求与保险供给是如何变化和发展达到最终的协调一致的。

14.1.3 保险中介市场

1. 保险代理市场

保险代理是代理行为的一种，是保险人委托保险代理人扩展其保险业务的一种制度。而保险代理人是指根据保险人的委托，向保险人收取手续费，并在保险人授权的范围内代为办理保险业务的单位和个人。保险代理人的权利依据保险代理合同中保险人的授权。《保险法》第 117 条规定："保险代理人是根据保险人的委托，向保险人收取佣金，并在保险人授权的范围内代为办理保险业务的机构或者个人。"

保险代理具有民事代理的一般特征：一是保险代理人以保险人的名义进行代理活动；二是保险代理人在保险人授权范围内做独立的意思表示，保险代理产生于保险人的委托授权，属于委托代理；三是保险代理人与投保人实施的民事法律行为，具有确立、变更或终止一定的民事权利、义务关系的法律意义；四是保险代理人与投保人之间签订的保险合同所产生的权利义务，视为保险人自己所做的民事法律行为，应遵循民法的基本原则。此外，委托保险代理必须采用书面形式。保险代理合同是保险人与代理人关于委托代理保险业务所达成的协议，是证明代理人具有代理权的法律文件。

2. 保险经纪市场

保险经纪人是基于投保人的利益，为投保人与保险人订立保险合同提供中介服务，并依法收取佣金的单位。保险由于其技术复杂，保单条款专业而冗长，保险需求者倾向于委托保险经纪人来为其提供专业化的保障计划，选择资信良好、服务完备的保险人和适合自身需要的保险产品。保险经纪人则依据其保险方面的专业知识和对保险市场的熟悉，根据保险需求者的要求对其面临的风险进行评估，选择合适的保险人和保险产品，提供专业化的服务。在我国，保险经纪人主要指保险经纪公司。依照我国有关法律、法规，成立保险经纪公司须具备一定的条件；对从事保险经纪业务的人员的资格要求做了具体规定，从事保险经纪业务的人员，必须参加保险经纪人员资格考试。考试合格者，由保险监督机构或其授权机构核发保险经纪人资格证书，该证书不做执业证明文件使用。

保险经纪公司作为被保险人的代表，独立承担法律责任。根据法律规定，保险经纪公司应对投保人或被保险人负责，有义务利用自己的知识和技能为其委托人购买最佳的保险。如果因为保险经纪公司的疏忽致使被保险人利益受到损害，保险经纪公司要承担法律责任。应当注意的是：保险经纪公司不同于保险代理公司，保险代理公司是保险人的代表，在授权范围内所从事的保险业务活动由保险公司承担法律责任；而保险经纪公司是被保险人的代表，在办理保险业务中的过错，应独立承担法律责任。

保险经纪人和保险代理人也是有区别的。保险经纪人和保险代理人同属于保险中介范畴，他们凭借自身的保险知识和专业优势，活跃于保险人与投保人之间，成为保险市场的重要组成部分。同时，我国法律规定保险代理人、保险经纪人都应当具备保险监督管理部门规定的资格条件，并取得其颁发的许可证。向工商银行政管理部门办理登记，领取营业执照才能从事经营活动。两者的区别主要体现在以下几个方面：

（1）从定义上看。保险经纪人是基于投保人的利益，与保险人签订保险合同，并向投保人和保险人收取手续费的机构；而保险代理人是根据保险人的委托，向保险人收取手续费，并在保险人授权范围内代为办理保险业务的单位和个人。

（2）从法律地位上看。保险经纪人只是投保人的代表，他的疏忽、过失等违约或越权行为给保险人及投保人造成的损失，应独立承担民事责任。保险代理人的行为则被视为保险人的行为，《保险法》第127条明确规定："保险代理人根据保险人的授权代为办理保险业务的行为，由保险人承担责任。"

（3）从利益关系上看。保险代理人是受保险人委托，代表保险人的利益办理保险业务，实质是保险自营机构的一种延伸；保险经纪人则是投保人的代理人，代表投保人的利益，为其提供各种保险咨询服务，进行风险评估，设计险种及协商投保险别和承保条件。

（4）从基本职能看。保险代理人通常是在某一区域内代理销售保险人授权的保险品种；

保险经纪人则是接受投保人的委托，为其协商投保条件，提供保险服务。

（5）从佣金来源上看。保险代理人一般都是按照合同的规定向保险人收取代理手续费或佣金；而保险经纪人则是根据投保人的要求向保险公司投保，保险公司接受业务后，向经纪人支付代理手续费，经纪人也可以向投保人或被保险人及受益人收取手续费。

3. 保险公估市场

（1）保险公估人的定义。保险公估是受保险合同当事人单方或双方以及受其他委托方的委托，向其收取合理的费用，办理保险标的的鉴定、评估、估价、查勘与赔款理算，洽商并出具公估报告的行为。保险公估人是接受保险当事人委托，专门从事保险标的的评估、鉴定、估损、勘验和理算等业务的机构。公估后将出具公估报告书。国外也有将其称为"理算局"或者"公估行"的。从事保险公估的公司或其他经济组织，即保险公估人，也称为保险公估行或者保险公估公司，是独立于政府、行政管理部门及经济领域各环节和部门之外，面向社会的经济实体。保险公估人是保险业发展不可缺少的组成部分，在保险市场上具有不可替代的作用。它和保险代理人、保险经纪人一起构成了保险中介的"三大支柱"。

（2）保险公估人的职责和特点。

1）保险公估人的职责。保险公估人受保险合同的当事人单方或双方委托，必须履行一定职责：对遭损财产的检验、鉴定、定责和定损；对遭损财产的损失原因检测和鉴定；对财产的现时价值和承保风险进行评估；对货物进行装卸的监视和鉴证；代办财产的索赔、理赔及追偿；协商、调停保险人、被保险人或其他代理人之间对财产处理和理赔的争议；提供与保险、检验、鉴定、评估等有关的信息的咨询服务。

2）保险公估人的特点。

公正性：公估机构在承办保险标的的公估业务既要维护保险人的利益，也要维护被保险人的利益，应当公正、客观、合理和负责地履行其职责。公估人一旦失去了公正性就无法履行其职责，无法保证公估结论的合理性和合法性。

独立性：公正性决定了公估人的独立性。公估人是独立的，它必须和保险人、被保险人在经济上相互独立，没有兼职或直接从属关系。独立性的另一面表现在依着客观事实，借以科学技术、保险条款及其有关法律、法规，独立地完成公估业务。

技术性：对标的物进行评估时，要求公估人员熟悉并了解标的物。在专业上既要精通理论又有丰富的估损经验，要求他们既懂得自然灾害或突发事故的物理、化学和生化过程，又了解标的物在各种灾害下可能引起的后果，以及他们的恢复方法、市场价格、损失的估算和灾害的预防。因此，保险公估人必须由通晓金融、保险、法律、会计等相关专业的专家组成，其专业性和技术性相当强。

协调性：公估人在处理业务时既不代表保险人，也不代表被保险人，而是通过对客观的标的以专业知识和相关保险条款为依据，在客观、公正的立场上，以维护保险双方合理与正当的利益为出发点，对保险标的做出合理的理赔，并得到双方确认，从中协调保险双方的关系。

法规性：保险公估人在承保前后对保险标的评估时，一切结论的出处，除具体标的的实际情况外，都必须有一个标准的法律依据，如商品法、商检法、技术法、保宪法和合同法等，这样才能保证评估的正确性。

不可替代性：在保险公估人的发展过程中，技术专家、资产评估公司、产品质量检验中心等都发挥了不小的作用，并且在以后的公估作业中还具有重要作用，但由于自身性质的限定，在保险市场上不可能替代保险公估人。

（3）保险公估人的分类。

1）按业务活动顺序分类。根据保险公估人在保险公估业务中先后顺序的不同，可以分为承保公估人和理赔公估人。承保公估人主要从事保险标的的承保公估，即对保险公估标的做现时价值和承保风险的评估，由承保人提供的查勘报告是保险人评估保险标的风险、审核其自身承保能力的重要参考。保险理赔公估人是在保险合同约定的保险事故发生后，受托处理保险标的的检验、估损及理算的专业公估人，包括损失理算师、损失鉴定人和损失评估人。例如，海损理算师专门处理海上保险标的的理赔事项。损失鉴定人是在保险事故发生后，判断事故发生的原因和责任归属的保险公估人。损失评估人是指接受被保险人委托，办理保险标的损失查勘、计算的人，他们通常只接受被保险人单方面的委托，代表被保险人的利益。

2）按业务性质分类。主要分为保险型公估人、技术型公估人和综合型公估人。保险型公估人熟悉保险、金融以及经济等方面的知识，侧重解决保险方面的问题，对其他专业技术知识没有要求，不对技术型问题进行公估；技术型公估人侧重解决保险技术方面的问题，涉及其他有关保险方面的知识很少；综合型公估人不仅解决保险方面的问题，同时还解决保险业务中的技术问题，他们由于知识面广、经验丰富，成为最受欢迎的保险公估人。

3）按业务范围分类。根据保险公估人从事业务活动的范围不同，可以分为海上保险公估人、汽车保险公估人和火灾及特种保险公估人。海上保险公估人主要处理海上、航空运输保险等方面的业务。汽车保险公估人主要处理与汽车保险有关的业务。火灾及特种保险公估人主要处理火灾及物质特种保险等方面业务。

4）按委托方分类。根据委托方的不同，保险公估人可以分为接受保险公司委托的保险公估人和只接受被保险人委托的保险公估人。

5）按委托关系分类。从保险公估人与委托方的关系来看，保险公估人可以分为独家保险公估人和独立保险公估人。独家保险公估人是指长期固定受聘于某一家保险公司，接受该公司的委托或指令处理各项保险理赔业务的公估人，这类公估人一般不能接受其他保险公司的委托。独立保险公估人是指可以同时接受数家保险公司委托，处理理赔事项，其间的委托方与被委托方是暂时的，公估人完成了保险公司的委托业务，他们之间的委托关系也相应结束。

> **案例分析**

2008年9月,中国保监会正式开始整顿保险中介行业,对全国中介市场进行全面的摸底普查,对象包括代理公司、经纪公司、公估公司和银邮等兼业代理机构等。除保险代理公司、经纪公司和公估公司之外,保险业兼代理机构也成了目前的监察重点。保险中介市场主要包括以下几方面问题:一是个别保险中介机构假冒保险公司名义,非法开展保险经营;二是个别保险中介机构招募业务人员过程中,进行虚假宣传,采用涉嫌传销的手段开展业务活动;三是个别保险中介机构涉嫌非法集资;四是一些保险中介机构以虚开发票方式,协助保险公司套取费用;五是一些兼业代理机构参与制造假赔案等,牟取非法利益;六是个别营销员欺骗投保人和保险公司,从事违法犯罪活动。

试回答整理整顿保险中介市场对于我国保险业的健康发展有哪些作用。

14.1.4 再保险市场

1. 再保险市场概述

(1)再保险市场的概念。再保险市场是再保险商品交换关系的总和或再保险商品供给与需求关系的总和。在再保险市场上,交易的对象是在保险人委员保险人所面临的保险风险提供的各种再保险保障。一个完整的再保险市场,包括以下几方面的要素:第一,再保险市场的卖方或供给方;第二,具体的交易对象——各类再保险商品;第三,为促成再保险交易提供辅助作用的保险中介方。

从国际保险实践看,再保险市场的供给方主要由专业再保险公司、兼业再保险业务的直接保险公司及区域性、国际型再保险集团等组成。专业再保险公司是指那些只从事再保险业务的保险公司。再保险集团指有两家或两家以上的保险公司组织起来的一个集团。再保险集团以国际性的再保险集团为主,还包括国内的再保险集团和区域性的再保险集团。区域性再保险集团是指在世界不同区域内成立的再保险集团,其组成一般有两种方式:一是由该地区内的各国出资人入股,成立一个专门的区域性的再保险机构,如亚洲再保险集团,其成员国有中国、印度、菲律宾、韩国等;二是由该区域内的各保险公司组成一个区域性的再保险集团。成立再保险集团可以减少保费外流,但同时也潜伏着风险相对集中的危险。

从再保险市场的需求看,再保险业务最主要的分出源是直接经营业务的保险公司,此外,另一分出源是专业自保公司。专业自保公司虽然具有较强的资本实力,但也需要再保险的支持,以保证经营的稳定性。所以,许多国家通过立法对再保险业务直接进行规定,以充分保证保险人的偿付能力,或通过保险产业政策对再保险市场的发展加以引导和培育。

(2)再保险市场的分类。

1)按区域范围划分,再保险市场可分为国内再保险市场、区域性再保险市场和国际性再保险市场。

2）以再保险责任限制划分，再保险市场可以分为比例再保险市场和非比例再保险市场。例如，伦敦的超额再保险市场是典型的非比例再保险市场，而德国的汽车再保险市场是典型的比例再保险市场。

（3）再保险市场的特点。

1）再保险市场是国际保险市场的重要组成部分，具有广泛的国际性。在再保险市场上，全世界的保险人可以充分安排再保险业务，保障业务的稳定性。特别是国内和国际间的重大的贸易活动，如航空航天项目、核电站工程等都有巨大风险责任，更加需要保险。尽管再保险市场是从保险市场发展而来的，但不是简单的延伸，而是国际保险市场不可缺少的重要组成部分。

2）再保险市场的交易体现了保险人和再保险人的合作。在保险人与再保险人之间，双方的良好接触起决定性的作用。对于签订长期再保险合同的分出人往往在订约前或订约后，要对可能发生的技术问题、市场问题，与分保接受人进行磋商。所以，再保险交易在某种程度上也是一种合作经营。

（4）再保险市场形成的条件。从各国保险的实践看，再保险市场的形成或培育须具备一定的条件。

1）比较稳定的政治局面。
2）发达的保险市场。
3）现代化的通信设备和信息网络。
4）比较宽松的外汇制度。
5）具有丰富的再保险理论知识和实践经验的专业人员。
6）拥有相当数量的律师、会计师和精算师等中介服务机构。

2. 中国再保险市场

（1）中国再保险市场的历史。中国再保险市场开始于20世纪30年代。当时的再保险业务主要由外商操纵，华商保险公司因实力薄弱，主要通过联合经营，增强对巨额业务的承保能力。中华人民共和国成立初期，主要由中国人民保险公司和中国保险公司接受私营保险企业的分出任务。此外，私营保险公司组成上海民联分保交换处，经营参加该交换处的保险公司的互惠分保，并与在天津成立的华北"民联"订立分保合约，接受其预约分保。1953年，随着私营保险公司合并经营和外商保险公司的退出，再保险市场主体逐渐减少，分保业务逐步演变成由"人保"一家办理国际再保险业务的局面。1959年，我国国内保险业务停办以后，涉外保险业务和国际分保业务由中国人民银行国外业务管理局保险处统一负责。

改革开放以后，1979年恢复了国内保险业务，与此同时，再保险业务也重新由中国人民保险公司经营。随着我国保险体制的改革，1996年2月，中保再保险公司正式成立，从此结束了新中国成立以来无专业再保险公司的历史。1999年，中保再保险公司又改组成中国再保险公司,成为独立的一级法人,经营各类再保险业务。2003年,中国再保险公司实施股份制改革,并于2003年8月18日正式更名为中国再保险(集团)公司,由中再集团作为主要发起人并控股,吸收境内外战略投资者,共同发起并成立了中国财产再保险股份有限公司、中国人寿再保险股份有限公司、中国大地财产保险股份有限公司。2003年,中再集团实现分保收入192.72亿元,其中商业分保收入28.62亿元,占14.85%。

随着我国加入WTO,外资保险公司进入我国保险市场,外资再保险公司也开始进入我国再保险市场。2003年下半年,拿到中国保监会颁发的设立分公司许可证的慕尼黑再保险公司、瑞士再保险公司、通用科隆再保险公司相继开业。这三家均为国际再保险市场上位列前三名的再保险巨头,随着其分公司的开业,中国再保险市场由中国再保险公司垄断的局面彻底宣告结束。履行加入WTO的承诺,从2003年起法定分保比例逐年递减,国内再保险分保费收入曾一度呈现负增长。此后,随着中、外资专业再保险公司(分公司)的相继成立,我国再保险市场以商业分保为主的竞争格局逐步形成。2005年商业分保费收入超过法定分保,达到总分保费收入的67.94%。我国再保险市场逐步完成了由法定分保向商业分保的市场化转变,再保险业务的商业化运作标志着中国再保险市场进入新的发展阶段。

(2)中国再保险市场的现状。我国《保险法》第96条规定:"经保险监督管理机构核定,保险公司可以经营规定的保险业务的下列再保险业务,分出保险;分入保险。"我国《保险公司管理规定》第47条、48条也规定,经中国保监会批准,财产保险公司和人身保险公司可以经营其业务范围内的再保险业务。也就是说,保险公司在不超出原保险业务范围的情况下,可以经营再保险业务。我国再保险经营主体包括专业的中国再保险公司和其他保险公司。

目前,我国再保险公司经营的业务有:接受财产保险公司的分出业务;接受人身保险公司的分出业务;经中国保监会批准,接受境内保险公司的法定分保业务;办理转分保业务;经营国际再保险。

从再保险性质来看,再保险业务可分为法定再保险和商业再保险。法定再保险是保险不发达国家为扩大本国保险市场的承保能力,减少对外国保险公司的再保险依赖的一种保护策略。新加坡、韩国、印度、埃及等国都以法令规定国内保险公司承保的某项或全部保险业务,按一定比例向指定的国内专业再保险公司办理再保险。我国自1995年开始实施的保险法规定,国内各财产保险公司一律向中国再保险公司办理20%的法定再保险业务,但在现阶段依然保留一定比例的法定再保险。

3. 国际再保险市场

目前,再保险的主要市场为发达国家,国际再保险市场主要分布在英国、美国、德国和瑞士等。如英国、美国、法国、瑞士和德国的海外分支机构大约占外国公司的3/4,年保费收入约800亿美元。西欧的再保险业务保费收入占全世界总保费的60%,美国占20%。

欧洲在保险市场主要是专业再保险公司,特点是完全自由化(无法定分保)、商业化,竞争激烈，国际地位举足轻重。国际上最大的 20 家经营再保险业务的公司，欧洲市场就有 7 家。德国是欧洲最大的再保险市场，目前与世界上 120 个国家的 2 000 多个国外公司有联系，保费收入有 40%来自国外，对外扩展的最佳业务是工程保险的再保险。但受 9·11 事件等诸多因素的影响，2003 年 8 月，标准普尔将它的评级连降 4 级，从 AA⁻降到了 A⁺，现在它的评级比竞争对手瑞士再保险和巴菲特的通用再保险降低了两个等级。欧洲第二大再保险中心是瑞士。瑞士再保险市场也是专业再保险公司占统治地位，除瑞士再保险外，还有名列世界第八位的苏黎世再保险集团和第十六位的丰泰集团（Winterthur Swiss Insurance）。瑞士再保险市场建于 1864 年，公司的发展以国际业务为基础，以其高居首位的国外保险费收入和广泛的信息网络闻名于世。

英国的伦敦再保险市场由劳合社和保险公司市场两部分组成，尤以劳合社更为显著，其主要业务体现在再保险市场。其特点是所有再保险业务均须经过经纪人，且业务多来源于国外。虽然近年来劳合社再保险业务供过于求，但在世界再保险市场上仍占有重要地位。

美国的保险业发展相对较晚，相应地，再保险的发展时间也相对较晚，但其实力不可忽视，纽约再保险公司现跻身于世界再保险市场的前列。美国再保险市场的发展偏重于业务交换、共同保险和联营方式，比欧洲再保险公司的自留额高。世界前 15 家再保险公司中，美国的通用再保险公司（GE Re）占第三位。

日本再保险市场上专业再保险公司很少，大部分是兼营再保险公司。日本保险法中没有法定分保的规定，国内风险主要采取共保或分保的方式解决，从日本市场流向国际市场的业务主要是高风险和巨灾风险。目前主要通过与国外再保险的互惠交换业务进入世界再保险市场。

除此之外，一些新兴的再保险市场也颇受瞩目。如阿拉伯的巴林、亚洲的新加坡和韩国、大洋洲的澳大利亚等。

14.2 保险监督管理

14.2.1 保险监督管理概述

1. 保险监督管理的含义

（1）保险监督管理的概念。保险监督管理是指政府的保险监督管理机构为了维护保险市场秩序，保护投保人、被保险人和受益人的合法权益，对保险业实施的监督和管理。

可从以下几个方面来理解保险监督管理的概念：

1）保险监督管理的主体。即享有保险监督和管理权利并实施保险监督和管理行为的政府部门或机构，也称为保险监督管理机构。不同国家的保险监督管理机构有不同的形式和名称。目前，我国保险监督管理机构是中国保监会。中国保监会成立于 1998 年 11 月，是国务院的直属事业单位，根据国务院授权履行行政管理职能，依照法律、法规统一监督管理中国保险市场，维护保险业的合法、稳健运行。在中国保监会成立之前，我国保险监督管理机构是中国人民银行。

2）保险监督管理行为的性质。对于保险监督管理行为的性质，可从两方面来理解：一方面，保险监督管理是以法律和政府行政权力为根据的强制行为。保险监督管理这种强制性的行为不同于以自愿为基础的保险同业公会对会员公司的监督管理，不同于以产权关系为基础的母公司对子公司的监督管理，也不同于以授权为根据的总公司对分支机构的监督管理。另一方面，在市场经济体制下，保险监督管理的性质实质上属于国家干预保险经济的行为。在市场经济条件下，为防止市场或市场配置资源失灵，国家具有干预经济的基本职能。对于保险市场而言，保险监督管理部门一方面要体现监督职能，规范保险市场行为，防止"市场失灵"，维护保险市场秩序，保护投保人、被保险人和受益人的合法权益。具体而言，监督保险公司及其分支机构、保险中介的市场行为是否合乎法律、法规和部门规章，对于违反者予以查处，还需监测保险公司的偿付能力和经营风险，督促保险公司防范和化解经营风险。另一方面要体现管理职能，根据国务院授权履行行政管理职能，优化保险资源的配置，调控保险业的发展。具体而言，批准设立保险公司及其分支机构，审查保险机构高级管理人员任职资格，审批基本保险条款和费率，办理保险许可证和变更事项等。

3）保险监督管理的领域、内容和对象。保险监督管理仅限于商业保险领域，不涉及社会保险领域。保险监督管理的内容包括保险公司市场行为、保险公司偿付能力和保险公司治理结构。需要指出的是，保险监督管理对有些保险市场行为（如保险资金运用）的监管需要与其他监督管理部门（如证监会）协调来实施监督管理。例如，为了加强对保险公司股票投资的管理，中国保监会与中国银监会联合下发《保险公司股票资产托管指引》，中国保监会与中国证监会联合下发《关于保险机构投资者股票投资交易有关问题的通知》和《保险机构投资者股票投资登记结算业务指南》，这些规章和规范性文件共同构成了保险机构投资者股票投资的基本制度和政策框架。保险监督管理的对象是保险产品的供给者和保险中介。保险产品的供给者是指保险人，具体包括保险公司、保险公司分支机构。保险中介是辅助保险人和投保人或被保险人从事保险业务活动的机构和个人，如保险代理人、保险经纪人和保险公估人。

4）保险监督管理的依据。保险监督管理的依据是有关的法律、行政法规、规章和规范性文件。在我国，法律主要是指全国人民代表大会及其常务委员会通过的法律，如保险法、公司法、海商法等；行政法规是指国务院制定和发布的条例，如《中华人民共和国外资保险公司管理条例》、《机动车交通事故责任强制保险条例》等；规章是指中国保监会和国务院有关部委制定和发布的部门规章，如中国保监会发布的《保险公司管理规定》、《保险专业代理机构监管规定》、《保险经纪机构监管规定》等；规范性文件是指国务院、中国保监会、国务院有关部委发出的通知、指示、命令或制定的办法。这些通知、指示、命令或制定的办法虽不属于行政法规和部门规章，但具有执行效力，对保险业务的经营具有普遍的约束力，也是保险监督管理的依据。

（2）保险监督管理的必要性。由于保险经营具有特殊性，在市场经济条件下保险市场运行可能出现"市场失灵",因此,保险监督管理是必要的。

保险经营的特殊性是世界上绝大多数国家对保险业实行严格监督管理的基本原因。保险业的特殊性体现在:① 保险经营的公共性。保险公司的投保人或被保险人是社会上的千家万户,保险公司能否持续经营,会广泛、长期地影响到广大客户的利益,如果保险公司经营不善,破产或倒闭退出而不能正常履行其补偿或给付职能,将使广大客户即社会公众利益受到损害,影响社会稳定。② 保险经营的负债性。保险公司经营的负债是指保险公司通过收取保险费建立保险基金来履行其赔偿或给付职能,保险基金很大一部分是以保险准备金的形式存在的,保险公司提取准备金所形成的负债是确定的,而保险公司应承担义务所形成的负债因风险事故的不确定而不确定。因此,对于保险公司而言,如何对保险公司的负债项目进行评估,如何合理计提准备金,以及如何运用负债准备金进行投资都是非常重要的。而银行等金融机构和一般企业的负债往往是确定的。③ 保险合同的特殊性。保险合同具有附合性和射幸性。保险合同的附合性表现为保险人确定承保的基本条件,规定双方的权利与义务,投保人一般只能依据保险人设定的标准合同进行选择,难以对合同的内容提出变更意见。加之保险合同专业性强,所以,保险合同往往是在一种信息不对称、交易力量不对等的基础上建立起来的。一些国家从保护被保险人权益的角度出发,对保险合同的条款、保险费率等内容进行严格审核,以达到公平、合理的目的。保险合同具有射幸性,是因为保险合同约定的是在未来保险事故发生时,由保险人承担赔偿损失或给付保险金责任的合同。保险人所承保的保险标的的风险事故是不确定的,而投保人购买保险时支付的保费与保险标的一旦发生保险事故时被保险人所能获得的赔偿或给付金是不对等的。从个体保障的角度看,保险人的保险责任远远高于其所收取的保费,这种关系需要通过政府监督管理的手段来确保保险合同交易的公平合理。④ 保险交易过程的特殊性。现代商业保险交易总是先向众多的被保险人收取保费,保险事故发生后才向个别被保险人支付赔款或给付保险金,这是事前分摊的方式,而不是事后分摊方式,保险公司无论何时破产,破产的保险公司的客户都会遭受损失。另外,保险交易过程时间远远长于一般企业的交易过程,对于大部分财产保险而言,保险期限是 1 年的时间,对于大部分人身保险则可能是 5 年、10 年,甚至几十年的时间,保险交易过程期限的延长,使保险公司的经营风险具有隐蔽性、累积性和社会性。保险经营具有的特殊性使保险业隐含的风险增加,需要加强保险监管防范和控制风险。

保险市场运行可能出现的"市场失灵"主要表现在:① **市场功能有缺陷**,如有一些当事人不付代价便可得到来自外部经济的好处。② **市场竞争失灵**,如市场竞争可能导致垄断,垄断会产生进入市场的障碍,从而破坏市场机制,排斥竞争,导致效率的损失。③ **市场调节本身具有一定的盲目性**,从价格形成、信号反馈到产品开发的时间差,可能造成保险产品的供给与需求的某种失衡。另外,企业和个人掌握的经济信息不足,微观决策也带有一定的被动性和盲目性。④ **市场信息的不对称性**,导致市场失灵,如与保险人相比,被保险人的信息相对不足,被保险人的经济福利不能最大化,有时还由于提供虚假的信息和不公正交易使被保险人的利益受到损失。此外,投保人或被保险人利用信息不对称进行逆选择。因此,为了弥补保险市场运行本身的弱点和缺陷,为了减少或消除这些"市场失灵"的情况及其影响,保险监督管理无疑具有必要性和合理性。

(3)保险监督管理的目的。

1)保护投保人、被保险人和受益人的合法权益。保险合同的附和性特点使投保人或被保险人在与保险人进行交易时处于相对不利的位置,即使投保人或被保险人可以通过保险经纪人办理保险业务,或者可以拟订协议条款或合同,但与保险公司的地位和能力相比,或者从保险交易方式看,投保人或被保险人是先交费,在发生保险事故后才向保险人索赔,被保险人处于相对不利的地位和属于弱势群体。如果保险公司经营行为不规范、不守信用就会损害被保险人和受益人的利益,因此需要通过保险监督管理来保护投保人、被保险人和受益人的合法权益。

2)维护保险市场的秩序。保险监督管理的另一目的是维护保险市场秩序,为保险业提供公平竞争的机会和环境。为保险业提供公平竞争的机会体现在:保证社会资源在保险业中的公平合理配置,保证不同的保险公司享有均等的业务经营机会。为保险业提供公平竞争的环境是指保险监督管理部门对于保险公司采取不正当的竞争手段的行为,必须采取处罚等措施,纠正不规范的竞争行为,从而保证保险公司之间能够公平竞争。

2. 保险监督管理的原则

(1)依法监管原则。保险监督管理部门必须依照有关法律或行政法规实施保险监督管理行为。保险监督管理行为是一种行政行为,不同于民事行为。凡法律没有禁止的,民事主体就可以从事民事行为;对于行政行为,法律允许做的或要求做的,行政主体才能做或必须做。保险监督管理部门不得超越职权实施监督管理行为,同时,保险监督管理部门又必须履行其职责,否则属于失职行为。

(2)公开性原则。保险监督管理需体现透明度,除涉及国家秘密、企业商业秘密和个人隐私以外的各种监管信息应尽可能向社会公开,这样既有利于保险监督管理的效率,也有利于保险市场的有效竞争。

(3)公正性原则。保险监督管理部门对各监督管理对象要公平对待,必须采用统一的监管标准,创造公平竞争的市场环境。

3. 保险监督管理的方式与监督管理的目标模式

(1)实体管理。也称批准主义,是指政府的保险监督管理机关根据法律赋予的权力,对保险市场,尤其是对保险企业进行全方位的、全过程的有效监督和管理。通过立法明确规定保险人从设立到经营,直至清算所应遵循的批准和审查制度,其监管的内容具体实际,有明确的衡量尺度,是最为严格的一种监督管理方式。实体管理方式由瑞士创立。

(2)规范管理。也称准则主义,是指国家制定出一系列有关保险经营的基本准则,并监督执行。在此种管理方式中政府对保险经营的若干重大事项,如最低资本金的要求、资产负债表的审核、资本金的运用、违反法律的处罚等，都有明确的规范；但政府对保险人的业务经营、财务管理及人事等方面，则不加以干预。这种管理方式只注重保险经营形式上的合法性，但未触及保险业经营的实体。规范管理适用于保险法规比较严谨和健全的国家，目前有不少国家采用这种方式。

（3）公告管理。亦称公示主义，是最为宽松的一种监管方式，是指政府对保险业的经营不做直接监督，仅规定各保险人必须按照政府规定的格式及内容定期将其资产负债、财务成果及相关事项呈报政府的主管机关并予以公告。这种监督管理方式适用于保险业自律能力较强的国家，有利于保证保险人在较为宽松的市场环境中自由发展。1994年以前，英国采用这一管理方式。随着现代保险业的发展，这种方式因不利于切实有效地保证被保险人的利益而被许多国家放弃。

保险监督管理的目标模式是指保险监督管理的核心或重点，大致分为三种：一种是重点监督管理保险公司的偿付能力，如英国，保险监督管理部门对保险公司的偿付能力不仅有一套详细的、完整的评估方法，而且要对偿付能力不足的保险公司进行严格的处理；另一种是主要监督管理保险公司的市场行为，如亚洲金融危机前的日本，政府对保险费率的控制很严；还有一种是既监督管理市场行为，也监督管理偿付能力，但以偿付能力监督管理为主，如美国。此外，由国际保险监督官协会提出一种新的监督管理模式，即把公司治理结构与偿付能力和市场行为监督管理并列的模式。目前，这一新的监督管理模式已得到众多国家和地区保险监督管理部门的重视和认可。我国保监会不断推进监管创新，借鉴国际保险监督官协会核心监管原则，引入了保险公司治理结构监管制度，已初步形成了偿付能力、市场行为和公司治理结构监管三大支柱的现代保险监管框架。

14.2.2 保险监督管理的内容

1. 偿付能力监督管理

（1）偿付能力的概念。偿付能力是指保险公司偿还债务的能力。在保险经营中，保险人先收取保费，后对保险损失进行赔付。先收取的保费被视为保险人的负债，赔偿或给付保险金被视为对负债的偿付。偿付能力大小用偿付能力充足率表示，偿付能力充足率即资本充足率，是指保险公司的实际资本与最低资本的比率。保险公司应当具有与其风险和业务规模相适应的资本，确保偿付能力充足率不低于100%。

保险公司的偿付能力分为保险公司的实际偿付能力和保险公司最低偿付能力。保险公司的实际偿付能力即在某一时点上保险公司认可资产与认可负债的差额。保险公司最低偿付能力是指由保险法或保险监督管理机构颁布有关管理规定的，保险公司必须满足的偿付能力要求。如果保险公司认可资产与负债的差额低于这一规定的金额，即被认为是偿付能力不足。我国《保险法》第101条规定："保险公司应当具有与其业务规模和风险程度相适应的最低偿付能力。保险公司的认可资产减去认可负债的差额不得低于国务院保险监督管理机构规定的数额；低于规定数额的，应当按照国务院保险监督管理机构的要求采取相应措施达到规定的数额。"最低偿付能力的确定，保证金的提存和法定再保险业务的安排等方面的规定，都是对保险公司偿付能力监督管理的重要措施。

（2）保险公司偿付能力监督管理。《保险法》第138条规定："国务院保险监督管理机构应当建立健全保险公司偿付能力监管体系，对保险公司的偿付能力实施监控。"《保险公司偿付能力管理规定》第5条明确："中国保险监督管理委员会建立以风险为基础的动态偿付能力监管标准和监管机制，对保险公司偿付能力进行综合评价和监督检查，并依法采取监管措施。"

1）偿付能力评估。偿付能力评估是对保险公司的偿付能力是否充足进行的评估、测试。

我国保险公司应当按照中国保监会制定的保险公司偿付能力报告编报规则定期进行偿付能力评估，计算最低资本和实际资本，进行动态偿付能力测试。保险公司应当以风险为基础评估偿付能力。保险公司的最低资本，是指保险公司为应对资产风险、承保风险等风险对偿付能力的不利影响，依据中国保监会的规定而应当具有的资本数额。保险公司的实际资本，是指认可资产与认可负债的差额。

保险公司应当按照中国保监会制定的保险公司偿付能力报告编报规则及有关规定编制和报送偿付能力报告，确保报告信息真实、准确、完整、合规。保险监督管理机构定期检查保险企业的偿付能力报告，发现有问题的企业，及时进行处理。

2）偿付能力监管。按照《保险公司偿付能力管理规定》，中国保监会对保险公司偿付能力的监督检查采取现场监管与非现场监管相结合的方式。

中国保监会定期或者不定期对保险公司偿付能力管理的下列内容实施现场检查：偿付能力管理的合规性和有效性，偿付能力评估的合规性和真实性，对中国保监会监管措施的执行情况，中国保监会认为需要检查的其他方面。

中国保监会根据保险公司偿付能力状况将保险公司分为三类，实施分类监管。三类公司分别是：不足类公司，指偿付能力充足率低于100%的保险公司；充足Ⅰ类公司，指偿付能力充足率在100%到150%之间的保险公司；充足Ⅱ类公司，指偿付能力充足率高于150%的保险公司。根据《保险法》第139条，对偿付能力不足的保险公司，国务院保险监督管理机构应当将其列为重点监管对象，并可以根据具体情况采取下列措施：责令增加资本金、办理再保险；限制业务范围；限制向股东分红；限制固定资产购置或者经营费用规模；限制资金运用的形式、比例；限制增设分支机构；责令拍卖不良资产、转让保险业务；限制董事、监事、高级管理人员的薪酬水平；限制商业性广告；责令停止接受新业务等。保险监管机构可以要求充足Ⅰ类公司提交和实施预防偿付能力不足的计划。充足Ⅰ类公司和充足Ⅱ类公司存在重大偿付能力风险的，国务院保险监督管理机构可以要求其进行整改或者采取必要的监管措施。

2. 市场行为监督管理

保险市场行为监督管理是指对保险公司经营活动过程所进行的监督管理。主要包括以下环节。

(1) 保险机构监督管理。

1) 保险公司申请设立的许可。目前在保险市场准入的处理原则上，各国大致有两种制度，一种是登记制，即申请人只要符合法律规定进入保险市场的基本条件，就可以提出申请，经政府主管机关核准登记后进入市场。对于符合条件的申请，政府主管机关必须予以登记。另一种是审批制，即申请人不仅必须符合法律规定的条件，而且还必须经政府主管机关审查批准后才能进入市场。对于符合条件的申请，主管机关不一定予以批准。我国对保险市场的准入采用的是审批制。

关于设立保险公司的基本程序。我国对保险公司实行较为严格的审批制度，根据保险法及《保险公司管理规定》，设立保险公司需经过申请、筹建和开业3个阶段。

2) 保险公司合规经营的监督管理。政府对保险企业监督管理的基本目的是保证保险公司合规经营，以保障被保险人的合法权益。如发现保险公司存在某些违反保险法规的行为时，可以责令保险公司限期改正。若保险公司在限期内未改正，保险监督管理机关可以决定对保险公司进行整顿。对于违法、违规行为严重的公司，保险监督管理机关可对其实行接管。被接管公司已资不抵债的，经保险监管机关批准可依法宣告破产。

(2) 经营范围的监督管理。保险公司所能经营的业务种类和范围由保险监督管理部门核定，保险公司只能在被核定的经营范围内从事保险经营活动。对经营业务范围的监督管理一般表现在两个方面：一是保险人可否经营保险以外的其他业务，即兼业问题；二是同一保险企业内部，是否可以同时经营性质不同的保险业务，即兼营问题。据新保险法第95条，保险公司的业务范围包括：人身保险业务，包括人寿保险、健康保险、意外伤害保险等保险业务；财产保险业务，包括财产损失保险、责任保险、信用保险、保证保险等保险业务；国务院保险监督管理机构批准的与保险有关的其他业务。保险人不得兼营人身保险业务和财产保险业务。但是，经营财产保险业务的保险公司经国务院保险监督管理机构批准，可以经营短期健康保险业务和意外伤害保险业。

(3) 保险条款和费率的监督管理。对保险条款的监督管理即对保险标的、保险责任与责任免除、保险价值与保险金额、保险费率、保险期限等的监督管理。除此之外，不少国家还对保险条款的格式、字体和用词都有严格的规定。对于保险条款的监督管理，主要是通过保险条款的审批和备案进行操作。

市场行为监督管理的核心是对保险费率的监督管理。保险费率监管的目的在于规范保险费率的管理范围，确立保险费率管理的政策及厘定原则；引导保险市场向合理竞争与健康方向发展；促使保险人致力于费用管理，提高经营效率；避免保险公司偿付能力不足的情况发生，维护被保险人的权益。保险费率的监督管理方式可以分为强制费率、规章费率、事先核定费率、事先报批费率、事后报批费率和自由竞争费率等。就大多数国家而言，一般采用事先报批费率的办法。

我国《保险法》第136条规定，关系社会公众利益的保险险种、依法实行强制保险的险种和新开发的人寿保险险种等的保险条款和保险费率,应当报国务院保险监督管理机构批准。其他保险险种的保险条款和保险费率,应当报保险监督管理机构备案。《保险法》还规定,保险公司使用的保险条款和保险费率违反法律、行政法规或者国务院保险监督管理机构的有关规定的,由保险监督管理机构责令停止使用,限期修改;情节严重的,可以在一定期限内禁止申报新的保险条款和保险费率。

(4)再保险的监督管理。对再保险业务进行监督管理,有利于保险公司及时分散风险,保持经营稳定。我国《保险法》及《保险公司管理规定》均规定保险公司应当按照保险监督管理机构的有关规定办理再保险。我国《保险法》规定,经营财产保险业务的保险公司。当年自留保险费,不得超过其实有资本金加公积金总和的四倍;保险公司对每一危险单位,即对一次保险事故可能造成的最大损失范围所承担的责任,不得超过其实有资本金加公积金总和的百分之十,超过的部分应当办理再保险;保险公司应当审慎选择再保险接受人。

(5)资金运用的监督管理。资金运用是保险企业收入的一项重要来源,也是保证保险企业偿付能力的重要手段。保险公司可运用的资金总体来讲有资本金、准备金(包括未到期责任准备金、未决赔款准备金、寿险责任准备金、长期责任准备金、长期健康险责任准保金和保户储金等)和其他资金三部分。保险公司资金存在的形式是各种资产。保险公司的资产按用途的不同,可以分为两大类:一是投资性的资产,其目的在于保值增值;另一类资产属于保险公司营业用等资产。在比较成熟的保险市场上,在保险公司的总资产中,投资性的资产一般占绝大部分。

保险监督管理部门需对保险公司的保险资金运用进行监督管理。对于寿险公司而言,如果资金运用收益率达不到寿险保单的预定利息率就会发生利差损,导致保险公司的亏损,不仅影响保险公司的市场竞争力,甚至导致保险公司无法履行保险责任,从而影响被保险人的利益。因此,对保险资金运用进行监督管理是必要的。

一般来说,保险资金运用监督管理的主要内容包括规定资金运用的范围、形式及各投资形式的比例限度等。我国《保险法》第106条规定了保险公司的资金运用形式:① 银行存款;② 买卖债券、股票、证券投资基金份额等有价证券;③ 投资不动产;④ 国务院规定的其他资金运用形式。保险资金的运用应遵循投资的基本原则,即安全性原则、多样性原则、流动性原则和收益性原则。

3. 治理结构监督管理

(1)保险公司治理结构监管的对象与内容。主要包括:保险公司的机构、职责,包括董事会及其下属委员会的组成与职责;高级经营层的任命和撤换;公司机关重要担当人的任职资格;保险公司的主要股东;保险公司的合并与业务转移;保险公司的内控;信息披露等。

(2)保险公司治理结构监管的手段和措施。主要有以下几种: 一是指导和督促。如对有关股东大会、董事会议事规则、章程、内控等方面的内容,监管部门可以通过制定指引等方式给予指导和督促;二是审查,对股权变更、章程及其变更、任职资格等,监管部门可以制定强制性的审查标准和程序进行审查;三是非现场检查;四是现场检查;五是交流反馈;六是培训。

(3)保险公司治理结构监管的标准。为有效监管保险公司治理结构,IAIS(国际保险监督官协会)提出了保险公司治理结构监管的标准。这种标准分基本标准与附加标准两种。其中,基本标准是运用监管核心原则的最主要标准,监管机构要表明遵守了某一原则,就必须符合该基本标准;附加标准是比基本标准更高的要求,它不用于评价是否遵守了某一原则,而是用于评价一国保险监管体系及提出一些建议。IAIS关于保险公司治理结构监管的标准包括:

1)基本标准。包括:保险公司应遵守所有适用的公司治理原则;董事会应发挥其在公司治理结构中的重要作用;经理层应履行其职责;董事、经理、精算师等关键职位人员应具有相应资格;保险公司股东应符合一定要求;保险公司股权变更应置于监管之下;业务转移应受到一定监管;保险公司应进行适当的信息披露。

2)附加标准。包括:董事会可设立相应的专业委员会;薪酬制度应具有良好的行为导向作用;精算师应能直接与董事会联系;考核审计师和精算师合格适宜性的标准包括专业水平、实践经验、专业组织的会员资格及对本专业最新发展情况的掌握情况;对审计师和精算师的资格认定,监管机构可以依靠制定和实施相关执业准则的专业组织;保险公司应提供股东的信息。

我国保险监管在向市场化、国际化和专业化发展过程中已取得了实质性的进展,借鉴国际保险监督官协会监管原则,引入了保险公司治理结构监管制度。我国已将保险公司治理结构监管确立为保险监管的三大支柱之一。我们应借鉴 IAIS 保险公司治理结构监管原则,完善我国保险公司治理结构监管。我国保监会近年来采取了一系列措施,包括发布《关于规范保险公司治理结构的指导意见(试行)》、《保险公司合规管理指引》、《保险公司董事会运作指引》、《关于规范保险公司章程的意见》、《关于向保监会派出机构报送保险公司分支机构内部审计报告有关事项的通知》等规范性文件,进一步完善了我国保险公司治理结构监管的制度体系。

14.2.3 保险监督管理的方法

保险监督管理部门对保险监督管理对象进行监督管理的方法主要有现场检查和非现场检查两种。

1. 现场检查

现场检查是指保险监督管理机构及其分支机构派出监督管理小组到各保险机构进行实地调查。现场检查有定期检查和临时检查两种,临时检查一般只对某些专项进行检查,定期检查要对被检查机构做出综合评价。现场检查的重点是被检查保险机构内部控制制度和治理结构是否完善,财务统计信息是否真实、准确,保险投诉是否确实合理。

为保证现场检查管理的质量,保险监督管理机构要建立清楚的、与检查频率和范围有关的规定,同时制定必要的检查程序和处理方法,以确保工作的严格进行,保证既定指标和检查结果相统一。现场检查一般分为检查准备阶段、检查实施阶段、报告与处理阶段、执行决定与申诉阶段、后续检查阶段5个阶段。

2. 非现场检查

非现场检查是指保险监督管理部门审查和分析保险机构各种报告和统计报表,依据报告和报表审查保险机构法律法规和监督管理要求的执行情况。非现场检查能反映保险机构潜在的风险,尤其是现场检查间隔阶段发生风险的可能,从而提前防范风险。由于非现场检查要汇总分析各类报表资料,从中既可以发现个别保险机构存在的问题,也可以把握整个保险系统以及市场体系的总体趋势,还能为保险监督管理机构的业务咨询工作提供依据。为确保非现场检查方式在保险风险监督管理中发挥应有的效力,要求保险公司的报表具有时效性、准确性和真实性。在西方发达国家,非现场检查得到了普遍的重视和应用。而在大多数发展中国家,由于报告信息资料和数据准确性差,使风险分析和评估缺乏可靠性和科学性。

为有效发挥非现场检查的作用,保险监督管理机构要制定各种各样的标准报表,每个保险公司根据不同的内容分别按月、季、半年、年向监督管理机构报送。一般来说,资产负债表按月报送,反映资产流动性的报表按季报送,反映经营业绩的报表按年报送。保险监督管理机构收到这些报表后,对保险公司的各种风险进行评估,如果发现问题,便责令保险公司立即整改。必要时,聘用外部注册会计师或审计师检查,这是现场检查方式的协同检查,这种检查工作不是由保险监督管理机构来操作,而是由其聘请的注册会计师和审计师来操作,或者由双方共同完成。

现场检查与非现场检查这两种监管方法各有特色。非现场检查限于反映一个时点信息,能够帮助我们有效地确定开展现场检查的范围,调整进行现场监督的频率,增强现场检查的针对性,它的作用的发挥完全依赖于资产负债表等报表的真实性。而现场检查方法可以获得真实和全面的信息,为被检查单位做出准确评价提供了依据。通常情况下,应该把现场检查和非现场检查两种方法结合运用。

案例分析 　新华人寿前董事长关国亮资金运用违规案

2008年11月25日,北京市第二中级人民法院开庭审理新华人寿前董事长关国亮涉嫌职务侵占、挪用资金一案。据检方指控,关国亮担任新华人寿董事长期间,涉嫌职务侵占300多万元、挪用资金2.6亿元。关国亮从三个方面当庭进行了反省:其一,股权管理失控;其二,公司治理结构不到位;其三,关国亮放松了对自己的要求。

据了解,2006年9月23日,中国保监会开始对新华人寿资金运用问题进行调查,2006年12月27日关国亮被免去新华人寿董事长等职务。经查发现,关国亮任新华人寿董事长的 8 年间，累计挪用公司资金 130 亿元，或被拆借给形形色色的利益伙伴入股并最终控制新华人寿，或用于大规模违规投资。2007 年 1 月 20 日召开的全国金融工作会议上，温家宝总理点名批评新华人寿；2008 年 1 月 21 日，中国保监会主席吴定富在保险工作会议上指出，新华人寿成立以来，在长达 8 年的时间内，新华人寿失衡的公司治理、混乱的财务纪律，存在着资金违规操作、账外运作、虚增利润、财务和审计一路"绿灯"等问题，发生问题的根源除了股东素质、制度缺陷、独立董事不独立等因素，核心问题是治理结构的问题。

关国亮一案所带来的巨大负面影响，也使得监管部门开始高度重视对保险公司管理者的监管，《保险法》第 83 条规定："保险公司的董事、监事、高级管理人员执行公司职务时违反法律、行政法规或者公司章程的规定，给公司造成损失的，应当承担赔偿责任。"

新华人寿经过多年发展，总资产已过千亿元，是国内较大的寿险公司之一。

针对保险业监管，你从新华人寿前董事长违规资金运用案中得到哪些启示？

本章关键要点

保险市场　　保险市场的特征　　保险市场的组成要素　　保险代理人
保险经纪人　　保险公估人　　再保险市场　　保险监督管理方式与方法
保险监督管理内容　　保险监督管理目标　　保险监督管理原则　　偿付能力监管
市场行为监管　　治理结构监管　　现场检查　　非现场检查

参考文献 References

[1] 吴小平. 保险原理与实务[M]. 北京：中国金融出版社，2004.
[2] 王绪瑾. 保险学[M]. 北京：经济管理出版社，2004.
[3] 石景屏. 保险学概论[M]. 桂林：广西人民出版社，1996.
[4] 刘子操等. 保险概论[M]. 北京：中国金融出版社，1998.
[5] 姚海明. 保险学[M]. 上海：复旦大学出版社，2005.
[6] 赵春梅等. 保险学原理[M]. 大连：东北财经大学出版社，1999.
[7] 许谨良. 财产保险原理与实务[M]. 上海：上海财经大学出版社，2004.
[8] 孙蓉，兰虹. 保险学原理[M]. 成都：西南财经大学出版社，2004.
[9] 付菊. 财产保险[M]. 上海：复旦大学出版社，2005.
[10] 徐昆. 保险市场营销学[M]. 北京：清华大学出版社，2006.
[11] 丁凤楚. 保险中介制度[M]. 北京：中国人民公安大学出版社，2004.
[12] 董玉峰，金绍珍. 保险公司经营管理[M]. 北京：高等教育出版社，2003.
[13] 许谨良. 保险学原理[M]. 上海：上海财经大学出版社，2006.
[14] 朱立芬，王瑞兰等. 保险学教程[M]. 上海：立信会计出版社，2004.
[15] 吴定富. 保险原理与实务[M]. 北京：中国财政经济出版社，2006.
[16] 公冶庆元. 人身保险理论与实务[M]. 北京：清华大学出版社，2005.
[17] 杜树楷，周宇梅. 人身保险[M]. 北京：高等教育出版社，2003.
[18] 张洪涛，王国良. 保险核保与理赔[M]. 北京：中国人民大学出版社，2006.
[19] 魏巧琴. 新编人身保险学[M]. 上海：同济大学出版社，2005.
[20] 刘冬姣. 人身保险[M]. 北京：中国金融出版社，2001.
[21] 王云鹏，鹿应荣. 车辆保险与理赔[M]. 北京：机械工业出版社，2003.
[22] 圆乾治. 保险学总论[M]. 李进之译. 北京：中国金融出版社，1983.
[23] 汤浚湘. 保险学[M]. 台北：三民书局，1984.
[24] 陈云中. 保险学[M]. 台北：五南图书出版公司，1984.
[25] 刘茂山. 保险经济学[M]. 天津：南开大学出版社，1993.
[26] 陈继儒. 新编保险学[M]. 上海：立信会计出版社，1996.
[27] 刘茂山. 保险学原理[M]. 天津：南开大学出版社，1998.

[28] 庹国柱. 保险学[M]. 北京：首都经济贸易大学出版社，1999.
[29] 小阿瑟·威廉姆斯，理查德·M·汉斯. 风险管理与保险[M]. 陈伟译. 北京：中国金融出版社，1996.
[30] 特瑞斯·普特切特，琼·斯米特，海伦·多平豪斯，詹姆斯·艾瑟林. 风险管理与保险[M]. 孙祁祥等译. 北京：中国社会科学出版社，1998.
[31] 埃米特·J·沃恩，特丽莎·M·沃恩. 危险管理与保险[M]. 张洪涛等译. 北京：中国人民大学出版社，2002.
[32] 肯尼斯·布莱克，哈罗德·斯基博. 人寿与健康保险[M]. 第13版. 孙祁祥等译. 北京：经济科学出版社，2003.
[33] 张红，陈迪红. 保险学教程[M]. 北京：中国金融出版社，2005.
[34] 王健康，周灿. 保险经济学[M]. 北京：电子工业出版社，2008.
[35] 王健康，周灿. 机动车辆保险实务操作[M]. 北京：电子工业出版社，2009.
[36] 王健康. 风险管理原理与实务操作[M]. 北京：电子工业出版社，2008.
[37] 吴小平. 保险原理与实务[M]. 北京：中国金融出版社，2002.
[38] 庹国柱. 保险学[M]. 北京：首都经济贸易大学出版社，2004.
[39] 全国经济专业技术资格考试用书编写委员会. 保险——专业知识与实务[M]. 2004.
[40] 邓华丽. 保险实务[M]. 北京：中国财政经济出版社，2009.
[41] 吴定富. 保险原理与实务[M]. 北京：中国财政经济出版社，2005.
[42] 吴定富. 保险经纪相关知识[M]. 北京：中国财政经济出版社，2005.
[43] 吴定富. 保险公估相关知识与法规[M]. 北京：中国财政经济出版社，2005.
[44] 吴定富. 保险基础知识[M]. 北京：中国财政经济出版社，2005.
[45] 吴定富. 保险中介相关法规制度汇编[M]. 北京：中国财政经济出版社，2005.

保险实务专业教材

教材特色

1. 强化实务。在最大程度上反映当前我国保险业界真实而具体的现实，以使学生或读者真切地了解保险业界正在发生的事情。
2. 以保险职业学院国家级精品课程《保险学概论》的教材建设为龙头，积极开发高质量的保险实务和实训教材。
3. 课证融合。以有关保险职业资格证书的考试大纲为纲组织编写，以使课证融合落到实处。
4. 案例丰富。以案例教学为主线或主导教学方法，加强教材的实用性、灵活性和趣味性。

保险学概论

付菊，7-121-04740-4，31元，2007年

目录

1 风险和保险 2 保险合同 3 保险的基本原则 4 保险费率的厘定 5 财产保险 6 运输保险 7 责任保险和信用保证保险 8 其他财产保险 9 人寿保险 10 再保险 11 意外伤害保险 12 健康保险 13 保险公司经营管理 14 保险市场和保险监管

风险管理原理与实务操作

王健康，7-121-05798-4，25元，2008年

目录

1 风险概述 2 风险管理概述 3 风险识别 4 风险评估 5 风险管理决策 6 利率和汇率风险管理 7 跨国公司风险管理 8 企业风险管理计划书的编制 9 企业风险现场调查 10 企业保险计划的制定 11 企业雇员福利计划的制定 12 企业应急预案的制定 13 个人和家庭风险管理计划的制定

保险专业销售技术

肖举萍，7-121-06177-6，28元，2008年

目录

1 保险专业销售技术概论 2 客户投保行为分析 3 保险销售人员素质培养 4 保险销售步骤 5 保险商品分析 6 保险建议书的设计与制作 7 保险销售人员自我管理

人身保险理论与实务

张旭升，7-121-07351-9，26元，2009年

目录

1 人身保险概论 2 人身保险合同 3 人寿保险产品 4 人身意外伤害保险产品 5 健康保险产

品 6 团体人身保险产品 7 人身保险的费率 8 人身保险的核保 9 人身保险的理赔 10 人身保险的保全 11 人身保险的市场营销 12 人身保险的资金运用

保险经济学

王健康，7-121-07343-4，24 元，2009 年

目录

1 市场价格的基本理论 2 消费者需求分析 3 保险需求 4 市场供给理论——生产和成本论 5 市场供给理论——市场理论 6 保险供给 7 保险中介市场 8 保险商品价格 9 保险企业经营环境

保险投资

郭忠林，张旭升（保险职业学院），7-121-07949-8，19 元，2009 年

目录

1 保险投资概论 2 货币市场投资技术 3 股票投资技术 4 债券投资技术 5 证券投资基金投资技术 6 衍生金融市场投资技术 7 资产组合投资技术 8 投资型险种介绍 9 保险投资风险监控

机动车辆保险实务操作

王健康，7-121-06541-5，25 元，2009 年

目录

1 机动车道路交通事故责任强制保险 2 机动车辆商业保险 3 机动车辆保险投保实务操作 4 机动车辆保险承保实务操作 5 机动车辆保险索赔实务操作 6 机动车辆保险查勘定损实务操作 7 机动车辆保险理赔实务操作 8 机动车辆保险欺诈风险控制实务操作

保险营销学

唐志刚，7-121-06363-3，26 元，2008 年

目录

1 保险营销概述 2 保险营销环境 3 保险营销调研 4 保险营销战略 5 保险目标市场 6 保险产品经营 7 保险营销渠道 8 保险价格运作 9 保险促销活动 10 保险服务策略 11 保险营销控制 12 保险营销策划

以上图书各大新华书店均有售，或按如下地址咨询：
北京世纪波文化发展有限公司（北京市万寿路南口金家村 288 号华信大厦）
邮编：100036　　电话：010-88254199　　E-mail: sjb@phei.com.cn

反侵权盗版声明

电子工业出版社依法对本作品享有专有出版权。任何未经权利人书面许可，复制、销售或通过信息网络传播本作品的行为；歪曲、篡改、剽窃本作品的行为，均违反《中华人民共和国著作权法》，其行为人应承担相应的民事责任和行政责任，构成犯罪的，将被依法追究刑事责任。

为了维护市场秩序，保护权利人的合法权益，我社将依法查处和打击侵权盗版的单位和个人。欢迎社会各界人士积极举报侵权盗版行为，本社将奖励举报有功人员，并保证举报人的信息不被泄露。

举报电话：（010）88254396；（010）88258888
传　　真：（010）88254397
E-mail：dbqq@phei.com.cn
通信地址：北京市万寿路173信箱
　　　　　电子工业出版社总编办公室
邮　　编：100036